国家社科基金
GUOJIA SHEKE JIJIN HOUQI ZIZHU XIANGMU
后期资助项目

尹志华 等◎著

# 基于核心素养的体育与健康跨学科主题学习研究

华东师范大学出版社
·上海·

**图书在版编目（CIP）数据**

基于核心素养的体育与健康跨学科主题学习研究/
尹志华等著. —上海：华东师范大学出版社，2025
ISBN 978 - 7 - 5760 - 5908 - 3

Ⅰ. G633.962

中国国家版本馆 CIP 数据核字第 20257RW546 号

# 基于核心素养的体育与健康跨学科主题学习研究

著　　者　尹志华 等
责任编辑　竺 笑
责任校对　董 亮　时东明
装帧设计　卢晓红

出版发行　华东师范大学出版社
社　　址　上海市中山北路 3663 号　邮编 200062
网　　址　www.ecnupress.com.cn
电　　话　021 - 60821666　行政传真 021 - 62572105
客服电话　021 - 62865537　门市（邮购）电话 021 - 62869887
地　　址　上海市中山北路 3663 号华东师范大学校内先锋路口
网　　店　http://hdsdcbs.tmall.com

印 刷 者　常熟高专印刷有限公司
开　　本　787 毫米×1092 毫米　1/16
印　　张　24.5
字　　数　432 千字
版　　次　2025 年 5 月第 1 版
印　　次　2025 年 5 月第 1 次
书　　号　ISBN 978 - 7 - 5760 - 5908 - 3
定　　价　63.00 元

出 版 人　王 焰

国家社科基金后期资助项目"基于核心素养的体育与
健康跨学科主题学习研究"(23FTYA004)

# 国家社科基金后期资助项目
## 出版说明

    后期资助项目是国家社科基金设立的一类重要项目,旨在鼓励广大社科研究者潜心治学,支持基础研究多出优秀成果。它是经过严格评审,从接近完成的科研成果中遴选立项的。为扩大后期资助项目的影响,更好地推动学术发展,促进成果转化,全国哲学社会科学工作办公室按照"统一设计、统一标识、统一版式、形成系列"的总体要求,组织出版国家社科基金后期资助项目成果。

全国哲学社会科学工作办公室

# 目　录

# 前　言

　　基于核心素养的体育与健康课程改革是近年来国内外体育课程领域的热点研究问题。众所周知,学生体育与健康核心素养的培育离不开课程内容提供的支撑和依托。体能、运动技能、健康教育等作为体育课程内容的历史相对悠久,但这些课程内容对人的培养更多"局限"在特定范围之内,很难从"完整的人"这一角度全面促进学生的健康发展。基于此,教育部于2022年4月颁布的《义务教育体育与健康课程标准(2022年版)》正式提出了体育与健康跨学科主题学习,将其列为体育与健康课程的五大课程内容之一,旨在为培养学生的体育与健康核心素养提供多维路径。

　　然而,当前有关体育与健康跨学科主题学习的理论研究与实践探索还处于初步发展阶段,对于其理论内涵、设计流程与推进策略的系统性研究有待加强。因此,对基于核心素养的体育与健康跨学科主题学习进行理论与实践探索具有重大价值。基于此,秉持"理论分析—具体设计—实施保障与展望"的逻辑思路,本著作在厘清体育与健康跨学科主题学习的内涵、研究进展、理论基础和域外经验的基础上,开发了体育与健康跨学科主题学习的设计模型(CI-PTE),针对体育与德育、体育与智育、体育与美育、体育与劳动教育、体育与国防教育的跨学科主题学习进行了案例设计,并明确了今后的实施保障和未来展望。上述内容架构既考虑了宏观层面的整体分析,又考虑了微观层面的案例设计;既关照了理论问题的深度解构,又关照了实践层面的具体实施。

　　具体而言,本著作共包括十二章。其中,第一章主要是对体育与健康跨学科主题学习提出的时代背景进行了分析,对其内涵进行了解构,并梳理了体育与健康跨学科主题学习的发展历程和当代价值;第二章聚焦研究进展,重点从理论内涵、实施价值、实施困境、实施路径等方面,对当前国内外跨学科主题学习和体育与健康跨学科主题学习的相关研究进行了综述;第三章阐述了体育与健康跨学科主题学习的理论基础,包括认知学习理论、建构主义理论和多元智能理论三个方面;第四章则选取体育与舞蹈、体育与数学、体育与生物三个典型案例,呈现了域外体育与健康跨学科主题学习的经验;

第五章在提出体育与健康跨学科主题学习整体设计理念的基础上,开发了体育与健康跨学科主题学习 CI-PTE 设计模型,并明确了体育与健康跨学科主题学习在实践中的三种融合样态;第六章至第十章则分别以体育与德育、体育与智育、体育与美育、体育与劳动教育、体育与国防教育的跨学科主题学习为焦点,分析了该类跨学科主题学习对培养学生运动能力、健康行为和体育品德三个方面体育与健康核心素养的价值,并从"学、练、思"三个角度分析了该类跨学科主题学习的典型开展方式,最后基于构建的 CI-PTE 模型为每一类跨学科主题学习设计了贯穿水平一至水平四的四个案例;第十一章则从体育教师、资源开发与利用、与新技术的整合等方面阐述了如何更好地保障体育与健康跨学科主题学习的实施;第十二章则从面临的挑战、未来发展方向和推进路径三个方面展望了体育与健康跨学科主题学习的未来发展。

本著作是团队集体智慧的结晶,总体的顶层框架设计由尹志华负责,各章撰写的人员如下:前言(尹志华)、第一章(尹志华、陈莉林)、第二章(降佳俊、徐丽萍)、第三章(唐嘉呈、尹志华)、第四章(杨婕、刘皓晖)、第五章(刘皓晖、尹志华)、第六章(吴陈昊、徐丽萍)、第七章(练宇潇、贾晨昱)、第八章(降佳俊、孙铭珠)、第九章(陈雯雯、贾晨昱)、第十章(温苗苗、刘皓晖)、第十一章(贾晨昱、尹志华)、第十二章(徐丽萍、孙铭珠)。在撰写本著作的过程中,刘皓晖、贾晨昱和徐丽萍分别对部分章节进行了修改。最后,由刘皓晖对全书各章节进行了初步的整体修改,尹志华对全书所有章节进行了逐字逐句的仔细修改和审稿定稿。

本著作具有以下几个方面的贡献:(1)在学术价值方面,深入阐释了体育与健康跨学科主题学习的学理内涵,丰富了该主题相关研究;(2)在应用价值方面,为体育教师提供了有效的教学设计案例和切实可行的实施路径;(3)在社会影响和效益方面,能够引起社会各界对于通过体育与健康跨学科主题学习培养高素质人才的关注,为落实政策文件中有关跨学科教学的精神提供科学的参考依据。

总体而言,本著作所呈现的研究成果丰富,对于推进基于核心素养的体育与健康跨学科主题学习意义重大。期望本著作能够为广大体育教育工作者、一线体育教师等开展基于核心素养的体育与健康跨学科主题学习提供积极的借鉴,也期望本著作能够成为高等学校体育教师、体育专业本科生和研究生学习的参考书籍,从而更好地服务我国体育与健康课程改革的实施与创新。

　　最后,本著作直接或间接地引用了不少学者的理论和观点,在此表示衷心的感谢。如若存在未能一一列出或遗漏的参考引用,在此表示歉意。因水平有限,著作中如有不当之处恳请专家和读者们提出宝贵意见。另外,本著作得到了国家社会科学基金后期资助重点项目(23FTYA004)的资助以及华东师范大学出版社领导和编辑的大力支持,在此一并表示感谢。

尹志华

2025 年 3 月

# 第一章　体育与健康跨学科主题学习：
## 　　　　课程改革新取向

近年来，随着中国学生发展核心素养，以及基于核心素养的各个学科课程标准的颁布和实施，我国全面进入核心素养导向的课程改革时代。在新时代，指向核心素养的课程内容发生了巨大变革，倡导跨学科主题学习成为新的发展趋势。基于此，《义务教育课程方案（2022 年版）》（以下简称《课程方案（2022 年版）》）在"课程标准编制"部分明确提出"各门课程用不少于10％的课时设计跨学科主题学习"。在国家课程方案的引领下，《义务教育体育与健康课程标准（2022 年版）》（以下简称《课程标准（2022 年版）》）将跨学科主题学习作为其中的五大课程内容之一，贯穿在整个义务教育阶段的体育与健康课程之中[①]。作为《课程标准（2022 年版）》的重要课程内容，体育与健康跨学科主题学习是对核心素养导向的课程改革的呼应，但由于其提出时间尚短，目前对于该领域的研究尚处于初步发展阶段。因此，如何正确理解体育与健康跨学科主题学习便成为了首要问题，本章将主要从体育与健康跨学科主题学习提出的时代背景、内涵解构、发展历程与当代价值等几个方面，系统地阐述体育与健康跨学科主题学习。

## 第一节　体育与健康跨学科主题学习提出的时代背景

之所以在新时代提出开展体育与健康跨学科主题学习，既有国际教育改革发展趋势的影响，也有核心素养导向的课程改革的推动，更是由于传统体育课程在育人方面存在问题亟需解决的驱动。了解时代背景，对于体育教育工作者认识、接受并实践体育与健康跨学科主题学习具有重要意义。

### 一、顺应国际教育改革的发展趋势

自进入 21 世纪以来，世界各国间的竞争由人才数量之争转向人才质量

---

[①] 中华人民共和国教育部. 义务教育体育与健康课程标准（2022 年版）［M］. 北京：北京师范大学出版社，2022：101.

之争,各国均聚焦人才培养的质量提升,并为此开展了多种形式的相关研究。当前信息化、数字化时代人工智能的发展使得传统教育面临日益严峻的挑战,以往聚焦知识与技能导向的教育开始逐步淡出人们的视野,社会更加需要能够适应日益复杂工作环境的高素质复合式人才,这使得个体迫切需要具备运用知识解决问题的综合能力,因而教育改革导向也由传统的关注教师教什么转向了关注学生学会什么。在此背景下,不同职业间的壁垒、不同学科知识间的割裂开始逐步消融,这使得社会呼唤具有多学科能力背景的人才,教育也开始由传统分科课程逐步转向跨学科和综合课程,由此跨学科主题学习逐步成为各国教育改革的前沿问题。尤其在发达国家,对于基础教育阶段而言,构建一个横贯多学科的学习体系,以突破以往单一学科知识的纵向体系显得尤为迫切。基于上述背景,一些发达国家,如美国、芬兰、日本等,在教育改革领域均聚焦跨学科开展了许多研究,如美国的 STEAM (Science 科学,Technology 技术,Engineering 工程,Arts 艺术,Mathematics 数学)教育、芬兰的现象式教学、日本的综合学习等均是跨学科主题学习领域的典型案例,这些都对我国提出跨学科主题学习产生了一定的影响。

首先,在培养学生跨学科学习能力方面,美国在 20 世纪 70 年代就开始探索学科整合,旨在解决该时期科学与人文割裂的问题,开发了 STS (Science 科学,Technology 技术,Society 社会)课程,其后在 1983 年发布的《国家处于危机中:教育改革势在必行》中也提出了对于科学、技术、数学进行整合的设想[①]。上述系列改革为 STEAM 教育的提出奠定了基础。美国 STEAM 教育从最初提出到成型,历经了几十年的时间。其最早在 1986 年由美国国家科学基金会提出,该基金会呼吁应加大对理工科类的投入。作为典型的发展学生跨学科能力和综合能力的课程形式,STEAM 教育涵盖的学科内容历经了两个阶段:第一个阶段是涵盖了科学、技术、工程、数学的 STEM 课程;第二个阶段将人文艺术纳入其中,包含美术、形体、音乐等内容。由此可以看出,在 STEAM 教育所包括的学科门类中,科学、艺术等学科是在多个独立学科的基础上进行了二次整合的。此外,从 STEAM 教育所包含的学科门类还可知,人文艺术、科学、工程等学科之间虽存在一定的交叉性,但并不存在先学与后学之间的必然联系,因此这五个学科门类之间呈现出非阶梯性的平行关系。尽管目前 STEAM 教育在发展的过程中出现了各种不同形式的变体,但无论是何种变体,都体现出了 STEAM 教育本身

---

① 李学书. STEAM 跨学科课程:整合理念、模式构建及问题反思[J]. 全球教育展望,2019,48 (10):59 - 72.

跨学科、多学科融合的理念。

其次,芬兰作为典型的高福利北欧国家,曾因其出色的 PISA(国际学生评估项目)测试成绩备受国际教育改革的关注。在教育改革方面,芬兰一直走在国际前沿,是跨学科教育领域改革的"领头羊",其重要成果便是提出现象式教学。现象式教学并非一种教学方法,而是更加上位的教育理念,其核心词"现象"指的是日常生活现象,现象式教学强调对于事物的整体认知,而非单一或割裂的学科知识,因而凸显了跨学科与学科融合理念。现象式教学由芬兰国家教育委员会于 2014 年在《基础教育国家核心课程大纲》(以下简称《课程大纲》)中提出,并于 2016 年开始在全国范围内实施。在《课程大纲》中,对多学科学习模块(multidisciplinary learning modules)提出了具体要求,明确提到 7—16 岁学生每学年必须开展一次及以上并持续多周的多学科教学[①]。但是,芬兰的现象式教学并非完全脱离学科,其理念强调在保留分科的基础上,将各个学科的知识点进行整合,创设不同的主题,通过跨学科学习模块的方式进行教学,旨在培养学生七个方面的横贯能力(transversal competence),具体包括:思考和学会学习的能力;文化感知、互动沟通与自我表达能力;照顾自己、日常生活技能与保护自身安全的能力;多元识读能力;信息技术能力;工作技能和创业精神;参与、影响和构建可持续发展未来的能力。其中,每个方面的能力都可以通过多学科知识的结合来发展,如"照顾自己、日常生活技能与保护自身安全的能力"就可以通过体育与健康学科知识和技能的相互整合来提升;如学生在体育课上学习了前滚翻、后滚翻等紧急避险动作,就可以与健康课程中的应急损伤处理等知识相整合。由此可见,芬兰十分注重学生跨学科学习能力的培养,与美国提出的 STEAM 课程相比,其提出的现象式教学与七大横贯能力融入了更多元素,并指明了学生开展跨学科学习后需达成的目标。芬兰的现象式教学更加关注学科内容整合后的实用性,至于使用何种学科的内容、通过何种方式将不同学科的内容进行融合等方面,则给予了教师更多的自主权。

再次,日本在跨学科学习领域也展开了一系列的研究,综合学习即是典型成果。日本对于跨学科学习的研究早在 19 世纪 20 年代初就已萌芽,"大正新教育"改革运动中提倡的以"生活教育"为中心的理念,其中就提出了"生活单元"与"合科学习"[②]。1996 年,文部省(后改为文部科学省)在其会

---

① 张晓光.芬兰现象式教学体系及其对新课标实施的启示[J].外国教育研究,2022,49(12):88-104.

② 钟启泉.基于"跨学科素养"的教学设计——以 STEAM 与"综合学习"为例[J].全球教育展望,2022,51(1):3-22.

议报告中就曾指出有必要推进跨领域、综合性的指导,这可以视为日本综合学习的前身。到 2018 年,日本文部科学省颁布的新版《学习指导纲要》规定,从小学三年级开始到高中阶段均统一开设"综合学习",综合学习不限定学科内容,教师可以将各个学科的知识进行整合。日本的综合学习不规定教材与内容,淡化教学中的学科边界,是一种超学科边界的学习,这给了教师和学生高度的学习自主权。

从上述发达国家的教育改革可以看出,各国均针对"21 世纪的人才应该具备哪些能力"开展了不同程度的研究,诸多教育改革的成果也均体现出整体性、综合性、横向性等特点。首先,无论是美国 STEAM 教育、芬兰的现象式教学还是日本的综合学习,都强调各知识与技能学习的整体性,即通过综合课程、跨学科学习、主题式学习等方式,打通学科间的壁垒,让学生能够感知所学知识的全貌,体现出强调整体性的特点。其次,都强调对学生综合能力的培养。无论是 STEAM 教育中体现出的课程整合的多学科价值取向,还是芬兰现象式教学中强调的对于学生横贯能力的培养,都体现出对学生综合运用多学科知识解决复杂问题能力的重视。最后,无论是 STEAM 教育下设五个学科间横向平行的关系,还是芬兰现象式教学中师生对于跨学科方式的自主权,抑或是日本综合学习中体现出的多学科横向连接的特点,从中都可以看出其跨学科学习中的重点并不是运用多么复杂的纵向学科知识体系,而是强调学生跨学科学习的结果,呈现出跨学科学习内容载体的非阶梯性特点。就体育课程而言,大部分内容均具有非阶梯性的特征,并不存在先学后学的递进关系,因此体育课程十分适合作为跨学科学习载体与其他学科相互融合,以提升学生运用综合知识解决问题的能力。

综上所述,目前国际主流的教育改革均强调对于学生跨学科学习能力的培养,尽管我国与上述国家的社会发展水平与文化背景等有所差异,但在教育改革与发展中所面临的问题存在共通之处。上述发达国家的教育改革引起我们的深思:我国应如何培育适应 21 世纪的高素质人才?体育与健康课程作为学校教育的主体课程之一,如何在 21 世纪实现课程的育人价值?《课程标准(2022 年版)》的颁布正是对于上述问题的回应,而跨学科主题学习作为五大课程内容之一被纳入体育与健康课程之中,并规定需要安排不少于总课时 10% 的课时用于跨学科主题学习,可以说这是一次全新的探索。以体育与健康课程作为实现学生全面发展的重要课程载体,打破体育与健康课程的学科壁垒,将体育与劳动教育、国防教育、思想品德教育等相结合,正是对于新时代体育与健康课程育人价值的回应。因此,在体育与健康课程中开展跨学科主题学习,也是从体育学科的角度回应在 21 世纪新型人才培育方面如何凸显体育与健康课程的价值与贡献。

## 二、对核心素养导向的课程改革的呼应

自 2001 年《基础教育课程改革纲要》颁布以来，课程目标从最初的双基逐步演变为三维目标并聚焦核心素养，其间经历了数次变革，体育与健康课程作为学校教育的课程之一，也跟随着课程改革的步伐，不断地更新课程目标与课程内容。随着《课程标准（2022 年版）》的颁布，体育与健康课程也全面进入了核心素养导向的时代，对学生体育与健康核心素养的培育开始成为各界关注的问题。体育与健康核心素养是学生完成体育与健康课程学习后的愿景刻画，是体育与健康课程对学生"成人"作用的价值凸显。体育与健康核心素养中的运动能力、健康行为、体育品德三个维度的核心素养并非相互割裂，而是共同构成一个整体，由此对体育与健康课程的育人作用提出了新的要求，对于体育学科"以体育人"的要求上升到了新的高度。

首先，学生体育与健康核心素养的发展需要依托具体的主题与情境。核心素养的发展不仅需要体现基本知识的掌握，还需要注重学生元认知等高阶思维能力的培养，因此在发展学生核心素养的过程中，单一学科知识的内容体系已无法满足学生高阶思维能力形成的需求。在紧张激烈的体育比赛和复杂多变的运动场景中，学生需要将相关的知识内化于心、外化于形，运用所学知识与技能解决复杂问题，这就要求学生具备多学科知识融合的能力。比如，健康行为素养维度下的健康知识掌握与运用、环境适应等，均需要学生在体育学科知识的基础上，融合诸如生物、地理等学科的知识；而体育品德素养维度下的体育品格，需要学生在体育学科知识的基础上，融合诸如道德与法治等学科的知识。

其次，《课程标准（2022 年版）》中提出要加强课程内容的整体设计，体现保证基础、重视多样、关注融合、强调运用的理念，尤其在关注融合方面强调要注重体育与其他学科的有机融合，培养学生举一反三、融会贯通的能力[①]。由此可知，随着核心素养导向的课程改革的推进，对学生综合能力与实践能力的培养提出了新要求，因此体育与健康课程在内容设计上既需要整合学科现有的知识结构，又需要构建学科知识间的联系，还需要寻找体育与健康课程与其他课程的结合点，最终通过跨学科主题学习的方式，将体育与健康课程中的知识与其他学科相融合，以体育与健康课程为基点，提升学

---

① 中华人民共和国教育部. 义务教育体育与健康课程标准（2022 年版）[M]. 北京：北京师范大学出版社，2022.

生运用多学科知识解决复杂问题的能力。

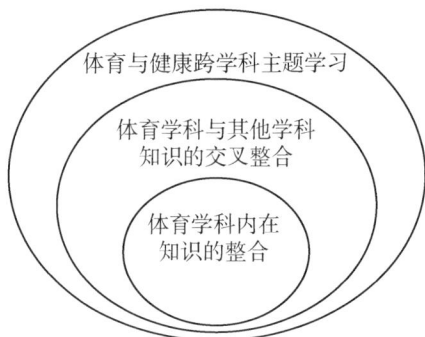

图 1-1  体育与健康跨学科主题学习内容整合图

因此，随着课程改革从"知识本位"向"素养本位"转变，如果要实现体育与健康课程发展学生核心素养的育人目标，就必须要发挥跨学科主题学习这一载体在其中的重要作用。

### 三、传统体育课程面临的育人困境

随着《课程标准（2022 年版）》的颁布与实施，素养导向的体育与健康课程更加强调对于学生核心素养的培育与学科育人价值的凸显。在传统体育课程中，知识间的相互割裂、重复的单一技术学练等使得体育课程育人价值的发展面临困境。在"以知识为中心"和"以内容为中心"的导向下，传统体育课程的重心在于运动技术教学，而忽视了对于所学运动技术背后原理的探讨，由此导致学生只学会了单个运动技术却无法运用，使得体育课程的育人价值备受局限。不可否认运动技术是发展学生核心素养的重要载体，但是学会运动技术并非体育课程的最终目标，体育课程的最终目标应指向学生核心素养的全面发展。

首先，传统的体育课程以运动技术学习为中心，而非以发展学生的核心素养为中心，具体表现为教学过程中的单一技术教学和碎片化技术学习，这导致学生无法在所学运动技术之间建立有效联系，对于所学技术背后的原理缺乏认识，无法对所学技术实现应用。导致该问题的原因除了传统体育课程在教学中缺乏结构化的设计理念外，还有体育学科单一知识作用局限性的影响。体育课程中所学习的各项规范化的运动技术，往往是基于生物力学、生理学、体育学等多学科知识的整合形成的，如果只进行体育单一学科知识的学习，无法让学生理解技术动作背后的原理，这种与运动技术形成原理相悖的学习方式也就无法帮助学生掌握和运用所学知识。因此，体育与健康跨学科主题学习以体育学科知识与技能为载体，融入多学科的知识，帮助学生建立对于所学运动技术的完整认识，通过将多学科的知识融合，让学生体会运动技术背后的原理，提升学生运用所学知识解决现实情境中复杂问题的能力，以进一步提升体育课程的育人价值。

其次，传统体育课程"以知识为中心"和"以内容为中心"的观念导致体育多学科协同育人价值的缺失。在传统体育课程中，教师多将重心放在体育学科知识与技能的学习上，而较少关注其他学科中有助于促进体育学习的内容。因此，学生学完体育课程后对于所学内容无法形成全面的认识，无法站在全局思维的角度，将其置于现实情境中去思考。这种情况产生的弊端在初级知识的学习和简单运动场景的处理中表现并不明显，但随着学生学习的进一步深入，随着所面临的问题变得愈发复杂，单一学科的知识与技能已经无法满足学生的实践需求，无法站在全局思维的角度进行思考，会导致学生在面临复杂的体育学习问题或复杂的运动场景时产生无力感。因此，在体育与健康课程中开展跨学科主题学习有助于提升学生运用所学知识解决复杂问题的能力，有助于学生建立全面的知识体系。通过体育与德育、体育与智育、体育与美育、体育与劳动教育、体育与国防教育等相互融合渗透，跨学科主题学习能够实现知识与技能相互整合，如将体育课堂中所学的弯道跑技术与物理中的离心向心知识相结合，将定向越野与地理中的方位、地理特征等知识相结合，从而改变传统体育课程中缺乏多学科协同育人的现状。

再次，学生在现实社会生活中所面临的情境具有高度的综合性，这使得传统体育课程育人作用的局限性开始凸显。由于传统体育课程缺乏系统性的多学科融合，缺少多学科知识的加持，学生在完成传统体育课程的学习后只能在特定或预设的情境中运用所学知识与技能。比如，学生在学习完篮球的三步上篮技术后，只能在无人防守或一对一防守的情况下运用，如果将其从预设的情境中剥离出来，置于真实且复杂的比赛场景中，在面对无时无刻不在变化的攻防态势时，学生就会显得手足无措。而体育与健康跨学科主题学习具有高度的情境性，该学习模式以体育学科知识为依托，创设相应的情境，这些情境不仅可以与生活实践相结合，也可以与更高阶的知识相结合，起到承上启下的作用。学生通过教师创设的情境，在学习的过程中体验与感悟，在分析问题与解决问题的过程中，融合运用多学科知识，从而不断提升在综合情境中融合所学知识解决复杂问题的能力。

## 第二节　体育与健康跨学科主题学习的内涵解构

在《课程标准(2022 年版)》中,仅对体育与健康跨学科主题学习提供了简介与设计范例,并未对其概念提出明确的操作性定义,这导致广大体育教师对究竟什么是体育与健康跨学科主题学习存在疑惑,也使得体育教师在实践摸索中缺乏明确的方向。因此,本节通过对跨学科主题学习、体育与健康跨学科主题学习两个概念的内涵进行解构,提出体育与健康跨学科主题学习的操作性定义,以帮助体育教师更加全面地认识体育与健康跨学科主题学习。

### 一、跨学科主题学习

#### (一) 国外对跨学科主题学习的概念界定

在国际研究领域,"跨学科"一词最早出现于 20 世纪 20 年代的美国纽约,指的是超越一个学科而进行的"合作交流",其正式使用可以追溯到1926 年,哥伦比亚大学心理学教授伍德沃斯(Woodworth)在美国社会科学研究理事会(Social Science Research Council, SSRC)上指出要促进被专业化所隔离的两个或多个学科之间的跨学科综合研究。学界普遍认为,"interdisciplinary(跨学科的)"一词最早出现在当时的会议记录中,并认为是伍德沃斯教授率先打开了"跨学科"的源头。20 世纪 70 年代初,经济合作与发展组织(Organization for Economic Cooperation and Development, OECD)开展了一项"大学跨学科教学与研究活动调研",也对"跨学科"及其相关概念做出了解释:跨学科是指两门或两门以上不同学科之间的相互联系,从思想的简单交流到较大领域内教育与研究的概念、方法、程序、认识论、术语、数据以及组织之间的相互联系。由此可以看出,"跨学科"的基本内涵包括以下几个方面:一是涉及了两门或两门以上的学科及各学科之间的复杂关系,如概念、方法、技术、理论、视角等学科要素的结合问题,并且这种关系模式受制于所要指向的问题;二是所指向的问题具有复杂性与相关学科的前沿性,是某一学科领域内所不能单独解决的问题;三是这些复杂问题是被各个参与学科所共同关注的,与这些学科具有知识上的内在逻辑关系;四是问题的解决必然产生"产品",其是不同学科之间一定程度"整合"的结果,具有一定的创新性。自此之后,跨学科开始野蛮生长,并主导了多个领域的变革趋势,这一点在教育领域中最为明显,如跨学科学习、跨学科研究等。

关于跨学科学习,最基本的定义是由英国科学家汉弗莱斯(Humphreys)

在 1981 年提出的,他认为跨学科学习是指学生能够打破学科的界限,在生活情境中针对某些问题进行多学科的交流与学习①。在此基础上,美国学者休梅克(Shoemaker)在 1989 年提出跨学科学习是指在不同学科间建立起有机联系,让学生能够超越学科的束缚,在更加广阔的教学空间中学习②。而后,关于跨学科学习概念的讨论变得丰富起来,学者们从多个视角切入,从而对跨学科学习的概念有了充分的认识。从学习目的出发,美国学者拉图卡(Lattuca)认为跨学科学习实际就是一个内容整合的过程,其目标就是培养学生从不同角度分析问题、解决问题的能力,并使其在此过程中学会发现、甄别、选择和创造③。从学习过程出发,美国学者克莱因(Klein)认为跨学科学习是学习者发挥主观能动性,创造性地根据不同学科的某一主题属性进行内容整合、建构并升华的学习过程④。从学习特点出发,美国学者曼西利亚(Mansilla)认为跨学科学习具有三大特点,分别是意图性、学科性和整合性⑤。首先,跨学科学习是有意为之的活动,目的在于拓展个体对某个问题的认识而不是终结,换句话说,即提高我们理解问题、解决问题和提出新问题的能力;其次,跨学科学习要基于学科知识,不仅仅是学科研究的成果,还包括它们的思维模式特点;第三,跨学科学习重在整合而不是并列各种学科视角,要达到部分之和大于整体的效果。从学习重心出发,美国学者莫里森(Morrison)认为跨学科学习是为了超越单一学科的束缚,因此其重心不应放在单个学科或者过分聚焦学科的界限上,跨学科学习的重心应当是指向特定问题的,针对某一问题产生更广泛、更全面、更丰富的理解与认知⑥。

综上所述,国际上关于跨学科主题学习的概念讨论比较丰富,但其核心要义基本都一致,均涵盖了"内容整合、知识建构、解决问题以及超越学科束缚"这几个部分。因此,可以推知国际上对"跨学科主题学习"形成了比较一

① 彭云,张倩苇.课程整合中跨学科教学的探讨[J].信息技术教育,2004(4):96-101.
② 许书萌,蔡敏.美国高校跨学科教学策略研究[J].煤炭高等教育,2008(1):95-98.
③ Lattuca L R. Creating Interdisciplinarity: Interdisciplinary Research and Teaching Among College and University Faculty [M]. Nashville: Vanderbilt University Press, 2001:121.
④ Klein J T. Crossing Boundaries: Knowledge, Disciplinarities, and Interdisciplinarities [M]. Charlottesville: University Press of Virginia, 1996:19.
⑤ Mansilla V B. Learning to Synthesize: The Development of Interdisciplinary Understanding. In R. Frodeman, J. T. Klein, & C. Mitcham (Eds.), The Oxford Handbook of Interdisciplinarity [M]. Oxford: Oxford University Press, 2010:288-306.
⑥ Morrison J S. Attributes of STEM education: the students, the academy, the classroom [J]. Teaching Institute for Excellence in Stem, 2006(6):0-6.

致的定义。

**（二）国内对跨学科主题学习的概念界定**

目前国内对跨学科主题学习还缺乏统一的概念界定，早期在跨学科主题学习尚未正式提出时，学界多采用"跨学科学习"来表达同样的意思。比如，张华认为跨学科学习是基于跨学科意识，运用两种或两种以上的学科观念以及跨学科观念，解决真实问题的课程与学习取向[1]。董艳等人认为跨学科学习是强调综合多种学科的内容构建新的体系或方法，以解决某一特定问题的过程[2]。张良和安桂清认为跨学科学习是以学科专家思维建立起知识之间的深度联系，以协同的方式解决实际问题[3]。随着《课程标准（2022 年版）》的修订和颁布，"跨学科主题学习"这一概念被正式提出，但并未有明确的界定。对此，郭华在整体解读 2022 年版义务教育各学科课程标准时提出，跨学科主题学习是在强调学科课程的基础性与逻辑性的前提下，体现义务教育阶段课程应有的综合化和实践化的一种课程设计[4]。这一表述可视为当前学界比较权威的观点，因而多数关于跨学科主题学习的文章都以此作为概念界定。因此，从某种程度而言，可将"跨学科主题学习"看作是"跨学科学习"的规范性表达。

事实上，无论是跨学科学习还是跨学科主题学习，其基本特征都是一致的：首先都是以学科教学为基础，学科立场是其重要特征；其次强调运用主题来统筹目标、内容和评价等；最后都强调要打破分科教学的束缚，在横向上建立起学科之间的联系，在纵向上提高学生应用多学科知识解决实际问题的能力。此外需要注意的是，虽然跨学科主题学习在课程标准中出现较晚，但从其本质上来讲并不陌生，学科学习、项目推进、问题解决和理论探讨，都必然是跨学科的和综合性的，并且先前已经有相关的案例产生，如人教版现行数学教科书和北京市 2015 年版《义务教育课程设置实验方案》中就有类似表达[5]，可以说，课程标准修订中"跨学科主题学习"内容板块的设置，就是这些优秀经验的提升与制度化的普及。除此之外，各学科对于跨学

① 张华.跨学科学习：真义辨析与实践路径[J].中小学管理，2017(11)：21-24.
② 董艳，孙巍，徐唱.信息技术融合下的跨学科学习研究[J].电化教育研究，2019(11)：70-77.
③ 张良，安桂清.构建适应更高水平人才培养体系的知识学习形态[J].教育发展研究，2021，41(8)：1-6+23.
④ 郭华.落实学生发展核心素养 突显学生主体地位——2022 年版义务教育课程标准解读[J].四川师范大学学报(社会科学版)，2022，49(4)：107-115.
⑤ 北京市教育委员会.北京市实施教育部〈义务教育课程设置实验方案〉的课程计划(修订)[R].北京市人民政府公报，2015(26)：32.

科主题学习的命名形式也存在差异，如数学学科中的跨学科主题学习被称为"综合与实践"，物理学科中的跨学科主题学习被称为"跨学科实践"，生物学科中的跨学科主题学习被称为"生物学与社会·跨学科实践"，语文学科中的跨学科主题学习被称为"跨学科学习"，体育与健康学科中的跨学科主题学习被称为"跨学科主题学习"等，但从本质上来讲，都符合课程标准以及跨学科主题学习对学科发展建设和学生培养的要求。

表1-1　部分学科对跨学科主题学习的命名形式

| 学科 | 命名形式 |
| --- | --- |
| 语文 | 跨学科学习 |
| 数学 | 综合与实践 |
| 物理 | 跨学科实践 |
| 化学 | 化学与社会·跨学科实践 |
| 生物学 | 生物学与社会·跨学科实践 |
| 地理 | 跨学科主题学习 |
| 历史 | 跨学科主题学习 |
| 体育与健康 | 跨学科主题学习 |

## 二、体育与健康跨学科主题学习

### （一）体育与健康跨学科主题学习的概念界定

尽管体育与健康跨学科主题学习作为《课程标准（2022年版）》设计的主要课程内容出现，但是在《课程标准（2022年版）》中并没有给出体育与健康跨学科主题学习的明确定义，不过在其中明确了体育与健康跨学科主题学习的形式，即提出"体育与健康课程的跨学科主题学习部分主要立足于核心素养，结合课程的目标体系，设置有助于实现体育与德育、智育、美育、劳动教育和国防教育相结合的多学科交叉融合的教学内容"。虽然体育与健康课程标准中没有对跨学科主题学习给出明确定义，但是在地理课程标准中对地理课程的跨学科主题学习做出了界定。《义务教育地理课程标准（2022年版）》中提出"地理课程跨学科主题学习是基于学生的基础、体验和兴趣，围绕某一研究主题，以地理课程内容为主干，运用并整合其他课程的相关知识和方法,是开展综合学习的一种方式"①。除了在其他学科的课程标准中可以寻找到以学科为基点开展跨学科主题学习的定义之外,许多学者也围绕体育与健康跨学科主题学习的概念展开了研究。比如,赵鑫君认为,体育与健康跨学科主题学习是以体育学科的相关知识与技能学习为立足点,运用两个或两个以上的学科知识或方法围绕中心点,"对症下药",以帮助学生更好地在体育学练中理解问题、分析问题、解决问题并将其灵活迁移应用至其他活动与生活实践中的学习②。尚力沛等认为,体育与健康跨学科主题学习是在体育课程的学习过程中,让学生运用两种或两种以上的学科知识和观念去跨学科地解决问题和理解现实生活,促进学生对知识和技能的综合运用③。

通过将不同学科与学者的观点进行梳理比较后发现,体育与健康跨学科主题学习与其他课程的跨学科主题学习在开展方式上有着相似之处:首先,都是以本学科的内容为基点,向外拓展融合其他学科的内容;其次,均注重对学生核心素养的培育,开展跨学科主题学习最后均指向了学生核心素养的发展。综上所述,本研究认为体育与健康跨学科主题学习是以体育学科作为基点,通过分析、比较、综合等过程,将体育学科与其他学科相融合,以问题解决为出发点,以培养学生体育与健康核心素养和运用多学科知识解决复杂问题为导向的学习,是开展综合学习的方式之一,具有情境性、综合性、实践性的特征。

**(二) 体育与健康跨学科主题学习的特性**

1. 情境性

体育与健康课程跨学科主题学习的情境性指向真实复杂的具体情境,通过以身体练习为载体,结合多学科知识,让学生通过情境主线形成对不同学科知识的整体认知。体育与健康跨学科主题学习中,主题的确定并非是将体育与其他学科简单地相加或拼凑,而是由现实问题而触发驱动产生的,下面以解决"在弯道的时候如何跑得更快"这一现实问题来进行说明。解决该问题需要让学生明白在弯道跑过程中如何克服离心力,因此,基于该问题的驱动,可以通过将田径中的弯道跑与物理学中的离心、向心知识点相结

---

① 中华人民共和国教育部. 义务教育地理课程标准(2022 年版)[M]. 北京:北京师范大学出版社,2022.

② 赵鑫君. "融":初中体育跨学科主题学习的内涵特征与实践路径[J]. 教育科学论坛,2023(16):24 - 27.

③ 尚力沛,俞鹏飞,王厚雷,等. 论体育与健康课程中的跨学科学习[J]. 上海体育学院学报,2022,46(11):9 - 18.

合，让学生通过不同形式的跑动方法，体验与领会弯道跑的技术要领，同时加强物理学中离心、向心知识点在现实生活中的运用。由此可见，在开展体育与健康跨学科主题学习的过程中，情境的创设十分重要，并且该情境需要源自现实生活，与生活实践高度联系。

2. 综合性

综合性突出了体育与健康跨学科主题学习的多学科融合特征，也是对学生运用多学科知识解决复杂问题能力的强调。体育与健康跨学科主题学习的综合性主要体现在两个方面：一是学习过程的综合性；二是学习目标的综合性。在学习过程的综合性上，体育与健康跨学科主题学习的过程中，学生并非只进行单一学科知识的学习，此时学科与学科间的边界被打破，因此在学习的过程中学生将接触到不同学科的知识点，通过学习将不同学科的知识点融合运用。需要注意的是，体育与健康跨学科主题学习的综合性虽然体现在不同学科知识的交互融合，但是这种融合绝不是拼盘式的简单堆砌，不是简单地将各学科的知识糅合在一起，而是从解决问题的角度出发来选择所需要的不同学科知识。在学习目标的综合性上，体育与健康跨学科主题学习的学习目标与传统体育课不同，此时的学习目标不仅是运动技能的掌握，更强调培养学生以体育学科知识与技能为基点，融合运用多学科知识解决真实情境中所面临的问题的能力，因而此时的学习目标体现出以体育学科为基点的多学科融合特点，强调核心素养的整体提高。

3. 实践性

体育与健康跨学科主题学习需要学生通过具体的身体练习去感悟和领会，体现出一定的实践性，这也是在体育与健康课程中开展跨学科主题学习和在其他学科课程中开展跨学科主题学习的根本差异所在。体育与健康跨学科主题学习的实践性主要凸显在两个方面：一是以身体练习为载体对知识进行感知和运用；二是在学习过程中需要承受一定的运动负荷。首先，在第一点上，体育与健康跨学科主题学习不能脱离体育学科本身，因此需要以身体练习为载体，结合不同学科开展。例如，在进行体育与国防教育的跨学科主题学习时，可以创设"红军长征"的主题情境，让学生通过攀爬、跨越障碍物体会红军长征过草地的艰难，在此过程中通过身体练习接受体育与国防教育的双重熏陶。其次，运动负荷是体育学科本身的特性。体育与健康学习的过程与文化课学习知识的过程有所不同，学生往往需要承受一定的运动负荷，这也是体育与健康课程相较于文化课程开展跨学科主题学习的优势所在，尤其是在体育与德育、体育与国防教育进行跨学科主题学习时，身体的感知比单纯的文本感知更为深刻，承受一定的运动负荷有助于加深学生对于不同学科知识的理解。

**(三) 体育与健康跨学科主题学习的主要类型**

体育与健康跨学科主题学习的类型主要集中在几个方面,即体育与德育、体育与智育、体育与美育、体育与劳动教育、体育与国防教育,是实现五育融合的具体实践形式。可以说体育与上述几个育人主体的结合是基于体育与健康课程本身的特性所提出的,体育与健康课程所具备的基础性、实践性、健身性、综合性的特点为其与其他育人主体相结合奠定了基础。毛泽东在《体育之研究》中所提到的"体者,载知识之车而寓道德之舍也",正是对体育与上述几个育人主体相结合最好的逻辑诠释。

1. 体育与德育跨学科主题学习

将体育与德育融合而开展跨学科主题学习是最为常见的形式,这种形式不仅可以通过开设专门性的体育与德育跨学科主题学习课,结合中华优秀传统文化、体育历史与文化促进学生文明礼貌、勇敢顽强等核心素养的发展,还可以在日常体育课中渗透相关德育内容,如在日常的体育课堂中将排球比赛与女排精神相结合,培养学生顽强拼搏的意志品质和互帮互助的团队精神。

2. 体育与智育跨学科主题学习

无论是基本运动技能和体能的学练,还是专项运动技能的学练,在控制身体和运动器械的过程中都涉及多学科知识与技能。体育与健康课程的这一综合性特点,使得其易于与生物、物理等学科知识相结合,通过让学生在体育运动中体验相关技术动作原理与机体在运动中变化的原理,促进学生体育与智育的发展,帮助学生破解"运动的密码"。比如,在羽毛球、标枪、投掷铅球等项目中均有操作器械动作出现,如果要剖析动作的原理,可以通过与生物力学知识相结合,使学生在学习运动技术的过程中,同时加深对于生物力学和技术原理的理解。此外,体育与智育的跨学科主题学习还可以与高科技运动设备和体育科技前沿知识等相结合。

3. 体育与美育跨学科主题学习

体育运动是展现人体美最佳的载体之一,人体在运动中所展现的蓬勃活力和生命律动能很好地培养学生的身体观和审美观。因此,体育运动比赛常被称为"视觉盛宴",该说法除了体现体育运动的激烈与精彩程度外,还表现出体育运动给人在视觉和审美上带来的直观冲击感。比如,自由体操、冰雪运动、水上运动等项目,在给人带来精彩刺激的情绪体验外,还彰显着人类的形体美、姿态美等。因此,体育与美育跨学科主题学习,可以通过将体育舞蹈、健美操等运动项目与美育融合,提升学生感受美、欣赏美、表现美和创造美的能力。

4. 体育与劳动教育跨学科主题学习

在身体活动、能量消耗、意志锤炼、责任担当和健康生活等方面,体育与健康课程能够与劳动课程进行跨学科融合。体育与劳动教育融合的跨学科主题学习主要体现在通过体育运动培养学生尊重劳动、吃苦耐劳的精神上,具体的形式可以通过创设诸如"春种秋收"的具体情境,让学生体会辛勤劳动的收获,认识劳动的价值,在学习中体会劳动过程中的身体活动和能量消耗,发展学生多个方面的核心素养。

5. 体育与国防教育跨学科主题学习

体育运动和国防教育有很多共通之处,如对战略战术和体能的高要求,对遵规守纪、不畏艰难、责任担当和永不退缩等精神的培养,对爱国主义和集体主义的重视等。体育与国防教育融合的跨学科主题学习可以结合英雄事迹、历史战役,如"狼牙山五壮士""红军长征"等,通过设置具体的运动情境,让学生在学习过程中体会革命前辈的热血事迹,培养爱国情怀,形成坚强的意志品质,充分发挥体育在国防教育方面的重大价值。

## 第三节　体育与健康跨学科主题学习的发展历程与当代价值

体育与健康课程作为学校教育的课程之一,在历史的长河中不断发展变化,通过对古代、近代、当代三个时间段的体育与健康课程跨学科主题学习的发展与变化进行梳理,可以归纳出其三种主要的类型,这有助于我们更好地认识体育与健康跨学科主题学习的当代价值。

### 一、体育与健康跨学科主题学习的发展历程

体育与健康跨学科主题学习在历史发展脉络中主要呈现出三种形式:混沌式的完全融入、综合课程式的内嵌融入、学科基点式的横向融入。上述三种类型较为完整和全面地诠释了体育与健康跨学科主题学习在不同时期的发展特点。

#### (一)混沌式的完全融入

这种形式主要发生在奴隶社会的教育中,在奴隶社会中教育与劳动生产密切结合,呈现出对教育对象文武兼修的要求。周朝时期的贵族教育制度要求学生掌握"六艺",即礼、乐、射、御、书、数,其中乐、射、御均可以看作是与体育相关的内容。乐指乐舞,射指射箭,御指驾车,三者均与体育密切相关。之所以说周朝时期提出的"六艺"可以视作体育与健康跨学科主题学

习的雏形,主要是与当时的教育教学方式有关。在周朝时期,教学过程中没有出现明确的学科概念和学科分班教学的情况,这时期的教学大都以口口相传、演示模仿等方式为主。因此可以认为这一时期对于"六艺"内容的教学在一定程度上是相互融合的,但是这种融合的产生受到生产力水平的限制,且在这一时期体育的价值更多凸显为军事和强身健体方面的功用,对于其育人价值并无太多认识。由此可知,这一时期的"六艺"融合教学并非基于学科融合育人的需要,且受制于生产力发展水平,从而呈现出一定程度的"混沌"特点。

**(二) 综合课程式的内嵌融入**

在封建社会,由于"重文轻武"的思想和"文武分途"的取士制度占据主流,导致体育在此阶段逐步淡出了学校教育的视野,尽管在封建社会的末期,明朝和清朝的统治者在思想层面强调"文武兼备",但是此时并未出现明确的体育与其他学科或育人主体相结合的具体形式。体育与健康跨学科主题学习综合课程式的内嵌融入主要出现在近现代教育改革中。在清政府1904 年颁布的《奏定初等小学堂章程》设有"体操"科目,对其说明为:其要义在使儿童身体活动,发育均齐,矫正其恶习,流动其气血,鼓舞其精神,兼养成其群居不乱、行立有礼之习;并当导以有益之游戏及运动,以舒展其心思①。由此可见,这时期虽未明确提出体育与其他课程相结合的综合课程,但其中提到的"鼓舞其精神,养成其群居不乱、行立有礼之习",体现出了对体育德育价值的强调,可以看出当时对体育的多元育人价值已有了初步探讨。体育内嵌融入其他课程形成综合课程主要体现在 1936 年颁布的《小学课程标准总纲》中,把低年级的体育和音乐整合为"唱游",成为一种综合性的音乐活动②。从目前音乐教材中存在的《拍皮球》《陀螺》等传统曲目可以推断出,当时强调将体育与音乐结合为"唱游",可能是因为在低年级音乐课的歌唱课和欣赏课中存在以体育游戏为原始材料创作的内容。1942 年后,小学课程标准的第二次修订,使体育从音乐中脱离出来,再次成为一门独立的课程,自此以后,体育与其他课程又历经数次分分合合。

**(三) 学科基点式的横向融入**

学科基点式的横向融入主要出现在新中国成立后。如,在 1950 年颁布的《小学体育课程暂行标准(草案)》中明确提到,体育要适当联系其他学科

---

① 吴履平主编,课程教材研究所编. 20 世纪中国中小学课程标准·教学大纲汇编 体育卷[M]. 北京:人民教育出版社,2001:8-50+353.

② 杨伊,任杰. 体育与健康课程的跨学科主题学习:必要性、可行性与行动路径[J]. 武汉体育学院学报,2023,57(5):88-94+100.

（尤其要和音乐、卫生等相互配合）；在 1956 年颁布的《小学体育教学大纲（草案）》中提到，体育教育在学校教育中是和德育、智育、美育、基本生产技术教育密切结合起来的。由此可知，在此时期虽然未明确提出体育与其他学科相结合的形式，但以体育学科为基点横向融入其他学科的理念已经初步形成。在此基础上，后续进行的数次课程改革所颁布的新课程大纲与课程标准中，对体育与德育、智育、美育、劳动教育间的结合均有提及。但需要指出的是，在《课程标准（2022 年版）》颁布之前，尽管已经提及以体育学科为基点横向融入其他学科的理念，且屡次强调要注重体育与德育、智育等相互融合，强调体育课程要与其他课程共同发挥育人价值，但在理论层面的教学内容中并没有给出具体的开展形式。而在实践层面，此期间虽然也出现了各种形式的体育跨学科教学，但是由于缺乏明确的理论指导，都只是昙花一现，无法形成体系。以学科为基点开展跨学科学习形式的正式确立是在《课程标准（2022 年版）》颁布后，在《课程标准（2022 年版）》中将体育与健康跨学科主题学习作为五大课程内容之一，并明确要求拿出 10％的课时用于跨学科主题学习。在确定其地位的同时，也提供了具体的体育与健康跨学科主题学习案例，自此以体育学科为基点横向融入其他学科的方式由理念层面的探讨逐步趋于完善。

从以上对发展历程的梳理可知，体育与健康跨学科主题学习的发展历经跌宕起伏，虽大部分时期都仅停留在理论层面的探索，但在多个时期的课程大纲或课程标准中都没有忽视对体育多学科协同育人的强调，可以说体育与健康跨学科主题学习是对以往体育课程的继承和创新，解决了以往数次课程改革中提及体育课程跨学科学习理念但缺乏相关具体内容的问题。《课程标准（2022 年版）》的颁布，正式为体育与健康跨学科主题学习明确了方向与要求，这是对数次课程改革中体育课程多元育人价值的回应，也是对体育与其他多学科融合育人价值的继承与创新。

## 二、体育与健康跨学科主题学习的当代价值

### （一）实现五育融合的关键载体

五育融合是促进学生全面发展的重要着力点，体育作为五育融合协同育人的手段，其跨学科课程的开展目标是促进学生的全面发展，既可以培养学生的体育品德，提高学生的智力水平，也可以让学生健康审美、身心劳动。《课程方案（2022 年版）》的培养目标指出：义务教育要在坚定理想信念、厚植爱国主义情怀、加强品德修养、增长知识见识、培养奋斗精神、增强综合素质上下功夫，使学生有理想、有本领、有担当，培养德智体美劳全面发展的社

会主义建设者和接班人①;此外还提出:要加强课程内容与学生经验、社会生活的联系,强化学科内知识整合,统筹设计综合课程和跨学科主题学习,开展跨学科主题教学,强化课程协同育人功能②。以上课程方案的相关表述,充分体现了跨学科主题学习在促进五育融合方面的重要价值。

实际上,德智体美劳全面发展并非全新的概念,在我国教育发展历史上,以往重视德智体的发展,同时也强调美育和劳育。但是,分科学习的方式导致五育缺乏融合的机会和途径,无法真正实现融合。而跨学科主题学习作为课程方案中规定的重要课程内容,其在延续以往以学科为依托的方式基础上,又融合了多学科知识技能,这非常符合对学生五育融合全面发展的要求,也有助于解决实践过程中出现的五育地位不平衡的问题。举例来说,在体育与健康课程的五育融合中,体育与德育的融合可以通过弘扬女排精神,将体育与思想品德教育中的坚持不懈、勇于拼搏的精神相结合,通过排球比赛中的具体情境进行融合;体育与智育的融合可以采用知行合一的方式;体育与劳动教育的融合可以通过各类劳动情境开展;体育与美育的融合可以通过形体美、欣赏美等多种方式进行融合。上述体育与其他育人主体融合的案例均可通过体育与健康跨学科主题学习的方式进行。因此,在素养导向的课程改革背景下提出的跨学科主题学习,是实现由五育并举向五育融合转变的关键载体。

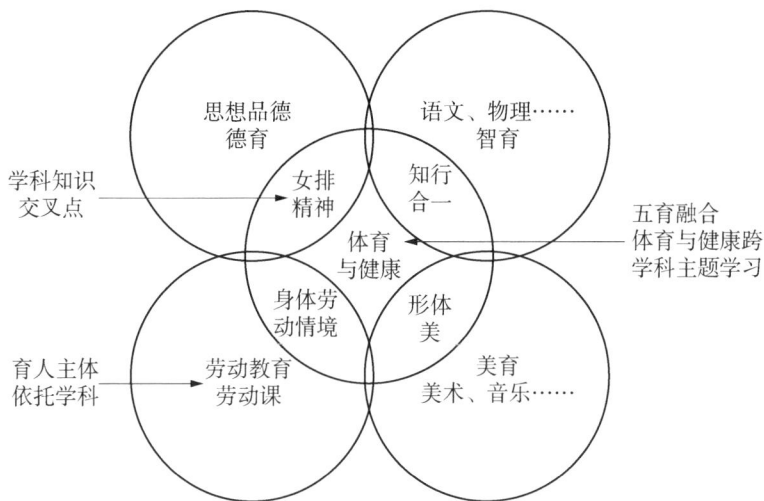

图 1-2　体育与健康跨学科主题学习五育融合图

①② 中华人民共和国教育部. 义务教育课程方案(2022 年版)[M]. 北京:北京师范大学出版社,2022:8.

**（二）学生高阶思维发展的必然路径**

高阶思维是指学生在学习过程中所形成的创新思维、批判思维等，《课程方案（2022年版）》要求学生学会在真实情境中发现问题、解决问题，具有探究能力和创新精神。学生的高阶思维正是素养导向的课程改革所要培养的关键能力，对学生探究能力和创新精神的重视本质上是对学生高阶思维能力培养的要求。然而，受到以往"知识中心观"与"内容中心观"理念的影响，体育课中大量零碎、脱离现实情境的知识多以灌输方式教授给学生，由此也造成了教师认为学生学的知识越多越好、越难越好的误区，这种"拼盘式""机械化"的教育现象导致教师对知识本身的关注超过了对学生思维能力培养的关注。从上述"知识中心观"与"内容中心观"理念的局限性可知，高阶思维的培养需要通过结构化的形式与现实情境相契合来实现。

学生在"知识中心观"与"内容中心观"理念的影响下，过于强调对学科知识纵向发展的探究，忽视了对不同学科知识间横向联系的关注，越来越繁杂的机械式练习不仅无法形成高阶思维，也无法对所学的内容建立整体认识，学生往往"只见树木不见森林"。然而现实情境中问题的表征方式正好与上述过程相反，在体育比赛与运动实践过程中，往往会面临各种各样的突发情况，需要学生对所学知识形成系统认知，单一学科知识的局限性在此时也开始凸显。

体育与健康跨学科主题学习作为一种打破学科边界的学习方式，较好地回应了该问题。在体育与健康跨学科主题学习的设计中，学习任务往往基于特定学科的大概念或大问题提出，这一大概念或大问题具备真实性，源自真实情境。比如，为了解决"如何跑得更久更快"这一现实生活中最常面临的问题，体育教师可以通过将耐久跑中的体力分配知识与生物学科中的人体运动时身体状态变化等知识相结合，将耐久跑中的阵型知识与物理学科中的风阻、风速等知识相结合，通过真实的问题与现实的情境，结合多学科知识让学生在学会耐久跑的同时，真正理解耐久跑中体能分配、最低风阻阵型的原理，而这种将所学知识逐步内化的过程正是学生高阶思维发展的过程。体育与健康跨学科主题学习通过寻找不同学科间的交叉点，将多学科知识整合到特定情境中，从而帮助学生形成整体思维，发展高阶思维能力。总之，跨学科主题学习让学生通过不断地探索和验证，在解决实际问题过程中体会多学科知识的融合运用，这是学生高阶思维能力发展的过程，也是学生高阶思维发展的必然路径。

**（三）发挥课程"以体育人"功能与突破课程的边缘化困境**

《课程标准（2022年版）》中明确提出了五大课程内容，即基本运动技能、体能、专项运动技能、健康教育、跨学科主题学习,这些内容是学生体育与健康核心素养发展的载体。体育与健康跨学科主题学习与其他内容相互配合,共同培养学生的体育与健康核心素养,发挥"以体育人"的功能,并最终落实"立德树人"根本任务(见图1-3)。

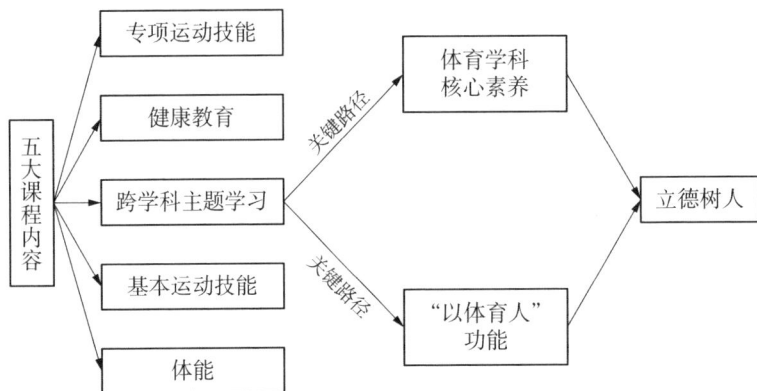

图1-3　体育与健康跨学科主题学习实现立德树人框架图

通过发挥体育与健康跨学科主题学习在落实"立德树人"根本任务中的价值,可以进一步实现突破体育与健康课程边缘化的困境,提高课程的功能和地位。在传统观念中,体育与健康课程的学习只是让学生掌握动作技术,这导致很多人对体育与健康课程的认识停留于活动课,没有真正认识到课程的育人价值。导致这种困境的原因除了以往的体育与健康课程教学确实存在一些问题之外,也与课程本身缺乏促进学生全面发展的机会有关。而通过开展体育与健康跨学科主题学习,能够实现体育和其他课程的融合,从而发挥体育课程在动作技术习得之外的其他价值,凸显体育课程的重要育人价值,也为大众认识、接受和认可体育与健康课程奠定了基础。比如,在体育与国防教育的跨学科主题学习设计中,可设置红军"三渡赤水河"情境,设计一系列的障碍跑、加速跑等活动,在完成活动的过程中学生不仅学习了体育运动中的翻越、跨越、快速跑等基本运动技能,还体会了红军在三渡赤水河中所经历的艰难险阻,在不知不觉中上了一堂生动形象的国防教育课,这种形式极大地拓展了体育课程的价值。总之,体育与健康跨学科主题学习的提出,并非是对运动技能学习的否定,而是在关注运动技能学习这一体育学科本体知识的前提下,打破体育课程的学科边界,探索体育学科与其他学科的横向联结,突破传统体育课程在"以体育人"功能上的局限性,站在更高的角度来实现体育课程的育人价值。

# 第二章　体育与健康跨学科主题学习的研究进展

　　如何理解跨学科主题学习,建构适切的体育与健康跨学科主题教学体系,成为新时代我国推动基础教育变革和探索体育教学创新亟待思考的问题。近年来,跨学科主题学习备受国内外学者关注,基于此,本章将对国内外体育与健康跨学科主题学习的研究进展进行综述,从而明晰国内外发展趋势。需要指出的是,由于体育与健康跨学科主题学习提出的时间较短,是相对较为新颖的概念,故在论述体育与健康课程中的跨学科主题学习前,本章首先综述了国内外跨学科主题学习的宏观理论与应用实践,从而帮助读者更加全面、系统地理解和掌握本章内容。除此之外,由于当前跨学科主题学习存在多种表达方式,如跨学科学习、跨学科研究、跨学科教育、跨学科教学、跨学科课程等,为了便于理解,本章在整体上按照《课程标准(2022年版)》的要求统一表述为跨学科主题学习,在特定文献综述部分适当遵循原作者的表述形式,但其基本内涵在实质上是一致的。

## 第一节　国外体育与健康跨学科主题学习研究进展

### 一、国外关于跨学科主题学习的理论研究

#### (一) 关于跨学科主题学习的理论基础研究

　　跨学科主题学习的渊源可以从古希腊人的知识观中探寻到蛛丝马迹,众所周知,西方社会的学校课程一开始便呈现出分科的状态,"三艺"和"七艺"便是最早的分科课程,但人们很快就意识到这种学科教育的弊端,苏格拉底在与弟子格劳孔对话时就曾提出:"能在联系中看事物的就是一个辩证法者,不然就不是一个辩证法者。"这里所谓的联系,与我们如今所说的加强学科之间的联系有异曲同工之处。除此之外,在古希腊人眼里,知识(episteme)是那种系统的、具有确定性和可靠性的知识,是常常与真理、科学、自由、善相联系的高端典范知识,这种知识观已成为跨学科主题学习最早的理论基础。而后随着社会的发展、教育的进步,越来越多的学者关注到

分科教学的弊端,鼓励进行学科整合,以此达到培养完整的人的目的。在此过程中,进步教育主义的理念起到了非常重要的作用,其代表人物为杜威、帕克、克伯屈等,他们主张教育要为当下的生活服务,教育实际上是经验的改造,促进学生形成更新、更优的经验,教育所有的社会成员,发展个人的首创精神和适应能力,必须将成长作为一切成员的理想标准,这也是跨学科主题学习所要实现的终极目标之一。

曼西拉(Mansilla)认为跨学科学习的认识论基础必须包含四个条件。首先,认识论框架必须是多元的且包含多种知识,这样才能具有解释多种形式的学科理解的能力。其次,它必须与跨学科学习现象相关,阐明跨学科整合的过程。第三,理论必须解释知识如何从不成熟走向成熟,揭示学习的基本动力。最后,它必须保证所获知识的有效性①。在此基础上,曼西拉将实用主义和建构主义作为跨学科学习的主要理论基础,他认为在跨学科学习背景下,学习者在一个相关学科中构建抽象概念,然后他们获得两个或更多学科的知识,但不建立它们之间的联系,最后,他们将两个学科的知识围绕一个中心、更加抽象的主题进行整合②。克莱因(Klein)在其著作中提到学科知识从来就不是孤立的,随着时间的推移,它与其他知识的联系更加紧密③。此外,克莱因认为系统论是跨学科学习的重要理论基础之一,系统论中整体性原则是指社会、自然界、大脑都是大系统,每个系统又都是由若干个要素或子系统组成的,当一定数量的要素或子系统按照一定的结构方式相互联系起来之后,就产生了大于各要素功能之和的整体功能。现如今,许多复杂的社会问题和社会现象不是单依靠某个具体的学科知识所能解决或解释的,学生必须具备系统认识的方法和能力,才能获得满意的答案。科恩(Cone)等人认为加德纳的多元智能理论也能为跨学科学习提供令人信服的证据。因为人类拥有多种智能,如语言智能、音乐智能、逻辑数学智能、空间智能、触觉动觉智能、内在智能和人际智能④,每个学生都应该获得七种智能的滋养,进而才能充分发挥他们的潜能,并且不同学生在不同智能上通常

---

① Mansilla V B. Learning to Synthesize: The Development of Interdisciplinary Understanding. In R. Frodeman, J. T. Klein, & C. Mitcham (Eds.), The Oxford Handbook of Interdisciplinarity [M]. Oxford: Oxford University Press, 2010:288-306.

② 赵晓伟,沈书生. 为未来而学:芬兰现象式学习的内涵与实施[J]. 电化教育研究,2021,42(8):108-115.

③ Klein J T. Crossing boundaries: Knowledge, Disciplinarities and Interdisciplinarities [M]. Charlottesville: University Press of Virginia, 1996:100-102.

④ Cone T P, Werner P H, Cone S L. Interdisciplinary Elementary Physical Education [M]. Champaign: Human Kinetics, 2008:5.

有不同的优势,这些优势会影响一个人的学习模式。当多元智能理论被用来教授一项技能或概念时,这种体验自然就变成了跨学科的学习体验。

综上所述,关于跨学科主题学习的理论基础,国外学者们从不同视角对其进行了深度探索,从古希腊的知识观到进步主义,从建构主义到实用主义,从系统论再到多元智能理论,这对于跨学科主题学习的顺利推进和实践落实均具有十分重要的导向作用。

**(二) 关于跨学科主题学习的实施价值研究**

国外关于跨学科主题学习的实施价值的研究主要聚焦于学生层面,这是因为学生是跨学科主题学习的中心,一切的教学设计都应围绕学生主体来开展。

在理论研究方面,跨学科学习能够将不同学科的知识联系起来,如数学、语文、音乐和科学等,通过结合不同学科领域的知识和技能并理解现实生活问题,不断提升学生解决问题的能力[1][2],并且学生在跨学科学习环境中学习的效果会更好,相关测试则表现得更加出色[3]。此外,跨学科学习能够培养学生的自豪感和赋权感,以及批判性思维的能力[4],让学生逐渐成为独立、自信的人,学会如何有效学习,并培养影响终身的学习技能[5]。以上说法并非空穴来风,部分研究者采用实验法证明了跨学科学习的价值所在,如安娜·萨德思(Anna Sudderth)等人进行的实验研究表明,在跨学科学习课程中学习数学和音乐的学生在干预后能更好地理解课程内容,并在评估中表现得更出色[6]。他们认为跨学科主题学习对学生而言,价值主要包括:

① Brand B R, Triplett C F. Interdisciplinary Curriculum: An Abandoned Concept? [J]. Teachers and Teaching, 2012,18(3):381 - 393.

② Santau A O, Ritter J K. What to Teach and How to Teach It: Elementary Teachers' Views on Teaching Inquiry-based, Interdisciplinary Science and Social Studies in Urban Settings [J]. New Educator, 2013,9(4):255 - 286.

③ Cunnington M, Kantrowitz A, Harnett S, et al. Cultivating Common Ground: Integrating Standards-based Visual Arts, Math and Literacy in High-poverty Urban Classrooms [J]. Journal for Learning through the Arts, 2014,10(1):1 - 24.

④ Muthersbaugh D, Kern A L, & Charvoz R. Impact Through Images: Exploring Student Understanding of Environmental Science through Integrated Place-based Lessons in the Elementary Classroom [J]. Journal of Research in Childhood Education, 2014,28(3):313 - 326.

⑤ Davidovitch N, Dorot R. Interdisciplinary Instruction: Between Art and Literature [J]. International Journal of Higher Education, 2020,9(3):269 - 278.

⑥ An S, Capraro M M, Tillman D A. Elementary Teachers Integrate Music Activities into Regular Mathematics Lessons: Effects on Students' Mathematical Abilities [J]. Journal for Learning through the Arts, 2013,9(1):1 - 19.

使学生变得更加严谨、突出学生的中心地位、加强学生与社区的密切联系以及使学生能够充分为未来做准备①。

此外,跨学科学习同样使教师主体受益。教师主体通过跨学科学习建立了对其他学科的理解,促进了团队合作与规划,教师们能够共同交流跨学科学习的经验和心得,并且编织起一个共同的主题。教师与学生的进步是相辅相成的,当学生看到教师在不同的学科领域工作,在不同的课堂教学,以及在不同的学科中提出类似的观点时,学生能够逐渐认识到一个学科领域的知识与技能如何转移至另一个学科领域,并最终应用于生活实践②。沃尔斯(Walsh)则认为跨学科学习还可以提高教师的教学能力,通过突破学科界限,教师可以使课程更具相关性,因为他们可以将知识和技能嵌入到生活中,让知识更加具有现实价值③。

**(三) 关于跨学科主题学习的实施困境研究**

从国外对于跨学科主题学习的探讨中可以看出,学者们认为跨学科主题学习并非只有积极的一面,部分学者也对其提出了质疑,主要集中在效果和实施层面。

在效果层面,坎贝尔(Campbell)和亨宁(Henning)通过实验研究发现,在小学阶段,接受跨学科教学的学生与未接受跨学科教学的学生在感知知识方面没有显著差异,以往研究中观察到的批判性思维并不一定奏效④。奥里利翁(Orillion)对此也持十分谨慎的态度,他在一项跨学科教学的研究中发现学生对问题的回答很肤浅,而且倾向于复述教师的观点,而不是自己尝试去解决问题⑤。并且他认为跨学科学习需要学生具备每个学科足够的背景知识后,才能处理跨学科的主题与问题,但就目前学生掌握学科知识的情况而言,还很难实现。此外,布雷亚祖(Briazu)认为如果过分专注于跨学科主题学习,会让个体从自身核心领域孤立出来。并且跨学科主题学习专

① Anna S. Why Is Interdisciplinary Learning Important [EB/OL]. [2023 - 01 - 19] https://xqsuperschool.org/rethinktogether/interdisciplinary-teaching-and-learning/.

② Cone T P, Werner P H, Cone S L. Interdisciplinary Elementary Physical Education [M]. Champaign: Human Kinetics, 2008:5.

③ Walsh E S. Hop jump [M]. San Diego, CA: Harcourt Brace, 1996:125.

④ Campbell C, Henning M B. Planning, Teaching, and Assessing Elementary Education Interdisciplinary Curriculum [J]. International Journal of Teaching and Learning in Higher Education, 2010,22(2):179 - 186.

⑤ Orillion M. Interdisciplinary Curriculum and Student Outcomes: The Case of a General Education Course at a Research University [J]. The Journal of General Education, 2009,58(1):1 - 18.

注于一个领域的边缘,这也降低了教师们在同行中的声誉,损害了他们获得终身教职的机会①。可见,虽然我们意识到分科教育存在的种种弊端,但学术体系在很大程度上仍然是建立在特定专业的基础上的,相比之下,跨学科主题学习相关研究在传统的研究领域中显得比较稀疏。正如里克(Rick)所说:"当一个单一的跨学科课程被认为是一个主要的研究领域时,跨学科实践的方法论就丢失了②。"

　　在实施层面,布兰德(Brand)和特里普利特(Triplett)等人认为跨学科学习是一项具有挑战性的活动,有很多因素阻碍着相关工作的落实与开展③。以教师为例,在思想方面,其认为教师,尤其是高年级的教师担心他们学科领域的"纯洁性"、逻辑范围和顺序会在一体化单元中丧失,致使他们不愿意改变课程内容的优先顺序,也不愿意以新的方式调整内容。在能力方面,教师在向学生展示信息之前,必须充分理解跨学科学习的内容,并建立起不同学科之间的联系④。但巴里(Barry)和肖恩思(Schons)等人认为跨学科学习涉及教师的准备和课程的执行,教师往往没有一定的能力来指导学生进行跨学科学习,以至于在实践中通常会出现浅层次的融合,主要体现在两大方面:一是在某学科中增加背景音乐,将其视为学科融合;二是只把两个学科简单联系起来,流于形式⑤。在经验方面,由于长期进行分科教育,教师并不清楚如何超越学科的界限去讲授知识,这也是急需解决的关键问题之一。在时间方面,教师每天有大量的授课任务要完成,尤其是音乐、体育这样的课程,闲暇之余根本没有时间去设计跨学科学习的案例。在资源方面,杜维尔(Douville)等人认为,教师实施跨学科教学的机会是资源驱动的,而不是概念驱动的,教师常常缺乏课堂外对跨学科教学的支持,并且当课程、学校或地区标准强加于教师,而这些标准不一定与跨学科学习相一

① Briazu R A. The challenges and joys of interdisciplinary research: Insights from a psy-art collaboration [J]. PsyPag Quarterly, 2017,1(103):37 - 41.
② Rick S. How and Why to Teach Interdisciplinary Research Practice [J]. Journal of Research Practice, 2007,3(2):1 - 16.
③ Brand B R, Triplett C F. Interdisciplinary Curriculum: An Abandoned Concept? [J]. Teachers and Teaching, 2012,18(3):381 - 393.
④ Cone T P, Werner P H, Cone S L. Interdisciplinary Elementary Physical Education [M]. Champaign: Human Kinetics, 2008:5.
⑤ Barry N, Schons S. Integrated Curriculum and the Music Teacher: Case Studies of Four Public School Elementary Music Teachers [J]. Contributions to Music Education, 2004,31 (2):57 - 72.

致时,教师对如何成功设计跨学科学习的课程就显得手足无措①。此外,跨学科学习难以成功推进也可能是缺乏行政支持的结果,教师在宏观层面得不到学校相关高层领导的关注和支持,没有获取相关成功经验的渠道和机会,导致跨学科学习形成了"上冷下热"的局面②。

**(四) 关于跨学科主题学习的实施路径研究**

跨学科主题学习是一个系统工程,虽然它是以教师作为主要实施者来进行运作的,但仍然离不开学校、社会的参与和支持,只有在资源、培训、指导等方面加强对教师的帮助,以此形成家校社三方合力后,才能保证跨学科主题学习的顺利落实。

科恩(Cone)认为跨学科课程的发展和成功取决于教师从学校管理者、学生、同事和家长那里得到的支持,尤其是在早期计划的时候能够将这些人包含在其中,并在开展过程中让他们了解情况。具体来看,一是学校管理者层面,获得学校管理者对跨学科教学的支持是迈向成功的重要一步,当需要调整日程安排、协调规划时间,或者材料和设备等出现短缺时,学校管理者能提供直接有效的帮助;二是学生层面,任何跨学科学习的成功与否都取决于学生参与活动是否热情,选择和计划有趣的课程当然是必要的,有些时候教师可能还需要向学生解释整合一门或多门课程的目的,以及能从课程中获得的好处;三是同事层面,跨学科教学涉及到不同的学科知识,因此教师需要处理好和同事之间的关系,并努力形成一种积极的合作关系;四是家长层面,家长可以在支持跨学科学习方面发挥关键作用,对许多家长来说,可能并不熟悉整合科目的概念,但是教师可以在跨学科学习单元邀请家长参与到学习活动中,以此鼓励和支持学生③。

学校和教师层面也是国外学者们关注的焦点。首先,在学校层面,巴里(Barry)和肖恩思(Schons)认为学校应当在宏观层面提供开展跨学科学习的行政支持,比如可以制定允许教师之间合作的时间表④。希腊率先推行

---

① Douville P, Pugalee D K, Wallace J D. Examining Instructional Practices of Elementary Science Teachers for Mathematics and Literacy Integration [J]. School Science and Mathematics, 2003,103(8):388-396.

② Orillion M. Interdisciplinary Curriculum and Student Outcomes: The Case of a General Education Course at a Research University [J]. The Journal of General Education, 2009,58 (1):1-18.

③ Cone T P, Werner P H, Cone S L. Interdisciplinary Elementary Physical Education [M]. Champaign: Human Kinetics, 2008:26-27.

④ Barry N, Schons S. Integrated Curriculum and the Music Teacher: Case Studies of Four Public School Elementary Music Teachers [J]. Contributions to Music Education, 2004,31(2):57-72.

了该项举措,在鼓励进行跨学科教学的课程改革后,小学每周都会设置五个小时的"灵活时段"专门用于使用多学科教科书进行跨学科教学①。每个教师都有权选择在该时段内进行某个项目或活动,而不受特定学科的限制,多数教师认为灵活时段的设置促进了研究性学习和教学,以及学校教学中不同群体之间更好的沟通和交流②。此外,学校层面还可以为教师提供开展跨学科学习相应的物质保障,如培训课程、培训机会等,让教师能够在持续的培训和进修中理解跨学科学习的内涵和设计方式等。其次,在教师层面,布兰德(Brand)和特里普利特(Triplett)认为教师应当首先了解学生的学习方式,教师的教学应当与学生的学习方式相一致。概念理解对于掌握知识和技能至关重要,解决问题的过程可以促进学习和理解,因而教师应该利用这些信息来指导课堂实践③。卡里尔(Carrier)等人认为可以加强不同专业领域教师之间的合作,建立教师专业共同体共同进行跨学科学习的设计工作④。坎贝尔(Campbell)等人则认为有效实施跨学科学习的方法之一是对教师进行跨学科学习的相关培训,在职前职后给予教师理解跨学科学习的时间和空间。在理想情况下,职前教师不仅要学习制作跨学科单元,还要在自己的学科背景下学习其他学科的知识⑤。最后,还有部分学者和机构针对课堂教学提出了相应的措施,如伦敦国王学院认为跨学科学习可以关注七个方面,分别是引入不同的视角、基于问题来开展案例学习、整合观点、根据不同群体选择合适方法、丰富学生的学习情境、强调团队教学,以及合理利用课内外时间。科恩认为教师首先需要回顾课程指南的范围和顺序,然后再选择内容,随后则是收集与之相关的信息,进而决定选择运用什么样的跨学科教学模式,据此制订课程计划,

① Chrysostomou S. Interdisciplinary Approaches in the New Curriculum in Greece: A Focus on Music Education [J]. Arts Education Policy Review, 2004,105(1):23 - 29.

② Alahiotis S N, Karatzia-Stavlioti E. Effective Curriculum Policy and Cross-curricularity: Analysis of the New Curriculum Design of the Hellenic Pedagogical Institute [J]. Pedagogy Culture & Society, 2006,14(2):119 - 147.

③ Brand B R, Triplett C F. Interdisciplinary Curriculum: An Abandoned Concept? [J]. Teachers and Teaching, 2012,18(3):381 - 393.

④ Carrier S, Gray P, Wiebe E N. Teachout D. BioMusic in the Classroom: Interdisciplinary Elementary Science and Music Curriculum Development [J]. School Science and Mathematics, 2011,111(8):425 - 434.

⑤ Campbell C, Henning M B. Planning, Teaching, and Assessing Elementary Education Interdisciplinary Curriculum [J]. International Journal of Teaching and Learning in Higher Education, 010,22(2):179 - 186.

确定日程安排、材料、设备、组织和设施，最终确定如何评价学生的学习活动①。

## 二、国外关于跨学科主题学习的实践研究

随着社会的进步和教育的发展，分科教学在培育人才以及学科建设上存在的问题日渐显露，世界各国不约而同开展了教育方式的探索与革新。其中，以跨学科主题学习的实践发展最为迅速，并且诞生了诸如 STEAM 教育、现象式教学、整合性开放教学、创客教育和综合学习等丰富多彩的跨学科主题学习模式，以及来自一线教师精彩的教学案例。

### (一) 美国的 STEAM 教育

当今世界跨学科主题学习的典型模式之一是由美国提出的 STEAM 教育，其是由 STEM 教育发展而来的。STEM 的正式确定时间为 20 世纪 90 年代，在此之前，常见的缩写是 SMET，即科学（Science）、数学（Mathematics）、工程（Engineering）和技术（Technology），如美国国家科学委员会于 1986 年在《本科科学、数学和工程教育》文件中提出"科学、数学、工程和技术教育集成"的纲领性意见，因而在多数研究中，SMET 也被看作是 STEM 发展的滥觞②。21 世纪初期，STEM 逐渐取代 SMET，成为四大学科的统称，并频繁出现在美国各大文件中，这一点从《国家竞争力法》《国家行动计划：应对美国科学、技术、工程和数学教育系统的紧急需要》和《美国振兴及投资法案》的相关论述中可见一斑。随着 STEM 教育影响力的不断扩大，全球多个国家也相继加入 STEM 教育改革的行列中来，其中，2016 年我国颁布了《教育信息化"十三五"规划》，明确提出要积极探索跨学科学习等新模式的运用，这标志着我国正式开启了 STEM 教育改革的新征程。

STEM 教育主要包括科学（Science）、技术（Technology）、工程（Engineering）和数学（Mathematics）四大学科，但并不是将四门学科的课程简单相加，而是对相关内容进行有机整合，并以真实情境作为任务驱动，在实践的过程中培养学生发现问题、分析问题、解决问题的能力，以此来更好地促进学生全面发展。后来，美国学者格雷特·亚克门（Georgette Yakman）在此基础上加入了 A（Arts，艺术）的元素，进而发展成为 STEAM

① Cone T P, Werner P H, Cone S L. Interdisciplinary Elementary Physical Education [M]. Champaign: Human Kinetics, 2008:105.
② 余胜泉,胡翔. STEM 教育理念与跨学科整合模式[J]. 开放教育研究,2015,21(4):13-22.

教育,这里的 A 涉及范围比较广,包含美术、音乐、哲学和历史等多种学科①。无论是 STEM 教育还是 STEAM 教育,本质上都是跨学科主题学习,都是鼓励学生利用多学科的知识来解决现实生活中遇到的问题,将知识转化为直面生活的能力。

从理论依据上看,STEAM 教育的提出与传统分科教学带来的弊端有很大的关系。分科教学背景下,各学科之间缺少横向的交流与沟通,学科各自为营的局面导致学生在综合运用知识解决问题的过程中出现诸多困境,并且真实情境的复杂性和未知性也不是单一学科所能解决的,需要举多学科之力来完成这一艰巨任务②。此外,社会的进步和教育的发展也对传统被动接受式的教育方法提出质疑,更加鼓励学生能够跳出"知识无用论"的怪圈,用所学知识去面对未知的生活。在多种因素的影响下,STEAM 教育应运而生。从价值理念上看,STEAM 教育首先强调多学科的交叉融合,拒绝延续以往单一学科的教学方式,实行跨学科的教学方法,加强学科与真实世界之间的联系③。此外,STEAM 教育也强调要回归生活,创设真实的生活情境,带给学生原生态的教育体验,为学生提供丰富完整的学习体验。从核心特征上看,STEAM 教育包含了跨学科、趣味性、体验性、情境性和协作性等特征,极大丰富了教学的形式和乐趣,带给学生丰富的学习体验。从教学目标上看,STEAM 教育的目标在于培养学生的多种素养,在真实的情境中提高学生应用所学知识解决实际问题的能力,在情境中对学生进行综合的培养,促进其科学、技术、工程、艺术和数学素养的提高。

### (二) 芬兰的现象式教学

除美国的 STEAM 教育以外,芬兰的现象式教学也是跨学科主题学习的经典模式,同样强调让学生从真实生活出发,在与世界的互动中形成对多学科知识的理解。2014 年,为了让学生在未来更自然地融入到社会生活当中,芬兰国家教育委员会正式将现象式教学纳入基础教育国家核心课程,并将此作为未来教育的重点发展方向。此后,随着现象式教学的影响力不断扩大,多个国家将其作为跨学科主题学习的典型模式进行研究,主要有美

---

① 魏晓东,于冰,于海波. 美国 STEAM 教育的框架、特点及启示[J]. 华东师范大学学报(教育科学版),2017(4):40-46+134-135.

② 秦瑾若,傅钢善. STEM 教育:基于真实问题情景的跨学科式教育[J]. 中国电化教育,2017(4):67-74.

③ Martín-Páez T, Aguilera D, Perales-Palacios F J, et al. What are We Talking about When We Talk about STEM Education? A Review of Literature [J]. Science Education, 2019, 103(4):799-822.

国、英国和欧盟成员国①。然而,芬兰现象式教学的产生并非一蹴而就,也是在内外部环境的交替影响下产生的。从外部来看,随着全球化进程的加快,社会经济的不断发展,芬兰出现了劳动力短缺的现象,尤其是对高精尖人才的需求在日益扩大,由此引发了教育部门对教育方式的再思考②。从内部来看,2014 年,芬兰国家教育委员会颁布了新的国家课程标准,鼓励教学要从真实现象出发,构建不同视角的教学内容,实行跨学科教学,为现象式教学的产生提供了制度保障。

现象式教学区别于 STEAM 教育的独特之处在于其直接从现象出发,针对自然中发生的现象进行表达、设计、解释和沟通。例如,针对冬季捕鱼的现象,教师会让学生先进行实地观察,然后从不同的视角确定不同的研究问题,视角不同,所需要的学科知识也不同,紧接着再确定研究计划、选择研究对象和收集研究数据等,其教学方式更加原生态,这也是现象式教学的内涵之一③。此外,现象式教学的内涵还体现在其独有的情境性、具身性和社会性等特点上。情境性是指每一个教学主题和视角的确立,均是建立在学生对某一真实现象的先前理解上,而提出什么样的问题,从什么角度出发解决问题取决于在看到该现象之前所具备的知识理解,这样能够最大限度地面向事实本身,便于学生实现对知识的融会贯通。具身性是指学生知识的习得,都需要到真实现象中进行实践、体会和感知,进而形成对某一现象的具身认知,经验表明这样习得的知识往往对学生产生的影响更大,在真实生活中的知识迁移也往往较为顺利。社会性是指对某一现象的全面认知单靠个体难以实现,在此过程中必须组建合适的学习活动小组,学生能够在其中交流观点、分享感悟,也可以充当专家的角色,为他人答疑解惑,帮助学习者从多个视角知晓和领会这一现象。

### (三) 德国的整合性开放教学

自 20 世纪 90 年代中期,德国开始推行跨学科的整合性开放教学模式,鼓励小学、初中和高中在学期中增加一定的整合性开放教学课时,其出发点与美国和芬兰的初衷有共通之处,均是为了满足社会经济快速发展下国家对于工作岗位中专业人员的高质量要求④。学校作为国家人才培养的摇

---

① 赵晓伟,沈书生. 为未来而学:芬兰现象式学习的内涵与实施[J]. 电化教育研究,2021,42(8):108 - 115.

② 倪中华. 芬兰的"现象教学":基于跨学科理念的项目式学习[J]. 上海教育,2021(24):70 - 71.

③ 李香玉. 现象式学习,来自芬兰的"教育秘籍"[J]. 教育家,2021(41):33 - 34.

④ 杜惠洁. 德国开放教学设计研究的现状与趋势[J]. 教育科学,2005(4):61 - 64.

篮,必须承担起相应的责任,改变过去单一分科教学的模式,与时俱进,培养学生的跨学科思维。因此,整合性开放教学模式应运而生①。从广义来看,整合性开放教学与 STEAM 教育以及现象式教学的核心要义都是一致的,均是以某个学科中的某个议题为中心,运用多学科的知识来对该议题进行加工和设计。其中存在差异的是不同国家对于人才培养的要求不同,各自在某些方向的落脚点更为细致。就德国的整合性开放教学而言,其教学目标不仅要让学生掌握多学科的知识,而且要建立起多学科知识之间的联系,进而提高学生综合利用多学科知识的能力。针对教学能力的开发,其强调要让学生在专业框架之外形成对一般性问题解决策略的掌握与迁移。针对价值导向,则强调要让学生掌握理解自我和世界的能力,并在此过程中形成对更多事物的关心等②。

　　除了上述跨学科教学模式外,也有部分来自一线教师的精彩案例。如所罗门(Solomon)等人将语言艺术与体育教育课程相融合,构建出了生动精彩的跨学科主题学习教学案例,经过几节课的实验后发现,学生在体育教育中的听、看、说等能力均有所发展,比传统的语言艺术课堂效果更为显著③。金容熙(Kim Yong Hee)将音乐课程与艺术课程相融合,为小学生开展了为期几周的跨学科主题学习活动,得出小学生对于音乐和艺术课程的喜爱程度有所提高,并且在乐感等方面有了很大提升④。此外,沃特斯(Watters)等人针对数学设计的"夏日阅读"跨学科主题学习活动,围绕数学建模问题来开展跨学科主题活动,不仅能够提升学生应对未来现实世界中种种复杂问题的能力,还能够促进学生的情感体验与人格养成,使学生能够在学会学习的同时学会生存⑤。

　　综上所述,国外关于跨学科主题学习相关的理论和实践研究较为丰富且探索时间较早,除上述提及的模式外,日本的综合学习以及澳大利亚的跨领域统整课程同样是跨学科主题学习的典型模式。虽然这些模式来自不同国家,所提出的要求、选择的内容和采取的形式都存在差异,但从宏观角度

---

① 杜惠洁. 德国开放式教学设计的原则与研究反思[J]. 现代教学,2008(C2):152-153.

② 徐斌艳. 从德国的开放式教学看素质教育的落实[J]. 全球教育展望,1999(4):55-58.

③ Solomon J, Murata N M. Physical Education and Language Arts: An Interdisciplinary Teaching Approach [J]. Strategies: A Journal for Physical and Sport Educators, 2008, 21 (6):19-23.

④ Kim Y H. The Development of an Interdisciplinary Music and Art Program for Elementary Students [J]. Korean Journal of Research in Music Education, 2018,47(1):61-86.

⑤ English L D, Watters J J. Mathematical Modelling in the Early School Years [J]. Mathematics Education Research Journal, 2005,16(3):58-79.

来看,世界各国均是为了顺应时代发展的潮流而在教育领域进行了关键之举,旨在弥补分科教育存在的弊端,发展学生核心素养、跨学科素养、高阶素养以及综合素养,并期望以此培养出顺应时代发展变革的新世纪人才,服务于国家建设。

### 三、国外关于体育与健康跨学科主题学习的理论研究

#### (一) 关于体育与健康跨学科主题学习的实施价值研究

国外研究者认为体育与健康跨学科主题学习的实施价值不仅仅局限于使学生加强对不同学科知识的理解,他们认为体育与健康跨学科主题学习可以帮助学生改善身体状况,例如血液循环和强健筋骨肌肉等,也可以提高学生参与体育活动的兴趣,保证学生每天能抽出一部分时间来参与运动。

在对学科知识的理解方面,国外学者形成的共识是通过体育与健康跨学科主题学习的方式来学习学科知识效果会更好。如黛丝碧娜(Despina)认为,通过运动学习学术概念的孩子比那些用传统学习方法学习相同概念的孩子收获的效果更显著[1]。这一观点在实践中也获得了验证,一项针对幼儿园儿童的实验数据表明,体育与阅读技能联合教学比传统的阅读与体育分开教学更有效,这一结果充分肯定了体育与健康跨学科主题学习的重要性[2]。马蒂宁(Marttinen)对此持同样的观点,其认为在体育教学中融入其他的核心学科,可以让学生通过采取动作解决各种问题来获取知识,有效地培养学生的语言技能和理解数学的能力,而其他相关研究也印证了这一观点[3]。此外,开展体育与健康跨学科主题学习也会对儿童的认知表现、学术成就,以及全天候的体育活动水平、动机、乐趣和信心产生积极影响。除了上述影响外,体育与健康跨学科主题学习还有助于学生关注现实中存在的问题,戈特扎迪斯(Gotzaridis)通过身体活动的方式向学生传授 57 个物理概念,帮助他们认识到物理与日常生活联系较为密切,在此过程中提高了学生的参与度和对现实生活的关注度[4]。此外,多项针对应用于体育学科

---

① Despina K, Olga K, Vassiliki D, et al. Interdisciplinary Teaching in Physical Education [J]. Arab Journal of Nutrition and Exercise, 2017,2(1):91-101.

② Sofu S. Determinants of Preservice Classroom Teachers' Intentions to Integrate Movement and Academic Concepts [J]. Missouri Journal of Health, Physical Education, Recreation and Dance, 2008,18(3):10-23.

③ Risto, H J, Gabriella M, Ray F, et al. Integration and Physical Education: A Review of Research [J]. Quest, 2016,69(1):1-13.

④ Gotzaridis C. Physical education and Games, and Concepts of Physics: A 476 Interdisciplinary Approach [J]. Science Education International, 2004,15(2):161-166.

中的跨学科主题学习的研究表明,体育与健康跨学科主题学习能够显著提高学生的学习兴趣、动机和学科满意度等。

在促进身心健康方面,研究主要聚焦于体育运动本身带给学生的价值。众多研究表明定期参加体育活动对年轻人来说是一种必要的预防行为,可以减少患慢性疾病的风险,同时提高生活质量,甚至延长寿命。因而对以体育活动作为主要载体的体育与健康跨学科主题学习而言,能够促进身心健康是必然的。帕克斯(Parks)认为将运动融入课程,是帮助孩子达到每天 60分钟或更长时间体育活动目标的实际解决方案[①]。里斯托(Risto)则认为通过实现体育与其他核心课程的整合能够帮助学生减少与心血管疾病相关的风险因素,从而促进学生成为健康的个体[②]。翁纳斯(Honas)和诺克斯(Knox)在此基础上认为将体育活动纳入跨学科整合计划有益于收获多种健康效益,如身心健康和保持身体质量指数(BMI)正常等[③④]。

**(二) 关于体育与健康跨学科主题学习的实施困境研究**

关于体育与健康跨学科主题学习的实施困境,国外学者大多将视线聚焦于体育教师层面。国外一项针对小学体育教师开展跨学科主题学习影响因素的研究指出,当前共有七项因素影响体育与健康跨学科主题学习的开展,分别是教师培训、课程内容、教学动机、教师顾虑、教师参与、教学条件和教学支持,其中最具代表性和最受关注的内容是教学团队之间的沟通和实施跨学科教学的可行性[⑤]。同时,他认为体育学科缺乏可信性也是阻碍跨学科教学发展的原因之一,这一点国内学者在文章中也多有提及,最直接的体现就是体育教师的身份认同问题,体育教师凭借传授实践性知识和在"默

① Parks M, Solomon M, Lee A. Understanding Classroom Teachers' Perceptions of Integrating Physical Activity: A Collective Efficacy Perspective [J]. Journal of Research in Childhood Education, 2007,21(3):316 - 328.

② Risto, H J, Gabriella M, Ray F, et al.. Integration and Physical Education: A Review of Research [J]. Quest, 2016,69(1):1 - 13.

③ Honas, J J, Washburn R A, Smith B K, et al. Energy expenditure of the physical activity across the curriculum intervention. Medicine & Science in Sport & Exercise [J]. 2008,40(3):1501 - 1505.

④ Knox G J, Baker J S, Davies B, et al. Effects of a novel school-based cross-curricular physical activity intervention on cardiovascular disease risk factors in 11-14-year-olds: The activity knowledge circuit [J]. American Journal of Health Promotion, 2012,27(2):75 - 83.

⑤ Julio C C, Elisa T R, David C V, et al. La concepción del profesorado sobre los factores que influyen en el tratamiento interdisciplinar de la Educación Física en Primaria [J]. Cultura, 2009,13(5):11 - 24.

会"情境中教学的独特方式在专业人员中独树一帜,彰显自身专业的特殊性,然而,这种特殊性不仅没有得到应有的重视,反而因为其缺乏一定的学术性和进行大量"看似简单"的身体活动而遭到漠视①,在此处境下学科之间的合作十分困难,跨学科主题学习也难以有效推进。此外,阿奇(Hatch)等人在对体育与数学、物理等学科的跨学科主题学习活动进行论述时认为,当前体育跨学科主题学习可以使用的相关资源不多,例如数字资源、教学指导等,并且绝大多数已有的资源都是由非体育专业的人员来编写的,从某种程度上来说执行效果并不乐观②。所罗门(Solomon)则从学科本身出发,他认为体育在很多学校不被看作优先事项,因此在进行体育跨学科主题学习的相关活动时,各方面给予的支持都不充足,最终导致活动开展存在困难③。比尔(Buell)对此持同样的看法,即学科属性和地位决定了跨学科主题学习活动能否在学校中顺利开展④。

由此可见,当前国外对于开展体育与健康跨学科主题学习的困境来自方方面面,既有体育教师内部的动力、能力不足以及开展跨学科主题学习的意愿不强烈,也有外部的资源、行政等的限制。如何打破这些藩篱,高效开展体育与健康跨学科主题学习活动,成为下一阶段亟待解决的难题。

**(三) 关于体育与健康跨学科主题学习的实施路径研究**

当前国外针对体育与健康跨学科主题学习的实施路径的研究,主要聚焦于教师发展、课程建设和模型构建等方面。

在教师发展方面,劳伊森鲍赫(Rausenbauch)强调要重视合作活动,努力建立起必要的交流,增进体育教师与其他学科教师之间的感情联络⑤。史蒂文斯(Stevens)也呼吁体育教师要和其他学科教师进行合作,她认为如果两个学科能够找到一种合作的方式,那么这两个领域都能够从运动的角度加强学

---

① 尹志华,毛丽红,孙铭珠,汪晓赞,季浏.20世纪晚期社会学视域下体育教师研究的热点综述与启示[J].北京体育大学学报,2014,37(5):100-105.

② Hatch, G M, Smith D R. Integrating Physical Education, Math, and Physics [J]. Journal of Physical Education, Recreation & Dance, 2004,75(1):42-50.

③ Solomon J, Murata N. Physical Education and Language Arts: An Interdisciplinary Teaching Approach [J]. Strategies: A Journal for Physical and Sport Educators, 2008,21(6):19-23.

④ Buell C M, Shirley H M. Integrating Physical Education and Social Studies [J]. Social Studies Review, 1993,1(1):29-34.

⑤ Rausenbauch J. Tying it all together. Integrating physical education and other subject areas [J]. Journal of Physical Education, Recreation & Dance, 1996,67(2):49-51.

生对学术概念的理解①。森(Senn)等人对此持同样的看法,他们认为教师要
参与以学校为依托的专业发展活动,围绕共同主题提供相应的跨学科教学
策略;体育教师要与其他学科的教师组建一个横向规划的团队,将学术核心
和专业领域结合在一起,旨在开发出跨学科的"主干",内容包括单元计划、
课程计划,促进教学单元向学生传递所需的信息②。这种跨学科的规划和
教学过程对体育教师和课堂都会产生正向作用,有利于通过分享不同领域
的学科知识,并根据学生不同学科的水平基础,组合并规划每节课的重点、
范围、顺序和教学策略③。

　　在课程建设方面,尤(You)等人非常强调协作课程的重要性,他们认为
协作课程作为一种工具,能够将不同背景和兴趣的人聚集在一起,相互分享
不同的知识和技能,进而产生高质量的教学,以此来共同推动跨学科主题学
习的顺利落实。在制订协作课程的过程中,必须考虑四个非常重要的影响
因素,分别是:教师、学生、教学环境和教学主题。作为学校学科中比较特殊
的存在,制订协作课程是体育与其他学科进行合作教学的基础。在体育课
程中,协作课程反映了教学团队之间的合作关系,同时包容了不同部门成员
之间的冲突与争论,每个成员都有其不同的角色和职责,他们充分发挥自身
的优势并挑战将其融合在一起,以此来设计出高质量的协作课程④。格斯
里(Guthrie)和佩雷亚(Perea)等人开发了综合课程模式,侧重于跨年级的跨
学科合作,与尤所言的协作课程有一定的相似之处,并且都将体育作为学习
过程中不可或缺的一部分⑤。

　　在模型构建方面,科恩等人在福格蒂(Fogarty)学习理念的基础上构建
出了三种适合体育与健康跨学科主题学习的模型,分别是连接式
(Connected)、共享式(Shared)和伙伴式(Partnership)⑥。具体来看,连接式

① Stevens D. Integrated learning: Collaboration Among Teachers [J]. Teaching Elementary Physical Education, 1994,5(2):7-8.
② Senn G, McMurtrie D, Coleman B. Collaboration in the Middle: Teachers in Interdisciplinary Planning [J]. Current Issues in Middle Level Education, 2019,24(1):1-4.
③ Kaittani D. Interdisciplinary Learning in Education: a Focus on Physics and Physical Education [J]. Sport Science, 2016,9(1):22-28.
④ You J, Craig C J. Narrative Accounts of US Teachers' Collaborative Curriculum Making in a Physical Education Department [J]. Sport, Education and Society, 2015,20(4):501-526.
⑤ Guthrie J, Perea K M. Beyond Book Buddies: Interdisciplinary Teaching Across the Grades [J]. Corwin Press, Inc. Road, Thousand Oaks, 1995,CA (9):1320-2218.
⑥ Cone T P, Werner P, Cone S L. Interdisciplinary Elementary Physical Education-2nd Edition [M]. Champaign, IL: Human Kinetics, 2008:12-16.

是指一个学科领域的内容被用来增加或补充另一个学科领域的学习经验。例如在体育课上教授墨西哥民俗舞,通过地图来显示其国家的位置,这是将主题与社会研究联系起来的一种手段。共享式则是强调针对两个或多个学科领域的相似主题、概念或技能与另一位学科教师进行合作教学的模式。例如在民俗舞的教学中使用共享式,墨西哥文化传统的概念将在体育和社会研究课程中同时教授,民俗舞强调的是文化传统,社会研究课程的重点则是教授民俗舞是如何成为节日组成元素的。伙伴式相较于以上两种更为复杂,其实质是将来自两个或多个主题领域的内容进行复杂的统一。还是以墨西哥民俗舞为例,教师们会规划并通过团队的形式来教授一个关于墨西哥的单元,内容包括民俗舞、文化传统、历史、游戏、音乐、视觉艺术和食物等。

### 四、国外关于体育与健康跨学科主题学习的实践研究

国外关于体育与健康跨学科主题学习的实践研究较为丰富,这些研究主要以体智融合为基本理念,以体育运动为载体教授跨学科知识,实施效果良好。其中,比较有代表性的是美国的 TAKE 10!® 项目、A＋PAAC 项目和澳大利亚的 TWM－E 项目。

美国的 TAKE 10!® 项目于 2000 年开始实施,为期 10 周,以美国亚特兰大市的 27 所小学为试点,共招募 2 万名五年级小学生。项目以跑、跳,以及各种形式的体育小游戏为载体,将中高强度的身体活动与健康教育、艺术教育、数学教育、语文教育和社会研究教育等有机融合,并且采用了针对不同主题的问答交流,每个项目大约历时 10 分钟,通过一系列的效果检验,发现 TAKE 10!® 项目的干预效果具有良好的跨年龄一致性且师生评价较高[①]。多年来,该项目在实践中不断积累经验,逐渐形成了比较成熟的实施体系,包括针对小学生身心和教学发展需求而设计的 40 项方便 5—11 岁儿童的运动教学任务,以及与之相匹配的跟踪记录表、表现型评价工具、课程教学资源以及完善的教师培训计划。这样比较完备的项目实施体系不仅便于项目的后期发展和推广,也为教学的具体落实提供了操作依据。据统计,截至 2018 年,TAKE 10!® 项目已经在美国超过 5 万个班级中进行了推广,参与的学生人数超过百万,并且世界上许多国家已经开始采用该项目来进

---

① Barry M J, Mosca C, Dennison D, et al. TAKE 10! Program and Attraction to Physical Activity and Classroom Environment in Elementary School Students [J]. Medicine and Science in Sports and Exercise, 2003,35(3):134.

行体育教学。此外,随着项目影响力的日渐扩大,TAKE 10!®项目被应用到语文、数学和科学等不同学科的教学之中,其提高学生专注力、学习成绩、身体素质以及参与体育运动兴趣的效果得到了师生的一致认同,TAKE 10!®项目不仅开创了将运动干预健康纳入学校的新形势,也为体育与健康跨学科主题学习提供了新的设计思路①。

同样诞生于美国的还有 A＋PAAC(Academic Achievement and Physical Activity Across the Curriculum)项目,该项目是由美国国立卫生研究院资助的一项体智融合课程项目,为期 3 年,致力于解决运动量及其落实的相关问题。A＋PAAC 项目以美国堪萨斯州东北部的 17 所学校为试点,共招募了 687 名学生,以此来分析体智融合课程的运动干预效果,整个项目的主体内容在参照 PAAC(Physical Activity Across the Curriculum)运动化课程项目的基础上,对运动量的设计进行了完善,并且将一部分学业评价指标进行了替换。其中,A＋PAAC 项目吸收了美国《身体活动咨询委员会报告》中关于儿童身体活动所需相关运动量的建议,并且根据各个学校的情况进行了相应调整,最终确定了每次 10 min、每天 2 次、每周 5 天的中高强度身体活动(每 10 min 代谢当量为 4.0—5.0 METs)。课程项目涉及数学、语文和地理等不同学科的知识,但由于整个项目的设计采取半开放的形式,一部分的教学内容是提前确定的,因此教师自主设计的权限会大大降低,这导致在实际操作的过程中,课程内容多以语文和数学学科为主,其他学科的内容较少,学科之间的均衡关系还有待进一步加强。虽然 A＋PAAC 项目在设计上还需要进一步完善,但经过一系列的数据分析,已经发现该项目有助于提高学生的注意力和反应速度,并且学业成绩也有明显的提高,这不仅有助于体育教师理清运动量与教学效能之间的关系,也有助于体育与健康跨学科主题学习的进一步开展②。

澳大利亚的 TWM‐E(Thinking While Moving in English)项目同样也是体育与健康跨学科主题学习的代表性课程之一。该课程由澳大利亚纽卡斯尔大学发起,由教学资历深厚、教学经验丰富的体育与其他学科教师团队研发而成,主要依照身体活动的目标对英语教学大纲进行重新组织和分配,最终形成一套运动化教学课程,该课程从始至终都严格贯穿运动化的方式,而不是针对某一部分的练习或者再组织,整个课程体系非常完整。每次

① 马晓,梁坤,胡小清,唐炎.体智融合课程:基本原理、域外经验与本土启示[J].上海体育学院学报,2022,46(5):56‐67.
② 马晓,唐炎.国外小学体智融合教学学业效益研究的方法学问题探析[J].体育科学,2021,41(6):87‐97.

课程的时长为 40 分钟,在室内外协同开展,教学效能检验指标包括专注行为、分心行为、运动投入和旁观少动等课堂学习行为观察指标,体现学生拼写、语法、标点等学业成就的学业测验结果,以及执行功能测验结果。该课程以纽卡斯尔大学附近 9 所学校的 283 名学生为受试对象,进行了为期 6 周的实验干预,结果表明学生的不良行为习惯有所减少,相关的语法及标点应用的成绩在逐步提高,实验效果得到了师生的一致认同。此外,TWM - E 项目较为独特的一点在于完整呈现了运动化的教学情境,这是上述美国的两种体智融合课程所欠缺的,此项目不仅为体智融合课程进入常规教学序列提供了巨大帮助,也为体育与健康跨学科主题学习提供了参考依据。

除上述提及的体育与健康跨学科学习模式外,也有许多一线教师或高校科研工作者针对体育与其他学科的整合进行的教学探索,最常见的学科融合是体育与数学。维舟(Vazou)将身体活动与数学进行融合,结果发现融合后的课程模式可以有效提高学生对数学的感知能力、成绩以及相关的满意度①。帕佩约阿鲁(Papaioannou)首次将体育活动与物理课程相结合,探讨融合后的体育课程对学生的自主动机和满意度的影响,实验发现融合后的体育课程能够促进有意义的学习、教育的开展、自主动机的激发等方面②。还有体育与社会研究的融合,布尔(Buell)认为体育和社会研究的核心主题都是通过人际交往来学习,体育教育和社会研究的某些融合主题是显而易见的,例如来自世界各地的比赛、体育史、体育先驱、来自各国的民间舞蹈、发展公民和民主价值观,以及奥运会等,他通过在小学生群体中开展相关的实验,发现体育与社会研究具有天然的联系,它们能够真正提升小学生的学习体验③。这些教学探索为体育与健康跨学科主题学习的发展提供了新的实践视角。

综上所述,国外体育与健康跨学科主题学习的实践研究十分丰富,有成体系的体育与健康跨学科主题学习课程,也有一线教师的实践探索,并有相关机构组织牵头来共同开展课程的整合设计工作,如美国国立卫生研究院、

---

① Vazous, Skrade M A B. Intervention Integrating Physical Activity with Math: Math Performance, Perceived Competence, and Need Satisfaction [J]. International Journal of Sport and Exercise Psychology, 2017,15(5):508 - 522.

② Papaioannou A G, Milosis D C, Gotzaridis C. Interdisciplinary Teaching of Physics in Physical Education: Effects on Students' Autonomous Motivation and Satisfaction [J]. Journal of Teaching in Physical Education, 2020,39(2):156 - 164.

③ Buell C, Reekie S H M. Integrating Physical Education and Social Studies [J]. Social Studies Review, 1993,1(1):29 - 34.

澳大利亚的高校等,这些机构的参与大大降低了体育教师在课程设计上的困难,同时能够不断推动体育与健康跨学科主题学习走向完善和系统。

## 第二节　国内体育与健康跨学科主题学习研究进展

### 一、国内关于跨学科主题学习的理论研究

#### (一)关于跨学科主题学习的理论基础研究

跨学科学习发展到今天之所以能被中西方教育领域的人们广泛接受,其中很重要的一部分原因在于其具有科学的理论基础[1]。在理论研究方面,《义务教育体育与健康课程标准(2022 年版)解读》提出跨学科主题学习的理论基础包括建构主义理论、认知学习理论和多元智能理论,具体表现为:建构主义理论强调学习的主动性,认为学习是学生基于现有知识体系主动建构新知识体系的过程;认知学习理论强调学习是内外部综合加工的过程;多元智能理论认为人类的思维和认知是多元的。并且国外的 STEAM 教育理念、经济合作与发展组织的教育理念,以及多样的跨学科课程模式也为跨学科主题学习的开展提供了一定的理论支撑[2]。吴永军通过对中西方跨学科学习的历史进行回顾,总结其盛行于不同时代的几个理论基础:一是赫尔巴特的“相关”和“集中”的教育思想,其既强调要把一门学科作为课程的核心,同时又强调各门学科间的相关关系,使跨学科学习产生了系统性的变革;二是进步主义的教育思想,代表人物为帕克、杜威和克伯屈等人,他们传承了赫尔巴特的教育思想,围绕“从做中学”“活动方案”和“活动教学”等关键词进行了诸多努力,推动跨学科学习成为美国教育领域的主流话语[3]。此外,袁丹在其文章中提到,跨学科主题学习在个体生活观上,让学生从“离身的生活”走向“具身的生活”,并充分肯定了具身认知理论之于跨学科主题学习建设的重要性。她认为传统教学的离身观不利于学生高阶思维的培养,强调身体经验重要性的具身认知理论则为培养学生核心素养、跨学科素养以及高阶思维提供了坚实的理论基础[4]。李佳敏通过对课程发展进行回顾,指出跨学科学习的理论基础还应当包括社会改造主义课程理论与意义

①③ 吴永军.跨学科学习何以可能[J].教育发展研究,2022,42(24):22-27.

② 季浏,钟秉枢.义务教育体育与健康课程标准(2022 年版)解读[M].北京:高等教育出版社,2022:178-185.

④ 袁丹.指向核心素养的跨学科主题学习:意蕴辨读与行动路向[J].课程·教材·教法,2022,42(10):70-77.

课程观,其核心观点在于社会需要进行持续不断的改造和变化,其中就涉及教育的改造和变化[①]。任学宝认为主题教学理念也是跨学科主题学习的重要理论基础,并且跨学科主题教学还遵循整体主义的课程哲学观,重视通过有意义的主题统筹育人目标、教学内容、教学设计、教学资源与教学评价各个环节,以实现课程内部诸要素在跨学科方式下的有机统一,从而指向核心素养,发挥整体育人功能[②]。

综上可知,国内在该方面的研究还需要进一步拓展。因此,未来在参考国际发展的同时,应当积极考虑我国的基本国情和价值观的差异,加强对理论基础的研究,从而为跨学科主题学习理论的完整性、系统性和可靠性提供基础保障。

**(二) 关于跨学科主题学习的实施价值研究**

跨学科主题学习作为《课程方案(2022 年版)》的亮点,对于教育发展、学科建设和人才培养有着至关重要的作用。

在教育层面,任学宝等人认为跨学科主题学习首先是教育与生活结合的必然。教育可以无限接近生活,但不可能等同于生活,跨学科主题学习所起的作用就是帮助学生在学校中体验真实的情境[③]。并且,跨学科主题学习是落实党和国家教育方针重要指示的必然举措,《中国教育现代化 2035》《中小学综合实践活动课程指导纲要》和《关于深化教育教学改革全面提高义务教育质量的意见》等重要文件中均提出了相关要求。此外,接受信息赋能时代对教育提出的挑战[④]、助力教育改革的推进、落实全国教育大会精神,以及加快建设教育强国的重要措施,也是学者们提及跨学科主题学习实施价值时产生的共识。

在学科层面,学界形成的一致观点是跨学科主题学习能够填补分科教育的割裂,缓解学科臃肿的态势,推动课程协同育人的发展[⑤]。如吴刚平提到跨学科主题学习可以加强学科间的互动和关联,不同学科有共同的目标,即培养学生的综合素质,可以在一定程度上缓解传统分科教育带来的弊端,

---

① 李佳敏.跨界与融合[D].上海:华东师范大学,2014.
② 任学宝.跨学科主题教学的内涵、困境与突破[J].课程·教材·教法,2022,42(4):59-64+72.
③ 任学宝,王小平.背景·意义·策略:把握跨学科主题学习活动的重要维度——关于义务教育课程标准(2022 年版)中跨学科主题学习活动的解读[J].福建教育,2022(27):29-32.
④ 董艳,孙巍,徐唱.信息技术融合下的跨学科学习研究[J].电化教育研究,2019(11):70-77.
⑤ 郑梅.跨学科学习研究综述[J].江苏教育,2020(83):7-10.

推动课程的综合化实施①。孟璨认为跨学科主题学习是强化课程协同育人的必要手段②。袁丹、郭华认为跨学科主题学习在学科层面可以引导学科教学的纵深发展,促进学科教学从"纵向知识深挖"转向"横向知识联结",而且可以拓展学科教学的视野,将多学科的知识进行融会贯通③④。

在学生层面,学界关于跨学科主题学习的价值主要围绕"核心素养""跨学科素养""综合素质""高阶素养"和"社会化"等观点展开探讨。郭华认为跨学科主题学习对于学生所起的作用,主要包含形成普遍联系的意识和能力、综合运用知识解决问题的能力、在开放性问题中主动介入的能力和以社会成员的心态参与社会生活的能力,并且认为这些作用可以较好地弥补传统分科教育在培养学生方面的问题⑤。吴刚平认为跨学科主题学习不仅是培养学生跨学科素养的教学活动,也是提升学生综合素质的重要载体,并且在实施过程中能够提高学生运用综合知识解决问题的能力,促进个体完整发展⑥。张玉华和刘晓荷认为跨学科主题学习是培养学生核心素养的必要途径,也是形成深层知识理解的必要环节,这里所说的深层知识理解,与上述学者的看法均有共通之处,即避免让知识停留在学会阶段,加强对其的深层理解,在社会生活中检验掌握的效果⑦⑧。

在教师层面,跨学科主题学习作为新兴事物,可以提高教师的课程开发能力,有利于教师打破传统的教学习惯,跳出舒适圈,具备更加广阔的课程视野,更加合理地制订出跨学科主题学习案例,顺应课程改革的发展趋势⑨⑩。

**(三) 关于跨学科主题学习的实施困境研究**

学界关于跨学科主题学习困境的讨论,主要涉及两个方面:一是关于跨学科主题学习的宏观发展,聚焦于其背后所反映的价值观念和历史争论;二是针对跨学科主题学习的微观落实,如"跨"的目的、"跨"的方式、"跨"的内

①⑥ 吴刚平.跨学科主题学习的意义与设计思路[J].课程·教材·教法,2022,42(9):53-55.

② 孟璨.跨学科主题学习的何为与可为[J].基础教育课程,2022(11):4-9.

③ 袁丹.指向核心素养的跨学科主题学习:意蕴辨读与行动路向[J].课程·教材·教法,2022,42(10):70-77.

④⑤ 郭华.跨学科主题学习及其意义[J].文教资料,2022(16):22-26.

⑦ 张玉华.核心素养视域下跨学科学习的内涵认识与实践路径[J].上海教育科研,2022(5):57-63.

⑧ 刘晓荷,郝志军.跨学科学习:在融通中提升核心素养[J].教育家,2022(24):6-7.

⑨ 任明满,王浩.跨学科学习的理念演进、价值探析与教学实现[J].语文教学通讯,2022(18):14-16.

⑩ 彭敏.推进跨学科主题学习呼唤教师"三化"[J].教育科学论坛,2022(19):1.

容、教师队伍建设以及教学资源补充等问题。

在宏观发展层面,吴永军通过对跨学科教育史的回顾,总结出长期以来针对跨学科学习进行的三大争论:一是跨学科学习是否牺牲了学科本位而强调活动本位,其背后的实质问题便是课程体系是否应该看作是由活动课程与学科课程构成的;二是跨学科学习是否缺少了基本的智力训练,因为与校外生活相关的课程以及活动的学习经验忽视了"3R"学习,忽视了技能培养;三是跨学科学习是否可行,因为"联合"的概念有时候科学家也未必能理解,更何况是教师。这些争论从跨学科学习提出以来就一直存在,但丝毫不影响跨学科学习成为当今世界主流的学习方式之一①。相反,这些争论提示我们日后更加实事求是地推进跨学科学习,不断吸取经验和教训,让我们更加辩证地看待它的优劣,为推动教育事业改革而不断进步。

在微观落实层面,任学宝认为学校管理层需要对课程变革进行整体性的统筹领导,以此来保证跨学科主题学习的顺利落实。但从实际来看,学校普遍缺乏顶层的跨学科主题课程系统设计,并未确立清晰的课程目标和理念,课程开发和设计标准、课程实施指南和规范、评价目标体系、教师培训等也缺乏整体架构,导致跨学科主题学习难以推进②。张玉华则认为对于跨学科学习,实施者容易在思想上将其简单化,将是否涉及两门或多门学科的知识作为跨学科学习的判断依据,并且实施过程中的"跨"仅是一种零星点缀,关于更重要的学习方式的变革、学习方法的转换,仍然没有跳出传统的枷锁,依旧停留在"表面、表层、表演"的浅层次热闹,缺乏针对素养的具体考虑③。张华对此持同样的观点,并且认为"简单化""功利化"和"常识化"的跨越方式窄化了跨学科主题学习的内涵④。可见,跨学科学习是一个复杂且庞大的工程,刚开始入手时可能会以知识引领内容进行跨学科学习,但实质应是教育观的变革,学习方式乃至评价体系都要变革,都要与跨学科学习相一致,否则如前者只是内容的跨学科,学习方式上依然是教师讲学生听,评价也聚焦在知识点上,这不是真正意义上的跨学科学习。

此外,学者们还对影响跨学科主题学习开展的教师经验、能力和水平等因素进行了探讨,如田娟等人认为现阶段跨学科主题学习面临的困境主要

① 吴永军.跨学科学习何以可能[J].教育发展研究,2022,42(24):22-27.
② 任学宝.跨学科主题教学的内涵、困境与突破[J].课程・教材・教法,2022,42(4):59-64+72.
③ 张玉华.核心素养视域下跨学科学习的内涵认识与实践路径[J].上海教育科研,2022(5):57-63.
④ 张华.跨学科学习的本质内涵与实施路径[J].教育家,2022(24):8-10.

是教师对于跨学科主题学习的认知不清,进而产生了教学内容"拼盘化"、教学形式"杂糅化"和教学方法"研究化"的现象。具体表现为单一的"A＋B"学科的拼盘式整合、多名教师"协同教学"与"辩论教学"的杂糅式教学和过分青睐探究式教学而摒弃传统教学方法的研究式教学①。丁素芬对此持同样的观点,她认为由于在理解上存在不足,导致教师对跨学科主题学习持观望的态度,没有落实到具体实践中,长此以往导致跨学科主题学习逐渐被边缘化②。王少峰等人认为跨学科主题学习落实的困境主要表现为分学科知识背景难以胜任跨学科主题学习的指导以及难以跳出学科本位的思维方式③。简单来说,就是由于多年来长期进行分科教学,教师习惯于本学科的教学方法和教学方式,突然要求实行跨学科主题学习的综合性教学方式,教师在方法和经验上有些措手不及,难以跳出思维上的束缚,进而在实践中有些无力。此外,部分教师还表现出由于过分追求跨学科主题学习,而忽视了学科知识和学科思维,导致学科素养和跨学科素养的关系失衡,这显然也是不可取的④。

**(四) 关于跨学科主题学习的实施路径研究**

跨学科主题学习是一个系统且复杂的工程,需要凝聚多方面合力完成。在学校教育层面,需要从教学主题、教学目标、教学内容、教学评价和教师队伍建设等多方面来进行整体设计和规划,以便更好地落实跨学科主题学习。

在教学主题方面,正如任学宝等人所言:"一个好的跨学科主题学习活动必然是以一个明显的主题为统领,有着衔接紧密的课程结构⑤。"为此学界针对教学主题的确立提出了若干建议,如闫兴芬等人提出教学主题的确立应从四大方面出发,分别是课标、教材、学生需求和身边的资源⑥。课标和教材是容易理解的,从学生需求出发选取教学主题,主要是为了吸引学生,触动学生的生活体验,以此来达到好的教学效果。此外,王卉等人认为教师必须确立好的教学主题,学生的学习效果才能更好,但是教学主题的确立需要依托一定的教学材料,教科书主要是针对单一学科的,因此教师需要

① 田娟,孙振东.跨学科教学的误区及理性回归[J].中国教育学刊,2019(4):63 - 67.
② 丁素芬.跨学科主题学习的困境与实践路径[J].教育视界,2022(31):28 - 31.
③ 王少峰,万伟.跨学科主题学习的特点、现状与实施要素[J].江苏教育,2022(49):65 - 68.
④ 任明满,王浩.跨学科学习的理念演进、价值探析与教学实现[J].语文教学通讯,2022(18):14 - 16.
⑤ 任学宝,王小平.背景·意义·策略:把握跨学科主题学习活动的重要维度——关于义务教育课程标准(2022 年版)中跨学科主题学习活动的解读[J].福建教育,2022(27):29 - 32.
⑥ 闫兴芬,卜庆振.例谈跨学科学习设计的"一二三四"[J].语文教学通讯,2022(9):10 - 13.

整合出既能够运用其他学科的知识和方法，又能够揭示本学科知识的真谛，且直击学生掌握难点的学习主题材料，以此来提高学生的学习效果①。朱秀玲则认为确立主题是跨学科学习的基础，而统编教材是跨学科主题的主要阵地，教师可以直接运用与迭代"升级"，也可以进行素材梳理与创造开发，统编教材的单元人文主题涉及自然、科技、艺术、家国、环境等领域，部分人文主题也可以"嫁接"成跨学科学习主题②。

在教学目标方面，目标是对学生学习及发展结果的期待，是确立并组织教学内容、设计教学活动、开展教学评价等的基本依据，"目标引领内容"一直以来都是课程改革的重要思想。关于跨学科主题学习教学目标的设置，詹泽慧等人认为要紧紧围绕素养发展这一主线，设立"双基——学科思维——高阶素养"的目标体系，每一层体系对应不同的内容和方法，层层递进，最终达到培养学生高阶思维的终极目标③。此外，王奕婷等人在学习了芬兰教育模式后认为，其基础教育目标、教学和评价均围绕素养展开，在保证三者方向一致且连贯的同时，让核心素养真正实现与课程改革契合，在核心素养导向下，需要格外关注核心素养与课程教学各环节的互动。尤其在课程目标的设置上，要时刻反思是否与核心素养需求相契合，确保课程与教学有中心、成体系④。

在教学内容方面，作为学校教育的基本要素，基于学生素养发展的跨学科主题学习设计必须深入到教学内容当中，形成与素养培育相适应的教学内容，才能从根本上变革学校教育。基于素养发展的视角，学界多围绕"大概念"一词来进行讨论研究，大概念是指学科领域中最精华、最有价值的核心内容，由此延伸出的大概念教学是指以大概念为核心目标的教学，它指向培养解决真实性问题的素养⑤。如今"大概念"在跨学科主题学习的相关文章中被广泛提及，如任明满等人认为要基于大概念设计驱动型问题，提高课

① 王卉,周序.跨学科主题学习的理论意义及其实现——基于《义务教育课程方案(2022 年版)》的思考[J].广西师范大学学报(哲学社会科学版),2023,59(3):85-91.
② 朱秀玲.小学语文跨学科学习实践路径[J].小学教学设计,2023(3):20.
③ 詹泽慧,季瑜,赖雨彤.新课标导向下跨学科主题学习如何开展:基本思路与操作模型[J].现代远程教育研究,2023,35(1):49-58.
④ 王奕婷,吴刚平.芬兰基于跨学科素养的基础教育课程改革与启示[J].教育理论与实践,2019(2):40-43.
⑤ 刘徽,蔡潇,李燕,朱德江.素养导向:大概念与大概念教学[J].上海教育科研,2022(1):5-11.

程的统整水平,以此来充实教学内容①。吴永军在文章中指出跨学科主题学习教学内容的确立要指向大观念(大概念)的学科知识,建立起学科知识之间的有机联系,如此才能方便学生学习和记忆②。吴刚平在对跨学科主题学习开展条件进行有效分析的基础上,开发出基于跨学科核心素养的大观念、大主题和大任务的主题学习内容③。李俊堂基于跨学科主题学习的综合治理,提出应当以大概念整合课程内容,以大单元、大项目和大任务教学来革新教学方式④。可见,学界对于大概念的认可程度比较高,普遍肯定了其对跨学科主题学习教学内容的确立所起的作用。

在教学评价方面,学术界形成的统一观点是跨学科主题学习的评价要与传统分科教学的终结性评价有所区别,尽可能将评价指向学生的活动过程以及核心素养的达成程度,其中以表现性评价的呼声最高。例如,吴刚平认为跨学科主题学习的评价应当与学习目标相一致,以便发挥其导向和激励作用,评价要求要与目标要求一致,主要运用表现型评价的方式⑤。孟璨虽然没有明确提及表现性评价,但强调有效评价的关键是学生在跨学科主题学习活动中的真实表现,要特别关注学生在跨学科主题学习活动中核心素养的发展水平⑥,这同样也是表现性评价的典型特征。此外,周素娟认为跨学科主题学习具有周期长、自主空间大的特点,提议采用"作品化"评价,引导学生将问题转化为看得见、摸得着的学科模型和实验方案等,并在此过程中加入过程性评价,力求对学生形成较为全面的评价⑦。

在教师队伍建设方面,因为跨学科主题学习是一个复杂且系统的过程,单靠某个学科教师的单一力量来主导建设难免力不从心,部分学者提出应当以"教师共同体"的形式来辅助跨学科主题学习的推进,即融合多学科的教师来共同开展教学设计的组织和计划。如万昆在对信息科技课程进行案例分析时指出,应当建立教师跨学科学习共同体,并且提高教师的跨学科身份认同,在职前职后增加相应的培训课程体系,以此来促进跨学科主题学习

① 任明满,王浩.跨学科学习的理念演进、价值探析与教学实现[J].语文教学通讯,2022(18):14-16.

② 吴永军.跨学科学习何以可能[J].教育发展研究,2022,42(24):22-27.

③⑤ 吴刚平.跨学科主题学习的意义与设计思路[J].课程·教材·教法,2022,42(9):53-55.

④ 李俊堂.跨向"深层治理"——义务教育新课标中"跨学科"意涵解析[J].四川师范大学学报(社会科学版),2022,49(4):116-124.

⑥ 孟璨.跨学科主题学习的何为与可为[J].基础教育课程,2022(11):4-9.

⑦ 周素娟.跨学科主题学习的逻辑理路与教学实践[J].基础教育课程,2022(22):4-11.

的有序推进①。任学宝等人鼓励教师开展协同教学,本质上也是要加强共同体的建设,认为教师应抓住课内外的时间来进行跨学科学习,将校外实践基地和校内模拟情境很好地利用起来②。此外,也有一部分学者提议,跨学科主题学习作为课程标准中的亮点,教师在理解上可能会存在不同程度的偏差,建议学校要制订跨学科主题学习活动设计的总体规划,以教科室或年级组为单位,做好带头作用,并将活动案例的设计和开发作为学校教研工作的重要内容,只有这样,教师才能更加得心应手地开展跨学科主题学习③。

此外,还有部分学者根据跨学科主题学习的特征建立了相应的操作模型,简称5EX模型。该模型是在充分把握美国STEM教育的特点与内涵的基础上,针对跨学科主题学习的教学活动设计进行的蓝本绘制,主要包括EQ、EM、ET、EC和ER五个部分,分别对应进入情境、提出问题,探究学习、数学应用,工程设计、技术制作,知识扩展、创意设计和学习反思、自我评价五个方面,并以"家居水栽培"和"设计并制作FEG智能车"为例,对跨学科学习活动设计与实践过程进行说明④。

由此可见,国内目前对于跨学科主题学习的实施路径已经有了较为丰富的探索,从教学主题、教学目标、教学内容、教学评价到教师队伍的建设,呈现出层次多、覆盖面广的特点,未来还需要进一步考虑如何将这些路径有效地反馈到实践中,达到理论和实践相统一。

## 二、国内关于跨学科主题学习的实践研究

国内关于跨学科主题学习的实践研究处于初期阶段,虽然没有诞生一些较为成熟的教学模式,但是已有部分精彩的案例产出,其主要是来自一线教师和高校专家、学者,他们多以一个学科为中心,设计出融合两个或两个以上学科的跨学科主题学习活动。

在数学与其他学科的跨学科主题学习实践方面,吴秀丽以数学学科为中心,开展了名为"数说桥梁"的跨学科主题学习活动,在该活动中,涉及到

---

① 万昆.跨学科学习的内涵特征与设计实施——以信息科技课程为例[J].天津师范大学学报(基础教育版),2022,23(5):59-64.

② 任学宝,王小平.背景·意义·策略:把握跨学科主题学习活动的重要维度——关于义务教育课程标准(2022年版)中跨学科主题学习活动的解读[J].福建教育,2022(27):29-32.

③ 夏雪梅.跨学科项目化学习:内涵、设计逻辑与实践原型[J].课程·教材·教法,2022,42(10):78-84.

④ 李克东,李颖.STEM教育跨学科学习活动5EX设计模型[J].电化教育研究,2019,40(4):5-13.

的其他学科包括综合实践、科学、信息技术、美术、工程学和设计学等。该主题学习活动分别以银湖大桥、赵州桥和港珠澳大桥为研究对象,针对不同的桥梁设立了不同的研究小组,每个小组通过估算、测量、环形计算、折线统计图等方式对桥的拱洞、长度、宽度、高度和容积等进行测算,还采用实地勘测、问卷调查、调研和专家访谈等方法,让学生获得具身性的学习体验,学生在"数说桥梁"活动中不仅能获得直观的感受,还能在交流互动中学习到多学科的知识①。

　　在地理与其他学科的跨学科主题学习实践方面,任乐等人以地理学科为中心,开展了名为"探索太空、逐梦航天"的跨学科主题学习活动,在该活动中,涉及到的其他学科包括历史、信息、美术、语文和数学等。该主题活动设置了四个课时,每个课时对应不同的教学进度,主要是引导学生运用图片或影视等资料来描述地球在宇宙中的位置以及相关的环境情况等,并收集中国航天发展的相关材料,在此过程中引发学生对于太空探索的思考等。此外,该主题活动还设置了"科幻文章""手抄报""宣传视频"和"戏剧"等新颖的方式来辅助教学②。

　　在历史与其他学科的跨学科主题学习实践方面,赵素芹以历史学科为中心,开展了名为"一带一路"的跨学科主题学习活动,在该活动中,涉及到的其他学科包括地理、语文、政治、艺术和国防等。该主题活动以"丝绸之路"的历史故事为出发点,引出"一带一路"建设,通过了解"一带一路"周边国家的风土人情、艺术风格、地理位置及合作意义来学习不同学科的知识,并且在观看《一带一路》和《河西走廊》等纪录片的过程中进一步加深对学科知识的理解。此外,该主题活动还设置了三个讨论主题,让学生通过学习小组的方式进行相关主题的讨论,最后在班会上进行总结与交流③。

　　此外,以语文、英语、道德与法治等学科为中心的跨学科主题学习也有相关实践研究。跨学科主题学习是《课程方案(2022年版)》的创新之一,尽管课程综合化或综合性学习早有渊源,相关理论研究较为丰富,但落实在一线教师的实践中仍然存在较多难题,未来伴随着学界对跨学科主题学习的实践研究不断丰富,相信会有更多精彩的案例产生。

---

① 吴秀丽. 数学跨学科主题深度学习探索——以"数说桥梁"跨学科主题学习为例[J]. 福建教育学院学报,2021,22(3):86-88.

① 吴秀丽. 数学跨学科主题深度学习探索——以"数说桥梁"跨学科主题学习为例[J]. 福建教育学院学报,2021,22(3):86-88.
② 任乐,邹金伟. 指向核心素养的新课标跨学科主题学习活动设计——以"探索太空、逐梦航天"为例[J]. 地理教学,2022(16):37-40.
③ 赵素芹. 跨学科主题学习的探索及实施策略——以"一带一路"跨学科主题学习的实施为例[J]. 历史教学,2022(17):20-24.

### 三、国内关于体育与健康跨学科主题学习的理论研究

国内关于体育与健康跨学科主题学习的理论研究,主要围绕实施价值、实施困境和实施路径三方面开展。

**(一)关于体育与健康跨学科主题学习的实施价值研究**

《课程标准(2022 年版)》首次提出"跨学科主题学习"在体育与健康课程中的运用,并强调应贯穿整个义务教育阶段。自此之后,围绕体育与健康跨学科主题学习意义和价值的讨论变得火热起来,讨论内容大体可以分为教育改革、学科建设和课程实施三个层面。

在教育改革层面,于素梅等人认为体育与健康学科开展跨学科主题学习是紧跟世界教育改革趋势的关键措施。随着时代的进步和教育的发展,传统分科教育的弊端日渐显露,"跨学科主题学习"成为世界教育变革和社会发展创新的重要路径。正如 2021 年联合国教科文组织发布的《共同重新构想我们的未来:一种新的教育社会契约》报告中所指出的,"面向未来的教育转型中,革新教育教学模式,课程应强调生态、跨文化和跨学科学习,支持学生获取和生产知识,同时培养他们批判性思维和应用知识的能力"。因此,在体育与健康学科中开展跨学科主题学习是革新教学模式,紧跟世界教育改革趋势的关键举措[1]。

在学科建设层面,《义务教育体育与健康课程标准(2022 年版)解读》中认为开展跨学科主题学习不仅是落实"立德树人"根本任务的重要方式,也是解决"智、体"矛盾对立和促进"国防教育"和"劳动教育"开展的有力途径[2]。王晖等人站在高阶思维的角度,认为体育与健康作为一门基于生命、指向生命、提升生命的综合性课程,采用跨学科主题学习可以让体育学科产生一些积极的转变,如素养导向的产生、结构化知识和技能的教学、复杂情境的设置和体育与健康教育及多学科融合的生成等[3]。尚力沛等人认为跨学科主题学习有助于打破学科发展间存在的桎梏,以此作为德智体美劳五育协同

---

① 于素梅,陈蔚. 体育与健康课程"跨学科主题学习"的多维特征设计逻辑与实践指引[J]. 体育学刊,2022,29(6):10-16.

② 季浏,钟秉枢. 义务教育体育与健康课程标准(2022 年版)解读[M].北京:高等教育出版社,2022:178-185.

③ 王晖,杨瑞.《义务教育体育与健康课程标准(2022 年版)》实施下体育与健康课程跨学科学习的价值定位和路径——基于高阶思维的视域[J].体育教育学刊,2022,38(4):16-24+95.

育人的手段,并可以在其中进一步挖掘体育与健康课程的思政功能①。

在课程实施层面,学生是体育与健康跨学科主题学习的重要参与者和受益者,开展跨学科主题学习不仅可以促进学生运动能力、健康行为和体育品德核心素养的形成,还可以较好地培养学生的高阶思维,帮助学生形成正确的审美观,并将学生在体育课堂中所学到的知识"生活化",迁移到日常的生活情境中,为现实生活服务,提高学生的生活水平和质量。此外,体育与健康跨学科主题学习对于学生德智美劳的发展也能起到独特的作用,具体表现为培养学生社会道德规范和人际交往能力的德育功能、挖掘学生内在天赋和才能的智育功能、激发学生追求美和创造美的美育功能以及发展劳动能力的劳育功能②。

综上所述,关于体育与健康跨学科主题学习的价值,学界的讨论主要围绕"教育改革""学科建设"和"课程实施"等关键词展开,并且深入发掘了其在思政、五育融合及其他方面的价值。

**(二) 关于体育与健康跨学科主题学习的实施困境研究**

由于我国体育与健康跨学科主题学习的理论与实践研究仍处于起步阶段,学者们基于个人理解、国际经验、国家政策等不同角度,对体育与健康跨学科主题学习的实施困境进行了讨论与分析,关注点多落于体育教师的意识、经验和能力方面。

王晖等人认为体育与健康跨学科主题学习目前存在的问题有学习内容的"拼盘化"、学习形式的"繁杂化"和学习方法的"科研化",总结起来就是"为跨而跨",具体表现为绝大多数体育教师为了响应课程标准的要求,完成自己的教学任务,设计出来的跨学科主题学习流于形式,没有从学科的关联点出发,只是简单地将几门学科知识进行拼凑③。周妍对此持同样的观点,并以具体的体育与劳动跨学科为例,认为目前开展跨学科主题学习的困境在于体育教师缺乏相应的意识、经验和能力。一是"体劳"跨学科融合的意识,传统的"唯成绩论""唯知识论"和"唯分数论"成为跨学科主题学习发展的桎梏,有的体育教师甚至持明确的反对态度;二是"体劳"跨学科融合的经验,由于跨学科主题学习在体育学科中提出的时间短,部分体育教师对于设

---

① 尚力沛,俞鹏飞,王厚雷,程传银.论体育与健康课程中的跨学科学习[J].上海体育学院学报,2022,46(11):9-18.
② 赵长虹.小学体育跨学科协同教学探索——基于全面育人理念的研究[J].求知导刊,2022(25):110-112.
③ 王晖,杨瑞.《义务教育体育与健康课程标准(2022年版)》实施下体育与健康课程跨学科学习的价值定位和路径——基于高阶思维的视域[J].体育教育学刊,2022,38(4):16-24+95.

计跨学科主题学习的经验十分匮乏；三是"体劳"跨学科融合的能力，没有相应的意识和能力做支撑，体育教师设计出来的跨学科主题学习可能会流于形式，没有具体的实际效果①。尚力沛则表明要防范和警惕各种虚假的跨学科主题学习现象，如上述所提到的"为跨而跨"等各种流于形式的现象，此外，还需避免出现主观臆断的跨学科主题学习，即仅凭实施者自身想象而进行的跨学科主题学习。

**（三）关于体育与健康跨学科主题学习的实施路径研究**

体育与健康跨学科主题学习的实施是一个长期的、连续的过程，应当从教学方法、教学实施、教学资源、教学评价和教师培养等方面共同发力，保障体育与健康跨学科主题学习"落地生根"。

在教学方法方面，于素梅等人认为需以问题为导向，关注学生的实践体验，让学生在探究过程中实现知识与技能的迁移运用，运用跨学科思维锻炼自身发现问题、分析问题和解决问题的能力②。周晨则主推情境教学法，他认为跨学科主题学习与情境教学法有相通之处，可以借助音乐、游戏、历史和信息技术来创设体育教学的情境，以历史为例，在进行太极拳的教学时，可以将太极拳的历史起源、文化背景、发展历程以及发展现状等内容融入课堂教学中，将情境教学法和跨学科主题学习相融合，以此来促进学生的全面发展③。卢雪蓝提出将有机渗透法运用到跨学科主题学习活动中，实质是将语文、数学和其他学科的知识穿插在体育教学中④。

在教学实施方面，王晖等人认为体育与健康跨学科学习体系建设的首要问题在于主题维度划分，立足学生以培养何种能力、改善某种认知为出发点确定主题是关键。其次，教学情境的设置需要具备开放性、积极性、互动性和真实性等特点，让学生在真实的情境中运用所学到的知识，根据情境的正向发展做出自己的合理判断和选择，并且在教学实施中积极借助情境等条件，将学生的核心素养内化于心、外化于行⑤。于怡在主题建立方面与上述观点不谋而合，她也认为跨学科主题学习的首要任务是根据体育教学的

① 周妍.跨学科主题学习背景下体育与劳动学科融合的可行性难点与策略[J].体育教学，2022,42(10):54-56.

② 于素梅、陈蔚.体育与健康课程"跨学科主题学习"的多维特征、设计逻辑与实践指引[J].体育学刊,2022,29(6):10-16.

③ 周晨.跨学科情境式教学在小学体育课堂中的融合运用[J].当代体育,2022(7):96-98.

④ 卢雪蓝.新课标下小学体育与健康跨学科主题教学探索[J].灌篮,2022(10):55-57.

⑤ 王晖、杨瑞.《义务教育体育与健康课程标准（2022年版）》实施下体育与健康课程跨学科学习的价值定位和路径——基于高阶思维的视域[J].体育教育学刊,2022,38(4):16-24+95.

课程目标建立一个学习主题,以此来融合其他学科的知识①。尚力沛等人则认为应当立足体育与健康学科核心素养找准"五育"融合的基点,为学生创建一个多学科交叉学习和多场景体验学习的环境,在跨学科主题学习中促进德、智、美、劳等方面的多元发展②。于素梅等人强调教学环境的创设要回归生活,重视学生的"原体验教育",即创设的教学情境来自于学生的生活体验、兴趣爱好和熟知的领域,学生在学习时可以迅速融入情境中,并产生积极的作用③。

在教学资源方面,于素梅认为应当整合体育与健康跨学科主题学习的教学资源,具体来看,在教学内容的构建上实现"体育+X"的有效整合,X为语文、数学、英语、道德与法治和科学等学科,但要注意构建时的合理性、有效性和逻辑性④。尚力沛对此持同样的观点,认为可以通过建立专门性的跨学科主题学习群、绘制体育学科与其他学科的知识地图和构建以体育学科为核心的综合课程体系等方式来整合跨学科主题学习的相关资源⑤。

在教学评价方面,王晖等人认为要从评价主体、评价内容、评价形式和评价对象等不同方面构建体育与健康跨学科主题学习的协同评价机制⑥。于素梅在此基础上强调体育与健康跨学科主题学习的评价需要关注其要素和方法。在要素上,评价既要体现义务教育体育与健康课程标准对学业质量的一般性要求,又要体现"跨学科主题学习"对学生"跨学科素养"的特殊性要求;在方法上,学习评价既要注重定性与定量评价和相对性与绝对性评价等多样方法的使用,又要注重家长、学生和其他教师等多元评价主体的纳入⑦。尚力沛强调在评价时突出个人或团队成果的展示,不仅要将教师对学生的点评、记录和总结纳入其中,还需要将学生自评和互评运用到学习评价中⑧。

在教师培养方面,尚力沛提出体育与健康课程中开展跨学科学习在体育教师层面需要建立从知识向能力转变的思维,并且要从多方面提高体育

---

① 于怡. 全面育人理念下的小学体育跨学科协同教学探究[J]. 当代体育,2019(23):109 - 110.
②⑤⑧ 尚力沛,俞鹏飞,王厚雷,程传银. 论体育与健康课程中的跨学科学习[J]. 上海体育学院学报,2022,46(11):9 - 18.
③④⑦ 于素梅,陈蔚. 体育与健康课程"跨学科主题学习"的多维特征、设计逻辑与实践指引[J]. 体育学刊,2022,29(6):10 - 16.
⑥ 王晖,杨瑞.《义务教育体育与健康课程标准(2022 年版)》实施下体育与健康课程跨学科学习的价值定位和路径——基于高阶思维的视域[J]. 体育教育学刊,2022,38(4):16 - 24+95.

教师进行跨学科教学的思维和能力,例如开展相关的课题研究、联合其他学科教师或者专业人员和借鉴其他国家的跨学科主题教学模式①。周妍则从具体学科入手,她认为要想在体育与劳动学科之间更好地落实跨学科主题学习,体育教师必须首先转变自己的观念,形成学科融合的意识,进而在教学设计和评价体系上进行整体设计,例如创设"农作物种植""春种秋收"等劳动情境,将一定的劳动内容和技能融入其中,让学生在劳动情境中发展自身体育与健康核心素养②。

此外,还有学者从体育学科核心素养发展的角度,构建了关于跨学科主题的课程模型,丰富了体育与健康跨学科主题学习的理论研究。该模型共有七个发展要素,分别是物质资本、师资建设、学生身心发展、体育核心素养、主题内容构建、教学实践和教学评价与反思,跨学科主题学习的课程在设计时应当充分考虑到这些要素。并且该模型还有核心素养、现实问题和主题设计三个关键要素,核心素养是时代发展和跨学科主题教学所需,现实问题以解决生活中的问题为导向,主题设计不断丰富跨学科主题的教学内容。随后作者依据该模型提出了具体的实践路径选择,从自主学习、课堂学习和生活实践三方面着手,具体论述了体育与健康跨学科主题学习的实施过程③。

### 四、国内关于体育与健康跨学科主题学习的实践研究

国内关于体育与健康跨学科主题学习的实践研究主要来源于全国各地的中小学体育教师根据自身教学体会和心得所进行的创作,由于跨学科主题学习提出的时间较短,一线体育教师对其理解还不够深入,还均处于"摸着石头过河"的阶段。目前实践研究主要集中在体育与数学、英语、语文、科学等学科的结合上。

首先,体育与数学跨学科主题学习中,许冲等人将定向越野运动与数学中的"位置与运动"知识相结合,将课堂分为游戏打卡和设计路线两个阶段:第一阶段让学生通过地图中所给的位置来进行定位和打卡,看哪一组用时较短;第二阶段让学生自主设计路线,重点考察学生对位置知识的理解程

---

① 尚力沛,俞鹏飞,王厚雷,程传银.论体育与健康课程中的跨学科学习[J].上海体育学院学报,2022,46(11):9-18.
② 周妍.跨学科主题学习背景下体育与劳动学科融合的可行性、难点与策略[J].体育教学,2022,42(10):54-56.
③ 曹海辉.体育核心素养指导下跨学科"主题"课程的模型构建及路径选择[J].体育科技文献通报,2022,30(11):163-164+188.

度。通过两个阶段的学习,让学生充分掌握相关的知识,课堂产生的效果十分显著,在活动中不仅激发了学生对学习数学的兴趣,而且提高了学生的综合能力①。此外,查高峰还将篮球、跳绳等运动与数学"数数活动"相结合,主要通过体育游戏让"数数"变得轻松、快乐,能够有效培养小学生对体育运动的兴趣和对数量的感知②。

其次,体育与英语跨学科主题学习中,孙培娟将英语口语的学习应用到体育课堂中,如"立正(stand at attention)""稍息(stand at ease)""向右看齐(dress right)"和"向前看(eyes front)"等,让学生通过"我做体委5分钟"的活动来巩固所学的英语知识。她发现采用这种形式的跨学科主题学习活动可以更好地激发学生的学习兴趣,课堂氛围变得轻松愉快,训练效果也优于常规的训练课。此外,她认为英语课本中有很多关于体育运动的词汇,如"run""after school"和"basketball"等,体育教师可以与英语教师进行合作,将学期所学的词汇、句型与运动教学进行有机融合,以此来更好地进行跨学科教学③。

第三,针对体育与语文跨学科主题学习,李静认为语文学科中也存有部分体育知识可供进行跨学科联系,在进行《三国演义》《水浒传》和《西游记》等文学名著的学习时,可以挖掘其中所包含的体育知识,如相扑、摔跤、田径、射箭和蹴鞠等活动的起源与发展。她以王维的《观猎》为例,"风劲角弓鸣,将军猎渭城;草枯鹰眼疾,雪尽马蹄轻",阐述了体育和语文的跨学科主题学习经验④。王素芳则从具体的篮球活动入手,在篮球教学时引导学生分享自己在学习篮球活动时的难忘经历和精彩瞬间,如令自己感动的人物或难忘的回忆,让学生用语言表达自己内心的体验和感受,将语文融入体育与健康的教学活动中⑤。

此外,还有体育与其他学科融合的案例,如体育和科学,让学生在体育活动中了解"速度"和"位移"等词的意思;如体育和道德与法治,在体育竞赛中培养学生良好的意志品质;如体育和劳动,让学生在体育课中了解农耕文

---

① 许冲,范季.一样的"东西南北",不一样的"定向越野"——三年级数学"位置与方向"与体育的跨学科项目化学习[J].文体用品与科技,2022,18(18):139-141.

② 查高峰.基于全面育人理念的小学体育跨学科协同教学实践[J].新课程研究,2022(29):56-58.

③ 孙培娟.小学体育课堂跨学科融合英语口语的实践探究[J].名师在线,2019(34):4-5.

④ 李静.五育融合理念下高中跨学科融合策略——以体育与语文为例[J].中学课程辅导,2022(13):102-104.

⑤ 王素芳.多元融合　跨界竞赛　实施体育"跨学科融合"[J].中国学校体育,2022,41(8):76.

化,享受农耕的劳动体验①。以上所举案例均来自一线体育教师的分享,虽然其中有一些案例的跨学科主题学习不是很明显,但这些案例的产生表明一线体育教师在不断思考和进步,这为将来系统性地推进体育与健康跨学科主题学习的开展奠定了基础。

## 第三节　体育与健康跨学科主题学习研究进展述评

由上述国内外有关跨学科主题学习的研究可以看出,国外对于跨学科主题学习的研究比较早,并且诞生了诸如 STEAM 教育、现象式教学和综合学习等比较成熟的模式。这些模式无论在理论基础还是课程教学等方面都有较为丰富和细致的研究,为时代发展、教育改革和人才培养的推进贡献了较大的力量,并且产生了一定的社会影响力。相比较而言,国内虽然在理论基础、实施价值、实施困境和实施路径等方面也开展了一定的研究,但更多的是学者们的理论探讨,真正具有实证性的研究不多,并且缺少符合中国国情的跨学科主题学习模式,这与中国缺乏系统性的跨学科主题研究体系,以及开展相关研究的时间较短等有很大的关系。随着时代的发展和教育方式的不断改革,跨学科主题学习会被越来越多的国家接受、采纳和创新发展,中国也应当继续加强在该方面的理论和实践研究,将理论与实践相统一,满足时代、教育和人才的发展变革要求。此外,聚焦于体育与健康跨学科主题学习的研究进展,国内对体育与健康跨学科主题学习的研究虽深受国际和国内课程改革的影响,但目前来说还缺乏较为完整性的体系,并且对于国际上其他国家体育与健康跨学科主题学习的相关样貌还知之甚少。由于缺乏体育与健康跨学科主题学习的体系和相关的构建模式,导致提出的理论与实践操作经常出现脱节的现象,大部分研究停留在理论层面,缺乏深入的实践,处于一线的体育教师难以获得正确有效的指导,致使体育与健康跨学科主题学习难以在具体实践中全面推进,相关研究也显得单薄且没有针对性。基于此,未来我国关于体育与健康跨学科主题学习的研究应该进一步从以下几个方面推进。

首先,需要从理论层面加强对体育与健康跨学科主题学习相关问题的探讨。我国关于体育与健康跨学科主题学习的研究相对来说起步比较晚,虽然此前已经有一些如综合性学习、探究式学习等的类似的学习方式,但仍

---

① 赵德云.体育与劳动课程跨学科主题学习活动的价值定位与案例设计——以“吹响劳动的号角”主题活动为例[J].体育教学,2022,42(12):24-26.

然与体育与健康跨学科主题学习所要求的方法有所差别。也正是由于起步时间比较晚，导致学界当前对一些基础性理论问题的研究还不够充足。比如体育与健康跨学科主题学习在中国本土的教育现状下应该如何发挥作用？体育与健康跨学科主题学习在"立德树人"中应该发挥什么样的作用？如何基于体育与健康课程标准，更高效地开展跨学科主题学习活动？体育与健康跨学科主题学习中体育与健康课程和其他学科的关系是什么样的？之所以要加强对这些问题的探讨，一来是要在理论层面丰富体育与健康跨学科主题学习的研究体系，更好地发挥理论指导实践的作用；二来是因为在我国体育与健康跨学科主题学习的发展进程中，囿于经验和发展动力不足等方面的原因，难免要从国外发展好的模式中进行借鉴，但盲目跟风以及不切实际的模仿是不可取的，加强对这些理论问题的研究实际上就是在体育与健康跨学科主题学习领域坚守中国特色的道路自信、理论自信、制度自信和文化自信。党和国家多次在政策文件中提出要重视教育的发展，这一点在党的二十大报告"要坚持教育优先发展、科技自立自强、人才引领驱动，加快建设教育强国、科技强国、人才强国，坚持为党育人、为国育才，全面提高人才自主培养质量，着力造就拔尖创新人才，聚天下英才而用之"的表述中可窥一斑，体育是中国教育事业的重要组成部分，而有关体育与健康跨学科主题学习的理论研究更是体育中体现中国特色研究的前沿阵地。基于此，体育学界应该沉淀下来，深入研究关于体育与健康跨学科主题学习的相关理论问题，为更好地进行创新实践和人才培养提供动力支持。

其次，需要从实践层面加强对体育与健康跨学科主题学习的教学范式和实施策略的研究。从国内有关体育与健康跨学科主题学习的文献分析来看，大部分都聚焦于理论或思辨，包括对国内体育与健康跨学科主题学习的发展方向、价值意蕴、实施要求和实施策略的一些宏观性思考等，在理论研究的同时，还应注重实践的探索。目前跨学科主题学习存在以下困境：一是一线体育教师难以获得关于开展体育与健康跨学科主题学习的注意事项和相关条件的指导，不清楚该跨哪些学科以及怎样跨学科；二是体育教师对于跨学科主题学习的理解不到位，导致体育与健康跨学科主题学习在地方落实时经常会出现效果不理想的局面。综合以上情况，可以考虑定期开展体育与健康跨学科主题学习相关经验交流分享会，邀请在实践中有心得的体育教师进行专题报告，在交流中解答实践中存在的疑惑，也可以邀请课程标准修订组的专家成员就体育与健康跨学科主题学习来进行讲解与案例剖析，以此拉近理论研究与实践应用的距离。此外，还要加大体育与健康跨学科主题学习的实证研究。近年来，教育实证研究因其科学性、有效性和针对性而受到广大教师、学生和教育政策制定者的关注,并且在教育政策的制定、实施和落实过程中发挥了巨大的作用。究其主要原因,就是部分政策在落实的过程中出现了"上热下冷"的情况,顶层的政策制定者出于多方面考虑进行了宏观设计,但是往往忽略了基层的声音,导致在实施的过程中出现了不尽如人意的情况,因此,一线的实证调研和数据支撑就显得至关重要,在此情况下,教育实证研究逐渐得到青睐。就体育与健康跨学科主题学习而言,今后我国的研究者应该走向实证、走向基层,多开展与一线体育教师的对话和访谈,在借鉴教育实证研究相关成功经验的基础上,运用问卷、访谈、模型建构、数据分析和决策演进等方法,以此来验证体育与健康跨学科主题学习的实施效果,从而为解决体育与健康跨学科主题学习的相关问题提供指导与帮助。

最后,结合中国特色社会主义的要求以及党和国家教育方针的引领,探索和构建具有中国特色的体育与健康跨学科主题学习操作体系。通过对跨学科主题学习以及体育与健康跨学科主题学习的相关文献进行分析整理,可以发现当前在这一方面的研究还相对匮乏,关于构建中国特色体育与健康跨学科主题学习操作体系的思考仍需不断深入。国际上产生了许多著名的跨学科主题学习模式,这些模式都是各国在对本国国情进行深入分析的基础上,结合本国的教育方针以及对人才培养的要求而设计的。吸收他国成功的经验与案例很有必要,但也要遵循因地制宜的原则,在社会形态、教育环境和人才培养要求等不同的情况下,体育与健康跨学科主题学习该怎样根据内外部条件来进行变革和落实,仍然值得我们去思考。此外,我们还必须深刻地认识到,构建体育与健康跨学科主题学习操作体系除了能更好地指导一线的实践外,同时也是我国扩大教育影响力和国际影响力的重要措施。究其原因,主要在于当今世界多数国家都在面临信息化时代的冲击,在进行教育改革和人才培养方式的转换时,跨学科主题学习作为重点变革方式之一,需要聆听来自不同国家的声音,以此来达到学习、交流和进步的目的。中国作为负责任、有担当的东方大国,应当在教育发展变革的潮流中形成有中国特色的体育与健康跨学科主题学习体系与模式。这就需要广大体育教育研究者从体育学、教育学、心理学、社会学、美学等多学科角度展开探索,从课程指导思想、课程目标、课程结构、课程内容、教学方法和学习评价等方面进行综合设计。面对这一系统工程,短期内的调研和实践难以奏效,必须依靠政府、社会和学校的多方面力量来进行长远计划,以此保证体育与健康跨学科主题学习体系的持续发展。

# 第三章　体育与健康跨学科主题学习的理论基础

虽然体育与健康跨学科主题学习是由《课程标准（2022 年版）》正式提出的，更多应落实在体育教师的课堂教学实践之中，但这并不意味着体育与健康跨学科主题学习缺乏理论基础。体育教师只有深刻把握体育与健康跨学科主题学习的理论基础，认识到跨学科主题学习育人的内在机制，才能更好地实施教学。基于此，本章主要从认知学习理论、建构主义理论和多元智能理论三个方面阐述体育与健康跨学科主题学习的理论基础，以此帮助读者进一步深入理解体育与健康跨学科主题学习。

## 第一节　认知学习理论和体育与健康跨学科主题学习

### 一、认知学习理论的发展历史

现有的学习理论都有其悠久的历史渊源。当今的研究者和理论家所感到困惑的问题并不是全新的，而是一个古老话题的变式：人是如何进行学习的？知识是从哪里来的[①]？学习是人们生活当中很普遍的一项活动，但却是一个非常复杂的问题，也是心理学中一个非常重要的概念。人类是怎样获取知识的？人类在获取知识的过程中存在着一种怎样的内在机制？若干个世纪以来，哲学家、教育家、心理学家等都对该问题进行过长期的探索与争论。

德国心理学家冯特最早对学习理论进行了探索，他在 19 世纪后半叶建立了第一个心理实验室，试图把人类的意识经验分解成很多小的基本要素，像研究化学元素一样来探索不同小要素之间的相互联系，因此他的理论也被称为要素主义。20 世纪早期，由美国心理学家华生所创立的行为主义学派批判冯特的做法，认为应摒弃意识等太多主观的东西，只研究所观察到的

---

① Peggy A. Ertmer，Timothy J. Newby，盛群力. 行为主义、认知主义和建构主义（上）——从教学设计的视角比较其关键特征[J]. 电化教育研究，2004(3)：34-37.

并能客观加以测量的外显性行为,无需理会学习过程的中间环节,其认为心理学研究行为的任务就在于阐明刺激与反应之间的规律性关系,并提出了 S—R(Stimuli-Response,刺激—反应)模型,即形成行为习惯或者条件反射,从这种意义上来说,学习就是反应的发生概率的变化。随后,桑代克的反应学习理论、巴普洛夫的经典反射理论、斯金纳的操作条件反射、班杜拉的观察学习理论等的相继提出,将行为主义理论推向高潮。从 20 世纪 20 年代到 50 年代的四十年内,行为主义占据了心理学的中心。行为主义否认意识,主张研究行为;反对内省法,主张采用客观方法;反对本能论和遗传决定论,重视学习在个体行为发展中的作用。行为主义者在学习理论上的建树,对心理学的发展做出了一定贡献,但随着学习理论研究的不断深入,行为主义理论的机械论、还原论的弊端日益暴露出来:行为主义把思维归结于肌肉腺体的活动,否认思维与客观现实的关系、否认思维活动的内部机制,片面强调研究行为,将行为与意识绝对对立起来,把思维活动与肌肉腺体的物理化学运动等同起来,模糊了物质运动不同形式之间的区别和界限,极大限制了心理学的研究范围,对心理学的发展产生了一定的消极影响①。

20 世纪 20 年代所涌现的认知主义思潮开始逐渐受到人们的重视,其对行为主义的传统观念产生了猛烈冲击,认知主义者把研究重点转移到内部心理过程上来,采用客观科学的研究方法试图研究人学习时的内部心理活动过程。自 20 世纪 40 年代末,各门学科的迅猛发展使学科之间产生了横向联系的需要,这种需要推动了信息论和系统论的诞生,并在 50 年代后期得到了快速发展。在该阶段,心理学界涌现出一股研究认知过程的热潮。1967 年,奈塞尔《认知心理学》一书出版,标志着现代认知心理学诞生。从 20 世纪 50 年代至今,认知主义在知觉、记忆、注意、表象、思维、语言和技能等一系列问题上,展开了大量的实验研究,积累了大量实验证据,对人类复杂的心理认知机制有了更进一步的了解。

认知学习理论主要包括格式塔心理学派的顿悟学习理论,托尔曼的符号学习理论,布鲁纳的认知结构学习理论,奥苏伯尔的认知同化学习理论,加涅的信息加工学习理论等。这些理论对当前学校的教育教学实践产生了广泛而深刻的影响,它们也构成了体育与健康跨学科主题学习的认知学习理论基础。

---

① 彭聃龄.行为主义的兴起、演变和没落[J].北京师范大学学报,1984(1):15-23+39.

## 二、认知主义的主要学习理论与观点

### （一）格式塔心理学派的顿悟学习理论

顿悟学习理论是现代认知学习理论的早期代表，由德国心理学家韦特海墨、苛勒和考夫卡创设。该理论主张从整体的视角研究心理学现象，强调整体大于部分之和，认为冯特的要素主义永远看不到人类经验的真实面貌，人的心理过程不应当被转化为基本要素。知觉是先感知到整体，然后才感知到部分，而并非两者的互换，并且知觉是体系化的、有内涵的感知，而不是基本要素联结起来的表象的简单集合。顿悟学习理论认为学习的实质在于主体内部构造完形，而学习的过程是顿悟的过程。

所谓完形，是一种心理结构，是对事物、情境各部分及其相互关系的理解和认知，例如我们对一朵花的认知，并非单纯从花的颜色、气味等零碎信息组合而来，还包括我们过去对花的印象和经验，加起来形成的整体的印象才是对一朵花的认知。顿悟派的心理学家习惯用描述知觉的术语解释学习的过程，认为认知几乎等同于知觉，主体通过学习产生了潜意识的记忆印象，并且通过实践深刻地将印象保留在潜意识中，这些印象是系统化的要素，又是一个体系化的组织，因此被称为完形。

所谓顿悟，就是个体在实践过程中通过不断试错，并对问题情境进行观察，理解其各构成部分及相互的联系，并分析出制约问题解决的各种条件，突然察觉到问题的解决办法的过程，即领悟到自己为什么做这些动作，如何做这些动作，能够领会到动作、目的、情境和条件之间的关系。顿悟具有突发性、独特性和不稳定性。顿悟往往在一个或多个阶段的试错之后发生，但并非如桑代克"联结试误说"所描述的简单的、盲目的试错过程，而是类似于一种"行为假设"的程序，主体会提前依据自身动作、情境和目的之间的关系设想好一定的假设，在尝试并失败后便会抛弃它们，这往往是顿悟的前奏。只有在主体清晰地认识到整个问题情境中各种成分之间的关系时，顿悟才会发生。

格式塔学派的完形—顿悟学习理论充分肯定了主体的主观能动性，把学习视为主体主动构造认知完形的过程，这对反对当时行为主义学习理论的片面性和机械性，引导认知学习理论的后续发展产生了重要意义。

### （二）符号学习理论

符号学习理论的创始者是美国心理学家托尔曼，他称自己是"目的行为主义者"，但行为主义学派指责他背叛了行为主义，认知学派又认为他不是正宗的格式塔学派的"完形"视角，而始终站在行为主义的立场上，因此心理学史上将托尔曼的观点称为折衷主义,即既是新行为主义的代表,又是认知主义理论的先驱。

符号学习是指主体在条件反应或迷津情境中习得的是有关主体周围环境、重要目标位置,以及从这一点到那一点的知识。托尔曼用"符号"来代表主体对环境的认知,学习的过程并非是简单的、机械的运动反应,而是学习达到目的的符号及其所代表的意义。

符号学习理论具有三大特点:一是强调行为的目的性,动物的行为,如获得食物,总是指向一定的目的,并不是胡乱试错。二是关注学习过程的中介变量,托尔曼认为从刺激到反应这一过程中存在一些中介变量以帮助主体达到对某个情境的预期。可以说托尔曼已经将认知因素引入到了学习过程之中,将简单的 S—R 模型(刺激—反应)发展为 S—O—R 模型(Stimuli-Organism-Response,刺激—有机体—反应)。三是提出潜伏学习,托尔曼认为有时候尽管学习者在外在行为中并没有显露学习的迹象,但实际上可能已经掌握了正确的反应,即学习的过程并不直接反应在外在行为当中。强化不是学习的前提条件,行为变化属于一种学习,但学习并不一定是行为变化。所以,不能完全以外在行为的表现来判断学习的发生与否。

**(三) 认知结构学习理论**

认知结构学习理论的提出者是美国认知心理学家布鲁纳,他主要研究知觉与思维方面的认知学习,早期受皮亚杰的思想影响较大,后来进一步发展了他自己的教学理论,他力图将认知发展理论与课堂教学联系起来,强调学习理论和教学理论在教学中的应用。

认知结构学习理论是一种描述和解释学生学习过程的学说,布鲁纳认为人类会通过知觉将外在事物或事件转化为内在的心理事件,他将这一过程称为认知表征(cognitive representation)。人的认知或者智慧不断生长发育的过程就是形成认知表征系统的过程,主要经历动作性表征、映像性表征和符号性表征三个阶段①。三种表征之间不是互相取代的关系,而是相互作用、顺序发展和互相不可替代的,构成一种信息加工系统,这也是认知发展的理论核心。

布鲁纳认为学习是一个复杂的认知过程,包括习得新知识、旧知识改造和检验评价知识是否合理,这三个过程几乎是同时发生的。他非常重视认知结构在学习中的作用,认为学习就在于主动形成认知结构。认知结构概括来讲就是人关于现实世界的内在编码系统(coding system),它是人用来

---

① 陈琦,刘儒德. 教育心理学(第 3 版)[M]. 北京:高等教育出版社,2020:97 - 100.

感知外界的分类模式,是信息得以加工的依据,也是人的推理活动的参照框架。布鲁纳进一步认为,在感知外界时,人不仅要把感觉信息输入某一类别中,还要根据有关的类别进行推理,从而可以超越所感知到的外界信息,超越直接的感知材料。在布鲁纳看来,学习的实质就是个体把同类事物联系起来,并把它们组成富有一定意义的结构。为了促进学生的学习,提供一定的知识或信息是必要的,但学习的最终目的并不是掌握这些知识本身,而在于使学生头脑中形成各个学科的知识结构,用富有意义的联系方式来理解相关事物,从而超越所给的有限的知识或信息。此处所言的知识结构是指学科中的基本结构,即基本概念、基本思想和基本原理。布鲁纳认为学生所学的观念越是基本、越是普遍,这些观念对新问题的适用性就越广,这样才有助于学生解决在课堂外所遇到的问题和事件或者在日后课堂训练中所遇到的问题。

布鲁纳指出,学习、了解一般的原理固然重要,但同样重要的是形成发现的态度和方法,即探索新情境的态度和方法,包括做出假设、推测关系,并应用已有的知识结构解决新问题或发现新事物。布鲁纳进而提出了发现学习法,认为发现学习是最佳的学习方法。发现学习是指学生在学习情境中通过自己的探索来获得问题答案的学习方式。所谓发现,不只限于发现人类尚未知晓的事物,而是包括用自己的头脑亲自获得知识的一切形式。在这个过程中,教师应该给学生一个探索情境,而不是现成的知识,注重学习的过程,而不只看最后的结果,并强调学习的内部动机,要让学生从学习探索活动本身得到快乐和满足,而不是通过外部的奖惩实现。

布鲁纳推动了教育心理学的重大转变:从行为主义向认知心理学的转变,从实验室研究向课堂研究的转变,从学习研究向教学研究的转变。但是布鲁纳的理论也存在缺陷,即过于强调学生的发现学习,以至于混淆了学生的发现学习与科学家的科学发现之间的差异。即便不考虑操作上的可能性,就所耗费的时间而言,发现学习也是不经济的。

**(四) 认知同化学习理论**

奥苏伯尔是和布鲁纳同一时期的美国教育心理学家,同样重视认知结构,但奥苏伯尔更加强调学生的学习应该是有意义的学习。新知识与认知结构原有成分之间的联结方式不同是有意义学习与机械学习的主要差异:在机械学习中,联结是简单的、任意的、非实质性的;而在有意义学习中,联结是非任意的和实质性的。传统教育心理学所研究的动物或人的学习基本上是机械学习,对学习和教学并没有什么价值。学校中学生的学习主要是掌握语言符号代表的系统知识,是有意义学习而非机械学习。

有意义学习的过程即是认知、同化的过程，因此相关理论又被称为认知同化理论。其实质是符号所代表的新知识与学习者认知结构中已有的适当观念建立实质性的、非人为的联系。所谓实质性联系是指新符号或符号代表的新观念与学习者认知结构中已有的表象、已有意义的符号、概念或命题的联系；非人为联系，即非任意性的联系，即新知识与认知结构中的有关观念具有某种人们可以理解的合乎逻辑的联系①。

要判断学生学习是有意义的还是机械的，就要看符号所代表的新知识与学生认知结构中原有知识的联系的性质，即是否是实质性联系、是否是非人为联系。当新知识与原有认知结构合理地联系起来，有意义学习便发生了，对于这种联系所产生的心理机制，奥苏伯尔发展了皮亚杰的观点，用"同化"的概念来解释意义的获得和保持机制。奥苏伯尔认为，学生是否能习得新知识，主要取决于学生认知结构中已有的知识或观念，有意义学习是通过新知识与学生认知结构中原有的知识或观念相互作用才得以发生的，这种相互作用的结果导致了新旧知识的同化。在新知识的学习中，认知结构中原有的适当知识或观念起到了决定性的作用。在新旧知识相互作用的过程中，学习者必须产生积极主动的有意义学习的意愿，在原有认知结构中找到有关的知识或观念作为新知识的锚点或固定点（同化点），这样才能把学习材料中的潜在意义转化为自己现实的心理意义，将新知识的意义纳入到认知结构中，同时原有认知结构也发生一定的变化。奥苏伯尔也认为认知结构是有层次性的，按照新旧知识的不同以及联系方式提出了下位学习、上位学习和组合学习三种同化模式。

以有意义学习和认知同化的观点为基础，奥苏伯尔提出了几个学习原则和策略：一是逐渐分化原则，即首先传授一般的、包含性最广的、概括性最高的观念，然后根据细节对它们逐渐加以分化，这样可以为每个知识的教学都提供理想的固定点。二是整合协调原则，即新知识的学习要对学生认知结构中的现有要素重新加以组合。三是先行组织者策略，即先于学习任务本身呈现一种引导性材料，它要比学习任务本身有更高的抽象、概括和综合水平，且能清晰地与学生认知结构中原有的观念和新的学习任务联系起来。设计先行组织者的目的，是为新的学习任务提供观念上的固定点，增加新旧知识之间的可辨别性。

除此之外，奥苏伯尔还是接受学习的倡导者。他认为学习应该是通过接受而非发现而发生的。虽然两者都充分重视学生的内在动机，但相较于

---

① 陈琦，刘儒德. 教育心理学(第 3 版)［M］. 北京. 高等教育出版社，2020：97－100.

布鲁纳的发现学习较为注重培养学生解决问题的能力，奥苏伯尔更重视学生对实际知识的掌握，所以更倡导接受学习。他认为研究者们必须消除对接受学习的误解，接受学习未必就是机械的，它可以并且应该成为有意义的学习，发现学习也未必全部都是有意义的学习，同样有可能是机械的。在接受学习中，只要教师给学生提供的材料是经过仔细考虑的、有组织的、有序列的、完整的形式，并且讲授教法得当，并不一定会导致学生机械式的学习；同样在发现学习中，如果学生只是机械地记住了解决问题的"典型步骤"，而对自己正在做什么，为什么要这么做毫无意识，这样即便他们得到了正确的答案，也并不比机械学习或记忆更有意义。课堂教学大多采用接受学习是有一定原因的，首先是发现学习所花费的时间太多，一般不适宜作为获取大量信息和知识的有效手段。其次是在某些学习情境中，学生必须用言语来处理各种复杂、抽象的命题。因此，奥苏伯尔认为在学校教育中应主要采取言语讲解的方式进行有意义的接受学习。

**（五）信息加工学习理论**

在 20 世纪 50 年代，由于计算机等信息技术的飞速发展，心理学界兴起了一种新的理论学说，即信息加工学习理论。该理论用计算机的信息处理过程来类比人脑的认知过程，用信息的接收、存储和提取来解释学习的具体过程。1974 年，加涅在现代信息加工理论的基础上，参考各种学习理论的看法，提出了学习过程的基本模式，具体说明了学习过程中的信息流程。这一模式表明，来自学习者所处环境中的刺激作用于他的感受器，信息最初在感觉登记器中进行编码和登记，为在短时记忆中贮存进行选择知觉，然后通过复诵保留在短时记忆中，之后信息又经过语义编码进入长时记忆中进行贮存，在日后需要对其进行回忆时，信息再从长时记忆中提取至工作记忆，通向效应器的反应生成，在学习环境中影响学习者的作业表现。在这个信息加工过程中，还有很重要的两个部分，即"执行控制"和"预期"。"执行控制"指已有的经验对现在学习过程的影响，"预期"指动机系统对学习过程的影响，整个学习的过程都是在这两部分的影响下进行的。在学习过程中，还需要注意激发学习者的学习动机，并以执行控制策略监控整个信息加工过程。

加涅将学习过程概括为八个阶段：动机阶段、了解阶段、获得阶段、保持阶段、回忆阶段、概括阶段、操作阶段和反馈阶段。另外，加涅还提出了学习的层级，并对学习结果做了分类，主张学习应该严格按照从低级到高级的层级顺序来进行，学习任何一个内容之前都要先学习作为基础的更前提性的内容。与布鲁纳和奥苏伯尔相比，加涅关注的重点不是教学内容的选择和安排,而是教学方法的使用,他强调教师对学生的指导和促进作用,认为教师应当给予学生充分的指导,以便使教学内容更加系统化,便于学生理解。

**(六) 教育目标分类理论**

20 世纪 60 年代,美国以布鲁纳的认知结构学习理论为指导进行了轰轰烈烈的课程改革,旨在为美国社会培养未来的科学家,以提高美国的科技水平,但这场课程改革过于强调理论化,导致美国教育质量下降。美国教育心理学家本杰明·布卢姆在 1956 年对美国学校教育质量的评估中发现,95％的测试题都是在考察学生的记忆力,于是提出了一个新的学习分类方法——教育目标分类法。其将教育目标分为三个领域,即认知领域、情感领域和动作技能领域,在每个领域内又细分为具有阶梯关系的若干层次,较高层次目标包含且源自较低层次目标。布卢姆等人详细地编制了认知领域和情感领域的教育目标分类。教育目标分类理论将学习者的认知过程分为记忆、理解、应用、分析、综合、评价和创造七大类,这七大类环环相扣、相互制约、相互影响①。布卢姆将思维层次分为低阶思维和高阶思维:低阶思维包括记忆、理解和应用三个类别,是主要用于学习事实性知识或完成简单任务的能力;高阶思维包括分析、综合、评价和创造四个类别,是从浅层次的信息获取与分析转向深层次的理解与应用,使学生从强迫式的知识技能习得转向有意义的思维学习的能力。该理论对课程教学和设计产生了深远的影响,奠定了布卢姆在美国教育界的地位。

**三、认知学习理论对体育与健康跨学科主题学习的启示**

**(一) 跨学科主题学习的教学目的应当更加重视学生素养的培养**

区别于行为主义理论通过简单的教学提示、练习和强化来建立学生"刺激—反应"的联结,只强调外显性的可观察行为,认知主义理论更强调学生学习过程中复杂的内部心理活动过程,更加关注通过鼓励学习者运用恰当的学习策略提高学习效果,突出对学生能力的培养:格式塔心理学派的"完形"视角认为学生学习的过程不应是各类零碎化、片面化的知识的简单集合,而应是在不断试错的情境中观察和体悟,了解不同知识之间的构成和相互联系,不断领会和创新的"顿悟"过程;皮亚杰认为应当培养学生的认知能力;布鲁纳认为学习应当是三种认知表征相互作用,学生主动形成认知结构

① 王汉松.布卢姆认知领域教育目标分类理论评析[J].南京师大学报(社会科学版),2000(3):65-72.

的过程,应当培养学生独立思考、直觉思维和创造的能力,关注学习过程而不是学习结果;奥苏伯尔虽然倾向于有意义的接受学习,但也反对单纯地接受知识和积累知识,提倡学生发展获取知识的能力。从认知主义学派的各类理论关于学习过程的观点可以看出,个体通过学习的过程不仅仅需要掌握知识和技能,更需要具备运用知识和技能去解决复杂问题的能力,在教学过程中,教师给学生提供的信息是知识,但掌握信息和知识本身并不是学习的目的,学习还要"超越所给的信息"。

随着全球互联网的发展和信息化时代的到来,各类新知识、新思想和新技术使得人类生产、交往的方式相较于旧工业时代发生了巨大的转变,信息化时代对知识经济的高度重视,使得思维和决策成为一种至关重要的东西,且其更加强调创新,这对人类提出了新的需求。传统的能力、技能等概念已不再适用,人们对这些概念进行了扩展和升级,提出了范围更广的素养的概念,这一概念包含了知识、能力、态度等多个方面,是指个体在真实的情境下,解决复杂现实问题过程中表现出来的综合品质或能力[1]。这类需求会转化为对人类素养的新需求,新时代的学生仅对知识进行简单复制、记忆和理解是不够的,还必须要将知识内化、转化和升华,使自身具有学习、工作和生活所必须具备的能力,以适应未来瞬息万变的生活场景[2]。对于学生而言,通过分科学习掌握了许多不同学科的知识、或多或少形成了一些素养,但是这仍然是碎片化的、割裂式的学习,除单学科核心素养外,学生还需具备跨学科素养,即几类学科共同形成的通用素养。因为学生是完整的个体,他们在社会中所需要的素养和所体现的素养并不是分学科的,而是以一种整合的形式体现出来[3]。《课程标准(2022年版)》明确指出:"体育与健康课程应融合多门课程,充分发挥育人功能,促进学生全面发展。"跨学科主题学习应基于其跨学科的知识和学习方式,拓展学生学科视野和人文底蕴,发展知识的迁移和应用能力,这也是培养学生学科核心素养的重要途径。

**(二)跨学科主题学习内容选取应以跨学科大概念为切入点,重视知识结构的形成**

认知主义理论强调认知结构形成的重要性,认知结构的形成是知识迁移的基础,其意义就在于可以把事物作为更普遍的事情的特例去理解,有助于理解可能遇见的其他类似的事物。布鲁纳曾在《教育过程》一书中反复强调结构思想的重要性,认为认知结构的形成不仅有助于学科知识的理解,还

① 柳夕浪.走向整体的人:核心素养的整合意义[J].中小学管理,2019(4):25-28.
②③ 尹志华.体育学科核心素养的解构与阐释[M].上海:华东师范大学出版社,2021.

有利于知识的记忆,"除非把一件件事情放进构造好的模型,否则很快就会忘记,详细的资料是依靠简化的表达方式保存在记忆之中①"。《课程方案(2022 年版)》在"课程标准编制"部分提出:"加强课程内容的内在联系,突出课程内容结构化,探索主题、项目、任务等内容组织方式。"由此衍生出的任务群、单元教学、跨学科教学、大概念等,其本质就是结构化,从学理上讲与布鲁纳的认知结构思想一脉相承。

大概念可以理解为一种强大的解释模型,对自然界中各种可预测的自然现象具有解释力②。教育部在 2018 年印发的《普通高中课程方案(2017 年版)》中曾提出:"要重视以学科大概念为核心,使课程内容结构化,以主题为引领,使课程内容情境化,促进学科核心素养的落实③。"从单一学科的层面来看,大概念是对体育与健康学科中的核心议题、基本问题等进行提炼而形成的系统性表达,这与布鲁纳所提倡的学生所要掌握的学科的基本概念、基本思想和基本原理的基础知识结构基本相符。从跨学科层面来看,大概念更是突破单一学科藩篱的,是那些可在学科间进行迁移的共性知识、能力和问题等。跨学科的大概念学习主要以学科间的共性知识和问题作为切入点,通过这些切入点,学生可以开始研究与每个学科大概念相关的概念,其目的是将这些概念应用于其他领域、学科或自身生活情境之中。例如,审美就属于一个典型的跨学科大概念,体育与健康学科中所蕴含的形体美、动作美、视觉美等美学要素可与音乐、美术、舞蹈、戏曲等学科进行交互与融合,培养学生全面的美学观,甚至使其产生新的独有的审美思维。在跨学科教学过程中需要清晰地列出所跨学科的核心素养及其包含的核心知识和能力,引导学生在基于大概念的基础上,借鉴不同学科的视野,整合不同学科的见解和思维模式,从中寻找关联、冲突,形成创造性的新见解。在学科整合的过程中创造一种复杂而真实的情境,改变以往教学那些只能在有限范围内运用,而不能应用到更广泛情境中的惰性知识的模式。

落实到教学实践层面,为避免体育与健康跨学科主题学习落入传统教学教师"一言堂"学生却"知其然不知其所以然"的非实质性的机械教学窠臼中,可以借鉴奥苏伯尔针对有意义学习所提出的逐渐分化原则、整合协调原则和先行组织者策略构建课程模型。逐渐分化原则强调要先传授最一般和

① 布鲁纳.教育过程[M].邵瑞珍 译.北京:文化教育出版社,1982:67-69.
② 孙铭珠,贾晨昱,尹志华.体育与健康核心素养背景下的大概念要义阐释、提取路径与内容框架[J].首都体育学院学报,2023,35(1):21-31.
③ 中华人民共和国教育部.普通高中课程方案(2017 年版)[M].北京:人民教育出版社,2018:4-5.

概括性最广的观念,然后根据具体细节对它们逐渐加以分化,即可以首先选取具有概括性、教育性的跨学科学习主题,并依据跨学科学习主题与目标或各学科知识技能提取和归纳大概念,再将大概念进行分层和细化构建出问题链,最后根据相互关联的问题链形成结构化的任务群。整合协调原则强调对学生认知结构中原有的要素重新加以组合,即学习主题、大概念的选取要基于学生现处学段水平已经掌握的知识或技能,或应处于学生能够理解的水平,再与体育学科的相关知识进行有逻辑性的、创造性的整合,让学生通过发现不同学科基本结构、大概念之间的联系,以及新旧知识间的联系,建立更合理的认知结构。先行组织者策略强调引导性材料的重要作用,即提示问题链的构建需要指向和突出主题和大概念,并且能够将学生原有的知识与新的学习任务联系起来,为后续任务群的展开提供观念上的固定点。

**(三) 跨学科主题学习应注重学生高阶思维能力的培养**

布卢姆的教育目标分类理论将学生认知过程的分析、综合、评价和创造定义为高阶思维能力。在现行教育体系所倡导的分科学习背景下,学生的学习大多还停留在"简单的记忆、理解、应用"的低阶思维能力培养层面,学科之间知识的断裂、知识的整体性断裂难以培养学生的高阶思维能力,而跨学科主题学习则是一种运用主题方式整合学习内容,将知识关联学生主体经验的综合学习方式[①]。《课程标准(2022 年版)》指出:"体育与健康跨学科主题学习要立足于核心素养,结合课程的目标体系,设置有助于实现体育与德育、智育、美育、劳动教育和国防教育相结合的多学科交叉融合的教学内容。"由此可知,体育与健康跨学科主题学习的提出本身就是要对以往的课程内容和学习方式进行转变,重视体育和其他四育的融合,重视体育知识和其他学科知识的融合,在这个过程中,学生的知识迁移和高阶思维能力的培养显得格外重要[②]。

学生在体育与健康跨学科学习的过程中不再是肤浅理解、机械记忆和简单复制,还要深入理解学习情境,弄清具体问题的差异,对于不同的情境可以做到举一反三,主动选择和综合各类信息、知识、手段、方法以解决复杂问题,架起知识掌握和智力发展的桥梁。比如,在乒乓球旋转技术的教学中,可引导学生结合物理、数学等学科中受力分析、动量定理、伯努利

---

① 郭华.落实学生发展核心素养-突现学生主体地位——2022 年版义务教育课程标准解读[J].四川师范大学学报(社会科学版),2022,49(4):107-115.

② 王晖,杨瑞.《义务教育体育与健康课程标准(2022 年版)》实施下体育与健康课程跨学科学习的价值定位和路径——基于高阶思维的视域[J].体育教育学刊,2022,38(4):16-24+95.

原理等相关知识背景,利用文献资料查阅、计算机模型模拟乒乓球运动轨迹、实验探索等学习方式进行探究。充分利用不同学科特有的逻辑链,强化对学科本质的真正理解以及对跨学科知识的整体把握,使不同的学科在知识与技能的内外关联中"活"起来①,实现内化、转化和升华,促进学生高阶思维能力的培养,最终促进不同学科核心素养的落实。

## 第二节　建构主义理论和体育与健康跨学科主题学习

### 一、建构主义的发展历史与分类

建构主义在 20 世纪 90 年代逐渐兴起,在教育学和心理学领域的影响越来越大,对课程、教学、教师教育、教学研究和教育技术等各方面的改革和发展都产生了深远的影响。建构主义理论是认知主义理论的一个重要分支,也是其进一步的发展。建构主义本身是一个广泛而模糊的术语,哲学家、心理学家、教育学家等都在使用,但不同的学科背景下使用该术语的含义并不相同,汇聚在一起构成建构主义的思潮②,其目前正处于发展的过程当中,并且存在不同的取向分支,包含个人建构主义、社会建构主义、激进建构主义、社会文化认知论、信息加工建构主义、社会建构论和控制论建构主义。虽然不同的建构主义取向分支在具体的观点上存在着很大的差异,但是在对知识、学生、学习和教学等基本问题的观念上还是存在一些共识的。本节将对和教育实践联系最为密切的几种建构主义取向分支及其所凝炼出的知识观、学习观、学生观、教师观等共识观点进行简要介绍。

在教育心理学领域的建构主义,一般倾向于根据不同的建构主体分析单位将建构主义分为个人建构主义和社会建构主义。个人建构主义强调个体自身在个人知识建构中的创造作用,包括皮亚杰的发生认识论、冯·格拉塞斯费尔德的激进建构主义、维特罗克的生成学习理论、斯皮罗等人的认知灵活性理论等。社会建构主义则强调社会相互作用、文化在个人知识建构中的重要作用,包括维果茨基的文化历史理论、所罗门和欧内斯特等人的社会建构论、萨克斯和莱夫等人的社会文化认知观、布朗和柯林斯等人的情境性认知理论等。

① 任学宝.跨学科主题教学的内涵、困境与突破[J].课程·教材·教法,2022,42(4):59-64+72.
② 陈琦,刘儒德.教育心理学(第 3 版)[M].北京:高等教育出版社,2020:97-100.

**（一）个人（认知）建构主义**

个人建构主义主要以皮亚杰的理论和思想为基础发展而来，其关注的是个体内部如何构建认知和情感方面的素质，将个人自身追求知识意义的过程理解为主体基于自己的经验与环境或客观刺激相互作用的过程，认为意义的建构是个体自身内部的事情，这与布鲁纳、奥苏伯尔等人的认知学习理论有着较大的连续性。皮亚杰认为，知识既非来自主体，也非来自客体，而是个体在与周围环境相互作用的过程中，逐步建构起的关于外部世界的认知，从而使自身认知结构得到发展。

人类对于认知的最初解释是行为主义的 S－R（刺激—反应）模型。为了弥补这个模型的缺陷，皮亚杰提出了图式（schema）的概念。认知图式实际上也是认知结构的一种，是在主体和客体之间相互作用的过程中不断发展而构成的统一的有机整体。皮亚杰提出以平衡作为揭示学习的机制，他将平衡描述为一种个体与环境相互作用的动态过程，涉及同化和顺应两种相反倾向的调节。同化是主体在活动中对环境进行选择、改变，并把它们吸收进入主体的已有图式中，使其整合为一个新的整体认知结构的过程，同化只是从量上丰富和发展原有图式，不会引起图式的质变；顺应是当外部环境发生变化，原有图式容纳或同化不了新环境所提供的信息时，在主体自我调节之下改变原有动作结构产生新的图式，以适应环境变化的过程。个体就是通过这样的同化和顺应两种形式的调节来达到与周围环境的平衡。

以美国哲学家、心理学家冯·格拉塞斯费尔德为代表的激进建构主义认为，知识不是通过感知觉或相互间的交流而被主体被动接受的，而是由认知主体依靠自身主动性建构起来的，建构是通过新旧经验的相互作用而实现的；认知的机能不是去认识本体论意义上的现实，现实世界的本来面目是我们无法知道的，并且也没有必要去进行推测，而是要适应和组织自己的经验世界。激进建构主义反对僵硬而统一的课程目标，认为课程目标要体现学生个性发展和个体经验，强调课程目标的弹性；反对一味地给学生灌输知识，强调学生自己积极主动地建构和理解知识；同时还强调情境教学的重要性，主张教师尽可能地给学生创造建构知识的学习场景，并更多地把注意力放在学生获得知识的过程中而不是结果上。

美国加州大学的维特罗克根据他对个体认知和学习过程的研究，提出了生成学习理论，该理论较好地说明了学习的建构过程。生成学习理论的提出主要基于两个前提：一是学习者所能理解的事物的意义总是和已有的知识经验联系在一起，总要涉及学习者的认知过程和认知结构，也就是说任何学科的学习和理解都不是在白纸上作画，也不是将外界环境的知识直接输入到记忆中；二是人脑并不是被动地记录所输入的信息，总会主动地选择一些信息，忽略一些信息，并建构对信息的解释，从而从中获得推论。基于此前提，维特罗克认为学习的过程不是从经验本身开始的，而是从感觉经验的选择性注意开始的，学习者从外界环境中所接受的感觉信息（新知识）与原有的认知结构（已经存储在长时记忆中的事件）在大脑内的信息加工策略的作用下，相互影响，主动地注意某些信息、选择某些信息、忽略某些信息，以及主动建构信息的意义。

美国伊利诺伊大学的斯皮罗提出了认知灵活性理论，旨在促进学习过程的深化，他认为学习者如果仅具有一些字面意思的理解，只能掌握一些零碎的概念性名词，这样的学习程度远远不够，还必须对知识形成深层次的理解，能灵活地运用知识解决各种问题。

斯皮罗根据知识及其应用的复杂多变程度，将知识分为结构良好领域知识和结构不良领域知识。结构良好领域知识是指那些具有规律性和确定性、涉及结构系统、联系紧密的知识，这些知识领域的问题一般具有明确的规律或规则，甚至可以直接套用相应的法则进行解决。结构不良领域知识往往不具有规律性和确定性，它们往往具有概念复杂性和实例差异性两大特点。结构不良领域知识是普遍存在的，只要将知识运用到具体情境中去，都会有大量的结构不良特征出现。结构不良领域知识的学习要求学生把握概念的复杂性，不能靠将已有的知识简单提取出来去解决实际问题，而是要根据具体情境，以原有的知识为基础，建构自身用于指导问题解决的图式，并且往往问题的解决不单单是以某一个原理为基础，而是要通过多个概念原理以及大量的经验背景共同作用而实现。据此，斯皮罗等人又对学习进行了解释，认为学习分为初级知识获得和高级知识获得两种，初级知识获得是学习的低级阶段，这个阶段学生仅需要记住一些重要的概念和事实；高级知识获得则对学生提出了更高的要求，需要把握概念的复杂性，并且能够将概念广泛而灵活地运用到具体情境之中。斯皮罗认为传统的教学混淆了初级知识获得和高级知识获得之间的界限。简单化的教学是必要的，但整个教学过程简单化必然会导致学生对知识的理解简单化、僵硬化和片面化，这妨碍了学生在具体情境中对知识的灵活运用和迁移。建构主义的目的就是要寻求适合高级知识获得的教学手段和途径，帮助学生深层次地理解知识，着眼于知识的综合联系和灵活变通，面对复杂多变的任务情境，灵活地理解问题和解决问题。

### (二) 社会建构主义

社会建构主义的学习理论主要来源于苏联心理学家维果茨基的心理发展的文化历史理论,这一理论自 20 世纪 70 年代传入西方后,与建构主义思潮相互交融,产生了作为建构主义重要理论取向的"社会建构主义"。与皮亚杰的个人建构主义更多强调个体对新知识的创建不同,维果茨基更加注重文化和语言等知识工具的传播。

社会建构主义认为,虽然知识是个体主动建构的,但这种建构不是任意建构,而是在社会情境中通过自身的认知过程及认知主体间的相互作用而建构的,即强调学习是"知识的社会交流互动功能"。学习是一个文化参与过程,是个体通过对某种社会文化的参与,内化相关的知识和技能,同时掌握有关工具的过程[①]。我们常常提及的学习共同体(专家、学者、教师、辅导者等共同构成的团体),就是成员彼此之间在学习的过程中相互交流、协商,分享各类学习资源,共同完成某项学习任务,在这样的相互影响下,形成了一定的人际关系、规范和文化。学习者只有借助一定的文化支持来参与某一学习共同体的实践,才能够内化相关的知识。社会建构主义的经典理论主要包括维果茨基的文化内化活动理论和布朗、柯林斯、达吉德的情境性认知理论。

维果茨基的文化内化活动理论认为,人与其他动物最大的区别是人具有其他动物所没有的高级心理机能,其核心特征是利用符号工具完成相互之间的交流和掌握自己的心理过程。人的任何高级心理机能都是外部活动内化的结果,即将存在于社会中的文化变成自己的一部分,来有意识地引导和控制自己的各种心理活动。维果茨基指出,文化的内化就是指学习者通过参与某个共同体的社会活动,把有关的概念、语言符号、规则等内化为自己的一部分,从而逐渐地理解和参与该活动,完成与该活动有关的思维和交流。在参与活动的过程中,学习者与比他们更成熟的成员一起合作交流,一起完成他们独自一人所不能完成的任务,这种通过合作所能达到的水平和独自能达到的活动水平之间的差距,即是维果茨基后来所提出的最近发展区[②]。

情境性认知理论是由布朗、柯林斯和达吉德于 1989 年首次提出,由于其作为一个有关学习实质的理论体系,强调知识、智慧和学习的情境性,对于教学设计具有重要的启示,因而备受社会建构主义者的推崇。该理论认

---

① 王振宏,李彩娜.教育心理学[M].北京:高等教育出版社,2011:47-50.
② 周龙影.教育心理学新论[M].镇江:江苏大学出版社,2013:75.

为,概念性的知识可以从其被学习和应用的情境中提炼出来,情境的范围限制了教学实践的范围和有效性,通过相关实验研究,布朗等人得出了"情境通过活动来合成知识"的结论,即认为知识是情境化的,且在一定程度上是其所被应用的活动、背景和文化的产物。与情境性认知相关联的另一个概念是分布式认知,其认为认知分布于个体内、个体间、媒介、环境、文化、社会和时间等之中。例如,我们常常会在生活中用笔算来代替心算,是因为笔算能将心算的中间过程暂时存放于外部环境,减缓了工作记忆的负荷。根据分布式认知理论,社会建构主义者们提出了分布式学习,它允许指导者、学习者和学习内容分布于不同的中心位置,使得教和学可以独立于时间和空间发生,这对于远程教育和合作学习具有重要的理论价值①。

## 二、建构主义的基本观点

建构主义是一种理论思潮,很多研究者都把自己所提出的各种具体学习理论称为建构主义,虽然他们的具体思想和观点有所差异,但是各种观点之间存在一定的共识,下面对建构主义者们所共有的知识观、学习观、学生观、教师观做简要论述。

### (一)建构主义的知识观

建构主义的知识观与行为主义和认知学习理论以客观主义知识论为基础不同。按照客观主义的观点,事物是客观存在的,而知识是对事物的表征,科学概念是与各种事物相对应的,科学命题、定理等是经过科学验证了的对事物唯一正确的、真实的解释,而且只要掌握了这些知识,我们便掌握了这个世界的运转法则,便具有了支配世界的力量。而建构主义在一定程度上质疑知识的客观性和准确性,认为知识不是对现实世界和客观规律的唯一准确的表征,不能精准地概括世界的法则,不能拿来就用,一用就灵,而是一种对现象或问题的解释或假设,需要针对具体情境进行再创造,它不是最终答案,更不会是终极真理,会随着人类社会的发展和科学技术的进步而不断被革新,从而产生新的假说、新的理论,即已有的知识、理论或假说终会被更新的更合乎当前背景和规律的假说和理论所代替。

知识不能以实体的形式存在于个体之外,尽管我们通过语言符号可以赋予知识一定的外在形式,通过语言使得知识在人类之间传递,甚至有些知识和命题还得到了较普遍的认可,但这并不意味着学习者会对这些知识有着同样的理解。知识不可能以实体的形式存在于主体之外,只能由个体基

① 陈琦,刘儒德. 当代教育心理学[M].北京:北京师范大学出版社,2007:125-130.

于自己的经验背景而建构起来,这种建构取决于特定情境下的学习历程,依赖于具体的个人认知,具有个体性。知识不是一系列独立于情境之外的符号,它只有通过实际应用才能真正被人所理解。总体而言,虽然建构主义不同理论的倾向有所不同,但都以不同程度的方式对知识的客观性和确定性提出了怀疑,虽然有些观点过于激进,但依然值得我们深思。

**(二) 建构主义的学习观**

学习不只是简单的知识由外到内的转移和传递,而是学习者主动建构自己的知识经验的过程,即通过新经验与原有知识经验的相互作用,来充实、丰富和改造自己的知识经验。学习不是由教师向学生传递知识的过程,而是学生建构自己知识的过程,学习不是学习者被动地接受现成的结论,而是学习者主动建构信息意义的过程,这种建构不可能由其他人代替。建构主义在学习观上更强调学习的主动建构性、社会互动性和情境性。

主动建构性是指面对新信息、新概念、新现象或新问题,学习者必须充分激活头脑中的先前知识经验,通过高层次思维活动对学习活动进行积极自主的自我管理和调节,即需要付出高度心理努力的有目的、有意识、连贯性地对知识进行分析、综合、应用、反思和评价的认知活动①。建构主义强调,知识学习的实质是学习者主动建构内部心理意义的过程。学习者要不断地思考,主动地对新知识和信息进行加工处理,基于新、旧知识进行综合和概括,解释有关的现象,形成新的假设和推论,进而转化为个人内在的东西。

社会互动性是指学习是通过对某种社会文化的参与而内化相关知识和技能、掌握有关工具的过程,这一过程常常需要通过一个学习共同体的合作互动来完成。学习不是单个的学习者独自在头脑中进行的活动,而是学习者在一定社会文化的背景和环境下进行的。

情境性是指知识的意义不完全取决于符号,而是存在于一定的情境之中。传统教学观念认为,学习的核心内容应该是概括化的凝练知识,这些知识可以从具体情境中抽象出来,让学生脱离具体物理和社会实践情境进行学习,而所习得的概括化的知识可以自然地迁移到各种具体情境中。但是,情境总是具体的、千变万化的,抽象概念和规则的学习无法灵活适应具体情境的变化。因此,学生往往难以将在学校学到的知识应用到解决现实世界的真实问题和有效参与社会实践中。基于此,建构主义者强调情境在学习中的突出作用,特别是对于复杂、高级知识的学习,意义往往隐含于内部,需

---

① 陈琦,刘儒德.当代教育心理学[M].北京:北京师范大学出版社,2007:125-130.

要学习者联系各种情境加以理解和把握,提出教学要以解决学生在现实生活中遇到的问题为目标,采取真实性任务,设置与现实问题情境相似的教学情境,引导学生在与现实中专家解决问题相类似的环境和条件下,获取隐含于情境中的知识、概念和工具,并在学习中评价学生。

**(三) 建构主义的学生观**

首先,建构主义强调学生所处世界的丰富性,强调应激发学生巨大的潜能。人们常认为学生在学习之前对所要学习的主题内容是一无所知的,学生只有一些片面的碎片化的日常经验,但这些日常经验与课本知识往往是相互冲突的,会妨碍正常的知识传授,所以学校教学必须把正规的知识告诉学生。然而,建构主义理论强调,学习者并不是空着脑袋进入教室的,在过去的学习经历或者日常生活中,他们已经形成了丰富的经验,从自然现象到社会生活,他们几乎都有一些自己的看法。即便是有一些问题他们没有接触过,但是他们往往也会根据以往相关的经验,以自身特殊的方式来建构对新信息、新问题的理解,这并不都是胡乱猜测,而是从他们的经验背景出发而推出的合乎逻辑的假设。

其次,建构主义强调学生所处世界的差异性,每个人都会在自己的活动或者与他人交往的过程中形成自己个性化的独特的经验,每个人都有自己的兴趣和认知风格特点。面对具体问题时,每个人都会基于自己的经验背景形成自己的理解,不同的人的理解往往着眼于问题的不同侧面。教学过程中不能无视学生的这些经验,从外部重新装进新知识,而是要把学生现有的知识经验作为新知识的生长点,引导学生从原有的知识经验中"生长"出新的知识经验。教学不是知识的传递,而是知识的处理和转换。教师不只是知识的呈现者,还应该重视学生对各种现象的理解,倾听他们的想法,洞察这些想法的由来,从而引导学生丰富或调整自己的理解。这不是简单的告知或传述就能够做到的,而是需要与学生就某些问题进行探索,并且在此过程中相互交流和质疑,了解彼此的想法,彼此做出某些调整。

**(四) 建构主义的教师观**

建构主义者对学生学习的主体地位给予了高度肯定,认为教师的作用不再只是直接传授给学生知识,而是在概念建构上给予学生支持和帮助。教师不再是教学活动中的唯一主角,不再是知识的传授者与灌输者,而是转变成了学生学习的辅助者、意义建构的帮助者、教学环境的设计者、教学氛围的促进者、教材的提供者等,最终成为学生学习的合作者与促进者。这意味着学习过程从"以教为中心"向"以学为中心"的转变,教师的关注点应当从"如何去教"转移到"如何促进学习者主动地学"上来,即教师如何为学生提供帮助和支持,既强调学习者的认知主体作用,又不忽视教师的指导作用。

### 三、建构主义理论对体育与健康跨学科主题学习的启示

#### (一) 重视学生原有认知结构,发挥学生主观能动性进行知识的主动建构

建构主义强调每个个体内部都有一套属于自己的认知结构,这套结构可以内化外在的经验材料。主体的学习过程就是"同化"与"顺应"的过程。每个学习者都有一套自己原有的"图式(认知结构)"。因此,建构主义的学习观强调三个重要内容:第一,学习者的原有认知结构;第二,外在环境提供的信息;第三,学习者所构建出来的新的认知结构。指向跨学科融合教学的理念可以在第一个和第二个方面达成很好的效果,从而保证第三个方面的成功实现。

皮亚杰指出"学习不是简单的信息积累,是新旧知识的冲突导致的认知结构重组"。任何一个学科的教学都不应该忽视这样一个事实,即各学科的知识并不是孤立、封闭的。学生的原有认知结构本身就是复杂的,不是单一的认知结构,而是多领域、多信息的复合体,天然就是一个学科大融合的"熔炉"。当学生要解决一个领域的某个问题时,不是仅仅依靠某个学科内的知识就能实现,它往往需要调动其他学科的知识作为补充来实现知识结构的完整性。跨学科融合的教学理念符合建构主义学习观的要求,它强调学生主体在学习过程中原有认知结构的重要性,教师必须在学生原有认知结构的基础上帮助学生学习,如此才能实现"新知识"真正意义上的获得。例如在"掷实心球"的教学内容中,单一的体育与健康课程教学中往往只会传授基本的持球姿势和发力要领,然而学生通常难以真正理解其中涉及的生物、物理和数学等学科原理。事实上,学生的原有认知结构中就已经有物理学中的抛物线、数学中的三角函数等相关的知识储备。引导学生在跨学科学习的过程中对这一主题进行主动探究,调动原有认知结构中其他学科的知识,帮助体育知识和技能的建构,不仅可以促进学生掌握投掷实心球的运动技能,理解相关原理,还可以帮助学生加强物理、数学、生物等相关知识的掌握程度和运用灵活度,进而促使学生运动技能产生正向迁移,让学生在投掷类的运动中能快速理解和掌握相关技术要领和原理,实现认知结构的跨学科完整性。

建构主义者还强调学生学习过程的主动性。我国传统教学往往是"灌输式"的教学,重在关注教师如何教,而忽视学生如何学,认为学生是知识的被动接受者,忽视其主观能动性。而建构主义教学观则强调学习者的主动

性,强调认知过程中主体的能动作用,认为学习是学习者基于已有知识体系主动建构新知识体系的过程,要求将教学过程中的关注点从教师身上转移到学生身上,从"以教为中心"转向"以学为中心"。在此理念下,体育与健康跨学科主题学习过程中教师扮演着引导者、实施者的角色,应充分发挥学生的主体性,结合体育与健康学科的特点选择、设计能够激发学生兴趣的信息,从而实现学生认知结构的延伸或重建。体育教师如何做好引导者?什么样的信息是有效的?如何有针对性地进行选择?这就要求体育教师不仅要拥有本学科的知识,还需要不断拓宽视野,丰富和完善自身的认知结构,从而在体育与健康跨学科的教学过程中为学生提供更加有用的信息。

**(二)注重体育与健康跨学科主题学习过程中的情境设计**

建构主义理论的一个基本观点是,学习总是发生在一定的情境之中,情境会和镶嵌在其中的知识形成不可分割的联系,如果学习脱离具体的情境,那么知识的迁移与应用就很难发生。一个人不可能仅仅参照一些规则就能够学会运用工具,必须要让学习者参与到真实世界的情境中实际运用各种工具。因此,体育与健康跨学科主题学习的教学设计应当使学生的学习在与现实情境相类似的情境中发生,以解决学生在体育与健康实践中的问题、其他学科实践过程中的问题或现实生活中遇到的问题作为目标。建构主义理论指出:学生应当面对复杂的真实世界的情境,并在复杂的真实情境中完成任务。跨学科主题学习的内容要选择真实性的任务,而且要契合学生的真实生活,不能对其做太过简单化的处理,使其远离现实的问题情境。

建构主义理论认为,建构需要经历一个不断深化的过程,知识与技能的学习不只在于学习者能够背诵多少概念、原理或做出多少动作,更重要的是看所获得知识和技能的质量,看能否把知识灵活地迁移运用到各种相关的情境中去。跨学科主题学习提倡为理解而学,为生活而学,重视学生认知结构的重建、人际关系的重建,这与建构主义的观点是一致的。因此,在体育与健康跨学科主题学习的教学过程中,学习者需要围绕有生成性的、可进行深度挖掘的主题领域进行持续的学习活动,对知识形成深层的、灵活的理解,其具体表现是学习者能够综合运用与该主题相关的知识,以灵活的、有创见的方式从事有关的活动。例如,在单一的体育与健康教学中较少会涉及国防教育中中国人民解放军发展历程、捍卫领土主权、防备和抵抗侵略等国防启蒙和科普知识,但是体育运动在培养学生的集体主义精神、纪律意识、勇敢顽强的品质,以及重视合理运用战略战术等许多方面与国防教育有着共通之处。因此,可以以此为切入点,构建"钢铁战士"的跨学科学习主题并进行深入挖掘,可以结合革命先烈的英雄事迹、历史战役模拟军事场景,引导学生扮演战士、特种兵等角色,在所创设的情境中融入走、跑、跳、投、攀、爬等基本动作技能的学练,同时很好地培养学生的爱国主义精神和不怕困难、顽强拼搏的品格。

## 第三节　多元智能理论和体育与健康跨学科主题学习

多元智能理论是自 20 世纪 80 年代中期以来风靡全球的教育新理念,由哈佛大学学者霍华德·加德纳于 1983 年在《智力的结构》一书中提出。加德纳认为,人的思维发展和行为养成都是在多元化的认知基础上完成的,他在后续的研究中不断发展和完善人类的多元智能结构理论。多元智能理论更多地从关注学生、开发学生潜能、促进学生全面发展的角度去考虑问题,强调打破学科间的界限,对学科内容进行整合和情境化,进行跨界教学与应用,帮助学习者打破不同学科知识结构的壁垒,形成结构化的知识和思维体系,以整体、全面和更加多元的观点和思维去认识客观世界和解决实际问题[1]。

### 一、智能观念的发展历史和多元智能的形成

智能(intelligence)也被称作智力,长期以来,心理学家和教育学家对于什么是智能、智能如何构成、如何发展智能等问题一直有着不同的看法。对于智能的传统认识,具有代表性的观点大致有因素说、结构说和皮亚杰的智能观三种。

英国的心理学家斯皮尔曼最先采用因素分析的方法,对学生的各科考试成绩进行了分析,发现学生任何一科的考试成绩都受到一般因素和特殊因素的影响。该"二因素说"认为一般因素来自先天遗传,主要表现在一般性的生活活动上,是各类特殊因素的驱动力,属于智能的基础,而特殊因素只与少数活动有关,主要包括口头能力、数算能力、机械能力、注意力和想象力五类。美国心理学家瑟斯顿于 20 世纪 30 年代在大量实验的基础上提出了"群因素说",认为个体的智能可分为几种基本因素,这些基本因素的不同搭配便构成了个体独特的智能整体。

关于智能结构说,美国心理学家吉尔福特在 20 世纪 50 年代对人格特质及智能进行了大量分析,在此基础上提出了智能的三维结构理论,认为人的智能应该由三种维度的多种因素组成:第一维是智能的内容,包括语义、

---

① 储召生. 专访王焰新:跨学科教育:一流本科的必然选择[N]. 中国教育报,2016 - 5 - 23.

图形、符号、行为四个因素;第二维是智能的操作,包括记忆、认知、聚合思维、发散思维、评价五个因素;第三维是智能的产物,包括关系、类别、系统、单元、转化、蕴涵六个因素。人的总体智能是由"内容×操作×产物"构成的三维空间组合而成。英国心理学家阜南在 20 世纪 60 年代提出了智能层次结构理论,认为智能结构是按照等级层次来组织的:最高层次是一般因素,相当于斯皮尔曼的一般因素;第二层是语言教育能力和机械操作能力;第三层是第二层拆分的小因素群;最后一层则是特殊因素,相当于斯皮尔曼的特殊因素。

　　除因素说和结构说之外,认知主义心理学派的相关理论也有对于智能的定义和观点,如皮亚杰的认知发展理论认为,认知、智力、思维和心理是同义词,心理的机能是适应,智力是对环境的适应思想。皮亚杰明确指出,智能是一种主动的、积极的认知结构,通常被称为图式,智能对外界环境的适应通过同化和顺应两种方式完成。他经过多年对儿童发展的观察,提出了著名的儿童认知发展阶段理论,认为人的认知发展主要经历四个主要阶段:感知运动阶段(0—2 岁)、前运算阶段(2—7 岁)、具体运算阶段(7—11 岁)、形式运算阶段(11—15 岁以后)。认知主义的信息加工理论则以信息加工为核心,把人的心理过程看作是信息加工的过程,认为智能的差异就是对信息进行表征和加工方式上的差异。

　　不论是因素说、结构说,还是认知主义的智能观,都可以看作是传统的智能理论,可以看出它们对智能的定义大多是以语言和数理逻辑为核心的,认为智能是以整合方式存在的一种能力。然而到了 20 世纪 80 年代,这种智能理论遭遇了不少心理学家的批评,他们认为人的智能具有多种类型,并不仅仅表现在语言和数理逻辑方面。如加德纳认为,传统的智能观念过于狭窄,把智力主要限于语言和数理逻辑能力方面,忽略了对人的发展具有同等重要性的其他方面,如音乐、运动和空间感知、人际交往等方面。以传统的智能观为基础的智力测试大多集中在语言能力和数理逻辑能力方面,不能全面反映学生的能力。

　　加德纳认为,智能并不是可以被量化的测验来衡量的事物,也不是只为少数人所拥有的,智能不是一种能力或以某一种能力为中心的能力,而是一组能力,智能不是以整合的方式存在,而是以相互独立的方式存在,每个人都不同程度地拥有可以表现在生活各个方面的能力。对于数学家、物理学家等而言,智能意味着数理逻辑能力;对于舞蹈家、运动员等而言,智能可能就意味着运动能力;而对于律师、外科医生等而言,智能或许意味着一些其他的能力。所以,加德纳将智能定义为:在某种社会和文化环境的价值标准下,个体用以解决自己遇到的真正难题或生产及创造出某种产品所需要的能力。这一定义至少包括以下三个方面的含义。第一,智能离不开实际生活情境。离开环境孤立而抽象地谈论智能是毫无意义的。第二,智能应该能解决实际问题。智能不是空幻的虚无缥缈的东西,也不是仅仅储存在人头脑中的东西,它必须而且只有通过解决实际问题来体现。在一个具体社会环境中,谁最能解决实际问题,谁就是最富有智能的人。第三,智能和创新分不开。能对自己所属文化提供重要的创造和服务,这就是智能的最高表现。创造代代相传的人类文化产品,譬如民族神话和传说,伟大的文学、艺术和音乐作品,重大的科学发现等,这些就是人类各种智能的具体表现,是人类智能活动的结晶。

## 二、多元智能理论的多种智能内涵

多元智能理论在智能的结构方面认为,智能不是某一种能力或围绕某一种能力的几种能力的整合,而是相对独立、相互平等的八种智能,即语言智能、逻辑—数学智能、音乐智能、视觉—空间智能、身体—运动智能、人际关系智能、自我认知智能和自然观察智能。

### (一) 语言智能

语言智能是以语言为主要方式的智能类型,主要指听说读写能力,包括对语音、词汇、语法的敏感性和对文化、文学、逻辑和语言交际的理解能力,此项智能相对更好的个体往往拥有较强的语言运用和理解能力,能够创造出涉及口头和书面语言的产品,例如演讲、书籍和备忘录。在作家、记者、演说家、律师等从业者中该智能表现得较为突出。

语言智能的存在有其相应的实验证明,人们发现大脑内部存在着几个控制语言的区域:韦尼克区负责倾听并理解他人和自己讲话的含义;艾克斯勒区负责文字的书写;布洛卡区则负责和控制语言的口头表达,产生合乎语法的句子。已有相关的实验研究表明,布洛卡区受到损伤的患者无法流畅地说话,有时也无法正常写字,其中受损非常严重的患者将完全无法使用语言。由于此区涉及对语言的组织而不仅仅是对咽喉的控制,在大脑内用语言思考的能力同样会因布洛卡区受损而下降。

人天生就具有语言能力,这对于人类来说是共通的,儿童语言能力的发展在各种文化和社会中都是一致的。即便是没有受过哑语训练的聋哑儿童,他们也会自己发明手语并悄悄地使用。可以看出,语言智能是独立存在的,与输入和输出并无关系。加德纳曾经指出:语言是一种卓越的人类智能,它是人类社会不可或缺的一个方面。人类能够用语言进行交流和记录、表达强烈的情感,以歌的形式表现音乐,这些都使得人类区别于其他动物。在人类历史早期,通过扩展人类智能和拓展人类探索,语言智能获得快速发展,语言改变了人脑的专门化趋向及其相应的功能。口头语言的使用使我们的祖先从具体思维转向抽象思维,如他们从指物命名发展到脱离实物谈论物体,取得了很大的进步。阅读使人们了解自己未曾经历过的物体、场景、程序及概念。写作使人们同自己从未谋面的人进行交流成为可能。正是通过语词思维的能力,人类可以记忆、分析、解决问题、提前计划及创造。正常的胎儿在母亲子宫里的时候,其听力就有所发展,因此,人类在出生前就奠定了语言智能发展的基础①。

### (二) 逻辑—数学智能

逻辑—数学智能涉及对问题进行逻辑分析的能力,进行数学运算的能力和用科学方法调查分析问题的能力。这种智能在数学家、科学家、逻辑学家等职业者中有着非常突出的表现,这类人群尤其喜欢分析、归纳、推理、测量等学习方式或科研方式。

加德纳认为,皮亚杰提出的从感知运动向形式运算活动发展的认知发展模式重点描述了这一领域,即逻辑—数理智能领域。皮亚杰将逻辑智能描述为从儿童与环境中物体的交互作用开始到发现数字、从运用具体物体再转向抽象符号的过程,最后考虑假设命题及它们之间的关系和含义。加德纳所考虑的是,皮亚杰这套认知发展理论是否可以应用于人类能力的其他领域之中。

逻辑—数学智能包括许多方面:数学计算、逻辑思维、问题解决、演绎推理、归纳推理,以及辨别模式和关系。数学思维的核心是认识和解决问题的能力。尽管事实已经证明,这种智能在西方社会备受珍视,并且人们经常将人类历史的进步归功于它,但加德纳认为,逻辑—数学智能并不必然地优于其他智能,也不应该受到如此普遍的特别重视。实际上,每种智能在其本质上都有不同的问题解决程序,每种智能都有各自的运行机制、原则、核心操作与媒介。

### (三) 音乐智能

音乐是一种听觉语言,其基本要素主要包括:音调、节奏、音色、旋律的感知以及对环境中音乐刺激的反应。音乐智能指对音乐和音乐性的敏感性和理解能力,有其自身的规则和思维结构,因而它不必与其他智能相联系。斯特拉文斯基曾说"音乐表现自身",这就强调了音乐这种人类智能的独特性。

---

① 加德纳. 智能的结构[M]. 北京:中国人民大学出版社,2008.

加德纳指出音乐智能包含了个人对音乐的表现力、创作能力和欣赏能力。音乐智能的核心成分则是敏锐地感受、识别和表现音高、节奏、旋律和音色的能力，在作曲家、指挥家、演奏家、音乐评论员等职业者中表现得较为突出。

在旧石器时代的社会中，音乐明显起着重要的协调和统一的作用，人类的歌唱具有与同伴联系的功能。从多种文化得到的证据表明音乐是人类的一种普遍的本能。有关婴儿智力发展的研究表明，幼儿在 2 至 3 岁就能对周围环境中的声音做出反应，在 4 至 6 岁之间，幼儿对声音和音调的敏感性飞速发展，能够明确地感知声音的高低、长短、速度以及各种乐器的声音等，该阶段丰富的音乐环境可为日后的音乐能力打下基础。加德纳曾宣称，任何一个发育正常并经常接触音乐的个体都能巧妙地处理音调、节奏和音色，并能以某些技巧参与到包括作曲、歌唱或演奏乐器在内的音乐活动中去①。对音乐的兴趣奠定于学生幼年时的家庭环境，并且学生的这种音乐经历可以被整合进整个学校的课程中。在实现整合的音乐课程中，可鼓励学生听不同类型的音乐，学习不同的乐器并进行乐器演奏、倾听、唱歌以及其他音乐方面的活动。这些活动有助于提高学生对音乐的理解和欣赏能力，并可以在创造性和表现性方面发挥他们的才能。

**（四）视觉—空间智能**

视觉—空间智能指方向、空间感知和图像形成等空间能力，包括图形识别、比较、抽象、旋转、操控和精细运动能力等。这种智能在画家、雕刻家、摄影师、建筑师等职业者的身上表现突出。

视觉形象是人类认识世界的一种手段，它的历史远比语言符号悠久。相关的化石记录表明，在人类语言出现之前的很长时间里，视觉器官作为早期人类的重要认知工具就已经高度发达了。法国拉斯科洞窟中的动物壁画、西班牙阿尔塔米拉洞窟中的壁画、奥地利威伦道夫出土的原始的维纳斯雕像等这些人类早期的绘画和雕刻记录，无不证明了远古时代的人类拥有发达的视觉—空间智能。这些用图画表示的符号随着人类社会的发展最后演变成为书写和计算②。

视觉—空间智能的核心要素包括感知物体，想象物体在空间的旋转，对物体进行操作，从各个角度描述物体。一个人通常可以表现出这些技能中的一些或全部技能。诸如达·芬奇、米开朗基罗，他们的视觉—空间智能最

① Gardner H. Multiple Intelligences: The theory in Practice [M]. New York: Basic Books, 1993:105-108.
② Campbell L., Campbell B., Dickinson D. 多元智力教与学的策略(第三版)[M]. 霍力岩，沙莉等译. 北京:中国轻工业出版社,2004:86-89.

终外显为流传千古的绘画作品,而牛顿则把宇宙形象地看作像机器一样,是相关部件的组合,很显然他们在构造内部图像的技能方面都十分敏感①。相关的脑科学研究证据表明,人类大脑的右半叶掌管着空间位置的判断,大脑右后部位受到重伤的病人会失去辨别方向的能力,辨别面孔、关注细节的能力也会明显减弱。虽然视觉化是空间智能的核心,但它并不与视觉直接相关,即便是盲人也可能拥有高度发达的空间智能,一个盲人能够通过间接的方法来判断物体形状,通过沿着物体的边缘以固定速度触摸,根据所用时间长短判断物体大小,其触觉系统类似于普通人的视觉系统。可以说视觉—空间智能既是视觉的,又是空间的,人们通过这两种方式感知和加工所感知到的空间信息。

### (五) 身体—运动智能

身体—运动智能是一种把身体和心智联合起来从而实现完美身体活动的能力,指人对身体动作控制和协调的能力,运用整个身体或者身体的某一部分(手、脚等肢体)来解决问题,以及利用身体与周围环境互动的能力。这种智能的核心要素包括:控制身体运动、运动身体操控物体、脑体协调一致。运动员、舞蹈演员、外科医生、手工艺者是这类智能突出人群的典型代表。

身体的熟练运动是几百万年以来人类十分重要的能力,在古希腊时期人们就崇尚形体美,通过艺术活动和体育活动试图将身体形态变得更加匀称,让身体在运动、平衡和常态中显得更加优美。身体—运动智能从对无意识的、自发运动的控制开始,发展到以高度分化的、熟练的方式来运用我们的身体。由于我们正是通过感觉运动经验来体验生活的,因此身体—运动智能是我们人类对于周围环境认知的基础。英国学者克罗韦尔认为:"动作是智力大厦的砖瓦,一个儿童还没有身体动作方面的发展,还未学会怎样行动,还没学会具体动作,他就无法学会怎样思维,也就无法进行脑力活动。"然而在现实的学校学习中,以逻辑—数学智能为核心的能力常常受到重视,而运动和身体活动学习的重要性往往被低估。并且,随着学生升入更高的年级,积极的、参与式的学习机会越来越少,同时由于被动的、抽象的教育越来越多,学生对于学习的兴趣也逐渐消散。加德纳曾指出:"心智和身体的分离在近代文化传统中已经出现②。"法国数学家笛卡尔通过"我思故我在"的著名格言,论证物质与精神或身体与灵魂二元实体的存在,提出了"身心

---

① Campbell L. , Campbell B. , Dickinson D. 多元智力教与学的策略(第三版)[M]. 霍力岩, 沙莉等译. 北京:中国轻工业出版社,2004:86 - 89.

② Gardner H. Multiple Intelligences: The theory in Practice [M]. New York: Basic Books, 1993.

二元论"的理论,将身体与思维割裂的思想推至顶端,长期以来主宰着人们的精神思想①。

近些年来随着神经科学的兴起,身体对于认知发展的作用逐渐被认可,身体与心理的一元性思想开始逐渐被人们所接受。许多研究通过神经科学手段论证了身体对于认知的塑造作用。课堂中的身体活动能够集中学生的注意力,并通过身体的神经肌肉对学习内容进行编码来帮助学生记忆。我们都拥有"肌肉记忆",这可以被有效地运用到学科学习中去。许多学生会在现实的生活和学习中感觉到,仅凭视觉和听觉器官来理解和记忆信息是不够的。实际上,这些学生对信息的理解和保存有赖于触觉或运动通道,并且必须通过操作或体验所学的知识,才能加深对信息的理解与保持。触觉敏锐的学生通过触摸和操作物体来学习,动觉敏锐的学生把他们的整个身体都参与到活动中,或者用具体的、真实的生活经验来学习。无论是依靠触觉学习的学生还是依靠动觉学习的学生,他们都有一个共同点,那就是他们都通过"做"和多元感官体验来学习②。

**(六) 人际关系智能**

人际关系智能指感觉和理解个体间关系和交流的能力,包括探寻和建立人际关系、作为个体融入社会组织和社会结构的能力等。人际关系智能的核心是留意他人差别的能力,特别是观察他人的情绪、性格、动机、意向的能力。人际关系智能使我们能够理解他人并与他人交流、与他人形成并维持关系,并且能在群体中承担不同的角色,如小组成员或小组领导者。人际交往智能在那些拥有娴熟的社会交往技巧的职业者,如政治家、心理咨询师、教师、临床医师或经验丰富的推销员身上表现显著,我们常常能够在他们身上观察到复杂微妙的人际关系智能的高级形式。人际交往技能娴熟的学生喜欢并且习惯与不同年龄段的人交往,由于这些学生具有影响其同伴的能力,善于在与同伴的交往中建立关系,因此也往往在小组合作、团队合作项目中表现出色。他们中有些人对他人的情绪反应敏感,对生活风格不同的多元文化差异感到好奇,或者对课堂研究的社会价值有兴趣;有些人能够接受有关任何社会或政治话题的多元化观点,并能经常帮助他人体验不同的价值观和观点。

相关的脑科学研究证据指出,人脑中对人际关系能力起主要作用的部

① 叶浩生. 身心二元论的困境与具身认知研究的兴起[J]. 心理科学,2011,34(4):999-1005.
② Campbell L., Campbell B., Dickinson D. 多元智力教与学的策略(第三版)[M]. 霍力岩, 沙莉等译. 北京:中国轻工业出版社,2004:105-107.

位在大脑前叶,如果这一区域受到损伤,虽然不会影响其他能力,但会使得人的性格性情发生很大变化。

### (七) 自我认知智能

自我认知智能又称内省智能,指可以对自己的个性、动机、意志、情绪、欲望形成准确认知以及自我评价的能力,涉及理解自己的能力、找到符合自己特点(包括愿望、弱点、才华等)的有效工作模式并据此调节自己生活的能力。具备这种能力的人,往往会从各类反馈信息中了解自己的劣势和优势,常常喜欢从事独立自主的工作,给自己留有极大的生活空间和工作空间,这在哲学家、心理学家等职业者中表现得较为明显。

加德纳认为处于人的内心世界核心的是人们赖以理解自己和他人,赖以想象、计划和解决问题的力量,运用这些能力,可以对人生进行反思和规划,在人的内心世界也存在着诸如动机、坚定、伦理、诚实、执着及无私等品质。如果没有这些内部资源,我们就很难在完全意义上活出一段丰富而有价值的人生[①]。

加德纳认为父母、教师等关于自我意识和自我反思的示范对于成长中的青少年的自我认知智能发展会起到关键性的作用,他们所营造的积极正面的、有益的、激励的环境也是青少年智能、情感健全发展以及身体健康发育的基础。自我认知智能包括思想和情绪,越是能把思想和情绪带到意识层面,就越能将人的内心世界与外部的经验世界联系在一起。自我认知智能还包括元认知,即个体对自己的认知过程及结果进行主动的检测和连续的调节和协调,当发现自己在做某件事情的时候,可以有意识地中断这种行为,再重新开始做这件事,并仔细而谨慎地观察自己的行为,这种批判性的自我审视、监控和调节是一种能够使我们更深入地理解内心世界的方法。这样的自知自省意识对于成长中的学习者而言极其重要,具备自知自省意识的学习者不仅展示出积极的独立性、自制力,与此同时还在伦理道德、产品创造能力以及创造性方面不断成长。自我认知智能并不是一种神圣的品质。事实上,能够发现自身存在的某些小缺点或小错误,就表明个体已经具备了认识自己的能力,而这种能力恰恰是加强自我理解的一种毫无危险的方式[②]。用加德纳自己的话说,"自我认知智能与辨别快乐和痛苦情感的能力差不多,以这种辨别力为基础,自我认知智能就是变得更富有参与意识或

---

① Gardner H. Intelligence Reframed: Multiple Intelligences for the 21st Century [M]. New York: Basic Books, 2000:57-60.

② 加德纳. 智能的结构[M]. 北京:中国人民大学出版社,2008:111-114.

是在某种情形中退缩"。

**（八）自然观察智能**

1995 年，加德纳在他原先的七种智能清单中又增加了第八种——自然观察智能，指一个人观察自然界中的各种形态，对物体进行辨认和分类，洞察自然或人造系统的能力，包括观察、反映、联结、条理化、综合以及联系自然界和人文世界的知觉。加德纳认为自然观察者通常擅长确认某一个群组的成员或物种种类，擅长区分这些成员或物种之间的差异，发现存在的其他物种，以及认识不同物种之间的相互关系等。我们通过与周围物质环境之间的相互作用，形成了因果观念，并因此认识到相互作用与行为之间可预测的模式，如季节性气候与相应动植物变化之间的模式。自然观察智能较强的人群往往从事农学、地质学、生态学等工作。一些具有高度发达的自然观察智能的人，诸如英国生物学家达尔文，其自然观察智能外显为其提出的"生物进化论"和"物种起源说"，他们所创造的理论超越了文化的边界，留下了影响世代人类的思想瑰宝。

自然观察智能是远古时期的人类为了适应生存和竞争的需求而逐渐演化而来的，早期的人类要想生存，就必须能够辨别有害或有益的物种，获取食物，能够根据气候环境调整自己的行为。但进入 21 世纪后，现代人赖以生存的环境已经大大不同于从前，很少有人能够轻易地进入布满各种动物与植物的未曾开发过的广袤土地。由于很少有机会接触大自然，青少年只能在室内或人工环境中度过大部分时间。然而，开发自然观察智能并非必须依赖与自然的直接接触，虽然自然观察智能表现为对自然事物的观察，但并不仅仅局限于户外，其本质为依托于观察力的一种智能。利用自然观察的感知能力，可以比较材料、对事物的特征进行归类、提炼事物的内涵、提出并验证假设，这些可以很好地融入到学校的课堂教育中，促进学生观察、分辨事物及归类等能力的发展。例如，儿童可以通过整理各种不同类型的卡片、邮票等来发展自然观察智能。

## 三、多元智能理论对体育与健康跨学科主题学习的启示

### （一）将多元智能的培育融入到体育与健康跨学科主题学习之中

在学校中，那些以逻辑—数学智能为核心的学科内容常常被认为是学术性的，是有效的知识；而体育、音乐等学科常常被认为缺少学术性的知识，因而被排挤[①]。加德纳的多元智能理论指出，不能将多种所谓的"非学术"

---

① 尹志华.体育学科核心素养的解构和阐释［M］.上海：华东师范大学出版社，2021.

智能领域当作是可有可无的"副科",而应该使我们的课程保证学生的多元智能都得到有效发展①。多元智能理论致力于学生的发展和社会的需要,强调打破学科间的界限,对学科内容进行整合和情境化处理,进行跨界教学与应用,以整体、全面和更加多元的观点和思维去认识客观世界和解决实际问题,很好地契合了跨学科主题学习对课程整合和对学生综合素养培养的需求。

在跨学科主题学习的教学过程中,可将多元智能与学科课程进行整合。教师在选择主题的过程中,应该思考主题所关涉到的知识结构和智能结构,即该主题对于学生的多元智能有哪些方面的促进作用,以此来有意识地在主题教学过程中培养学生的综合智能②。例如,在"吹响劳动的号角"跨学科主题学习的教学活动中,教师首先要自觉地分析该主题涉及学生哪些方面智能的发展。显然,以体育与健康课程为核心的跨学科课程必然涉及身体—运动智能,耐久跑的学练、农作物的模拟种植可促进学生运动和劳动技能的提升,发展力量、耐力、平衡等方面的体能;查阅资料了解二十四节气和种植的相关知识涉及语言智能,可以促进学生的理解和阅读能力发展,如果探究得更深入,对不同地理位置的季节变化规律、植被特征进行探究和观察,还会使学生的自然观察智能有一定的提高;在活动中与同伴之间的组织与协调、沟通与表达、决策与反思还会涉及学生人际关系智能的培养。教师要在多元智能理论指导下,对主题中所涉及的各学科知识内容进行统整,构建体育跨学科知识网络,通过选择一个总主题作为联络各学科领域的纲领性概念,用一个或几个线索将若干学科领域的某几种技能和概念串联起来,引导学生展开涵盖人际关系、逻辑数学等多种智能的学习和运用活动,进行综合性的多元化的主题教学,将学生的学科学习与多元智能发展结合在一起,促进学生智能结构的发展和完善。

**(二) 跨学科主题学习的教学过程中要尊重并合理利用学生的个体差异性**

根据传统的智能发展理论,青少年在某一认知领域的能力,应该能够预测他们在其他领域的能力和水平。然而加德纳指出,学生的各领域智能发展速度不一,事实上很可能在一两个领域内能力很强,但在其他领域很一般或低于平均水平。例如音乐智能和身体—运动智能水平较高,但其他智能水平一般。人是多元化的个体,人的智能也是多元化的,不能简单地因为学

① Campbell L.,Campbell B.,Dickinson D. 多元智力教与学的策略(第三版)[M]. 霍力岩,沙莉等译. 北京:中国轻工业出版社,2004.
② 李祖祥. 主题教学:内涵、策略与实践反思[J]. 中国教育学刊,2012(9):52-56.

生某一方面智能表现不佳就判断其智能整体不佳,因为其有可能在其他方面具有巨大的发展潜力。学生身上体现出的差异性理应成为一种宝贵的教学资源,教师应对其进行合理利用,给予学生适当的鼓励并采取正确的教育方式,以此来促进学生的发展。基于此,教师在进行体育与健康跨学科主题学习的教学过程中,应当做到面向全体学生,尊重学生智能结构的差异性与多元化。为学生创设多方面发展的学习环境和学习条件,使学生得到个性化的、有针对性的发展。倡导自主学习与合作学习,使得教学中的每一位同学都有广泛参与学习的机会,以不同的组织形式,以多样的学习方式(阅读、演说、绘图、生活观察等)进行学习。体育与健康跨学科主题学习会涉及较多其他学科的知识和能力,学生可以充分发挥自身的智能特长和擅长的学科优势进行合作探究学习,以发展强项技能为主,弥补弱项智能为辅,使得每个学生独特的智能特点和学习习惯都能得到充分的发展空间,以契合拥有不同能力及不同多元智能潜质的需要,比如体能和技能的学练可以发展学生身体—运动智能,阅读、演说和辩论可以发展学生语言智能,绘画、制图可以发展学生视觉—空间智能,生活观察可以发展学生自然观察智能等。在学生跨学科主题学习活动的产出和成果评估中,可参考档案、学习日记、制作模型、海报、专题设计等成果进行整体评估。

体育与健康跨学科主题学习的教学要贴近学生的生活经验,了解学生的个体差异,在教学活动中发展学生的多元智能。在教学过程中,由于学生存在智能结构上的差异,可能导致他们在教学活动中难以完全达到主题学习的要求,也难以完全满足教师的期望。对于这种状况,教师不能一味地批评和责备学生,而是应该给予学生充分的尊重和信任,通过更合理的主题学习帮助学生树立自信心,发挥其智能结构中的优势,弥补智能结构中的不足之处,最终促进学生更全面、更健康地成长。在保证学生全面发展的同时,关注并培养学生的优势智能领域,即智能强项或特长,使跨学科主题学习的教学成为发现学生差异,开展因材施教,以及培养特长和树立自信的教育手段。

# 第四章　体育与健康跨学科主题学习的域外经验

当前,体育教育工作者都在积极探索体育与健康跨学科主题学习的开展方式,但由于我国体育与健康跨学科主题学习提出的时间较短、实践案例较少、教师理解不够深入等原因,体育教师在进行跨学科主题学习教学设计时可能会存在一些困境。基于此,本章选取了三个国外体育与健康跨学科主题学习的典型实践案例进行分析,旨在总结国外体育与健康跨学科主题学习的经验,为我国实施体育与健康跨学科主题学习提供借鉴与启示。

## 第一节　体育与舞蹈跨学科主题学习案例

舞蹈属于美育的范畴,舞蹈与体育活动都是以"身体"为基础开展的活动。相比较而言,体育更加强调身体练习的健康效益,舞蹈更加注重通过身体练习所产生的美育价值。教师可以通过从两个学科中提取共同要素来实施跨学科主题学习。本节主要介绍体育与 K-Pop 舞蹈跨学科主题学习典型案例,并对案例的主要内容与特点进行分析。

### 一、体育与 K-Pop 舞蹈跨学科主题学习案例分析

近年来,全球范围内掀起了 K-Pop 韩国音乐文化舞蹈浪潮,为韩国带来了巨大的经济回报和文化传播效益[①]。在此背景下,韩国加大了对 K-Pop 音乐文化的传播力度,组建了更多男团女团,使 K-Pop 音乐文化成为了韩国的特色标签。鉴于韩国的成功案例,很多国家开始对其进行效仿,开展男团女团的选秀活动。针对当代青少年对韩国 K-Pop 音乐文化的热爱,有学者呼吁可以利用当前的文化现象设计 K-Pop 舞蹈和体育教学相融合的课程,从而激发学生参与体育运动、学习舞蹈的兴趣。

---

① Minho C. Analysis of Global Success Factors of K-pop Music [J]. Journal of Korea Entertainment Industry Association, 2019, 13(4): 1 - 15.

　　本节所呈现的体育与 K-Pop 舞蹈跨学科课程根据学生情况分为两种：为新手阶段学生设计的课程和为高等阶段学生设计的课程。其中，新手阶段的学生指的是没有基础的学生，高等阶段的学生是指参与了较为系统的体育与舞蹈跨学科主题学习，并具备一定舞蹈经验的学生，课程设计者为新手阶段学生与高等阶段学生设计了与其相对应的教学策略①。以下将分别阐述体育与 K-Pop 舞蹈跨学科主题学习的目标、内容、教学方法、评价与实施过程。

**（一）体育与 K-Pop 舞蹈跨学科主题学习的目标**

　　体育与舞蹈跨学科主题学习的目标主要由技能目标、认知目标、情感目标三个维度构成，是较为典型的三维学习目标。新手阶段的体育与舞蹈跨学科主题学习的目标包含：（1）认知目标。学生了解所学舞蹈的发展历程与基本信息，能够将舞蹈节奏运用于体育活动中；（2）技能目标。能够自学、小组合作学习舞蹈，具备小组舞蹈展示能力；（3）情感目标。能够合作练习，并能遵守竞赛规则，公平竞争。在此基础上开展的高等阶段课程主要目的在于让学生学会应用所学知识，最好能够实现知识的进一步迁移，达到创新的目标。高等阶段的体育与舞蹈跨学科主题学习的目标包含：（1）认知目标。了解体育与舞蹈跨学科主题学习的形式，能将舞蹈节奏运用于体育活动中，能够通过舞蹈表达自己的意识；（2）技能目标。具备自学、自编、小组编排能力，以及视频剖析能力；（3）情感目标。能够接受并胜任舞蹈小组中的角色分工，并能遵守竞赛规则，公平竞争。

**（二）体育与 K-Pop 舞蹈跨学科主题学习的内容**

　　体育与舞蹈跨学科主题学习的内容主要包括五个部分，分别是导入部分、热身部分、复习部分、技能发展部分与结束部分②。其中导入部分主要是介绍韩国 K-Pop 文化、本节课所涉及的团体信息与编舞展示；热身部分主要是让学生进行自由舞蹈练习；复习部分主要是复习上节课所学习的技能；技能发展部分是基于所具备的舞蹈基础，在音乐的带领下做出反应，教师根据学生的展示提出反馈建议，让学生理解舞蹈动作；结束部分是让学生展示舞蹈动作，检查学生所学，并为下一节课做好准备，进一步完善收集的资料，以报告的形式展示小组收集的资料，最后开展学习交流。

　　具体主要包括：（1）舞蹈基本信息收集。收集某一舞蹈或某一类舞蹈的

①②　Park C W, Sur M H, Baek J H, et al. K-Pop: An Interdisciplinary Approach to Teaching Dance and Culture in General Physical Education [J]. Journal of Physical Education, Recreation and Dance, 2022,93(4):44 - 49.

发展历程、文化、风格,艺人团体信息,舞蹈视频等;(2)舞蹈练习。包含个人练习、小组练习、舞蹈自编与小组编排的练习形式,内容有完整舞蹈套路、舞蹈元素分解练习以及利用舞蹈视频进行整体与细节的分析与练习,并在练习过程中拍摄舞蹈视频等;(3)舞蹈展示。舞蹈展示方式包含个人与小组展示,展示内容包含完整套路展示和个人自由舞蹈展示;(4)舞蹈对决。舞蹈对决的形式包含小组对决与个人对决,对决的内容分为完整固定套路、自编套路和个人自由舞蹈。

**(三) 体育与 K-Pop 舞蹈跨学科主题学习的教学方法**

新手阶段的课程主要运用直接教学法,多采用动作示范、自主探究、合作学习等方法。动作示范法主要在教师初步教授学生舞蹈动作时采用,学习过程中运用较多的方法是自主探究法与合作学习法。高等阶段的课程通常运用间接教学法,如采用同伴教学、引导发现、合作学习、学生设计教学和自学等方法,凸显学生在学习过程中的主体地位,将更多的决策权交给学生。

案例中涉及了一些较为新颖的间接教学法。例如"舞蹈翻跳",这是一种模仿 K-Pop 团体编舞的实用间接教学法,世界各地的 K-Pop 粉丝通过翻跳他们喜欢的团体的编舞而进行舞蹈学习,并录制视频上传到社交网络平台。另一种实用的间接教学法是"舞蹈视频分析",通过分析 K-Pop 舞蹈的教学视频来帮助教师和学生学习[1]。在该教学方法中,教师往往会提供一份 K-Pop 团体名单和相应的编舞,并要求学生自学舞蹈。该环节赋予了学生自主学习的权利,让学生有更多的参与机会,并能在单元结束时进行 K-Pop 舞蹈展示。当学生尝试使用视频呈现的方式进行编舞时,教师可以让学生选择喜欢的艺术团体以及歌曲去创编自己的舞蹈,教师还能为学生提供工作表(见表 4-1)指导学生进行编舞。学生可以运用动作框架(身体、发力、空间、连接),选择 K-Pop 歌曲,并设计编舞。由于大部分学生对体育课上的竞争活动较感兴趣,因此可以让学生开展"舞蹈大战",即小组之间表演所准备的舞蹈套路,或者在课程和单元开始与结束的时候展示他们的编舞与技巧。同时教师可以为每位学生分配角色,如 K-Pop 历史学家、编舞师、舞团经理、舞蹈评委、舞蹈教练员等角色,并开展比赛活动。通过这种教学形式可以调动学生的积极性,让学生更有动力开展团体的舞蹈练习。

---

[1] Park C W, Sur M H, Baek J H, et al. K-Pop: An Interdisciplinary Approach to Teaching Dance and Culture in General Physical Education [J]. Journal of Physical Education, Recreation and Dance, 2022,93(4):44-49.

表 4-1　K-Pop 舞蹈编排工作表样本[①]

| 你可以模仿 K-Pop 艺术团体的舞蹈动作和/或创建自己的舞蹈动作来编排你的团体舞蹈。 |
| --- |

1. 小组成员需要计划和执行每个序列至少两个舞蹈动作。
2. 每个序列应至少有 16 个计数。

例：

| 序列 1 舞蹈动作 | 计数 |
| --- | --- |
| A:右侧洗牌 | 1、2、3、4 |
| B:跳跃动作 | 5、6、7、8 |
| C:左侧洗牌 | 2、2、3、4 |
| D:跳跃动作 | 5、6、7、8 |

3. 小组需要计划如何从一个序列过渡到另一个序列,保持完成姿势至少 3 秒。

示例过渡:四名队员将继续跳跃运动,中间的两名队员将向前一步跳起来。

序列 1:

过渡:

序列 2:

过渡:

序列 3:

过渡:

序列 4:

过渡/完成姿势:

现在,把它们按顺序排列起来,练习并展示你的舞蹈动作。

### (四) 体育与 K-Pop 舞蹈跨学科主题学习的评价

体育与舞蹈跨学科主题学习的评价内容紧扣学习目标,包含技能、认知和情感三个方面,指向学生舞蹈学习能力、编排能力、展示能力、竞赛能力等内容,评价主体主要是学生和教师,评价形式主要为学生自评、小组自评、学生互评、小组互评、师生互评、师师互评。

在本案例中,学生练习舞蹈时主要运用学生自评与学生互评的方式来对舞蹈进行调整,在舞蹈展示的过程中主要运用小组互评,以及教师对每个小组或小组成员评价的方式。在学习结束时,也会涉及教师进行综合性反馈与评价。同时案例中也采用了视频技术来辅助跨学科主题学习的评价,例如学生利用摄像记录小组或个人表演的舞蹈,并运用平板电脑等多媒体技

---

① Park C W, Sur M H, Baek J H, et al. K-Pop: An Interdisciplinary Approach to Teaching Dance and Culture in General Physical Education [J]. Journal of Physical Education, Recreation and Dance, 2022,93(4):44-49.

术对自己的表现进行评价,最终将视频提交给教师,再由教师对学生的表现进行反馈。借助视频技术来对跨学科主题学习进行评价丰富了评价方法,也让学生更为直观地发现跳舞过程中的细节问题,体现评价的反馈价值。

**(五) 体育与 K-Pop 舞蹈跨学科主题学习的实施过程**

根据舞蹈学习规律及体育与健康学习特征,将体育与舞蹈跨学科课程设置的主题内容划分到不同课时中进行学习。案例将主题分为五个课时(见表 4-2),内容主要涵盖知识了解、技术练习、展示比赛、课程评价几个部分,课时之间具备衔接性,符合学生动作形成规律。表 4-3 展示了体育与舞蹈跨学科主题学习课程第 1 课时的完整实施过程。

表 4-2　课时内容划分

| 课时 | 主题 | 内　　容 |
|---|---|---|
| 课时 1 | 介绍 K-Pop | 1. 教师向学生介绍 K-Pop 音乐风格,并播放简短的视频,以便学生了解其舞蹈风格。<br>2. 教师示范舞蹈动作并让学生练习。<br>3. 学生分组,每组 4—8 人,完成一个关于 K-Pop 的小型研究项目。项目主题聚焦 K-Pop 文化和一些著名的 K-Pop 艺人或团体。<br>4. 学生可以选择他们喜欢的 K-Pop 艺人或团体或由教师分配适当的 K-Pop 艺人或团体。此外,学生需要从他们选择的 K-Pop 艺人或团体那里学习多个舞蹈动作,并在第 2 课时互相教授这些动作。 |
| 课时 2 | K-Pop 艺人或团体的介绍 | 1. 学生小组展示小型研究项目的成果。<br>2. 利用跨学科的方法讨论 K-Pop 文化(如历史、地理的多样性等)。<br>3. 以小组形式互相教授舞蹈动作。 |
| 课时 3 | 练习 | 每个小组用自己选择的歌曲编排一个舞蹈,并练习。 |
| 课时 4 | 练习 | 1. 各小组继续练习课时 3 中编排的舞蹈。<br>2. 各小组利用多媒体技术(平板电脑和/或摄像机)进行自我评估。<br>3. 各小组将最终练习的视频提交给教师。<br>4. 教师向学生提供反馈。 |
| 课时 5 | 舞蹈展示比赛与课程评价 | 1. 在全班面前展示整个舞蹈编排。<br>2. 教师从学生、学生之间、小组内部对情感、技能与认知三个方面进行评价。<br>3. 教师之间对教学过程进行同行评价及正式评估。 |

表4-3　体育与舞蹈跨学科主题学习案例第1课时实施过程

| 教学课程案例 | |
| --- | --- |
| 单位:K-Pop舞蹈:第1课时 | 日期: |
| 内容:《江南style》歌曲的舞蹈编排 | 学生人数:25 |

目标:
技能目标:表演一系列《江南style》的舞蹈。
认知目标:了解《江南style》的编舞概念及节奏的模式。
情感目标:享受一起练习与学习,互相帮助以完成编舞。

### 课程概述

Ⅰ.导入(5—7分钟)
A.概述:提供韩国历史的基本资料,以及K-Pop文化发展情况和相关信息。通过播放简短的音乐视频或歌曲来展示《江南style》的编舞。教师让学生谈谈他们对K-Pop舞蹈的认识。
B.介绍课程目标:学生们将了解韩国历史和K-Pop文化的发展,并表演《江南style》的舞蹈编排。

Ⅱ.热身(5分钟)
A.身体活动:《江南style》歌曲的自由式舞蹈,学生跟着节拍表达自己的舞蹈动作。

Ⅲ.回顾并练习《江南style》的编舞(15分钟)
A.跳跃运动(骑马):双臂向前伸展,右手放在左手上,每条腿按照右—左—右—右和左—右—左—左的顺序轻轻跳跃。
B.洗牌(侧洗牌动作):双手放在腰部,沿着臀部波浪运动,向侧面洗牌到位;然后双手放在腰部,沿着臀部波浪运动,向侧面移动到位。
C.最大值向上弹跳:向右做弓步姿势,上下弹跳四次。
D.最大值胸部弹出动作:双臂弯曲于胸前,做三次胸部弹出动作;然后把右手放在脑后,同时做三个胸部和手臂的弹出动作。
E.结束姿势:身体向右侧倾斜,右腿向左侧踢出,当右腿回到原来的位置时,摆出下弓步姿势。

Ⅳ.技能发展(15分钟)
A.练习:学生分成小组,配合音乐练习每一个舞蹈动作。
B.改进:教师不断提供反馈,并确保学生的理解和表现。

Ⅴ.结束(5分钟)
A.每组表演《江南style》歌曲的舞蹈。
B.学生为下次课做准备:了解更多关于K-Pop和K-Pop艺人或团体的信息。(课后作业:写一份关于韩国K-Pop文化的报告。)

## 二、体育与 K-Pop 舞蹈跨学科主题学习的特征

### (一) 基于"身体活动"的共性特征,融入"舞蹈艺术"的个性特点

该案例紧扣体育与舞蹈的共性特征开展。体育起源于人类早期生存对于走、跑、跳、投、爬等基本动作技能的需求,经历了古希腊时期的古代奥林匹克赛会以及中世纪骑士比武运动,再到文艺复兴后对身体运动的重新觉醒,体育发展始终具有较强的身体属性。与体育相同,舞蹈也是基于身体活动开展的,二者都是以身体练习为直接目标。在把握两者共性的基础之上,该案例还凸显了舞蹈的个性特点:一是强调身体的韵律和节奏感,融入了韩国流行音乐;二是舞蹈本身作为一种艺术形式,包含了艺术情感表达及对音乐的阐释,通过身体表达来抒发自身情感,在此过程中能够培养学生感知美、理解美、表达美的意识。

### (二) 根据学生舞蹈水平,开展分层教学

体育与舞蹈的跨学科主题学习案例采用分层教学思路,将学生分为新手阶段和高等阶段。面对不同水平的学生,教师使用直接教学法和间接教学法相结合的方法。在新手学习阶段,学生应对知识与技能有初步了解,多以查找资料和视频并模仿的形式进行学习,同时也强调学生之间的合作,以直接教学法为主;在高等学习阶段,学生已具备一定的基础及学习能力,教师为学生提供更多决策权,让学生能够实现对知识的深度学习,能够以自我探索、自主发现、合作学习等方式创编舞蹈,从而培养学生终身开展舞蹈学习的能力。

该案例中,体育与舞蹈跨学科学习的设计符合动作形成规律。无论是在教学过程中,还是在学生自主学习过程中,都需要进行分解动作与完整动作的分级练习,本案例按照学生的舞蹈水平与动作形成规律,设计了符合不同阶段水平的学习任务难度。

### (三) 使用多元教学方法,培养学生创新能力

体育与舞蹈跨学科主题学习应根据学生特征使用不同的教学方法,开展针对性的学习活动。对于新手阶段的学生,教学的主要目的在于让学生掌握基本能力与知识,因此教师多采用直观教学法引导学生对舞蹈理论与舞蹈作品进行了解与学习。对于有一定舞蹈基础的学生则多采用间接教学法,在这一阶段,主要深化学生对舞蹈的学习,培养学生主动编舞、评价舞蹈及舞蹈创新的能力,使学生能够适应团队中的角色,提升与他人合作学习的能力。与此同时,体育与舞蹈跨学科主题学习重点在于培养学生的跨学科能力,并使学生能够将这种能力延续下去,在走出校园后将跨学科能力迁移

至生活,从而让学生形成终身舞蹈学习的能力,将舞蹈学习贯穿于整个生活历程之中。

**(四) 充分利用信息技术,丰富舞蹈教学与评价**

舞蹈学习离不开对视频的分析,故在教学中融入信息技术,不仅能够辅助学生学习舞蹈,加强学生对信息技术的正确使用,还能够为教师的教学指导提供帮助,在教学中给学生提供即时的视觉反馈。

在体育与舞蹈跨学科主题学习的教学过程中,信息技术贯穿于整个实施过程。首先,在教学开始时,要让学生观看 K-Pop 舞蹈视频,使学生对舞蹈有初步了解。学生需要通过网络收集资料,了解 K-Pop 舞蹈及 K-Pop 舞蹈团体的基本信息。其次,教师需要给学生提供链接,让学生观看完整的舞蹈视频,并且对视频进行教学讲解。教师通过教授学生如何对舞蹈视频进行分析,让学生了解如何通过分解动作和完整练习来学习舞蹈;通过分析某段音乐和舞蹈动作的连接、某处动作想要表达的含义等,培养学生对舞蹈的鉴赏能力、舞蹈表达能力及对音乐的感知能力。此外,信息技术还可以在课外创造互动性学习环境,教师可在线上教学平台与学生进行同步和异步互动[1]。

**(五) 结合动觉、视觉、听觉,激活学生多种感官**

体育与舞蹈的跨学科主题学习能够调动学生多种感官参与。在动觉层面,体育与舞蹈的最大共性在于以身体参与进行学习。在学习过程中,学生通过对比、感受自己身体的各部分动作、肌肉发力等,能够提高对身体运动和位置状态的控制力。在视觉层面,学生在对舞蹈视频进行分析的过程中,需要仔细观看视频,学习各类舞蹈动作,这能够锻炼学生的视觉敏锐度。在听觉层面,由于舞蹈中存在较多音乐元素,故要求学生对音乐也要有一定的敏感度,能够根据音乐节奏做出相应的舞蹈动作,也要求学生对音乐有一定的理解,在学生舞蹈能力提升与对音乐的理解加强的情况下,可以根据音乐内容编排与音乐内容相关联的舞蹈内容。因此,体育与舞蹈跨学科主题学习要求学生在多种感知器官的共同参与下完成。

**(六) 结合 K-Pop 文化,开展特色化舞蹈教学**

案例中体育与舞蹈跨学科主题学习区别于常规的舞蹈学习,不仅包含对体育与舞蹈的技能学习,也加强了对 K-Pop 文化的了解和学习。在第 1 课时就要求学生对所学的舞蹈与舞蹈的艺人团体进行各方面的资料收集,

---

[1] Ha T, Yu H. The "APPropriate" Use of Technology for Assessment in Physical Education [J]. Journal of Physical Education, Recreation And Dance, 2021,92(5):58-61.

并与其他小组进行分享,这就要求学生认真解读小组所收集的资料,对所学舞蹈的来源、风格特点、元素构成、表达的内容与方式进行细致的了解,小组之间的资料分享也可以让所有学生从不同角度、不同方面了解所学舞蹈的基本信息。由于舞蹈的艺术性特点,系统学习舞蹈益于学生更好地了解舞蹈本身,在学习的过程中更好地理解编舞意图,也能更好地表达舞蹈动作,从而形成综合能力。除此之外,开展的体育与舞蹈跨学科主题学习课程还具有特色化,通过在教学实施中加入 K-Pop 文化元素,激发学生对 K-Pop 的学习兴趣,为学生进一步了解 K-Pop 文化打下基础,同时也有益于韩国 K-Pop 文化的传承与推广,加强了体育与舞蹈跨学科主题学习的文化价值。

### 三、体育与舞蹈跨学科主题学习的启示

#### (一)做好学情分析,开展分组教学

体育与舞蹈跨学科主题学习开展前,教师可以根据学生的舞蹈基础进行层次划分与兴趣划分。在层次划分中,可以参考 K-Pop 舞蹈课程将学生分为新手阶段学生与高等阶段学生,并对应安排新手阶段和高等阶段课程进行教学。在兴趣划分中,按照学生兴趣为其设计不同特色的中华传统民族舞蹈,将民族舞融入体育课程中。由于我国民族舞种类繁多,每种民族舞都具有其独特性,为了让学生能在舞蹈主题中了解更多的民族舞种类,也可以按照民族舞蹈风格进行划分,供学生以分组的形式根据兴趣选择学习。

#### (二)灵活运用信息技术,创新舞蹈学习过程

信息技术能够极大地方便教师与学生教学活动的开展。学生可以在线收集学习资料、利用视频学习舞蹈、录制表演视频、开拓新型评价方式。课前准备阶段,学生可以使用信息技术收集民族舞蹈的资料,如舞蹈来源、发展历程、舞蹈风格及文化底蕴等,并下载相关资料视频,进行剪辑,形成舞蹈介绍短片。学生在利用信息技术收集资料,以及观看本组与其他小组制作的视频时,能进一步加强和深化对舞蹈的知识储备。在教学过程中,教师可以用视频辅导教学,给学生直观的演示,运用慢放、倒放、倍速播放等功能帮助学生清晰地理解动作要点,学生也可以在课后反复观看视频学习舞蹈,实现课内课外一体化学习。课后,学生可以利用相机录制舞蹈表演与舞蹈对决片段,以该形式完成体育课外作业,方便教师对学生舞蹈掌握情况进行评价。

#### (三)在课程中融入传统文化,促进民族文化传播

本节所展示的体育与舞蹈跨学科主题学习案例融入了 K-Pop 韩国潮流文化,对于韩国本土而言,这是提高韩国学生文化自信的重要途径;从全球

范围来看,这有助于传播韩国文化,扩大韩国文化影响力。受此启发,我国一方面可以在体育与健康课程中融入民族舞蹈,另一方面也可以融入更多的民族传统元素,如舞龙、舞狮、剪纸、风筝、陀螺等。我们可以借鉴 K-Pop 舞蹈课程的开展模式,根据学生身心发展特点,在不同阶段融入不同的中华传统文化。以武术跨学科主题学习为例,对于小学阶段的学生可以先从养身功法开始学习,例如趣味化的五禽戏、较为简单的少林拳等;在中学阶段可以安排南拳、长拳的内容;高中阶段安排太极拳内容等。教学方法也不能只停留在模仿与表演,需要还原武术全貌,让学生从理论层面了解武术的起源与发展,从实践层面体现武术的实用性与表演性。

## 第二节　体育与数学跨学科主题学习案例

数学知识在体育运动中的体现随处可见,例如在田径项目中存在时间、速度和位移的关系;投掷项目中存在角速度、时间和距离的关系;利用统计学知识可以分析成绩变化等。通过运用数学知识与技能可以解决运动中存在的姿态与发力问题,也可以利用数学统计方法分析运动成绩的变化,为学生及时提供学习反馈。本节选取美国体育与数学跨学科主题学习的典型案例,分析了该案例的内容与特点,以期为我国体育与数学跨学科主题学习提供启示。

### 一、体育与数学跨学科主题学习案例分析

#### (一) 体育与数学跨学科主题学习的目标

体育与数学跨学科主题学习的总目标:(1)能够将理论性知识运用于实践中;(2)能够自觉地应用体育与数学的跨学科方法,形成跨学科思维;(3)能够形成举一反三的终身跨学科能力及迁移能力;(4)能够组织开展分工学习,合理分配任务,协调工作以确保数据的准确性。针对每一节课的教学目标,可基于学习总目标进行制订,再细化到每一课时。

本节所举案例以"弹射运动"为主题,目标也是围绕"弹射运动"这一主题制订,在案例中需要达成的目标包括:(1)认知层面:学生能够掌握"弹射运动"的数学理论,即角速度、加速度、时间、距离的关系等理论知识,能够将这些知识运用到掷铅球运动之中;(2)技能层面:能够完成完整的掷铅球运动,并能控制出手角度与力度,学会使用摄像机拍摄铅球运动轨迹并运用计算机对捕捉到的轨迹照片进行分析;(3)思维层面:在遇到"弹射运动"难题时,能够自动化使用"弹射运动"理论,并主动将数学知识与体育运动联系起来;

(4)能力层面：实现能力的高通路迁移，形成终身跨学科能力；(5)情感层面：学会小组合作，帮助组员协调所分配的工作。

### (二) 体育与数学跨学科主题学习的内容

"弹射运动"的主要教学项目为投掷铅球，共包括 5 个课时①。其中，涉及体育与健康学习的内容有：(1)5 次不同出手角度与力度的铅球投掷；(2)投掷过程的摄像捕捉，从投掷出手到铅球落地；(3)测量投掷数据，包括出手角度、投掷距离的测量；(4)检验跨学科主题学习成果，并能够将理论运用于其他运动项目。涉及数学学习的内容包含：(1)距离、时间、出手角速度等数据的测量；(2)利用计算机对数据的分析处理；(3)通过距离测量，确定最佳投掷出手角度。此外，还涉及其他学科的内容，如：与计算机实验相关的内容，包括对拍摄的内容进行追踪与分析；与物理相关的内容，包括物理学原理的运用、应用物理学公式确定铅球飞行路径，再算出速度与加速度的变化。值得一提的是，该案例非常强调对真实世界复杂问题的解决，而非局限于两个学科的拼接，加入了物理与计算机实验等内容，更有益于学生解决跨学科问题能力的形成。

### (三) 体育与数学跨学科主题学习的教学方法

体育与数学学科存在着很多相似的教学方法，如讲授法、合作学习法、探究发现法与自主学习法等，都旨在通过教师的引导与学生的探索，使学生掌握完整的技能与知识。但是，不同学科教学方法的实施过程存在差异性。例如，在同为讲授法的教学过程中，数学学科注重抽象的理解、逻辑的推理，最显著的特征是其论证过程是通过不断分析、归纳、推演明晰规律，而体育学科更加强调形象化的理解。本文所举案例中将数学学科注重逻辑的教学方法与体育学科较为直观的教学方法结合起来，培养学生在体育运动中以严谨的思维逻辑探索规律。

本案例中主要采用合作学习法、探究学习法与实验法。首先，将学生分为不同的小组，在小组内部进行分工合作学习，每名学生担任一个角色，角色包含拍摄者、投掷者、测量者与捡球者。其次，四名学生需要共同协作记录准确的数据信息，通过五次铅球投掷实验，让学生在投掷过程中探索投掷角度和铅球投掷力度与投掷距离之间的关系②。最后，在实验后指导学生学会正确使用计算机处理并分析所测数据。

---

① Greg M H, Darla R S. Integrating Physical Education, Math, and Physics [J]. Journal of Physical Education, Recreation and Dance, 2004,75(1):42-50.

② Linthorne N P. Optimum Release Angle in the Shot Put [J]. Journal of Sports Sciences, 2001,19(5):359-372.

## （四）体育与数学跨学科主题学习的评价

案例中虽没有明确指出如何开展学习评价，但是对第一天与第五天开展的学习内容进行分析可知，体育与数学跨学科主题学习的评价是基于"主题"目标而展开的，其评价内容包含：（1）认知层面。掌握"弹射运动"的理论知识，即角速度、距离和时间的关系，能将理论知识运用到实际体育活动中；（2）技能层面。能够完整做出体育动作并能控制力度、角度与姿势，学会操作摄像机，能对数据进行分析；（3）思维层面。在遇到涉及"弹射运动"原理的运动项目及问题时，能够运用原理解决问题；（4）能力层面。能够将所学原理运用到现实生活中，具备跨学科能力；（5）情感层面。适应学习过程中的角色分工，并顺利与同学进行合作学习完成课堂任务。

## （五）体育与数学跨学科主题学习的实施过程

首先，确定数学与体育领域中的主题。案例以"弹射运动"为主题，此主题涉及运动情境中的数学、物理知识。其中，在数学方面需要学生理解"多项式函数"的性质，并能够从图形及数值数据中解释变化率；在物理方面需要学生掌握"牛顿运动定律"的运用，并能够使用数学模型来模拟弹射运动。

其次，形成教师合作团队。该案例根据不同学科划分课时，由不同学科教师分别负责若干课时。团队中的每位教师将教授与项目相关的学科"特定主题"。案例中将课程分为了物理课、数学课和体育课，其中物理课的"特定主题"为杠杆、牛顿运动定律、重力、抛射体运动以及矢量的水平和垂直分量；在数学课上，学生需要学习二次方程和参数方程，回归分析和比率；体育教师需要教授田径投掷技术，包括投掷中涉及的生物力学知识（见表 4 - 4）①。

最后，进行教学设计，准备上课器材。此前已阐述了案例的教学设计，包含目标、内容、方法与评价，而后即可根据主题制订实施策略，在此案例开始之前，教师需要准备的教学设备包括：

● 摄像机。带三脚架，具有视频输出或火线接口（FireWire）功能；尽可能准备多台摄像机，摄像机数量越多，拍摄项目所需的时间就越少，每组一台摄像机较为合适。具体可根据学校实际情况而定。

● 计算机。按照小组数量准备多台具有视频捕获功能、装有表格处理软件、磁盘空间足够的计算机。

● 透明胶带。

---

① Palffy-Muhoray R, & Balzarini D A. Maximizing the range of the shot put without calculus [J]. American Journal of Physics, 1982,50(2):181.

● 图形计算器。可以绘制散点图并执行二次回归。此示例详细介绍了使用 TI-92 图形计算器的步骤。

● 皮尺。

● 铅球。

● 计量杆。

表 4-4    "弹射运动"主题学习课时分配

| 课时 | 器材 | 学习内容 |
|---|---|---|
| 课时 1：体育课 | 1. 摄像机<br>2. 铅球<br>3. 计量杆 | 1. 学生分组，每组 4 人：一名学生拍摄，一名学生拿着计量杆，一名学生投球，一名学生捡球。<br>2. 负责拍摄的学生观察投球学生的投掷练习，然后将摄像机设置在能够拍摄到铅球释放、投掷顶点和着陆的适当距离处。拿计量杆的学生站在一个安全位置，确保在摄像机的视野中可以看到计量杆。投球学生全力推铅球五次。<br>3. 投球学生第一次投掷用个人认为最为自然的角度。接下来的两次投掷角度分别是轻微和适度小于第一次投掷的角度。最后两次投掷的角度应轻微和适度大于第一次投掷的角度。 |
| 课时 2：计算机实验课 | 计算机 | 1. 计算机教师向学生展示如何下载和跟踪视频。<br>2. 通过视频捕获卡的工具，将五次投掷的视频片段下载到电脑中。<br>3. 查看视频捕获卡的使用说明，确保操作正确。<br>4. 开始录像时，要在物体释放前启动，等物体落地后再停止，这样可以控制要分析的画面长度，让画面中的动作更连贯、清晰。<br>5. 保存视频后，电脑会在指定的文件夹里生成一个文件图标，方便查阅。 |
| 课时 3：数学课 | 1. 透明胶带<br>2. 皮尺<br>3. 图形计算器<br>4. 铅球 | 1. 把透明胶带放置在学生的学习区域。在这里，学生将开始用数学方法分析投掷动作。<br>2. 利用透明胶带和皮尺测量每次投掷的距离，将测量的长度记录到数据表格里，同时把比例也记录在表格中（单位：厘米）。<br>3. 把数据表格里的信息输入图形计算器中。<br>4. 测量投掷的水平距离，可以用时间作为变量，建立一个计算水平距离的公式。<br>5. 重复以上步骤，完成五次投掷的测量。每个人都根据测量的投掷距离确定最佳投掷角度。 |

续表

| 课时 | 器材 | 学习内容 |
|---|---|---|
| 课时 4：<br>物理课 | 计算器 | 1. 进入物理分析阶段。利用牛顿运动定律来描述投掷物的飞行轨迹。<br>2. 观察每一帧画面，记录速度的变化情况。<br>3. 同时记录加速度的数值。<br>4. 把测得的速度、加速度和截距值代入公式，得到最终的飞行轨迹方程。<br>5. 在讨论时，应该重点关注那些用于计算这些数值的关键数据点，虽然数量不多，但它们非常重要。 |
| 课时 5：<br>体育课 | 铅球 | 1. 学会举一反三地将弹射运动的概念知识运用到其他投掷类运动中。<br>2. 体育教师可以在课堂上开展的后续活动是用其他投射物进行实验，过程中改变释放的角度和(或)速度。 |

## 二、体育与数学跨学科主题学习的特征

### （一）以体育和数学教师为核心，构建基于"主题"的教师团队

该跨学科案例涉及体育与健康、数学、物理等多学科教师，在跨学科教学中，教师之间的关系建立也是需要处理的重点及难点之一。无论采用哪一种跨学科教学模式都需要教师之间的合作。在很多跨学科研究中会提到由一名教师开展跨学科主题学习，这种教学模式往往达不到跨学科主题学习的效果，这主要是由于一名教师难以达到开展包含多门学科概念的教学的要求。

以上体育与数学跨学科主题学习案例通过确定的教学主题，将主题知识所涉及到的学科教师召集在一起，以这些教师为核心构建教学小组，根据各学科教师的特长分配其学科领域的教学任务。此案例中教师团体包含了体育教师、数学教师、物理教师与计算机教师，体育教师主要教授学生铅球运动知识与基本技术，保障学生操作过程的安全；计算机教师主要让学生了解如何将所获得的数据记录在计算机中及如何操作计算机；数学教师主要负责指导学生利用数学公式解决问题，理解数学原理的实践应用；物理教师主要教授所涉及到的物理原理知识以及如何利用公式。

### （二）灵活运用多学科教学方法，帮助学生形成跨学科思维

体育与健康学科以身体活动为主要学习手段，而数学学科主要是学习如何将理论知识应用于解题中，二者的教学方法因其学科性质不同具有较

大区别。体育学科区别于其他学科的最大特征在于需将运动技术形成规律，因此在教学方法的选择上也需要根据运动技术形成规律来安排，故存在动作示范、动作讲解、分解教学、完整教学等教学方法。而数学学科的教学主要通过教师与学生的语言互动来进行，多采用讲授法、谈话法、讨论法、演示法等教学方法。

体育与数学跨学科主题学习将两种学科的教学方法都充分利用起来，同时在开展跨学科教学的过程中还会涉及到一些计算机与物理的辅助性知识，因此也会运用一些计算机与物理学科的教学方法，例如使用测量法、实验法、计算机技术法等，采用小组合作学习、探究式学习等方式开展教学。

案例中以投掷铅球为例，针对如何选择投掷铅球的最佳角度以提高铅球运行距离的问题进行探索，在探索过程中，教师更加重视学生的决策权，在学生投掷的过程中引导其思考如何利用所学数学原理去解决铅球投掷角度的问题，探索投掷角度、出手速度与投掷距离的关系。传统的教学方法虽然也能让学生学会投掷运动及理解数学问题，但其剥离了教学与生活，而学生在现实生活中面对的问题不会是一道简单的数学题，确定最佳角度也需要探索的过程。因此，需要通过灵活运用多学科教学方法培养学生的跨学科思维，并引导其运用到现实生活中。

**（三）充分利用数学与体育学科优势，搭建理论与实践的桥梁**

数学学习的过程中，通常以学习理论和解题作为重点，这导致很多人认为数学是一门理论性学科，并且会产生毕业后如果不从事数学专业相关职业就用不上数学的想法，例如认为"走出学校，数学只有买菜的时候用得上"。这是对数学学科的误解，而对于体育学科也经常会出现"体育无用"的误解。这种固化见解还依然存在于教师、学生、家长的思维中，究其原因在于他们忽略了理论知识也来自实践活动。传统的灌输式教学使学生仅能掌握惰性知识，学生可以把某道题做好、某个动作做好，但却难以形成举一反三的能力，无法实现知识的迁移，或只能实现低通路迁移。

体育与数学跨学科主题学习为理论与实践搭建了桥梁，两个学科相辅相成，弥补了传统分科教学的缺憾。体育的具身性能够有效解决数学课上开展学科实践难度较大的问题，数学公式及原理可以解释体育活动中的现象，从而让理论知识更加形象化，学生更易接受并理解知识。在体育与数学跨学科主题学习案例中，通过利用投掷项目中的铅球运动，为理解数学原理构建具体情境，避免惰性知识的习得。

### 三、体育与数学跨学科主题学习的启示

#### (一) 突破理论与实践的壁垒,强调学生跨学科能力的形成

该案例注重在体育与健康学习中运用数学知识,在数学学习中探索体育活动的奥秘。案例中的跨学科主题学习强调理论性与实践性的结合,注重学生高通路迁移的跨学科能力培养,以塑造学生跨学科"能力""素养""思维"为目标。

针对当前以"题海战术"开展理论学习而使学生被动学习惰性知识的问题,教师可借鉴该案例经验,开展跨学科主题学习。通过跨学科主题学习,在运动实践中发现数学问题,并利用所学的多学科知识与技能解决体育中发现的数学问题,不仅能够有效解决学生在体育学习中遇到的现实问题,同时在解决问题的过程中,学生通过一次次的假设、实验、测量能够提高解决复杂问题的能力,将学校中培养的素养迁移至真实世界中。

#### (二) 鼓励体育与数学教师合作,组织跨学科教师专题小组

开展跨学科主题学习时,经常会出现教师如何分配课程、如何合作的问题。体育与数学跨学科主题学习案例中组织了以体育与数学学科为核心的教师团队,将主题切分到不同的学科课程中。通过借鉴此方式,结合当地学校实际情况以及所培养的教师的特点,可以组织以主题或项目为中心的教师专题小组。教师们首先要对《义务教育课程方案(2022 版)》《义务教育体育与健康课程标准(2022 版)》和《义务教育数学课程标准(2022 版)》等文件进行详细分析与解读,根据主题和学生年龄水平特征进行内容分配与编排,编排顺序需符合主题要求。专题小组内的教师应该加强彼此间的合作与联系,可以分享学习资源、学习心得,以定期会议形式汇报教学进度以及学生的接受程度,以推动跨学科主题学习的顺利进展。

#### (三) 建立数学问题情境,鼓励学生思考与探索

体育与数学跨学科主题学习案例创设了在参与运动过程中遇到问题的真实情境,以问题为导向让学生在开展体育活动时探讨如何提升投掷铅球的距离,这相当于为学生创造了一个可以思考的实验环境,并可以通过不断改变变量,去验证数学课所学原理,也可以通过所学原理来解释实验现象。情境化教学改变了以往对碎片化知识的简单灌输,而更注重学生结构化知识体系的构建。因此,在开展体育与数学跨学科主题学习时,可以借鉴此方法,以真实问题为导向,引导学生使用数学原理或理论去解释现象。例如:数学原理是否在实践中真的如此? 如果是你,你会如何验证这一理论? 是否能找到最佳出手点? 要避免哪些外界影响因素? 通过不断提问,推进教

学,让学生在不断思考和实践中接受、理解和掌握知识。

## 第三节　体育与生物跨学科主题学习案例

　　作为理工类学科的典型代表,生物学科在与体育学科的跨学科主题学习方面具有较大的潜力。特里萨·普赛尔·科恩(Theresa Purcell Cone)等人在《跨学科的小学体育》(*Interdisciplinary Elementary Physical Education*)一书中详细介绍了在小学阶段进行体育与生物跨学科学习的案例,故本节主要以该书中体育与生物跨学科主题学习"髋骨与大腿骨的连接"为例,分析其内容与特点,并得出启示。

### 一、体育与生物跨学科主题学习案例分析

#### (一) 体育与生物跨学科主题学习的目标

　　该案例中的学习目标包含学科学习目标与跨学科学习目标两个维度。"髋骨与大腿骨的连接"的学科学习目标主要分为体育目标与生物目标。体育目标包含:学生能够良好地操控身体的各个部位,并保持良好的体态;能够在身体完全或部分接触地面或小装置时控制平衡。生物目标包含:学生遇到不同的身体失衡状况时能够快速保持平衡。跨学科学习目标为:能够说出身体的平衡部位,以及支撑自己的肌肉群、骨骼和关节等。

#### (二) 体育与生物跨学科主题学习的内容

　　体育与生物跨学科主题学习中的内容主要包括学科相关内容和跨学科内容。"髋骨与大腿骨的连接"主题的内容包括生物科学和体育两部分。其中,生物科学的内容包括学习识别身体部位,主要为肌肉、骨骼和关节;体育的内容包括采用不同的动作寻找身体平衡点及平衡方式。跨学科内容主要是两个学科的交集,基于以上学科内容进一步学习让身体平衡的部位,以及支撑身体平衡的身体部位。

#### (三) 体育与生物跨学科主题学习的教学方法

　　体育与生物跨学科主题学习运用了合作学习、探究学习、发现学习等教学方法,强调学生在小组形式下合作进行学习以完成相应的动作任务。除了运用一般教学方法,体育与生物跨学科主题学习还会运用实验法和情境法。实验法是指学生通过在实验中的亲身感受与体验,发现和探索跨学科相关内容。情境法是指为跨学科主题建立相关情境,借助真实情境让学生更好地理解跨学科内容。案例中教师为学生塑造了平衡与失衡的环境,例如让学生完全或部分接触教师准备的凳子,在情境中学生会体验平衡与失

衡的感受,进而去思考原因,并尝试找到控制平衡的方式。

**(四) 体育与生物跨学科主题学习的评价**

跨学科主题学习是以培养学生综合学习能力和批判性思维为目标的,故学习评价也围绕该目标展开。评价方式包括:学生档案、日志、访谈、辩论、观察、自我评价、角色扮演、事件任务、记录、检查表、评级量表和视频分析等。评价标准则在教学开始前便由教师根据评价目标进行编制,以评价引领学生学习。在教学开始前明确评价标准有利于教师在教学过程中给学生提供有意义的反馈,并鼓励教师开发自己的评价工具来记录学生表现。

在体育与生物跨学科主题学习案例中,教师给每个学生一张肌肉骨骼系统的图表,要求学生识别并标记选定的骨骼或肌肉,或在学习结束时,让学生以一到三个姿势保持平衡,并让他们识别并标记保持平衡所用到的身体部位,如骨骼、关节或肌肉。图表还被用来评估学生掌握知识的情况及对知识的应用,图表中含有评价标准,为全体学生提供标准,可以进行教师评估、学生互评,也可以邀请家长来评估,同时还可以通过录制相关视频,方便课后分析和评估。

**(五) 体育与生物跨学科主题学习的实施过程**

《跨学科的小学体育》中提供了以下体育与生物的跨学科主题学习案例设计(见表 4-5),指导教师开展跨学科主题学习的实施。

表 4-5 体育与生物跨学科主题学习案例具体设计

| 案例:"髋骨与大腿骨的连接"主题 |
| --- |
| 建议学习水平:水平 2 和水平 3。 |
| 1. 学习目的<br>学生通过学习肌肉骨骼系统,认识自己的身体,并将自己的身体部位与其在运动环境中的功能联系起来。 |
| 2. 技能与概念<br>(1) 生物学科:识别身体部位,主要包含肌肉、骨骼和关节。<br>(2) 体育学科:平衡能力。 |
| 3. 学习目标<br>(1) 提高使用各种身体部位保持良好形态的平衡能力。<br>(2) 在地板上,以及身体完全或部分接触小装置时保持平衡。<br>(3) 能够开发出一种简单的平衡动作模式。<br>(4) 能够说出自己控制平衡时,所使用的身体部位以及支撑这些部位的肌肉、骨骼和关节。 |

4. 器材
(1) 体操垫、自由体操垫或摔跤垫。
(2) 小装置,如长凳或装满报纸的纸板箱。在教学中分散放置小装置,使它们之间留
    有足够的空间,允许自由移动小装置。

5. 组织
学生根据垫子和小装置的数量,单独或合作进行活动。

6. 评价建议
给每个学生一张肌肉骨骼系统的图表,让学生识别并标记选定的骨骼或肌肉。在学习
结束时,让学生以一到三个姿势保持平衡,并让他们识别并标记保持平衡所用到的身
体部位,如骨骼、关节或肌肉。

7. 教学注意事项
(1) 有些学生在进行平衡练习时可能存在困难,教师可以提供一系列平衡练习图,也
    可以请这些学生模仿同伴的平衡姿势。随着要求逐渐提高,强调并重视独特的平
    衡,提倡使用原创的想法,有些学生可能逐渐感到困难,教师应鼓励学生勇于尝
    试,并提醒学生应在自己的能力范围内学习。
(2) 良好的基础有利于做出高质量的平衡,学生应在力量的基础上保持平衡。
(3) 注意安排三个平稳过渡的平衡动作。
(4) 在工作表上强调书面作业。绘画可以从全身图到简笔画,关键是标注所使用的身
    体部位,如骨骼或肌肉的准确名称,因为本课程的重点是与生命科学(解剖学)的
    整合。

8. 可能涉及的教学任务
(1) 提供一张工作表,让学生识别在热身过程中收缩和伸展的肌肉群。让学生识别在
    特定运动中移动的肌肉、骨骼和关节,如跳跃、屈膝仰卧起坐或俯卧撑。
(2) 让学生识别各种运动动作中使用的身体部位,如骨骼、肌肉和关节,动作可以使用
    投掷、踢、抓和击打等。
(3) 基于本节课可能会运用到的肌肉群,制订一个简短的有氧运动或一套轻举重练
    习。和学生一起练习,并识别每一套动作涉及的肌肉、骨骼和关节等身体部位。

9. 使学生获得进步的教学要点
(1) 基于本节课所运用到的肌肉群,制订一个简短的有氧运动或一套轻举重练习。和
    学生一起练习,并识别每一套动作涉及的肌肉、骨骼和关节等身体部位。
(2) 收集人们在日常工作中的动作图片(如卡车司机、计算机操作员、装配线工人、消
    防员等)。让学生分析选定的图片,并尝试识别图片中工作动作所使用的身体部
    位,如骨骼、肌肉和关节。
(3) 让学生分析建筑物、桥梁和其他结构的图片,尝试解释结构中坚实的基础概念和
    平衡的原则。将结构中使用的坚实基础概念和平衡原则与身体平衡中使用的概
    念和原则进行比较。

## 二、体育与生物跨学科主题学习的特征

### (一) 依托体育与健康情境，探索科学奥秘

杜威曾强调，学习是个体与情境互动中生长性经验的获得过程。由于人类实践具有内在的社会性，这样一种学习观在本质上亦是社会性的，学习不是无媒介的大脑活动，而是以工具、素材和他人为媒介，同客观世界对话的活动[①]。该案例很好地贯彻了杜威的观点，通过创设情境帮助学生明晰科学是在实践中发现的，并需要运用于实践之中，培养学生在实践中学习的能力与习惯。在体育与生物跨学科主题学习的案例中，通过使用角色扮演、器械辅助、还原环境等方式去搭建实际情境，为学生提供发现问题、分析问题、解决问题的平台，有助于学生在学习过程中主动将理论与实践相结合，并将对问题或主题的探究思考变成一种习惯。

### (二) 既注重学科本位学习，又重视跨学科素养的生成

开展跨学科主题学习并没有否定分科教学的意义与价值，反而更加强调了学科知识与技能基础对于跨学科素养的重要价值。在本案例中，研究者从目标入手，既设置了不同学科层面的学习目标，又设置了跨学科学习目标，旨在表明学科素养和跨学科素养是同步推进、相互补充的。学科素养是形成跨学科素养的基础，跨学科素养又有助于加强学科素养，二者不是孤立存在的。缺乏任何一项素养都会导致跨学科主题学习"走形"，同时培养出的学生也很难达到个人及社会的需求。实际上，当前国际上所提出的核心素养也都强调学科领域和跨领域素养并存的状态。

### (三) 根据学生生物学习基础，制订跨学科主题学习计划

跨学科主题学习开展前，首先要做好学情分析，根据学生基础选择合理的生物知识及体育知识，最后确定体育与生物跨学科主题学习的主题。

该案例可以根据学生的学习情况进行灵活调整。对于生物知识基础较为薄弱的学生，他们的生物认知主要来源于日常感知与观察，理解层次较为浅显。针对这类学生，教学重点应是帮助他们掌握生物或生命科学中的基础概念，如身体结构、感官功能、骨骼与肌肉系统等基本知识。而对于已经具备一定生物知识储备的学生，教学应着重培养他们的思维能力，引导他们对生物知识进行更深入的探索。这类学生需要进一步理解生命科学中的核心概念，如身体的控制系统及其运作机制等，从而提升他们的科学认知水平。

---

① 佐藤学.学习的快乐——走向对话[M].钟启泉 译.北京:教育科学出版社,2004.

### 三、体育与生物跨学科主题学习的启示

**（一）设置贴近学生真实运动体验的跨学科主题学习情境**

跨学科主题学习需要依托真实情境展开，否则将脱离真实世界，弱化了其重要的育人价值。该案例将跨学科主题学习置于体育与健康学习真实情境之中，剖析体育与健康真实情境所蕴含的多学科知识，使学生能够在未来面对其他体育与健康问题时使用跨学科思维予以解决。受此启发，我国体育与健康跨学科主题学习应设置贴近学生真实运动体验的情境。一方面，秉持"从体育与健康实践中来"的原则，挖掘真实运动情境中的跨学科问题；另一方面，凸显"到体育与健康实践中去"的理念，使用多学科知识对真实运动情境中的跨学科问题进行分析，形成理论成果之后再运用于实践，使学生体验基于跨学科视角发现问题、分析问题、解决问题的全过程，培养解决真实问题的能力。

**（二）凸显学科本位，依托体育与健康学科设计跨学科主题**

相较于美国当前的 STEAM 教育，该案例与我国跨学科主题学习开展整体情况更为类似。在该案例中，以学生保持身体平衡、培养平衡能力为主要教学内容，引导学生在培养平衡能力的过程中探索蕴藏在身体中的生物学奥秘，一方面凸显了跨学科主题学习显著的学科本位特点，即以体育与健康学科为主要依托，另一方面也揭示了跨学科主题学习的二元价值，即培养学生的学科核心素养，提高解决真实世界复杂问题的跨学科能力。

**（三）设计符合学生水平的跨学科教学内容**

跨学科主题学习往往涉及多学科知识与技能，需要学生运用其他学科知识与技能来剖析、解决体育与健康情境中出现的问题。但往往会出现某个案例中所需要学生掌握与运用的多学科知识还未被学生掌握的情况，也就是说，在此阶段学生其他学科的学习水平还未符合进行此跨学科主题学习的要求。该案例对学生知识储备进行预评价，并运用分层教学策略对学生学习提出不同要求。受此启发，在进行体育与健康跨学科主题学习时，首先，应对学生所在年级水平进行评估，了解该年级学生在不同学科中应达成的学习水平，即预评价学生的多学科知识技能水平，为跨学科主题学习的设计提供依据。其次，确定跨学科主题学习所涉及的学科，并与该学科教师沟通了解学生情况，依据所涉及学科将学生的学习水平进行分层。最后，按照"组间同质、组内异质"的原则进行分组，引导学生在合作中各司其职，通过配合共同解决跨学科问题，完成跨学科主题学习任务。

# 第五章　体育与健康跨学科主题学习的整体设计思路

体育与健康跨学科主题学习是《课程标准（2022 年版）》中的重要课程内容，也是促进学生体育与健康核心素养发展、提高学生解决现实世界复杂问题能力的重要手段。目前，体育教师可能对体育与健康跨学科主题学习的教学设计思路存在许多困惑与不解，结合国内外经验和教学实践，本章从设计理念、设计模型与实践样态三个方面，聚焦开展体育与健康跨学科主题学习需秉持什么指导思想、包括哪些具体设计步骤、在实际中如何运用等方面的问题进行分析。

## 第一节　体育与健康跨学科主题学习的设计理念

自进入 21 世纪以来，在全球范围内跨学科融合的课程逐渐兴起，跨学科主题学习成为当下全球教育的潮流[①]。当前，较为知名的跨学科学习模式，如 STEAM 教育，主要"以项目或社会问题为中心形成整合主题，为学习者提供问题情境，并以小组为单位进行活动，促进学生探究、发现、协助，积极建构知识[②]"。其以问题情境和小组合作为载体将科学与人文素养融合，同时强调以社会问题为中心，指向社会问题的解决和学生探究精神的培养。以 STEAM 为代表的跨学科教育为我国体育与健康跨学科主题学习的开展提供了诸多启示，本节主要阐述我国体育与健康跨学科主题学习的设计理念。

### 一、凸显体育的育人性：围绕体育与健康核心素养展开

无论是当前国际较为流行的跨学科学习课程，还是已趋于成熟的项目式学习，其目标与内容虽然各有侧重，但最终都指向以学科融合的形式促进

---

① 谈清怡,肖晓燕. 语文跨学科学习的溯源与探索[J]. 语文建设,2022(23):28 - 33.
② 李学书. STEAM 跨学科课程:整合理念、模式构建及问题反思[J]. 全球教育展望,2019,48(10):59 - 72.

学生全面发展,搭建学校教育与真实世界的桥梁,适应 21 世纪的诸多挑战。在学科融合育人的国际教育思潮之下,我国体育与健康跨学科主题学习具有更加显明的学科特性,其目标指向要涵盖跨学科学习对学生综合素养的提高,体现体育与健康课程独特的育人价值,彰显其"健身育人"的本质特征①。

因此,在设计体育与健康跨学科主题学习的目标时,应紧紧围绕体育与健康核心素养展开。体育与健康核心素养的逻辑起点是提高育人质量,依附于体育与健康课程"健身育人"的本质,很好地回答了"立德树人"中"培养什么人"的问题②,是学科价值的集中体现。秉持"目标引领内容"的原则,体育与健康跨学科主题学习作为核心素养引领下的课程内容之一,体育教师在进行教学设计时应深刻领悟"素养导向"的育人理念,明确一切教学设计首先均是为了发展学生体育与健康核心素养而服务的。

**(一)在跨学科主题学习目标中体现运动能力**

运动能力是指学生在参与体育运动过程中所表现出来的综合能力,包括体能状况、运动认知与技术术运用、体育展示或比赛三个维度,具体表现为学生对基本运动技能、体能、专项运动技能的掌握情况。从《课程标准(2022 年版)》对运动能力核心素养的定义与表述可知,运动能力与体育活动存在紧密联系,故体育与健康跨学科主题学习目标的设计应围绕所选主题针对体能、运动认知与技战术运用、体育展示或比赛展开。以《课程标准(2022 年版)》中的跨学科主题学习"钢铁战士"中的"长途奔袭,火速增援"案例为例,在该案例情境中,学习目标可与耐久跑、手球、橄榄球等运动的学习目标高度融合,即在学习目标中既要体现"钢铁战士"这一国防主题的爱国教育价值,又要凸显对耐久跑、手球、橄榄球等运动技能的关注。例如,在长途奔袭过程中结合橄榄球战术学习目标,提高学生的心肺耐力、协调性、反应速度等体能水平,使学生在仿真的国防教育情境中运用橄榄球战术;或结合耐久跑的技战术学习目标,使学生掌握耐久跑的呼吸节奏、提高不同地形耐久跑的能力等。除了围绕运动能力核心素养展开学习目标设计以外,还可结合历史、地理等学科课程,以体育与健康课程为载体发展历史、地理等学科核心素养。

---

① 季浏.新时代我国中小学体育与健康课程的整体构建与发展趋势[J].武汉体育学院学报,2022,56(10):5-12+20.
② 尹志华,刘艳,孙铭珠,徐丽萍,郭振,刘波.论"身体素养"和"体育与健康学科/课程核心素养"的区别与联系[J].成都体育学院学报,2022,48(4):77-83+103.

## （二）在跨学科主题学习目标中体现健康行为

健康行为是指学生增进身心健康和积极适应外部环境的综合表现,包括体育锻炼意识与习惯、健康知识与技能的掌握和运用、情绪调控、环境适应四个维度,主要体现在养成良好的锻炼、饮食、用眼、作息和卫生习惯,树立安全意识,控制体重,远离不良嗜好,预防运动损伤和疾病,消除运动疲劳,保持良好心态,适应自然和社会环境等。在体育与健康跨学科主题学习目标设置中,健康行为也是不可缺少的必要组成部分,但需注意的是,《课程标准(2022 年版)》中所提出的上述健康行为定义、内涵与表现并非需要在某一堂跨学科主题学习课程中全面体现,而是应该实事求是地根据所选跨学科学习主题设置合理的健康行为目标。

事实上,围绕健康教育开展的体育与健康学习本身就是一种跨学科主题学习,其特点在于可围绕健康教育这一主题协同培养学生的运动能力、健康行为与体育品德,属于内部的跨学科主题学习。尼尔格斯(Nilges)认为,当前体育与健康跨学科主题学习具有两种分类,一种是内部的跨学科主题学习,另一种是外部的跨学科主题学习,如"健康教育＋运动技能"便属于内部的跨学科学习,而"数学＋体育"则属于外部的跨学科学习[1]。例如,在跨学科主题学习"身心共成长"中"会说话的身体"示例的学习目标可充分体现健康行为素养,设置与性教育、安全教育相关的学习目标,旨在使学生在跨学科主题学习中培养身体边界意识,认识自己身体的不同部位,同时能够利用法律武器、社交技能避免受到性骚扰、性侵害等危险。

## （三）在跨学科主题学习目标中体现体育品德

体育品德是指学生在体育运动中应当遵循的行为规范和体育伦理,以及形成的价值追求和精神风貌,包括体育精神、体育道德和体育品格三个维度。体育精神主要体现在积极进取、勇敢顽强、不怕困难、坚持到底、团队精神等;体育道德主要体现在遵守规则、尊重裁判、尊重对手、诚信自律、公平竞争等;体育品格主要体现在自尊自信、文明礼貌、责任意识、正确的胜负观等。体育与健康课程是落实立德树人的重要载体,在体育与健康课程的不同课程内容中均需体现"以体育人"的重要德育价值。因而,在设置体育与健康跨学科学习目标时需充分考虑体育品德目标的体现。例如,在"劳动最光荣"跨学科学习主题下"吹响劳动的号角"案例中,劳动需要考验学生吃苦耐劳、勤俭节约的品质,故教师可设置遵守规则、吃苦耐劳、克服困难等方面

---

① Nilges L M. Interdisciplinary Learning: Feature Introduction [J]. Teaching Elementary Physical Education, 2003,14(4):6-9.

的学习目标,以此引领教学内容的设置,使学生在春种秋收与体育运动相结合的活动中,在创编与修改后的劳作运动规则下,感受劳动的艰辛与快乐,感悟劳动创造世界的真谛,全面培养学生的体育与健康核心素养。

## 二、回归学科的本体性:突出"身体练习"典型特点

如上所述,当前我国跨学科主题学习与国际流行的 STEAM 教育存在一定差异,除了课程目标以外,其课程性质也存在显著不同。较之国外大部分跨学科课程与其他学科课程并列平行的课程性质,我国的跨学科主题学习带有非常明显的学科性质,其被设置在每个学科单独的课程标准之中。为此,基于学科特点进行跨学科主题学习需要在教学内容的设计中着重体现,即以体育与健康课程为载体进行跨学科主体学习的教学设计。

### (一)在体育与健康课程性质引领下开展跨学科主题学习

体育与健康课程较之其他课程,其最显著的特点在于大量、频繁的身体活动,这一点在《课程标准(2022 年版)》中被明确指出:义务教育体育与健康课程以身体练习为主要手段,以体育与健康知识、技能和方法为主要学习内容,以发展学生核心素养和增进学生身心健康为主要目的,具有基础性、健身性、实践性和综合性等特点,是学校教育的重要组成部分,对促进学生德智体美劳全面发展具有非常重要的价值。从课程性质中可以得知,以身体练习为主要手段是体育与健康课程最典型的特点,所有教学内容都需围绕身体练习展开,而教学的主要内容便是体育与健康知识、技能和方法。可见,在进行跨学科主题学习的教学内容设计时,需注意虽然是"跨学科",但其根本还在于凸显体育与健康课程的显著特点,把身体练习作为开展跨学科主题学习的载体,并在学习体育与健康知识、技能和方法的同时解决跨学科问题,也就是真实世界中可能遇到的复杂问题。在课程性质的引领下,从《课程标准(2022 年版)》关于跨学科主题学习的内容表述中可以发现几乎所有的任务都体现了身体练习在体育与健康课程中的重要地位(见表 5-1)。

表 5-1  跨学科主题学习中的身体练习

| 主题 | 所涉及学科与领域 | 身体练习 |
| --- | --- | --- |
| 钢铁战士 | 国防教育、地理、历史等 | 走、跑、跳、攀、爬、越、对抗性武术、球类、田径、体操项目等 |
| 劳动最光荣 | 劳动教育、生物、地理等 | 移动性、非移动性、操控性基本运动技能,田径、球类、体操、武术项目等 |

| 主题 | 所涉及学科与领域 | 身体练习 |
|------|------------------|----------|
| 身心共成长 | 道德与法治、劳动、科学、信息科技、生物学等 | 体能练习、运动技能学练等 |
| 破解运动的"密码" | 科学、数学、信息科技、物理、化学等 | 基本运动技能、体能练习、专项运动技能等 |
| 人与自然和谐美 | 科学、艺术、地理等 | 基本运动技能、户外运动、定向越野等 |

**（二）避免针对"身体练习"开展设计时出现的误区**

首先，应避免为强调跨学科而生硬地将不同学科知识与教学方法机械地拼凑在一起，导致跨学科主题学习成为脱离身体练习、聚焦知识叠加的文化课学习。例如，在"身心共成长"主题的"会说话的身体"一课中，《课程标准（2022年版）》进行了"通过课外资料阅读、主题班会、海报制作等方式，引导学生关注和了解自己的身体形态和生理机能"的说明，为体育教师提供了设计思路。而部分体育教师则易误解为，在体育课中开班会制作海报，在教室内使用电子课件等方式进行简单枯燥的知识讲解。该误解弱化了体育与健康课程最显著的、典型的特点，即弱化了"身体练习"，使跨学科主题学习脱离了学科本体性。

其次，应避免为了凸显跨学科意味，将身体练习与其他学科知识学习进行强行拼凑，出现在体育课中学语文、在体育课中练英语等现象。例如：要求学生进行折返跑接力，在交接棒时口中念出相关诗句，只有下一位学生成功念出该诗句的下一句才能进行交接棒；或要求学生一边进行篮球运球＋传球＋接球投篮的组合动作练习，一边在口中背诵诗词。以上教学内容均背离了跨学科主题学习培养学生体育与健康核心素养，帮助学生锻炼解决复杂问题能力的初衷。

最后，应避免在跨学科主题学习的过程中虽然涉及了身体练习，但无法达成运动负荷要求，且弱化了体育在体育与健康跨学科主题学习中的本体地位。例如，在与劳动相结合的跨学科主题学习中，要求学生在原地制作农具、学习播种等技能，而身体练习则体现在将制作农具与学习播种技能的地点设置在跑道上，学生需要通过跑步进行位置变换。以上教学内容的设计导致身体练习在体育与健康跨学科主题学习中偏离了主要地位，弱化了体育学科的本体性。

**（三）围绕"身体练习"构建教学内容体系的要求**

为了避免以上误区的出现，使教学内容紧紧围绕"身体练习"这一体育与健康学科的最主要特点，需遵循以下几个方面的原则。首先，在跨学科情境下进行身体练习。《课程标准（2022 年版）》中有一个非常典型的案例"长途奔袭，火速增援"。该案例将国防教育作为教学情境，通过模拟"长途奔袭，火线救援"的场景，使学生在体育活动中运用国防、历史、地理、语文、音乐、美术、信息科技、英语等学科的知识与技能，不仅使"身体练习"贯穿整堂课，又使学生在身体练习中运用多学科知识解决跨学科问题。其次，强调运用学生已经掌握的其他学科知识来解决运动情境中相关的问题，使知识活起来。例如，可设置"物理或数学世界中的篮球"主题，引导学生思考、探索、发现击地传球的动作要领与传球路线，培养学生运用理科思维思考体育运动问题的思维习惯，使学生成为能够像"数学家"一样思考的"运动家"。最后，重视运动负荷在体育与健康跨学科主题学习中的重要地位。《课程标准（2022 年版）》对运动负荷提出了明确要求，在运动强度方面要求学生平均心率不低于140—160 次/分，在运动密度方面要求群体运动密度不低于 75%，个体运动密度不低于 50%。该要求在《课程标准（2022 年版）》的教学建议中提出，是面向所有课程内容的，故在设计跨学科主题学习时同样需要遵循这一要求，将跨学科主题学习建立在适当运动负荷的身体练习基础之上。

**三、反映现实的复杂性：指向真实世界的劣构问题**

《课程标准（2022 年版）》首次将跨学科主题学习纳入课程内容，其目的在于强调对学生真实生活的回归。跨学科主题学习的"跨学科性"改变了"学科本位"下割裂的知识体系，超越教学空间的隔阂，将学生置于真实的社会情境之中，体现了对完整知识领域的复原，对复杂社会关系的保全①。因而，在设计教学内容时应与以往传统的体育与健康教学区分开，弱化良构问题在教学任务中的体现，关注现实社会多元文化背景下的劣构问题，力求对真实生活与个体经验的回归。

**（一）以往体育与健康教学中良构问题的局限性**

乔纳森的建构主义将问题分为良构问题与劣构问题。良构问题是指对问题界定了限制条件的同时提供了解决问题的路径、方法和步骤，往往具有固定的答案；而劣构问题则源于日常生活或是对真实场景的模拟，往往没有

---

① 任学宝.跨学科主题教学的内涵、困境与突破[J].课程·教材·教法，2022，42（4）：59 - 64＋72.

固定或统一的答案①。《课程标准(2022年版)》将跨学科主题学习纳入课程内容的目的在于通过跨学科学习培养学生的体育与健康核心素养、促进五育并举、实现促进体育与健康课程学习意义的迁移,为学生现在及未来的真实生活服务②,即培养学生解决真实世界劣构问题的能力。然而,以往的体育与健康教学通常在体育教师事先设计好的、有利于学生专注于运动技能与知识学习的条件或场域下展开,为学生提供的是良构问题。例如,以往的碎片化教学聚焦于单一动作技术练习,使学生在原地反复地练习投篮动作,但在充满对抗与不确定因素的比赛中根本难以保障投篮动作与命中率的稳定性。在健康教育中,体育教师向学生传授吸烟的危害、吸烟产生危害的原因以及拒绝他人诱导吸烟的要求,然而,在现实生活中,当学生想要劝阻他人吸烟时,却难以逻辑性强、结构清晰地向他人解释吸烟产生危害的机制,在面对他人诱导吸烟的情况时,往往也难以通过适当的社交技能拒绝吸烟。在体育与健康课程的教学中,体育教师能够通过设定规则、口头劝解等控制学生矛盾,避免学生之间发生冲突,然而,学生在参与"野球"等社会体育锻炼时,若发生与他人争执等现象,很可能难以处理人际关系。在良构问题条件下的教学成果难以使学生适应真实世界的劣构问题,在教学与生活间依旧存在隔阂,学生很难将学校中形成的素养迁移到未来离开学校后的生活中去,这大大削弱了体育与健康教学对学生终身发展的重要价值。

**(二) 跨学科主题学习中劣构问题应具备的特点**

夏雪梅曾提出,跨学科学习有三个层级:第一层是指用到了其他学科的知识或情境,属于知识的简单叠加;第二层是指用其他学科的知识共同解决问题,产生整合性理解,实质上是整合多学科知识;第三层是指在真实问题解决情境中有意识地学习不同学科的知识并创造性地整合以解决问题、形成成果③。从以上层级划分可知,在设计跨学科主题学习的学习任务时,所针对的劣构问题需具有以下特点:首先,劣构问题可提取自真实生活。在真实生活中我们所遇到的大部分问题均是需要多学科知识共同配合才能解决的劣构问题。例如,小明需在有限的时间内去出入境管理部门申请护照,他需要考虑出行路线规划、公交时间选择、办事流程、所需携带材料、沟通表达

---

① 郭明,蒋瑞.基于劣构问题情境的逻辑思维能力培养[J].思想政治课教学,2020(12):26 - 29.

② 尚力沛,俞鹏飞,王厚雷,程传银.论体育与健康课程中的跨学科学习[J].上海体育学院学报,2022,46(11):9 - 18.

③ 夏雪梅.跨学科项目化学习:内涵、设计逻辑与实践原型[J].课程·教材·教法,2022,42(10):78 - 84.

方式等,还需面对多种现实可能存在的突发情况,如公交车抛锚、办事部门休假、材料遗漏等问题。其次,劣构问题需要学生能够有意识地使用多种学科知识。例如,在"钢铁战士"跨学科主题中,学生主动运用地理、数学知识,对布满机关、陷阱的战场进行军事路线规划,而非简单地运用田径技能跑过战场。最后,劣构问题还需能够引导学生发挥想象、培养创造力,其解决办法并非只有教师规定的固定答案。例如,"小小消防员"跨学科主题学习引导学生主动构思、创造并演练高层火情急救方案,使学生在身体练习基础之上运用数学、地理、物理、化学等学科知识创造性地解决问题。

### 四、强调学生的主体性:以学生全面发展为本

《课程标准(2022 年版)》在课程理念中指出,要注重教学方式的改革,即从"以知识与技能为本"向"以学生发展为本"转变。为此,在进行体育与健康跨学科主题学习设计时,要充分凸显学生在体育与健康学习中的主体性,由"体育教师教什么"转向"学生需要学什么",由"体育教师以什么形式教"转向"学生以什么形式学",进而激发学生的学习热情,提高解决体育与健康实际问题的综合能力。

#### (一)关注学生德智体美劳全面发展的学习需求

21 世纪需要全面发展的人才,而全面发展是指学生在德智体美劳五个方面均具备一定的素养水平,因此,可以说满足儿童青少年未来适应社会、可持续发展需求的必由之路便是推动五育并举,帮助学生实现德智体美劳的全面发展。在"以学生发展为本"的课程理念指导下,跨学科主题学习不仅要在发展学生体育与健康核心素养的课程目标引领下开展,还需要聚焦学生对适应时代发展的需求,使"五育"相互渗透,指向真实世界对学生的挑战。具体形式可参见如下所述:

(1)体育与德育相融合。体育与健康课程对学生品德的养成具有特殊的促进作用,而此处的体育与德育结合是指在跨学科情境中的结合,凸显在体育活动中解决道德问题。(2)体育与智育相融合。体育与健康课程不仅能促进学生体魄的强健,更蕴含着其他学科的知识与理论,如运用生物力学分析动作技术优劣、运用解剖学解释运动员受伤原因、运用地理知识规划定向越野路线等。(3)体育与美育相融合。体育运动中的运动美表现类项目本身包含美育价值,体育与美育相结合可通过观赏或发掘运动员的肢体美、力量美、韵律美等元素或以绘画形式展现运动美等实现,提高学生审美素养。(4)体育与劳育相融合。随着时代的发展,当前学生对农业劳作、手工劳动等工作接触机会较少,体验劳动艰辛的机会也较少,故需通过跨学科学

习创设体育与劳育的情境,例如《课程标准(2022 年版)》所示例的"吹响劳动的号角"主题活动,能够使学生在春种秋收的劳动场景中增强劳动意识与劳动技能,培养吃苦耐劳的品质。

**(二) 突出学生在跨学科主题学习中的主体地位**

体育与健康跨学科主题学习在教学主题的统领下以现实世界的真实问题为导向,以学生德智体美劳的协同发展和体育与健康核心素养的发展为主要目的。以往体育教师"一言堂"的形式难以激发学生对真实问题的积极思考,也无法培养学生的体育与健康核心素养。因此,激发学生在跨学科主题学习中的积极性是促进学生全面发展,培养核心素养的前提。在进行跨学科主题学习时,体育教师应主要运用合作教学、探究教学等教学方法。

合作教学法可以分为教师与学生的合作和学生与学生的合作。在教师与学生的合作层面,以《课程标准(2022 年版)》中的"长途奔袭,火速增援"主题案例为例,体育教师不应作为奔袭与增援行动的"局外人",而应在该教学情境中扮演相关角色,如扮演军队指挥官、敌方部队等角色,使学生能够在教学活动中与教师形成互动,体验到体育与健康课程教学中体育教师与学生的主体性关系,进而积极地投入学习。在学生与学生的合作层面,"独学而无友,则孤陋而寡闻",针对体育与健康跨学科主题学习所设计的劣构问题,体育教师可通过设置小组的形式,要求学生合作解决,学生在沟通和交流的过程中不仅能通过思想的交锋产生创新性观点,还能发展人际交往能力。探究教学法是针对上文所述劣构问题而提出的。指向真实生活的劣构问题往往不只有一种解决方案,正如生活中出现的问题不止存在一种解决方法。学生在探究劣构问题解决办法的过程中不仅能够巩固所学的多学科知识,更能够体验问题解决的过程,获得解决未知问题的经验与信心。为此,在跨学科学习中使用探究教学法能够满足学生在离开学校、进入社会后,解决错综复杂的、需要运用多学科知识的问题的需求。

**(三) 重视学生在跨学科主题学习中的学习体验**

学生能够对教师所设计的跨学科学习情境形成深入理解是跨学科主题学习对学生成长产生促进作用的前提。因此,体育教师在开展跨学科主题学习的教学时要充分重视学生的体验,使学生获得对跨学科情境的具身体验,从而全身心投入学习、积极思考问题、获得全面发展。

具体需要注意以下几点:首先,需确保所创设的跨学科情境的真实性。从真实世界提取的跨学科情境才能使学生产生切身体会,从而发挥其育人价值。例如,为了将体育与智育相融合,体育教师创设了"在疾速奔跑过程中思考数学问题"的情境,要求学生一边进行长跑,一边进行数学口算,尽管涉及了体育与数学两门学科,但该跨学科情境偏离真实世界,教育意义非常弱。其次,在学生进入情境解决复杂问题时,应为学生提供动态反馈。例如,在"长途奔袭,火速增援"的主题中,体育教师可实时改变现场环境条件或敌方情况,避免学生在已形成固定认知的状态下按部就班地完成教学任务,而是调动学生在外部动态变化的条件下不断做出调整,体验战场瞬息万变的特点。最后,运用现代多媒体设备烘托氛围。多媒体设备在体育与健康课程中的运用已十分广泛,可利用电子大屏幕投影与跨学科情境相关的画面,利用音响设备营造听觉氛围。

### 五、追求评价的真实性:强调基于学生表现的循证思维

在以往体育与健康教学的评价中,教师往往通过对学生的速度、距离、重量等可测量的元素展开评价,评估学生的学习成果,然而速度、距离、重量等评价内容难以全面反映学生的体育与健康核心素养水平,也无法体现学生处理真实世界复杂问题的能力。为此,《课程标准(2022年版)》在学业质量中划分了不同水平学生通过学习应该达成的表现,以表现性评价反映学生素养。然而,对于基本运动技能、体能、健康教育、专项运动技能、跨学科主题学习五大课程内容,《课程标准(2022年版)》只提供了前四个课程内容的学业质量,未提供跨学科主题学习的学业质量。这并不意味着跨学科主题学习不需要评价,而是因为跨学科主题学习开放程度较大,评价标准需根据具体问题具体分析。因此,体育教师需依据自己设计的跨学科主题学习内容的特点展开学习评价。

#### (一) 以表现性评价方式保证评价的真实性

周文叶认为,表现性评价是在尽量合乎真实的情境中,运用评分规则对学生完成复杂任务的过程表现及结果做出判断[①]。在该定义中,表现性评价具有几个要点:首先,尽量合乎真实的情境是指跨学科主题学习评价设计应在创立相关情境的基础之上展开,将评价置于情境中。例如,在"钢铁战士"主题情境中学生表现出的奋不顾身、勇往直前、家国情怀便是爱国主义教育成果的成功体现。其次,运用评分规则是指体育教师在进行跨学科主题学习评价时应事先设计好评分规则、标准等。上文提到,在指向真实世界的劣构问题导向下的跨学科主题学习并不存在绝对正确的、单一的解决方案与表现,学生通过合作探究而得出的创新性解决方案与表现均是学习进步的表现。因此,表现性评价所反映的不仅是学生做了什么、能做什么,还

---

① 周文叶. 中小学表现性评价的理论与技术[M]. 上海:华东师范大学出版社,2014:53.

应反映学生核心素养的养成。例如,在运动能力方面,可设置"学生能够指出他人违反规则的行为";在创新思维方面,可设置"学生能够提出多种解决办法"。最后,完成复杂任务是指跨学科主题学习评价开展的时机应聚焦于学生在解决复杂问题过程中高阶思维与素养的表现,而非在简单任务中评价学生。例如,学生对"我方军队行军路线的规划"是一个复杂任务,可反映学生掌握的多学科核心素养,而"行军过程中的跑步运动"对学生素养与高阶思维的体现则较微弱,这是因为"完成规划"比"完成跑步"要复杂得多。

**(二) 以多种评价方式实现评价的完整性**

在开展体育与健康跨学科主题学习评价时应注重评价方法与形式的多样性。首先,过程性评价与总结性评价相结合。既要观察学生在跨学科情境复杂任务中的表现,也要对学生解决复杂问题后所形成的成果进行整体点评;既要对学生的进步予以肯定、指出学生的不足,也要综合评判学生最终学习成果的水平。例如,在"长途奔袭,火速增援"主题案例评价中,体育教师既要观察学生在合作、探究中表现出的领导力、创造力、社交能力以及在长途奔袭过程中表现出的坚持不懈、勇敢顽强的品质,还要对小组最后取得的成绩与成果进行总体评价。其次,正式评价与非正式评价相结合。正式评价是指经过信度与效度检验的、较为权威的评价体系,如学生体质健康水平、体能水平以及各种心理量表评估;非正式评价则体现在体育教师与学生的交谈、对学生日常表现的观察等之中。例如,在"睡眠调理师"这一跨学科主题学习评价中,正式评价方面,体育教师可使用匹兹堡睡眠质量指数检验学生合作探讨出的运动、饮食、作息等方面的干预计划的有效性,为学生的学习成果打分;非正式评价方面,体育教师可以在学生合作商议设计运动干预方案的过程中进行旁听,了解学生的信息获取能力、社交能力、语言组织能力等。最后,重视增值评价的运用。增值评价运用公式为"增值=输出-输入",重点对比学生在跨学科主题学习前后表现,考察是否有进步。例如,在"劳动最光荣"跨学科主题学习的前后对学生的劳动意识进行评价,在学习前进行家访以及与班主任进行交流,考察学生日常生活中对劳动的态度与行为,在学习后再次进行回访,前后对比判断学生完成"劳动最光荣"学习后在劳动教育方面是否存在进步。

**(三) 确保评价主体的多元性**

以往的体育与健康学习评价主要以体育教师为主体,而跨学科主题学习由于涉及学科范围较广、更贴近生活情境,故需引入更多主体参与评价。首先,以体育教师为主。由于体育与健康跨学科主题学习是在体育教师引导下开展的,且主要目的为培养学生体育与健康核心素养,因而体育教师在评价中应占主导地位。其次,要在评价中纳入其他学科教师的共同反馈,构建多元主体的评价团队。由于跨学科主题学习可能涉及其他学科知识与素养,针对部分具有较强其他学科特色的评价内容,体育教师可邀请其他学科教师共同参与评价,纳入其他学科的专业力量。最后,还可邀请学生与家长作为评价主体。一方面,在跨学科主题学习评价中设置学生自评与互评,充分体现学生在学习中的主体地位,调动学生参与学习和评价的积极性。另一方面,打通家校合作通道,由于跨学科主题学习指向真实生活,故其学习效果在日常生活中的体现较为明显,家长可在生活中观察学生成长,例如主动做家务、不浪费粮食、健康意识加强、家国情怀提高等。

## 第二节　体育与健康跨学科主题学习的设计模型

上一节详细阐述了在《课程标准(2022 年版)》指导下,实施体育与健康跨学科主题学习的教学设计理念,明确指出教学设计应遵循的要点。在以上理念的指导下,本节主要阐述如何设计体育与健康跨学科主题学习。为了使读者更加清晰地了解跨学科主题学习的设计流程,本节提出了在理论层面以核心素养(C)与大概念(I)为导向和引领,在操作层面以问题链(P)、任务群(T)、评价方案(E)为载体的跨学科主题学习设计模型 CI－PTE(如图 5－1)。

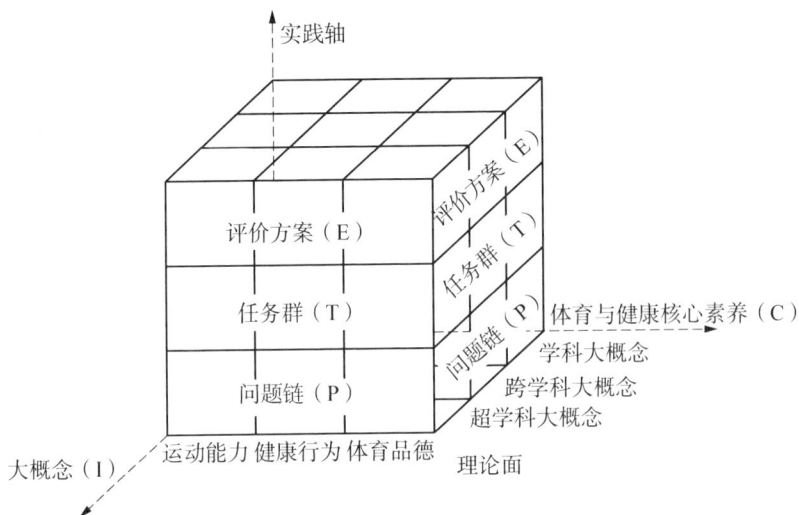

图 5－1　体育与健康跨学科主题学习设计模型 CI－PTE

### 一、选择学习主题,基于核心素养形成学习目标

学习目标的选择既要基于体育与健康核心素养(core competencies, C),又要具有主题的特色,故需先确定跨学科学习的主题,再构建跨学科学习的学习目标体系。

#### (一)选择跨学科主题学习中适宜的主题

跨学科主题学习主要围绕某一主题展开,例如《课程标准(2022年版)》所列举的"钢铁战士""劳动最光荣""身心共成长""破解运动的'密码'""人与自然和谐美"均是主题。跨学科主题学习所围绕的主题实际上是多学科问题交汇的场域,也是复杂、真实情境所依附的载体。因此,跨学科主题学习的设计首先需要确定主题,该主题需要具备以下特点:概括性、教育性、真实性。首先,概括性是指该主题内涵丰富、具有多维结构,能够概括一系列问题或现象,而不是某个简单的议题。其次,教育性是指这个主题对中小学生具有正面的教育意义,能够促进德智体美劳、核心素养、21世纪技能的发展,而不是仅具有娱乐性。最后,真实性是指该主题是在现实世界中存在的,学生在真实生活中可能会体验或接触到的。跨学科主题学习的目标之一是培养学生面对真实世界复杂问题的能力,虚构的主题难以达成该目标,也难以使学生与实际生活联系,会导致学生在学习中很难与已有经验形成共鸣。

跨学科主题学习的主题来源主要有以下几个方面:首先,可以参考课程标准中的案例。在进行体育与健康跨学科主题学习的设计时,体育教师可以直接参考课程标准中"长途奔袭,火速增援""吹响劳动的号角"两个案例,以及课程内容中关于跨学科主题学习的主题示例展开设计(见表5-2)。其次,针对以往体育教学过程中体育教师发现的学生在德智体美劳全面发展中的薄弱之处选择主题。跨学科主题学习的开展需满足学生需求,因材施教地发展学生有待提高之处。例如,体育教师发现学生在日常学习生活中存在好逸恶劳、逃避做值日、认为做家务太脏等现象,便可针对性地设计劳育与体育相结合的跨学科学习主题"不扫一屋,何以扫天下"等;体育教师发现学生在运动中存在"体育只是身体活动,不需要动脑子"的认知误区,以及不按科学规律进行体育练习,便可以设置体育与智育相结合的跨学科学习主题"运动中的科学"等。最后,跨学科主题学习还可以以生活中出现的真实案例为主题。生活中出现的问题直接指向学生处理复杂问题的能力,也往往需要学生具备运用多学科知识解决跨学科问题的能力。

表 5-2　《课程标准(2022 年版)》中的跨学科主题示例

| 主题 | 学习主题示例 |
| --- | --- |
| 钢铁战士 | 小小特种兵,英雄小少年,智勇双全小战士,忠诚的祖国卫士 |
| 劳动最光荣 | 自己的事情自己做,争做小劳模,巧手小工匠,光荣劳动者 |
| 身心共成长 | 会说话的身体,藏在身体里的秘密,成长的少年,关注健康、爱护身体 |
| 破解运动的"密码" | 妙用体育器材,脑洞大开的运动,运动的学问,给运动插上智慧的翅膀 |
| 人与自然和谐美 | 美丽的大自然,大自然的神奇之旅,做自己身体的雕刻家,人与自然和谐共生 |

**(二) 根据所选主题的特点,构建学习目标体系**

上文提到,当前我国跨学科主题学习与国外单独将其列为课程的形式不同,我国的跨学科主题学习具有较强的学科属性,是依附于学科、融入学科课程之中的。因此,体育与健康跨学科主题学习的目标体系与基本运动技能、体能、健康教育、专项运动技能的目标体系是一致的。从目标体系的结构上看,依旧是以运动能力、健康行为、体育品德为导向。但是,由于跨学科主题学习不仅包含体育与健康学科,还涉及其他学科,因此,跨学科主题学习的目标体系在三维核心素养的框架中还需要根据主题的特点进行改编。

以"钢铁战士"主题中的"长途奔袭,火速增援"为例,该主题主要涉及的身体练习为耐力跑、折返跑等田径类运动。在专项运动技能的田径项目中,由于耐力跑、折返跑等运动对学生快速变向的灵活性、有氧能力、反应能力的提高具有一定的促进作用,对培养学生科学运动的意识、人际交往能力有积极意义,对学生坚持不懈、持之以恒、团结协作等品德方面也存在较大影响,因此,可以首先设置以下学习目标(见表 5-3)。

表 5-3　"长途奔袭,火速增援"学习目标(调整前)

| 基于耐力跑、折返跑等田径类运动的学习目标 | |
| --- | --- |
| 运动能力 | 掌握多种耐力跑、折返跑技术;对不同比赛情况下的耐久跑、折返跑能够采取多样化、灵活化策略;耐力、灵活性、反应速度、协调能力等体能得到发展 |

续表

| | 基于耐力跑、折返跑等田径类运动的学习目标 |
|---|---|
| 健康行为 | 掌握运动损伤的预防方法与手段，知道如何判断运动损伤种类与原因，并能够根据运动损伤情况迅速做出处理；在练习中能够与团队成员合作，社交能力得到一定程度的提高 |
| 体育品德 | 表现出勇敢顽强、不怕困难的体育精神，遵守规则的体育道德，自尊自信、文明礼貌的体育品格 |

在表5-3的基础之上，根据"长途奔袭，火速增援"所体现的国防教育意蕴和地理、历史相关的学科知识与技能，在目标中可进一步融入国防、历史、地理等元素，形成"长途奔袭，火速增援"的学习目标修改版本（见表5-4）。

表5-4　"长途奔袭，火速增援"学习目标（修改后）

| | 跨学科视域下的学习目标 |
|---|---|
| 运动能力 | 对我国边境冲突的历史形成一定的了解；掌握在复杂地形、地貌中的多种耐久跑、折返跑技术；对不同条件下的耐久跑、折返跑能够采取多样化、灵活化策略；对突发事件做出迅速判断与决策；耐力、灵活性、反应速度、协调能力等体能得到发展 |
| 健康行为 | 掌握在户外复杂地形中运动损伤的预防方法与手段，知道如何判断运动损伤种类与原因，并能够根据运动损伤情况迅速做出处理；在练习中能够与"战友"合作，社交能力得到一定程度的提高 |
| 体育品德 | 表现出勇敢顽强、不怕困难的体育精神，遵守规则的体育道德，自尊自信、文明礼貌的体育品格；国防意识与爱国主义精神得到进一步增强 |

## 二、依据学习主题与目标，构建大概念结构体系

大概念（big idea，I）搭建了教学设计的框架脉络，为体育与健康跨学科主题学习提供了脚手架。然而，在体育与健康跨学科主题学习中，学生需要掌握哪些学科大概念，这需要根据学习主题与目标进行选择。

### （一）大概念对培养学生体育与健康核心素养的作用

大概念是基础教育课程改革过程中提出的新理念，主要用于解决课程内容结构化的问题，指向学生核心素养的生成。教育部在2018年1月印发的《普通高中课程方案（2017年版）》中明确指出，"重视以学科大概念为核

心,使课程内容结构化,以主题为引领,使课程内容情境化,促进学科核心素养的落实[1]"。可见,围绕大概念开展体育与健康教学是素养时代的必然趋势。孙铭珠等认为,大概念具有认识论、方法论与价值论的三重意义。首先,在认识论层面,大概念常常是一门学科中处于更高层次的上位概念、居于中心地位的核心概念和藏于更深层次的本质概念,强调个体的思维启发与深度理解。其次,在方法论层面,大概念如同一个"认知文件夹",为人们认识事物和构建知识提供一个认知框架或结构,能够引导学生将运动技能的多个元素串联起来,站在运动项目整体的角度进行深度理解。最后,在价值论层面,大概念不仅对各种具体的事实、经验、事物和概念具有连接和整合作用,而且能够促进学习者的持久记忆、深度理解和广泛迁移;不仅对事物的理解、知识的建构与迁移具有重要价值,而且其本身还可能蕴含着人们对自我、自然和社会的价值观念[2]。可见,跨学科主题学习如果要实现促进学生核心素养发展的目标,就必须提取大概念并围绕大概念展开教学设计。

**(二) 从学习主题与目标中自上而下地提取大概念**

在"目标引领内容"理念的指导下,"学生应该掌握哪些大概念"这一问题需要通过剖析学习主题与学习目标予以回答。在学习主题与学习目标中,有一部分内容能够直接作为大概念;还有一部分内容则可以作为最上层大概念,最上层大概念内部包含丰富的层级结构,需要体育教师进一步分解;另外还有一部分内容则需要体育教师仔细分析其与学科知识的关联,进而提出相关大概念。例如,在表 5 - 4 的学习目标中,健康行为维度的目标中"户外复杂地形中运动损伤的预防方法与手段"可以直接作为大概念;运动能力维度的目标中"我国边境冲突的历史"则可以作为上层大概念,可以进一步将其分解为"不同历史阶段边境冲突的背景""不同历史阶段边境冲突的结果""边境冲突历史带来的启示"等;而运动能力维度的目标中"耐力、灵活性、反应速度、协调能力等体能得到发展"则可以与体育学科或其他学科知识产生关联,提出"协调能力训练计划""有氧能力训练的生物学机制"等大概念。从学习主题与学习目标中提取的大概念可以由体育教师构建合理的顺序与结构,在下一步中形成问题链,引领内容体系的构建。

**(三) 从各个学科知识与技能中自下而上地归纳大概念**

夏雪梅提出,跨学科学习不仅要站在学科立场,还需要具有跨学科立

① 中华人民共和国教育部. 普通高中课程方案(2017 年版)[M]. 北京:人民教育出版社,2018.
② 孙铭珠,贾晨昱,尹志华. 体育与健康核心素养背景下的大概念要义阐释、提取路径与内容框架[J]. 首都体育学院学报,2023,35(1):21 - 31.

场,不能使跨学科学习最终又局限于学科教学。该观点所传达的精神在于,虽然我国跨学科主题学习是作为课程内容被纳入每一个学科的,但同时也需要培养学生跨学科思维、能力以及素养。因此,跨学科主题学习设计时所提取的大概念不仅要从本体学科的知识与技能中总结归纳,还需要与所涉及学科相结合,提出跨学科大概念。跨学科大概念处于某两个或三个学科概念的交界处,通常同时包含了两个学科的知识与技能,而在较多个学科概念交界处还有可能出现超学科大概念[①](如图 5 - 2)。

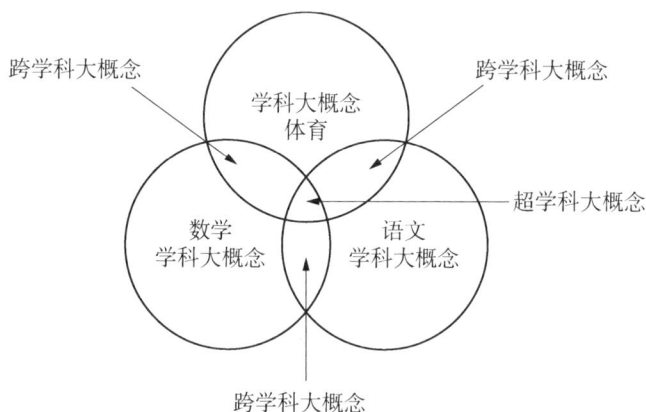

图 5 - 2　学科大概念、跨学科大概念与超学科大概念

以"长途奔袭,火速增援"中涉及国防、地理、历史、体育与健康等学科大概念群为例,其中体育与健康学科中存在学科大概念"耐力跑技术""耐力跑战术""科学运动""体能练习"等;而体育与健康学科与国防教育则可形成跨学科大概念"边防士兵的体能训练""国家荣誉高于一切"等;体育与健康学科与地理学科可形成跨学科大概念"绘制跑步路线""运动环境监测"等;体育与健康学科与历史学科可形成跨学科大概念"武术的演化史"等。

### 三、根据大概念构建跨学科主题学习问题链

大概念只有在具体的问题中才能体现其特定价值,而问题产生的逻辑是围绕真实情境设计并呈现的指向和突出大概念的核心问题。因此,在跨学科主题学习中,若要学生能够深度掌握大概念,需要体育教师围绕真实情

① 詹泽慧,季瑜,赖雨彤.新课标导向下跨学科主题学习如何开展:基本思路与操作模型[J].现代远程教育研究,2023,35(1):49 - 58.

境设计一系列指向学科大概念与跨学科大概念的问题,即构建能够指向大概念的问题链(problem chain,P),以实现学生在问题链中理解、运用学科大概念与跨学科大概念。问题链的结构形式具体包含:递进式、并列式和复合式。

**(一) 递进式问题链结构**

递进式问题链结构呈"分—总"的线性特征,由情境导入递进至指向某个学科大概念的问题 1,再递进至指向其他学科大概念的问题 2,最后递进至指向跨学科大概念的问题 3。也就是说在该问题链中,学生随着情境的发展推移,需要理解不同学科大概念以解决不同的学科问题,最终整合跨学科大概念指向真实世界复杂问题,从而培养核心素养(如图 5-3)。该问题链可与专项运动技能大单元组合,以跨学科视角加深学生对运动的理解。由于此类型涉及问题较少,故可在 1 个课时内完成对所有问题的探索。

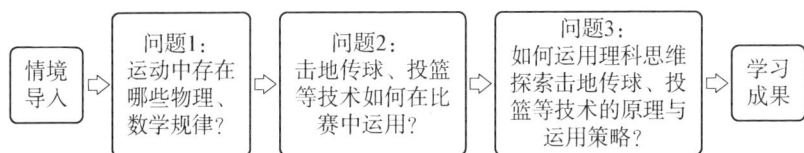

图 5-3    递进式问题链结构示例(以"运动的学问"为例)

**(二) 并列式问题链结构**

并列式问题链表现为多个问题的"并联"特征,在问题与问题之间并不存在强烈的先后关系,学生需要在跨学科背景下解决这些指向跨学科大概念的问题(如图 5-4)。较之前者,该问题链促使学生掌握解决复杂问题能

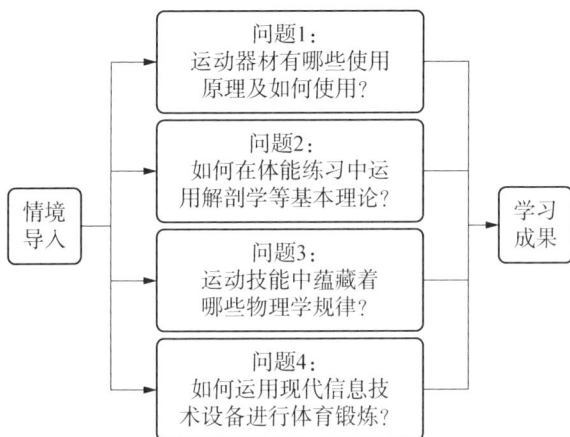

图 5-4    并列式问题链结构示例(以"运动的学问"为例)

力的意味更加浓厚,将课程内容置于贴近真实世界的跨学科背景中。在该类型问题链中,依据跨学科大概念与问题的复杂程度可适当设置 1 个或 2 个连续的课时。

### (三) 复合式问题链结构

复合式问题链表现出"整体串联、局部并联"的结构特征。该问题链适用于涵盖学科较多、内容含量较大的跨学科主题学习,不仅能够培养学生核心素养与解决复杂问题的能力,还能凭借复杂程度大、结构化水平高的特点实现五育并举(如图 5 - 5)。由于指向宏观层面五育并举的复合式问题链内容较多,故在设计时可根据需求安排 1 个或多个课时。

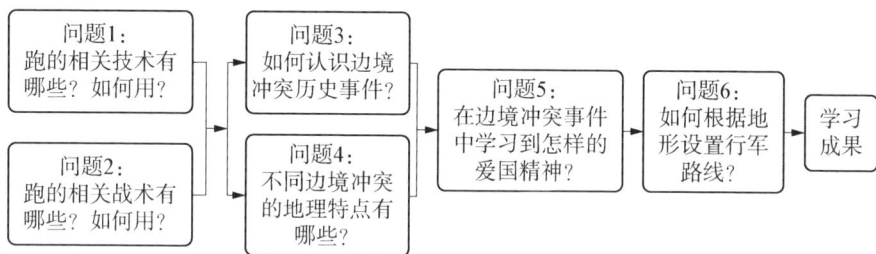

图 5 - 5 复合式问题链结构示例(以"钢铁战士"为例)

### 四、在复杂问题导向下,构建教学内容任务群

余文森认为,在教学活动之上应存在某个能够统摄活动的范畴,即教学任务,以此避免教学活动出现盲目、随意、散乱的情况①。因而,在体育与健康跨学科主题学习过程中,教学活动往往需要由相互关联的教学任务统筹。跨学科主题学习的目的之一在于使学生掌握解决真实世界复杂问题的能力,故这些相互关联的任务需要由上述构建的相互关联的问题链串联,形成结构化的任务群(task group,T),以实现学生的结构化学习。

### (一) 依据问题链构建任务群结构

在上文中,递进式问题链、并列式问题链与复合式问题链虽然结构不同,但都在教学目标的引领下围绕大概念形成了清晰的问题解决导向,而在这些问题解决导向教学实施的过程中,问题解决能力的提高需要依靠教学任务的落实,使学生在完成教学任务的过程中体验发现问题、分析问题、解决问题、创新问题。因此,从微观来看,问题链中的每个问题均能对应若干

① 余文森,龙安邦. 指向核心素养的课堂教学探索[M]. 北京:高等教育出版社,2022:210 - 213.

个教学任务;从中观来看,问题链中的每个环节均能对应若干个相互联系的任务;从宏观来看,整个问题链能对应一个系统化的任务群。以结构化程度适中、最常见的并列式问题链为例:"破解运动的'密码'"这一跨学科主题学习中,问题 1 指向运动器材的原理与使用方法,对应任务"学校里有哪些常见的运动器材? 其原理是什么? 如何正确使用?";问题 2 指向体能练习的生物学或解剖学基本理论,对应任务"体能练习有哪些策略? 不同类型的体能练习分别具有什么理论基础?";问题 3 指向运动技能的物理学规律,对应任务"击地传球反映了什么物理规律? 超越器械反映了什么物理学规律?";问题 4 指向运用现代信息技术设备进行体育锻炼的手段,对应任务"哪些信息化设备可以用来测心率?"等。通过以上一系列任务,学生能够从多方面破解"运动的密码",掌握体能训练与技能练习的理论基础,学会使用基本的运动器材进行锻炼,能够掌握理论付诸实践的方式,学会自主学习技能并提高信息素养,通过运用信息化设备提高运动效率、保障运动安全,最终实现对"破解运动的'密码'"跨学科主题的结构化学习。

**(二) 基于问题式学习(PBL)步骤开发情境、资源、活动相统一的教学任务**

问题式学习( problem-based learning ) 和项目式学习( project-based learning )作为两种新型教学法,都关注学生在学习中的主体性角色,通过让学生围绕问题进行合作探究来发展学生的"21 世纪学习力"[1]。两种教学法的英文缩写均为 PBL,依托的都是建构主义学习理念,不同的是,问题式学习主张让学生解决真实世界中复杂、非常规且具有挑战性的问题,或完成源自真实世界经验且需要深度思考的任务;而项目式学习强调让学生通过完成项目来达到学习的目标[2]。在跨学科主题学习中,指向让学生解决真实世界中复杂、非常规且具有挑战性问题的问题式学习更能契合其学习目标。

PBL 的教学实施步骤主要包括设计问题、组建学习小组、确定学习目标、学生自主探究、小组交流汇报、指导与评价六个部分[3]。首先,"设计问题"已在上述问题链的构建中予以实施。第二,"组建学习小组"则秉持"组内异质、组间同质"的原则,鼓励学生在合作过程中相互学习。第三,"确定学习目标"已在前文中详细阐述,以目标引领内容的方式,通过"核心素养——

① 董艳,孙巍. 促进跨学科学习的产生式学习(DoPBL)模式研究——基于问题式 PBL 和项目式 PBL 的整合视角[J]. 远程教育杂志,2019,37(2):81 - 89.
② 董艳,和静宇. PBL 项目式学习在大学教学中的应用探究[J]. 现代教育技术,2019,29(9):53 - 58.
③ 张翠玲. PBL 教学模式在高校健美操教学中的应用探索[J]. 教育理论与实践,2017,37(27):60 - 62.

大概念—问题链—任务群—学习活动"的顺序传递至学生学习。第四,"学生自主探究"实质上是 PBL 的重要部分,也是教学活动设计的主要部分。在此过程中,体育教师需要以任务为载体进行教学实施。最后,"小组交流汇报""指导与评价"则属于跨学科主题学习成果的展示环节。

PBL 的教学实施步骤中,第四步的教学任务是最主要、最重要的部分,需要体育教师进行精心设计。教学任务往往由情境、资源与活动组合而成,其中情境是指开展教学互动的背景与场域,其作用是使学生在情境中获得更贴近生活日常的感受。资源是指学生能够利用的器材、设备、空间、时间等,是支持任务完成所需的条件。一方面,教师可以为学生直接提供资源,另一方面也可以告知学生资源获得的途径,锻炼学生寻找与挖掘资源的能力。活动则是完成任务需要达成的具体操作,每个任务往往需要经过若干个具有相互联系的简单活动才能完成。以"破解运动的'密码'"为例,可针对上文所述问题链构建教学任务群(见表 5-5)。

表 5-5　"破解运动的'密码'"教学任务群设计

**1. 教学任务中的真实情境**

今天是星期六,已经完成周末作业的你准备在社区公共体育锻炼场所进行运动。首先,你来到了固定器械区域,不同种类的运动器械让你眼花缭乱,你想要选择合适的健身器械展开锻炼。其次,你看到旁边篮球场上有一位小朋友与家长正在练习篮球击地传球,可是他们怎样都无法精准地传给对方,你对此现象展开了思考。最后,你带着今天运动中遇到的问题回到家,坐在了电脑前。

**2. 教学任务中的可用资源**

实物资源:电子大屏幕、各类投掷类器械、与体能训练相关的器械、心率带。
电子资源:社区公共体育锻炼环境背景图、常见的社区公共体育锻炼器械图例、投掷类运动项目比赛视频、体育类信息资源库。
时间资源:体育课内时间、课外体育锻炼时间。

**3. 教学任务中的教学活动**

**任务一:了解常见的运动器材及其使用方法**

活动 1-1:在课前,每位同学利用课余时间找到社区公共体育锻炼器材,记录它们的名称、使用方法及作用。

活动 1-2:将运动器材及使用方法以手绘的形式制作成卡片,与小组成员分享、交流。

**任务二:探究专项运动技能中蕴含的"超越器械"奥秘**

活动 2-1:仔细观察并模仿,进行垒球、简易标枪、实心球等投掷类运动,体验投掷运动发力过程。

| |
|---|
| 活动2-2:探讨投掷运动的共同要领,分析"超越器械"的物理学原理,并进行相互交流与讨论。 |
| **任务三:设计科学的体能练习方案** |
| 活动3-1:针对所选专项运动技能进行专项体能练习的理论学习。以力量练习为例,小组成员分别学习"超级组""递减组""巨人组"等力量训练的理念与方式。 |
| 活动3-2:在组长带领下,小组成员体验不同类型的力量训练,并运用解剖学知识分析其背后原理,提出不同训练方式的不同效益,设计适合自己的体能练习方案。 |
| 活动3-3:跟随体育教师进行体能练习,思考体育教师所设计的体能练习的合理性。 |
| **任务四:正确使用信息设备测量心率** |
| 活动4-1:在课堂上使用心率带监控自身心率。 |
| 活动4-2:在课后利用电子信息设备,以"破解运动的'密码'"为主题制作展示海报。 |

## 五、设计评价方案,检验学生跨学科学习成果

长期以来,人们对跨学科主题学习存在一种误区,即认为跨学科主题学习不需要评价①。然而,如果不对跨学科主题学习进行评价,体育教师将无法了解学生通过跨学科主题学习所获得的学习成果,也难以通过评价的反馈作用优化跨学科主题学习。《课程标准(2022年版)》指出,要针对学生的体育与健康学习成果,围绕核心素养的发展水平做好综合评价、增值评价、过程性评价和终结性评价等。因此,体育教师应站在跨学科视域,明晰评价主体、内容、方法与形式,形成合理的评价方案(evaluation,E)。

### (一)选择多视角评价主体,使学科间、师生间相互补充

首先,体育与健康跨学科主题学习评价的主体不仅应涵盖体育与健康教师,还应邀请不同学科教师参与,贡献专业力量。体育与健康跨学科主题学习除了体育与健康本学科以外,还涉及国防、科学、数学、物理、地理、历史、劳动、美术等学科,其中不仅包含体育与健康学科知识与技能,还包含以上各学科的专业知识与技能,甚至涵盖了各学科素养。因此,在跨学科主题学习评价中,应形成由体育教师为主要评价者,其他学科教师为辅助评价者的评价主体组成。具体表现为,体育教师站在体育与健康核心素养的角度设计学习评价,当涉及其他学科专业知识与技能时可与其他学科教师共同商议评价内容、标准与方法。其次,充分发挥学生在评价中的重要地位。在

---

① 詹泽慧,季瑜,赖雨彤.新课标导向下跨学科主题学习如何开展:基本思路与操作模型[J].现代远程教育研究,2023,35(1):49-58.

评价中,学生除了作为被评价者,还可作为其他学生的评价者,形成生生互评,在团队合作过程中对合作伙伴开展不同于教师视角的评价。

**(二) 评价内容应与目标呼应,促进学生的全面发展**

体育与健康跨学科主题学习的目标一方面在于促进学生运动能力、健康行为、体育品德的发展,另一方面还在于推动五育并举,实现学生德智体美劳的全面发展,从长远的角度来看,跨学科主题学习还旨在帮助学生掌握解决复杂问题的能力,适应 21 世纪的挑战。因此,在设计评价内容时,不仅要对学生的体育与健康核心素养进行科学测评,还要对学生德智体美劳的表现进行评价。

首先,《课程标准(2022 年版)》虽然没有为体育教师提供跨学科主题学习的学业质量,但体育教师可自行根据学习目标划分水平一至水平四的学业表现,为开展跨学科主题学习评价提供可参考的标准。其次,在评价内容的选择上,还应注重对学生德智体美劳五个方面的综合考量,例如在"破解运动的'密码'"跨学科主题学习的评价中,不仅要测评学生体育与健康的核心素养水平,还应观察学生运用其他学科知识解决体育领域问题的能力,即"智育"表现。最后,与 STEAM 教育相似,从人生发展的长远角度来看,学生合作、探究、社交、创造等方面的能力也应是跨学科主题学习评价的内容之一,以此检验跨学科主题学习能否帮助学生应对未来离开学校后面临的挑战。

**(三) 使用表现性评价方法,测评学生素养的真实水平**

长期以来,我国体育与健康学习评价囿于对单一动作技能、知识的评估,仅能够反映学生对技能与知识的掌握情况,难以测评学生体育与健康核心素养。而表现性评价不仅能够检测素养,而且有利于促进素养养成。大量的证据表明,表现性评价更适合于检测高水平的、复杂的思维能力,且更有可能促进这些能力的获得,同时能支持更具诊断性的教学实践,促进课程与教学[1]。表现性评价简而言之是基于表现的评价,是需要体育教师通过日常观察而进行的非正式评价。表现性评价的内容并不存在固定答案与得分,与真实世界问题没有标准答案类似。体育教师需在课程标准中学业质量的指导下自主设计表现性评价标准,通过主观判断对学生进行评判。

表现性评价主要由三部分构成:目标、任务与准则。目标是指学生应该形成的素养、应该养成的高阶思维。任务是表现性评价的载体,即学生在某个任务完成过程中或某个情境下的表现,而非脱离任务与情境的。准则是

---

① 周文叶,毛玮洁.表现性评价:促进素养养成[J].全球教育展望,2022,51(5):94－105.

指表现性评价评分的标准。例如,在《课程标准(2022 年版)》所列举的"关注健康、爱护身体"跨学科主题学习中,目标在于学生形成健康素养,培养健康生活的高阶思维;相关表现往往会体现在学生日常锻炼与饮食习惯之中;对于"关注健康、爱护身体"的评价,体育教师可运用李克特等级量表设计表现性评价标准(见表 5-6),通过观察学生表现检验"关注健康、爱护身体"跨学科主题学习的成果。

表 5-6 "关注健康、爱护身体"跨学科主题学习表现性评价标准

| 评价标准 | 从未出现 | 偶尔出现 | 一般 | 多次出现 | 经常出现 |
|---|---|---|---|---|---|
| 1. 主动参与课外体育活动 | ☐ | ☐ | ☐ | ☐ | ☐ |
| 2. 主动进行充分的热身活动 | ☐ | ☐ | ☐ | ☐ | ☐ |
| 3. 能够合理搭配自身膳食结构 | ☐ | ☐ | ☐ | ☐ | ☐ |
| 4. 适度用眼,爱护自己的眼睛 | ☐ | ☐ | ☐ | ☐ | ☐ |
| 5. 社交活动中展示出礼貌风度 | ☐ | ☐ | ☐ | ☐ | ☐ |
| …… | ☐ | ☐ | ☐ | ☐ | ☐ |

**(四) 通过过程性评价与终结性评价相结合的形式确保评价的完整性**

过程性评价是指体育教师在学生进行跨学科主题学习的过程中对学生进行评价。一般而言,过程性评价主要通过以上表现性评价方法予以实施,教师在观察或与学生交流的过程中了解学生是否出现了进步或退步,进而可以调整教学设计。终结性评价则主要指向完成学习以后学生获得的可视的学习成果,主要可以从以下两个方面进行评价。首先,可以对学生通过团队合作而完成的作品进行评价,如"环保海报""科学训练计划""健康膳食方案"等。其次,可以对学生通过结构化学习而对大概念产生的理解入手,对学生所绘制的概念地图予以评价。《课程标准(2022 年版)》指导下的跨学科主题学习是一种素养导向的大概念教学,因而体现其评价效度的核心就在于评价学生有没有真正理解大概念。概念地图是通过位置记忆系统构建的脑内地图,能够反映学生在该项目或主题中对学科大概念与跨学科大概念层次结构的理解,以及是否形成了专家思维、专家思维水平如何[1]。概念地图测试则需要学生通过纸笔测试进行。体育教师仅需给学生白纸与笔,

---

① 刘徽,徐玲玲,蔡小瑛,徐春建. 概念地图:以大概念促进深度学习[J]. 教育发展研究,2021,41(24):53-63.

引导学生在白纸上以学习主题为中心,向四周延展该主题所涉及的学科,以及不同学科内蕴含的大概念、不同学科间形成的跨学科大概念,并绘制各个部分间的联系。概念地图测试没有固定答案,体育教师根据自身对所教运动项目的理解为学生打分并提供改进建议。

## 第三节　体育与健康跨学科主题学习的实践样态

在教学实践中,体育与健康跨学科主题学习具有多元的实践样态,能够各有侧重地体现多重育人价值。本节依据不同维度的育人价值,使用 CI - PTE 模式分别构建了跨学科主题学习在不同学科间的宏观融合、课程内容间的中观融合、学科知识间的微观融合三个样态的设计案例。

### 一、不同学科间的宏观融合:作为独立的跨学科课时

如《课程标准(2022 年版)》所指出的,跨学科主题学习具有促进五育并举、爱国主义教育等育人价值,在宏观层面以独立的跨学科主题学习课时融合五育,是实施课程标准中案例的主要实践样态。

在目标设计方面,宏观融合的跨学科主题学习在培养核心素养的基础上还应加入"培养爱国主义精神""加强审美能力"等五育、爱国主义教育元素。在大概念提取方面,既要有体育学科概念,又要存在其他学科大概念甚至跨学科大概念,形成独立课时的内容脉络,对于大概念数量较多、层级较复杂的主题可设计多个课时。在问题链与任务群的设计方面,由于五育是宏观的育人维度,故其结构化水平较高,可采用复合式问题链引领任务群设置。在评价方面,不仅要注重对学生核心素养的表现性评价,还要将五育表现、爱国精神等作为评价的重要依据。本研究以"钢铁战士"为跨学科主题,设计了基于 CI - PTE 模式的不同学科间宏观融合案例(如图 5 - 6)。

### 二、课程内容间的中观融合:作为其他课程内容教学背景

将跨学科主题学习纳入义务教育课程,目的不仅在于更加深入地推进五育并举,还在于凸显跨学科主题学习在培养学生解决真实世界复杂问题的能力。随着信息社会与人工智能的不断发展,复杂多变的社会环境是未来人才要面对的重大挑战。以往割裂真实世界与学校教育的专家结论式教学无法培养学生的高阶思维。如在体能课程内容的实施中,学生只知道"跟着练",不知道"为什么这样练""还可以怎么练"。基于此,在中观的课程内容间融合,以跨学科主题作为课程内容背景,能够凸显学生在跨学科学习中

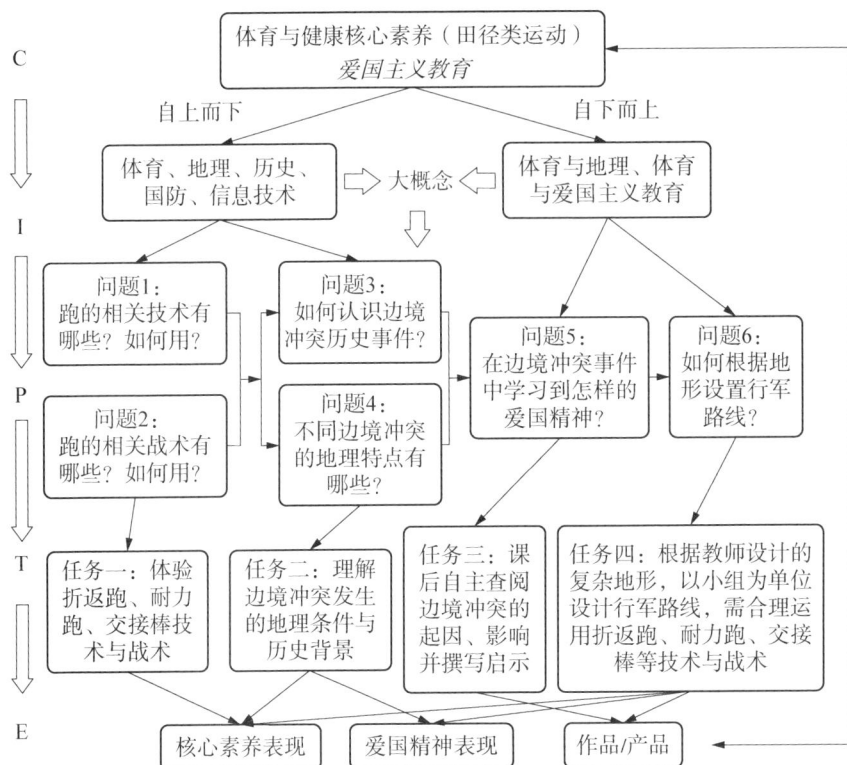

图 5-6  基于 CI-PTE 模式的不同学科间宏观融合:钢铁战士

运用多学科知识与技能建立专家思维的优势,提高解决现实问题的能力。

《课程标准(2022 年版)》所列举的跨学科"主题"本身便具有一定的教育意义,故在适当条件下与其他课程内容融合能够赋予教学内容多重教育价值。目标设计方面,在核心素养目标的基础之上还应加入有关专家思维形成的目标,如提高运动审美能力、提高信息素养等。在大概念提取方面,以体育学科大概念与其他学科大概念为主,例如以弘扬太极文化为主题背景的专项运动技能单元,通过体育文化传播与专项运动技能相结合的方式,以运动为载体帮助学生形成中华体育文化传播意识,从知道"要传播"向"为什么传播""如何传播"递进。在问题链与任务群的构建方面,一般可以以并列式问题链整合跨学科背景下指向不同学科大概念的问题,引导任务群设置。在评价方面,除了对核心素养予以评价,还需关注学生审美能力、信息素养等综合表现。本研究以"弘扬太极文化"为跨学科学习主题,设计了基于 CI-PTE 模式的课程内容间中观融合案例(如图 5-7)。

体育与健康核心素养（中华传统体育类运动）
运用现代媒体弘扬中华文化

C

自上而下　　　　　　　　　　　　自下而上

体育、历史、美术、信息技术　→大概念←　体育与美术、体育与信息技术

I

问题1：
太极拳的发展历史是什么？

问题2：
太极拳具有什么审美价值？

问题3：
如何掌握并展示太极拳？

问题4：
如何通过社交媒体传播太极文化？

P

任务一：预习并在课堂上相互分享太极拳发展历史

任务二：观赏同学的太极拳练习并提出其美学价值

任务三：以小组形式练习太极拳完整动作并拍摄视频

任务四：以小组形式探讨弘扬太极文化的途径，以任务三中拍摄的视频为素材选择现代媒体制作并推送与太极文化相关的宣传作品

T

核心素养表现　　审美能力　　信息素养表现　　作品/产品

E

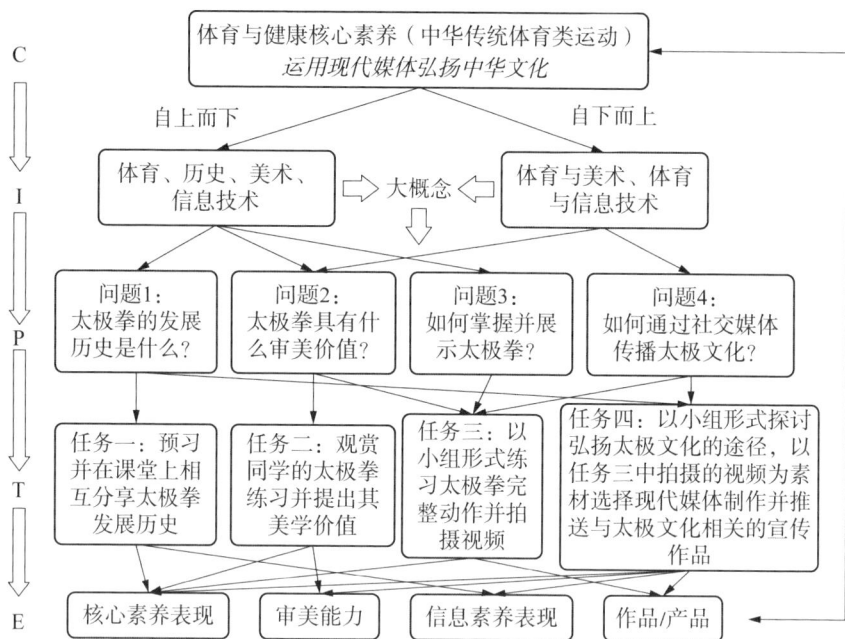

图 5-7　基于 CI-PTE 模式的课程内容间中观融合：弘扬太极文化

### 三、学科知识间的微观融合：作为专项运动技能大单元的部分课时

由于跨学科主题学习具备培养学生专家思维与核心素养的重要价值，其可用于解决学生难以掌握运动技能的困囿，而这需要以学科知识间微观融合的形式予以实施。季浏教授认为，关于我国义务教育中小学体育与健康课程存在学生学了 9 年的体育课但一项运动技能也未掌握的问题，其主要原因在于传统的体育课几乎都是每节课采用单一技术的碎片化教学。碎片化教学意味着学生在专项运动技能的学练过程中仅能够掌握惰性知识与技能，难以达成不同情境下的高通路迁移，即难以培养核心素养。

在专项运动技能学习中，学生掌握运动技能的实质是所学技能在学校教育与真实世界中形成高通路迁移，即在不同情境下学生均能灵活运用技能，而非在练习中表现得很好但在比赛中难以运用。而形成高通路迁移，需要学生在体育与健康学习中形成专家思维，"像运动家一样思考"。跨学科主题学习与当前较为流行的 STEAM 教育、PBL 教学法相似，都旨在促使学生在合作探究、运用多学科知识技能的过程中培养高阶思维、创造力、想象力，对于体育与健康课程而言便是专家思维。因此，在专项运动技能大单元中设置若干跨学科主题学习课时，能够在一定程度上促进学生专家思维

的形成。例如,当学生学习垒球运动时,体育教师可引导其自主查阅资料,分析、解释"超越器械"的概念,并用物理学知识解释"超越器械实质上是增加做功时间",那么学生在练习其他投掷类项目,如标枪时,便可理解在标枪项目中也应通过增加做功距离的方式提高成绩,在练习中寻找与垒球运动技能相似的发力本体感受;在学生学习篮球运动时,体育教师可在大单元中设置 2—3 个课时,用于穿插数学、物理、爱国主义教育跨学科主题学习,如"篮球运动中的理科思维""篮球场上的大国斗争"等。

以"篮球运动中的理科思维"为例,该案例是指运用物理和数学知识解决篮球比赛中比赛时间分配、规则中时间设定背后的依据、篮球战术安排、篮球技术运用等问题。在问题链与任务群方面,可以以进阶式问题链引导任务群,由篮球学习中的常见问题,引出篮球运动中的物理和数学知识,最终指向运用理科思维解决篮球实战问题。在评价方面,与大单元评价相结合,以学生对运动技能的掌握、核心素养的表现为主,同时注重考察学生在运用多学科知识解决体育与健康问题时表现出的思维方式。本研究以"篮球运动中的理科思维"为跨学科学习主题,设计了基于 CI‐PTE 的学科知识间微观融合案例(如图 5‐8)与涵盖跨学科主题学习课时的篮球大单元计划(如表 5‐7)。

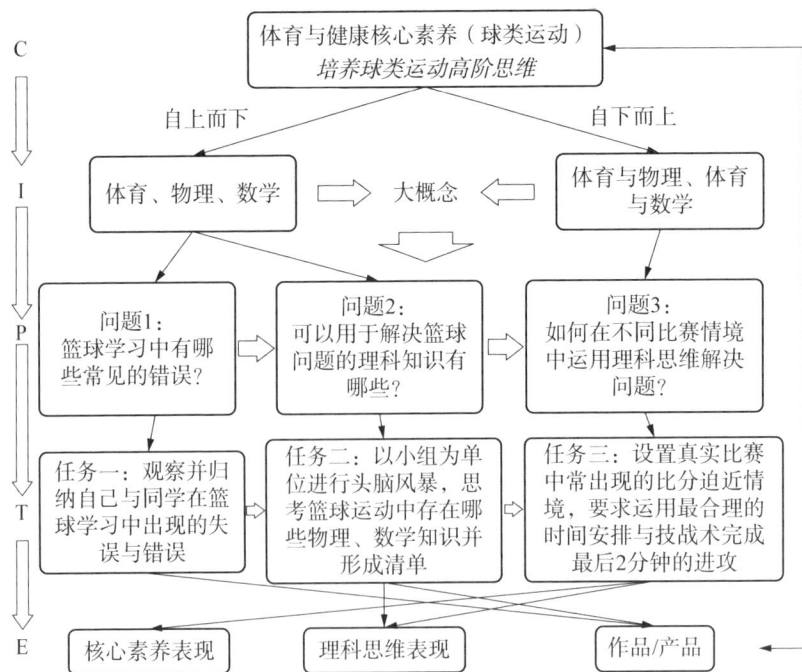

图 5‐8　基于 CI‐PTE 模式的学科知识间微观融合:篮球运动中的理科思维

表 5-7　穿插跨学科主题学习课时的篮球大单元

| 课次 | 主要教学内容 |
|---|---|
| 课次 1 | 三威胁＋交叉步突破＋投篮＋半场 1 对 1 比赛 |
| 课次 2 | 三威胁＋顺步突破＋投篮＋半场 1 对 1 比赛 |
| 课次 3 | 接传球＋运球急停急起＋全场 1 对 1 比赛 |
| 课次 4 | 班级内分组全场 1 对 1 比赛 |
| 课次 5 | 行进间运球＋单手肩上投篮＋半场 2 对 2 比赛 |
| 课次 6 | 运球跳步＋单手肩上投篮＋半场 2 对 2 比赛 |
| 课次 7 | 行进间运球＋突破分球＋全场 2 对 2 比赛 |
| 课次 8 | 班级内分组全场 2 对 2 比赛 |
| 课次 9 | 抢断＋行进间单手肩上投篮＋半场 3 对 3 比赛 |
| 课次 10 | 传接球＋单手肩上投篮＋全场 3 对 3 比赛 |
| 课次 11 | 班级内分组全场 3 对 3 比赛 |
| 课次 12 | 跨学科主题学习"篮球场上的大国斗争" |
| 课次 13 | 传切配合＋半场 4 对 4 比赛 |
| 课次 14 | 传切配合＋突分配合＋半场 4 对 4 比赛 |
| 课次 15 | 快攻半场 2 对 1＋全场 4 对 4 比赛 |
| 课次 16 | 班级内分组全场 4 对 4 比赛 |
| 课次 17 | 班级内分组半场 5 对 5 比赛 |
| 课次 18 | 跨学科主题学习"篮球运动中的理科思维" |
| 课次 19 | 班级内分组全场 5 对 5 比赛 |
| 课次 20 | 班级间分组全场 5 对 5 比赛 |

# 第六章　体育与德育跨学科主题学习的设计

落实"立德树人"根本任务对于教育事业非常重要,即育人的根本在于立德。德育作为五育之首,在德智体美劳五育中占据主导地位,是学校教育的重要内容,也是学生成长过程中不可或缺的重要一环。《课程标准(2022年版)》明确提出至少要有 10% 的课时用于跨学科教学,设置有助于实现德智体美劳相结合的多学科交叉融合的教育内容[①],但囿于体育与德育跨学科主题学习的相关理论基础尚未形成,缺乏有效的理论机制指引跨学科学习活动的实践路径。基于此,本章旨在探讨体育与德育跨学科主题学习的育人价值,并提出开展体育与德育跨学科主题学习的典型方式和面向不同学段的设计案例,帮助读者深入理解体育与德育跨学科主题学习的全貌。

## 第一节　体育与德育跨学科主题学习对核心素养培养的价值

德育是五育之首,"国无德不兴,人无德不立",落实"立德树人"根本任务需要将德育作为育人标准的核心要义。但在体育教学中,仍然存在"重技能轻德育"等现象,为此《课程标准(2022 年版)》提出实施体育与德育的跨学科主题学习以有效保障德育的优先地位,实现体育与德育协同育人功能。值得注意的是,体育与德育跨学科主题学习是以体育与健康课程为载体,整合德育课程资源的跨学科学习活动,以发展学生体育与健康核心素养为第一要义。基于此,本节从培养运动能力、健康行为和体育品德三个方面体育与健康核心素养的角度出发,深入探讨体育与德育跨学科主题学习的育人价值。

### 一、对培养学生运动能力核心素养的价值

#### (一) 帮助学生了解体育历史与文化等

与具有明显外部身体实践特征的技战术运用、体育展示和比赛等形式

---

① 尹志华,孙铭珠,孟涵,田恒行,郭振,刘波. 新时代核心素养导向体育课程改革的缘由、需求机理与推进策略[J].沈阳体育学院学报,2022,41(4):22-28+70.

相比,运动认知不易被察觉,具有内隐性、多样性的特点。现阶段,部分人群对运动能力水平的评判指标仍停留于运动专项技术的高低和比赛成绩的名次等,对于体育文化、体育历史、体育本质等运动认知层面较为忽视,但是运动认知是运动能力素养得以提高的基础与保障,运动能力的提高离不开运动知识和方法、裁判知识和规则等内容的共同作用。2017年,教育部颁布的《中小学德育工作指南》中明确强调在中小学阶段需开展德育工作,而中华优秀传统文化教育作为五大德育内容之一,能够有效传承并发展中华优秀传统文化。在这样的背景下,武术等中华传统体育类运动项目日益受到深层的关切。基于此,在开展体育与德育跨学科主题学习时,通过挖掘中华传统体育类运动项目的历史源流、发展脉络和精神内涵,深刻探究其中蕴含的优秀民族文化,有利于在体育与健康跨学科主题学习中培养学生的爱国精神、民族精神,增强文化自觉和自信,从而促进体育与健康核心素养的培育。以"尚武崇德,发扬国粹"体育与德育跨学科主题学习单元为例,学生既需要组织初级长拳的学、练、赛以发展显性层面的运动能力,还要在课堂上学习武术比赛中抱拳礼、鞠躬礼、持械礼等武术礼仪的历史渊源、正确行礼规范、文化传承等,建立起对武术蕴含的礼仪等德育知识的认知,并对模拟对抗比赛中"点到为止"等规则蕴含的"武德"进行切身体悟与反思,在对抗中实现对德育理念的具身认知,进而引申出"如何弘扬中华传统武术文化""冒牌武术宗师亵渎武德精神的真实新闻观后感""武德审思下合格的社会公民应具有哪些社会道德品质"等现实议题。

**(二) 通过学习优秀运动员的技战术提升水平**

与运动能力的其他方面相比,技战术运用这一表现形式具有强烈的"体育色彩",无论是在传统的体育教学大纲时代,还是在当前的课程标准时代,技战术尤其是技术总是占据中心地位[①]。现阶段,部分思想政治等德育课程在传授德育知识时也常常以典型案例、著名人物为抓手,促成学生对德育知识的深层理解,这种方式可为体育与德育跨学科主题学习提供参照。基于此,在体育与德育跨学科主题学习教学设计中,体育教师可以选用一些国内外优秀运动员的光辉事迹作为典型案例,设置"对运动员的技术动作和战术行为展开分析,并观察其比赛所展现的精神品质和日常生活行为所传达的人格品行"的情境。以中国第一位参加奥运会的运动员——刘长春为例,体育教师可以通过对其爱国精神和高度社会责任感等思政元素的挖掘,并通过播放其比赛画面或讲授其传奇事迹提炼其体育品德,同时指引学生在

---

① 尹志华. 论核心素养下技战术运用与运动能力的关系[J]. 体育教学,2019,39(4):4-7.

其"飞毛腿"绰号的表象下挖掘其获得该绰号的内因与外因,深入探析其短跑的技术动作和战术策略,吸引学生自发向运动名人看齐,将优秀运动员树立为自身楷模,主动对其技战术进行模仿、吸收、借鉴,最终转化为自身独特的技战术体系。

**(三)通过观看展示或比赛感受体育的精彩**

体育展示与比赛是运动能力核心素养的综合性展示,是培养运动能力的重要载体。体育展示与比赛区别于某项单个技术动作和战术的持续演练,在真实的展示与比赛中往往包含多个组合技术的叠加施展,多种战术的灵活运用,竞赛规则的合理运用等形式,呈现出高度的完整性、复杂性和结构化等特点。首先,在体育与德育跨学科主题学习中,通过复杂多样的运动情境以发展学生的高阶思维是重要且必要的。因此,在体育与德育跨学科主题学习中,体育教师可根据学生学习不同运动项目的特点,开展丰富多样的体育展示与比赛,指引学生秉持运动专家视角对体育展示与比赛中参与者的所有行为活动进行全面审视。在此过程中,学生需要对其所施展的技术动作的发挥情况进行分析,从中获得自身对技术的理解,并进一步了解技术动作的历史演变与文化价值,感受简单技术动作背后蕴含的隐性知识,以此感受体育技术动作的精妙唯美。其次,在体育与德育跨学科主题学习中,学生需探查团队运动中隐含的德育元素,包括展现出的团队合作、勇敢顽强等品德,从而汲取体育展示与比赛中蕴藏的体育人文底蕴。最后,比赛规则和裁判的判罚同样有其蕴含的玄妙供学生探索,如比赛双方对于比赛规则的共同遵守,学生要能意识到这是一种遵守规则、公平竞争的体育道德;比赛失败仍照常与裁判握手致意、祝贺对方获得胜利,学生要能意识到其间包含的尊重裁判的体育道德与文明礼貌的体育品格等。基于上述可知,体育与德育跨学科主题学习能引导学生多方面深入剖析体育展示与比赛,助力其全方位感受体育的精彩。

**二、对提升学生健康行为核心素养的价值**

**(一)帮助学生理解良好的锻炼习惯对人生发展的重要性**

体育锻炼意识与习惯是帮助学生建立健康行为的基础,它包含体育锻炼意识和体育锻炼习惯两个维度。通过开展体育与德育的跨学科主题学习可以帮助学生建立体育锻炼的意识,也可以将体育锻炼意识转化为开展体育锻炼实践的习惯,助力学生形成健康文明的生活方式。一方面,在培养学生的体育锻炼意识层面,体育教师可以组织学生阅读著名体育教育专家的论著,如马约翰先生于 1954 年在《新观察》杂志发表的《我的健康是怎样得来的》一文,分析马约翰先生的体育锻炼行为及产生这种锻炼行为的原因,然后引导学生领会体育锻炼对日常生活工作的重要价值,通过阐述体育锻炼对实现身心健康和收获圆满人生的重要性,推动学生树立正确的健康观念,帮助其建立良好的体育锻炼意识。另一方面,在培养学生的体育锻炼习惯层面,体育教师可结合袁隆平、钟南山等科学巨匠坚持体育锻炼的榜样事迹,使学生在体育与德育跨学科主题学习中自发形成对体育锻炼的热爱,在课后能主动参与户外运动项目,形成终身体育锻炼的习惯,实现从被迫进行体育锻炼向主动养成体育锻炼习惯的转化。

**(二) 提升学生的健康意识**

健康知识的掌握与运用是健康教育的核心部分,学生只有掌握了扎实的健康知识,在此基础上形成了健康信念和态度,并将健康知识运用到实践中去,才能养成良好的健康行为①。《义务教育道德与法治课程标准(2022年版)》课程内容具体涵盖入学教育、道德教育、生命安全与健康教育、法治教育、中华优秀传统文化与革命传统教育五大主题。由此,在体育与德育跨学科主题学习中,体育教师可依据学校实际情况和不同学段学生的具体需求,通过挖掘和整合道德与法治课程的知识资源,帮助学生认识自身身心发展规律、了解生命的价值与意义、掌握自我保护和安全避险等内容,从而在现实生活中热爱生命、珍惜生命,促进学生形成健康的生活行为和运动方式。此外,体育教师应该重视学生课后健康知识的掌握与运用情况,如鼓励学生践行社会责任,主动向父母、朋友等宣传健康知识并劝诫他们的一些不健康行为;向所在社区的居民宣扬有健身功效的体育活动,帮助他人形成健康文明的生活方式等。综上可见,体育与德育跨学科主题学习既重视健康教育中健康知识的传授与宣讲,也能有意识地引导学生关爱他人的身体健康,培养社会责任感,在帮助学生建立自身健康意识的同时,促进其发挥自身主观能动性,主动推广健康理念,将健康知识及其运用方法向社会大众传播。

**(三) 良好的品德对情绪调控产生的作用**

《课程标准(2022年版)》中指出情绪调控包括了解和体验体育活动对心理健康的积极影响、调控自身情绪、保持良好心态等行为。教育部于2017年颁布的《中小学德育工作指南》也强调引导学生增强心理调控的能力,学会情绪调适。可见,情绪调控既是发展健康行为核心素养的重要维

① 尹志华.论核心素养下健康知识掌握与运用和健康行为的关系[J].体育教学,2019,39(7):24-27.

度,也是中小学德育工作的组成部分。为此,在体育与德育跨学科主题学习中,教师可以通过创设和开展各项运动技能学练、体育赛事活动等场景,并不断提高学习任务的难度,实时监测学生的身心状况,如呼吸是否急促、面色是否变红等。当学生情绪剧烈波动时,教师可导入极限运动员在攀岩时所展示出的勇敢顽强、坚持到底等体育精神,提醒学生保持沉着冷静,依靠坚强的意志继续完成学练,从而在体育与德育跨学科主题学习中,帮助学生学会释放自身压力、调整心态,提高学生对自身各项情绪的把控能力。

**(四) 良好的品德对环境适应产生的作用**

《课程标准(2022 年版)》中指出环境适应包括"主动同他人交流与合作,知道在不同环境下进行体育锻炼的方法和注意事项,逐步适应自然环境和社会环境"[①]。个体在进行体育学习与锻炼时,首先需要学会适应不同的运动环境,否则就会因无法达到最佳运动状态而对学习效果产生负面影响。针对该问题,体育与德育跨学科主题学习不仅能帮助学生适应开展体育活动的各项环境,也能助力学生提前体验复杂多变的社会环境。首先,开展体育与德育跨学科主题学习时,德育理念下生态文明观的渗透,将指导学生依据当下环境的地理面貌选择相应的体育锻炼活动,同时自发对体育器材进行保护,避免浪费、丢弃,帮助学生增强环境保护观念和责任意识。其次,在模拟特殊自然环境开展体育与德育跨学科主题学习时,如"红军长征爬雪山、过草地"等情境将鼓励学生发挥刻苦耐劳、勇敢顽强、积极进取等意志品质,从而帮助学生克服特殊自然环境中的生理和心理阻力,展现出良好的品德及意志以适应特殊的自然环境。最后,当处于合作与竞争的社会环境时,德育理念下健全人格的养成能帮助学生保持理性平和,树立正确的合作与竞争观念,正确处理与他人、集体和社会的关系,帮助学生适应复杂人际交往中的社会环境。

### 三、对塑造学生体育品德核心素养的价值

**(一) 涵养学生积极进取、团结协作、勇敢顽强的体育精神**

作为与德育课程融合开展的跨学科主题学习活动,德育课程所包含的中华民族精神教育本就将体育精神涵盖在内,因而发展体育品德维度下的体育精神比其他类型的学习活动更加具有优势性和独特性。基于此,在体育与德育跨学科主题学习中,挖掘体育赛事、体育明星案例、体育事件中的

---

① 中华人民共和国教育部. 义务教育体育与健康课程标准(2022 年版)[M].北京:北京师范大学出版社,2022.

德育元素,有助于培养学生良好的意志品质、坚定的理想信念、顽强拼搏的精神等。具体表现在以下两个方面:一是体育教师在进行体育与德育跨学科主题学习的教学设计时,可通过设置国内外优秀运动员的光辉事迹主题,采用分组合作、自主探究、问题研讨等多种形式,创设相互衔接的任务群,帮助学生了解和体会其身上优秀的体育精神,从而获得启发与感染,促进自我人格的完善,享受体育运动带来的无穷乐趣;二是体育教师可以通过创设体育活动情境,如各类运动项目的体育赛事活动,使得学生充分掌握体育运动知识并获得展示技战术的乐趣,同时促进学生养成顽强拼搏、艰苦奋斗的体育精神。如引入中国女排等思政教育实例,有助于驱动学生挖掘其夺冠历程中所展现出的体育精神,形成对体育精神的初步体悟,激励学生在自身已有基础上展现出更多的体育精神;当全体学生对体育精神形成初步的理解与感悟后,体育教师通过引入相关团队性项目比赛,如排球、足球等,以团队比赛中队员之间的相互鼓励、团队协作的故事来培养学生积极进取、勇敢顽强的体育精神。

**(二) 塑造学生自尊自信、文明礼貌、正视成败的体育品格**

体育品格是指个体在参与体育运动的过程中,通过与多方互动而体现出来的一种正面向上的稳定特征或表现[①],它包括自尊自信、文明礼貌、正视成败等方面。首先,在自尊自信方面,体育与德育跨学科主题学习中德育内容的整合便包含对学生进行心理健康教育、帮助学生认识自我、培养其积极的心态。其次,在文明礼貌方面,体育与德育跨学科主题学习下整合的德育资源包含中华民族传统美德,文明礼貌自古便是中华美德的组成部分,而体育比赛中的礼仪文明也是文明礼貌在体育领域的主要体现。在体育与德育跨学科主题学习时,通过每次比赛情境中赛前和赛后的握手礼仪、赛中与裁判员和对手的礼仪互动等仪式行为的教育熏陶,能够帮助学生形成体育活动与锻炼中文明礼貌的体育品格。最后,在正视成败方面,在体育与德育跨学科主题学习中,体育教师需整理一些德育观下体育品格失序的案例,譬如为获得胜利采用小动作进行犯规、用金钱贿赂裁判等,引导学生正确看待成功与失败,树立正确的胜负价值观。综上可知,体育与德育跨学科主题学习通过传授中华礼仪、分析德育事件、反思德育负面案例等多种手段,帮助学生塑造完备的体育品格。

**(三) 培育学生遵守规则、尊重对手、公平竞争的体育道德**

《课程标准(2022 年版)》中提出体育道德主要包含规则意识、尊重对

① 尹志华.论核心素养下体育品格与体育品德的关系[J].体育教学,2019,39(12):4-7.

手、公平竞争等方面。首先,在规则意识方面,规则意识是烙印在民族血脉中的优秀思想基因,但在以往的体育教学活动中对体育规则的讲解大多是一带而过,甚至直接忽略。在体育与德育跨学科主题学习中,体育教师可通过展示违反规则的典型德育案例,如播放足球场上恶意犯规导致被红牌罚下、田径比赛抢跑等,在学生心中树立规则第一的观念。此外,体育教师可在实战中检验学生是否具备规则意识,如安排学生担任场上运动员或裁判,通过不同视角的切换使规则意识深入人心,强化学生对规则重要性的认知。通过上述德育案例和实战体验的相互影响,有利于促进学生从认识规则到理解规则,真正养成发自内心地以规则为自身行动准绳的意识。其次,在尊重对手方面,尊重对手在赛前、赛中、赛后的三阶段均需体现,因此体育与德育跨学科主题学习要确保全面覆盖三个阶段,以实现全面塑造学生尊重对手的体育品德。在塑造赛前、赛后尊重对手的体育品德时,体育与德育跨学科主题学习可整合中华传统文化中的仪式文化资源,在平时的教学活动中加入赛前和赛后礼仪环节,在实战中要求学生在开赛前后展示良好的文明礼貌,做好比赛前后与对手之间的礼仪行为,以礼仪为载体表达对对手的尊敬。在塑造赛中尊重对手的体育品德时,体育与德育跨学科主题学习可在日常学习中创设比赛冲突的情境,通过德育视角不断审视学生是否展示出尊重对手的风度,直至学生将尊重对手落实到每一次比赛情境中。最后,在公平竞争方面,体育教师可在体育与德育跨学科主题学习中通过导入不公平的体育赛事案例,如兴奋剂事件,引导学生从德育视角分析产生不公平现象的人为因素与物质因素等,深度发掘隐匿的不公平因素来源,阐述其对身心发展的危害,并在实战情境中培养学生的公平正义意识,以案例分析和具身体悟的模式培养学生的公平竞争意识。综上可知,体育与德育跨学科主题学习能针对不同的体育教学场景对不同的体育道德进行有针对性的培养,从而帮助学生形成健全的体育品德。

## 第二节　体育与德育跨学科主题学习开展的典型方式

在厘清体育与德育跨学科主题学习在发展学生运动能力、健康行为、体育品德核心素养方面的价值意蕴后,采取何种方式开展体育与德育跨学科主题学习是亟待解决的问题。《课程标准(2022年版)》强调"学、练、赛"的有机结合,鼓励学生在体育实践中学习知识,在知识学习过程中不断思考,在思考过程中全面提升核心素养。鉴于此,本节从学、练、思三大方式入手,阐述开展体育与德育跨学科主题学习具体的典型方式。

### 一、学:掌握德育相关知识

#### (一)查阅中华优秀传统体育文化、奥林匹克文化等历史资料

中华优秀传统文化是中华民族的精神命脉,也是当代中国社会的文化根基。《中小学德育工作指南》明确要求开展中华优秀传统文化教育,引导学生了解中华优秀传统文化的历史渊源、发展脉络、精神内涵,增强文化自觉和文化自信。根据以上文件重要指引,宣扬中华优秀传统文化的历史发展、精神意蕴是开展德育工作的重点方向,因而更凸显了开展体育与德育跨学科主题学习的紧迫性与必要性。基于《课程标准(2022 年版)》的相关要求,在体育与德育跨学科主题学习教学中,在选取主题时可结合课程标准中提及的中华传统体育类运动项目,如依托中国式摔跤、长拳,在课堂上开展"查阅中华传统体育项目的发展史与文化内涵"的专题活动,带领学生进行中华传统体育项目的文化回溯,利用专项教材、历史类书籍、网络资源对中华优秀传统体育类运动项目的发展起源、动作演变、规则变化、动作的精神内涵等资料进行收集,最终建立学生对项目文化的初步认知,在此基础上,引导学生对传统体育项目蕴含的中华民族精神进行审思。

此外,针对足球、篮球等非中华传统体育类运动项目,教师也需组织学生进行项目文化知识的学习。以足球为例,引导学生以查阅足球教材、足球运动员的自传、足球俱乐部简介等方式对足球的规则演变、制度变迁、俱乐部发展、奥林匹克史中的足球项目等文化知识进行全面收集,教师则从这些文化知识中提炼出自强不息的奋斗精神、忠于职守的职业精神等,开展德育与体育项目的深加工,形成如"足球比赛中反映的奥林匹克精神""逆转取胜——从落后到绝杀,永不言败精神的续写"等案例供学生探索。

#### (二)观看带有历史教育意义的各类运动视频

在互联网时代,人类获取各类信息的方式发生了重大变革,以往人们总是习惯于通过各类书籍收集知识,而现在大量的视频资源正在取代书籍,且动态的运动视频所展现的文化内涵比静态的文本知识更吸引学生,因为视频资源能创造一种更加生动的参与体验,更有利于运动项目文化知识的渗入与传播,能实现更好的育人效果。但目前体育课堂使用的视频资源大多是某项单个技术的慢动作分析视频或某项比赛的视频片段等,对包含德育知识的体育项目历史文化等视频的应用较少。因此,在体育与德育跨学科主题学习中,除了运用相关视频帮助学生学练运动技术外,体育教师还需立足于带有历史教育意义的运动视频资源,将其作为展示中华优秀传统文化

等具有德育教育意义资源的重要媒介。以中国式摔跤为例,体育教师可精心挑选如"辉煌国技——倔强的中国式摔跤传承人"的纪录片,使学生了解纪录片所展示的中国式摔跤的古称、发源时期、盛行朝代、代表书目等摔跤文化知识,在观看中国式摔跤比赛片段的解析时领悟仁、义、礼、智、信的优秀传统文化。尤其在观看中国式摔跤传承面临困难,国技继承人苦苦支撑的片段时,可引导学生体会国技继承人的爱国精神,唤起其对中华优秀传统文化的保护意识和传承决心。

**(三) 学习各类赛事礼仪,理解德育涵义**

我国素有"礼仪之邦"的美誉,礼仪文化在我国已有几千年的悠久历史,从春秋各国交往注重双方礼仪,再到婚丧嫁娶之中的各种礼仪,可以说礼仪文化渗透进了民众生活的方方面面。但在体育与健康课堂教学中,礼仪常常是被忽略的教学内容,无论是对体育课堂中的师生礼仪抑或是对各项运动的赛事礼仪均关注不多,导致体育课堂的德育效果与学生对运动项目的认知建立均大打折扣。为此,在体育与德育跨学科主题学习中,体育教师可以在体育课堂中融入各类运动项目赛事礼仪的学练,包括教练员在比赛场上的礼仪、裁判的执裁礼仪、运动员的参赛礼仪、观众的观赛礼仪等;借助赛场秩序手册、运动项目的礼仪指南及各类赛事礼仪的科普短视频等资源,引导学生了解赛事礼仪的基础类型与基本动作,并深度领会每项礼仪背后的德育内涵。如武术赛事中的抱拳礼所蕴含的谦让、仁爱、忠勇等德育蕴意;足球赛事中双方队长交换队旗并与对手及裁判握手等礼仪所表现的尊重对手及裁判、公平竞争等体育道德。教师也可举行赛事礼仪的问答赛,以赛促学,帮助学生有效辨别各类不同运动项目的赛事礼仪和不同礼仪蕴含的德育价值,使学生形成完备的赛事礼仪知识体系。

**二、练:创设各类体育跨学科德育教学场景**

**(一) 在各类课堂教学场景中挖掘德育元素**

在体育与健康跨学科主题学习的教学场景中挖掘德育元素,鼓励学生在课堂教学场景中探索渗透的德育知识,在学习的同时针对隐含的德育问题进行探讨,最终转化为自身的道德修养。首先,体育课堂常规蕴含着丰富的德育元素。体育课有其特定的纪律和规范,而这些纪律和规范同样属于社会规范准则的组成部分,学生须在其约束下形成必备的规范意识,遵守相应的规则和秩序[①]。在体育与德育跨学科主题学习的教学中,体育教师可

---

① 张晓勇.体育教学中德育渗透的有效途径[J].教学与管理,2011(15):149-150.

利用课堂常规阶段,对学生的课堂考勤、队列队形等形成一定的规范,加强学生规则意识的培养,并将体育课堂中规则的遵守转化为现实社会中道德准则的遵守。其次,体育教师可充分利用体育与健康课程的相关教材和教具等,提炼其中蕴含的运动历史、项目文化等德育元素,并通过体育与健康教材中呈现的相关优秀运动员事例来激发学生参与体育运动的积极性和热情,如借助奥运会中运动员不怕苦、不怕累、祖国至上、为国争光的案例,培养学生的爱国情怀和奋勇拼搏的精神。最后,体育教师可以通过树立自身良好形象来进行德育元素的渗透和融合。体育教师要严于律己,通过自身严谨认真的态度和端庄得体的仪表形象感染每一位学生,包括上下课准时、指导学生耐心细致、关爱每一位学生等,以此带动学生形成关爱他人的意识和专业敬业的精神等。通过体育教师的以身作则,潜移默化之下,学生自然会传承教师所传达出的意志品质,受到完整的德育熏陶。

**（二）在各类比赛实战场景中挖掘德育元素**

区别于体育教材、体育基本知识所蕴含的德育元素,体育比赛实战提供了与队友、对手、裁判进行合作、沟通、碰撞、竞争的机会,所以体育赛事不仅有更深层次的德育元素可供挖掘,也可将学生置于实战情境,检验其从运动项目文化、中华优秀传统文化等途径获得的德育成效。基于此,在体育与德育跨学科主题学习中,以团队性比赛为例,教师可通过鼓励队友之间互相协防破坏对方的进攻,使学生意识到团队性体育比赛需要队员之间相互协作而非只是个人技术的展示,从而培养学生的团队合作精神。当队友受到侵犯而倒地时,教师需及时提醒学生查看队友伤势,保护队友,同时向裁判申诉以获得公正判罚。在此过程中,需要挖掘关心队友伤势这一场景所反映的关爱他人的品质,以及向裁判进行合理申诉这一场景所反映的尊重裁判、公平竞争等体育道德。此外,还可设置在对手因为伤势严重而无法进行比赛时,学生主动将球踢出界外并上前关照对手的情境。在这一场景中,可挖掘不因对手受伤而趁机发球所反映出的正确胜负观,以及查看对手伤情所蕴含的关爱他人、互尊互爱的品质。在球队陷入逆风却仍勇敢逼抢、强硬防守的场景中,可发掘逆风局下仍不放弃所反映的坚持不懈、勇敢顽强、不怕困难等体育精神。除足球等团队项目外,攀岩等单人项目比赛中的德育元素也需要加以关注,如攀岩比赛中即使手指磨破仍依靠强大的意志力完成比赛所反映出的勇敢顽强、坚持到底等体育精神。在各类不同项目的比赛实战情境中,教师要善于发现比赛场景中内隐的德育元素,利用其中蕴含的德育元素对学生进行熏陶,实现体育与德育的跨学科育人目标。

### （三）在各类训练场景中挖掘德育元素

在"学习—训练—比赛"三个环节中，德育元素的挖掘不仅限于"学"和"赛"，各类训练场景中的德育元素也有待体育教师去开发。一方面是训练场馆德育元素的开发。譬如，教师可利用训练场中悬挂的国旗、广播中播放的国歌，将其作为爱国精神的客体承载物，引导学生每次训练前向国旗敬礼、唱国歌，以培养学生的爱国精神和对祖国的自豪感，培养学生在训练和日后比赛中积极进取的体育精神。部分体育场馆中会张贴国内外世界级优秀运动员的海报，体育教师可以援引这些海报中呈现的优秀运动员的事例，讲述其在训练中的巨大付出，如心怀祖国、将为国争光作为心中最大的理想，鼓励学生学习案例中所蕴含的爱国情怀和奋勇拼搏等体育精神。另一方面是在训练实操阶段挖掘德育元素。当学生出现意志力衰减难以坚持训练的场景时，教师可以利用奥林匹克"更高、更快、更强"的格言，以其中蕴含的奋发向上、不断进取等奥林匹克精神激发学生的训练潜力，发挥奥林匹克文化的德育功能。而当出现需要合作训练的场景时，教师可以讲解训练中的合作战术对日后比赛的重要影响，用合作式的战术思想教导学生正确处理与队友、教练、领队的关系，帮助学生形成团结协作的集体精神，实现训练战术的德育元素挖掘及德育育人。

### （四）在各类赛事场景中挖掘德育元素

近年来，运动项目的各种类型赛事层出不穷，足球、篮球等热门运动项目开展的世界杯、各国联赛、奥运会更吸引了众多观众的观赛与追捧。这些由多方组织协同举办的体育赛事已跳脱出体育竞技的单一价值体系，衍生出更多政治、经济及人文价值，其中便包含重要的道德教育价值，存在丰富的德育资源供教师开发。由此，在体育与德育跨学科主题学习的教学中，体育教师可以对不同赛事的德育元素进行挖掘和整合。以北京奥运会为例，教师在带领学生观看2008年北京奥运会开幕式演出时，可组织学生针对本次奥运会的口号"世界给我十六天，我还世界五千年"进行讨论，吸收奥运口号背后所隐含的中华优秀传统文化自信，同时创编融入文化自信和团队精神等德育理念的团体口号，将口号用于平时的训练及比赛中。体育教师还可以引导学生收集和整理不同类型、不同级别的体育赛事门票、吉祥物等赛事纪念品，深入分析门票上的印花、吉祥物的设计灵感背后所表达的中华文化符号、人文精神等。此外，奥运会赛事的比赛场景同样值得关注，体育教师除了关注各传统项目赛事中的德育元素挖掘外，还可以关注奥运会赛制中特殊人群的参与，如以残奥会的开展为主题，引导学生重点关注残奥会运动员所展现出的超乎常人的坚韧不拔、身残志坚的意志品质，并与普通赛事运动员身上展示出的不怕困难、积极进取等品质予以区分,凸显残疾人运动员的伟大与不易,将他们的事迹作为比赛实战场景德育案例的补充。因此,体育教师除了关注赛事场景中的德育元素外,还可根据体育赛事所衍生出的各项文化、物品挖掘德育元素。

### 三、思:探讨各类体育与德育跨学科的问题

#### (一) 开展女排精神等各类问题的专题讨论

在体育与德育跨学科主题学习中,融合体育与德育课程知识形成跨学科主题,针对跨学科主题创建系列问题以开展专题讨论,是引发学生思考并解决跨学科问题的动力源,也是实现体育与德育跨学科主题学习育人价值的关键所在。为此,在体育与德育跨学科主题学习的教学设计中,体育教师可将"女排精神""乒乓精神""冬奥精神"引入体育与德育跨学科学习的主题任务中。具体而言,如"女排精神"主题中,体育教师通过设计"女排精神的缘起、传承与发展的历史溯源""女排精神内涵的解析""你眼中的女排精神是什么""女排精神对助力伟大中国梦实现的作用""女排精神对你学习和生活的启发""如何将女排精神融入排球训练中"等层层递进的问题,创设合作研讨的情境,形成以女排精神为中心的专题讨论,鼓励学生围绕女排精神这一复杂议题深入探索其本质、意义、作用。同时,还可倡导学生在专题研讨中以个体或团体的形式积极分享、传递自身或团体对于各项问题的见解和感受,并可在跨学科问题的理解上形成思想的交锋,驱动学生在解决问题的过程中发展其决策、思维、联想、见解等高阶认知策略[1]。

#### (二) 通过制作海报等各类作品展现思考

在体育与德育跨学科主题学习中,除了对核心主题进行专题讨论等形式外,体育教师还可组织学生进行海报制作等活动。如在"女排精神"主题中,当面对"你眼中的女排精神是什么"的跨学科问题时,每位学生对女排精神的理解并不完全一致,学生不仅可以利用口述的方式表达自己的思想,也可以采取海报绘制的方式将自身思想转化为具象化的实物。可先对女排精神进行头脑风暴形成自身的独特认知,然后通过绘制,如女排队员为获取球权飞身倒地救球到夺得金牌亲吻国徽、唱国歌的场景,以展示自身对女排精神的解读,即为了赢得比赛积极抓住一切机会,将为祖国赢得荣誉放在第一位的伟大精神。随后,体育教师可引导学生将制作的海报

① 尚力沛,俞鹏飞,王厚雷,程传银.论体育与健康课程中的跨学科学习[J].上海体育学院学报,2022,46(11):9-18.

等各类作品在体育与德育的跨学科主题学习课堂上进行相互分享,向他人展示个人或小组对女排精神内涵的解读,同时从他人的海报中汲取对女排精神的其他解读视角和思路,丰富并完善学生对于女排精神内涵的理解与感悟。

**(三) 通过电子档案等方式记录思考**

在体育与德育跨学科主题学习中,学生对于跨学科问题的理解与看法是随着跨学科主题学习任务的逐渐深入而不断变化的,为了让学生看到自身跨学科问题解决能力等的成长与发展,体育教师可以通过建立电子档案袋,帮助学生记录其体育与德育跨学科主题学习的全过程。以"女排精神"主题为例,学生在初次探析女排精神的内涵时,可能只会挖掘出积极进取、自强不息一类显而易见的精神,这也说明德育的渗透是一个长期过程,不能一蹴而就。此时,学生可以将第一次参与跨学科主题学习任务的学习日志记录在电子档案袋中,同时亦可提交一份参与跨学科学习后的反思记录。在之后参与一连串的跨学科主题学习任务后,学生对女排精神本质的理解将愈发深刻,其思考后的答案也更贴近于女排精神的真实内核。总之,学生在电子档案袋中记录每次跨学科主题学习的重大思考过程,每堂课后均对学习过程进行反思,可随时调取档案以及时发现自身存在的误区或直观地感受在跨学科主题学习中获得的成长,并在主题学习结束后全面反思自身在跨学科主题学习任务中的各种表现,为提高各方面综合能力提供参考依据。

## 第三节　体育与德育跨学科主题学习的案例设计

本节依据《课程标准(2022 年版)》中设置体育与德育等多学科交叉融合教学内容的要求,运用第五章构建的体育与健康跨学科主题学习设计模型 CI‐PTE,设计了与四个水平阶段相适应的体育与德育跨学科主题学习案例。

### 一、水平一案例设计

**(一) 具体案例**

1. 选择学习主题,基于核心素养形成学习目标(C)

① 选择学习主题

本案例围绕体育与德育跨学科主题"趣味户外探险"开展活动设计,通过模拟"趣味户外探险"的场景,引导学生在体育活动中学习运用道德与法治的知识,同时融合运用地理、生物、信息科技等学科知识与技能。

②　根据所选主题特点,构建学习目标体系

"趣味户外探险"这一跨学科学习主题主要聚焦于体育与德育,重点是通过在基本运动技能学练过程中模拟户外探险现实场景,运用多种学科知识与技能帮助学生培养团队精神和责任意识等,以此最终培育学生体育与健康核心素养。基于此,本案例以跑、跳等基本运动技能为载体展开设计,构建了如下学习目标(见表 6-1)。

表 6-1　基于基本运动技能的"趣味户外探险"学习目标

| 核心素养 | 具 体 表 述 |
|---|---|
| 运动能力 | 掌握在复杂地形中穿梭应具备的基本运动技能;对不同条件下基本运动技能的组合使用能采取灵活化策略;力量、灵活性、速度、协调能力等体能得到发展。 |
| 健康行为 | 能有效规避复杂地形中潜在的安全隐患;掌握一定的运动损伤诊断和救治方法;在练习中能够与小伙伴积极交流,开展合作,社交能力得到发展。 |
| 体育品德 | 表现出勇敢顽强、不怕困难的体育精神,遵守规则的体育道德,自尊自信、文明礼貌的体育品格;友爱互助、勇担责任等德育意识得到进一步增强。 |

2. 依据学习主题与目标,构建大概念结构体系(Ⅰ)

"趣味户外探险"主要涉及体育、德育、地理、生物等学科的融合,可从学习目标中提取大概念,具体涵盖学科大概念与跨学科大概念(见表 6-2)。

表 6-2　"趣味户外探险"大概念结构体系

| 大概念类型 | 大 概 念 |
|---|---|
| 学科大概念 | 边境动植物资源和地形地貌(地理) |
| | 科学运动(体育) |
| | 基本运动技能(体育) |
| | 爱护自然资源(道德与法治) |
| 跨学科大概念 | 穿越复杂地形中的团队配合(体育和道德与法治) |
| | 户外运动中生态环境的保护(体育和道德与法治) |
| | 野生动物的运动方式(体育与生物) |

## 3. 根据大概念构建跨学科主题学习问题链(P)

如果只是由体育教师直接讲解大概念,很难达到促使学生明晰概念的目标,大概念的学习将成为既定事实的灌输。为此,帮助学生理解大概念需要设置相应的问题,引导学生在解决问题的过程中形成对大概念的理解。可根据"趣味户外探险"主题学习所蕴含的大概念体系形成复合式问题链(见图6-1)。

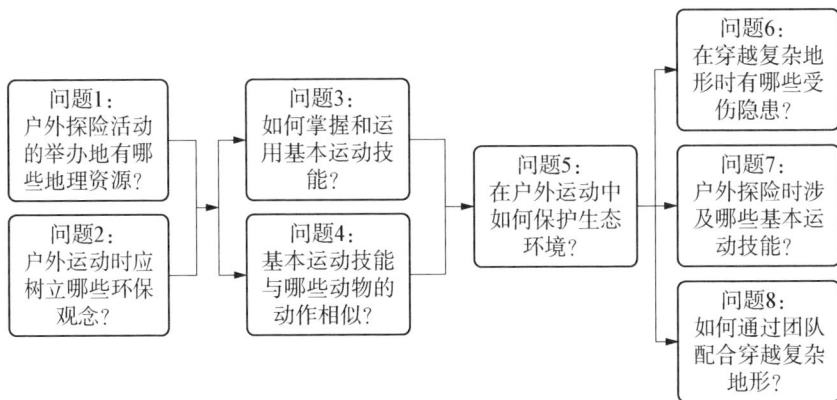

图6-1 "趣味户外探险"跨学科主题学习问题链

## 4. 在复杂问题导向下,构建教学内容任务群(T)

针对以上问题链,"趣味户外探险"跨学科主题学习任务群可由以下子任务组成:户外探险地理资源的学习(指向问题1);对户外探险蕴含的环保观进行讨论(指向问题2);基本运动技能的学练(指向问题3、4);引导学生根据视频资源的观后感进行互动交流,培养责任和环保意识等(指向问题5);要求学生根据创设的复杂情境,运用掌握的基本运动技能,通过团队协作快速通过并避免破坏标志盘(指向问题6、7、8)。基于情境、资源、活动三维元素,可设计以下任务群(见表6-3)。

表6-3 "趣味户外探险"跨学科主题学习任务群

| 情境导入 |
| --- |
| 我国地大物博,有着丰富的生态地理资源。但是现阶段随着城市化进程加速,自然地理资源日益被人为破坏,出现了多起破坏自然生态环境的恶性事件;绿水青山就是金山银山,作为新时代的祖国花朵,我们十分有必要开展趣味的户外探险运动,领略祖国的大好河山,深刻认知和理解保护自然、爱护动物的重要性。 |

续表

| 学习任务 | 学生活动 | 教师组织 | 活动意图 |
|---|---|---|---|
| ① 了解户外探险运动，观看相关视频。 | ① 提前观看网络视频了解户外探险运动的项目文化和户外地理资源，包括户外探险运动的起源与发展、户外探险胜地的自然地理风光等。<br>② 小组合作探究学习，运用历史、地理、信息科技等知识思考和分析户外探险运动所包含的户外环境地理资源和项目文化。 | ① 引导学生理解在不同地理位置开展户外探险运动的意义，从不同角度分析地理位置和地理资源对户外探险运动的影响。<br>② 提醒学生利用多学科的知识和视角来解决问题，对于有困难的学生提供适度帮助，鼓励学生进行小组内部与小组之间的相互学习与交流。 | ① 通过学习和了解户外探险运动的项目文化与地理常识，尝试运用多学科知识解决问题，提高综合实践能力。<br>② 尝试通过团队合作与交流解决问题，以高涨的情绪投入探究活动中。 |
| ② 通过"动物模仿大赛"学练基本运动技能。 | ① 学习基本运动技能的相关概念，通过小组讨论加深对跑、跳、投等的理解。<br>② 学练跑、跳、投等基本运动技能。<br>③ 发挥想象，模仿不同户外地理环境中动物的各项运动行为，如"我和青蛙学跳远""我和兔子学赛跑"等。 | ① 传授学生正确的基本运动技能，及时对错误动作作予以纠正。<br>② 导入"动物模仿大赛"的情境，鼓励学生发挥想象并结合不同地理环境户外探险运动场地所包含的动植物资源，模仿各类动物的运动行为，并面向全班展示。<br>③ 引导学生集思广益，尽可能多地开发不同动物的典型运动行为；关注个体差异，有针对性地采用相应的教学方法，增强学生自信。 | ① 通过基本运动技能的讲解与学练，正确掌握跑、跳、投等基本运动技能。<br>② 通过基本运动技能的练习，发展爆发力、心肺耐力等体能。<br>③ 通过模拟各类动物的运动场景和运动行为，拓展学生的思维，以讨论的形式鼓励学生进行合作探究，发展团队意识。 |
| ③ 讨论户外运动中的环境保护观。 | ① 通过观看视频了解部队行军过程中体现的环保意识，如曹操在行军途中因自己的马受惊踩坏庄稼而割发代首以示惩罚的电视剧片段。 | ① 为学生提前准备好相关视频资料和多媒体教学设备。<br>② 引导学生思考环保对国家发展和人类生存的重大意义。 | ① 帮助学生了解环保事迹和生态环境的重大价值。<br>② 培养学生的规则意识与保护环境的责任意识。 |

续表

| 学习任务 | 学生活动 | 教师组织 | 活动意图 |
|---|---|---|---|
|  | ② 讨论开展户外探险运动的地区所具备的环境资源,如珍稀动植物形成的地理风貌等。<br>③ 以部队行军对环境的保护为借鉴,讨论在户外探险中存在哪些破坏生态环境的行为及应该如何保护生态环境。 | ③ 鼓励学生亲近自然,对爱护动植物的责任意识进行正确的引导。 |  |
| ④ 户外探险"穿越大峡谷"情境模拟:五人一组,左右位移挑战,闯关者需要穿过两组双人摇绳,并且避免踩到地上的标志盘。 | ① 了解跳跃及跳绳技巧,在穿越中控制好跑速、协调好身体姿势,与小伙伴合作沟通,确定好入绳时机。<br>② 注意躲避绳子,在穿越过程中保护好身体,并且注意避免踩到标志盘(环境资源)。 | ① 导入"穿越大峡谷"的户外探险情境,使用多媒体设备播放背景音乐营造户外氛围。<br>② 指导学生正确的跳跃和入绳技巧,提示其穿越时身体姿势的控制和跑速的掌控。<br>③ 提示学生在穿越过程中可以用口号呼喊等形式配合挑战者进绳、出绳,发扬团队精神,并保护好身体,鼓励其被绳击中后及时调整,以发展应对突发事件的能力。 | ① 通过"穿越大峡谷"的户外探险情境模拟,了解运动中易出现损伤的隐患,并在躲避标志盘的过程中筑牢环境保护意识。<br>② 灵活运用跑、跳等基本运动技能,在复杂情境中交叉、配合使用这些基本运动技能。 |

可用资源

实物资源:电子大屏幕、标志盘、绳、心率带、音乐播放器。
电子资源:户外探险运动视频资源、户外地理纪录片资源、相关电视剧片段视频资源。
时间资源:体育课内时间、课外体育锻炼时间。

5. 设计评价方案,检验学生跨学科主题学习成果(E)

"趣味户外探险"跨学科主题学习评价主要以体育教师与学生为主体,在教师评价与学生自评互评中,运用表现性评价标准对学生在参与学习过程中的表现进行评价。可设置以下表现性评价标准(见表6-4)。

表6-4 "趣味户外探险"跨学科主题学习评价标准

| 评价标准 | 有待进步 | 一般 | 优秀 |
|---|---|---|---|
| 1. 能够正确运用基本运动技能 | | | |
| 2. 能够在复杂地形的预判中运用健康知识与技能避免运动损伤 | | | |
| 3. 能够与同伴团结协作快速穿越峡谷 | | | |
| 4. 能够主动与他人沟通，协商进军路线方案 | | | |
| 5. 在"穿越峡谷"中表现出团队协作、勇敢顽强等体育精神 | | | |
| 6. 能在运动中表现出保护生态环境的意识 | | | |

**（二）设计思路**

"趣味户外探险"以组织学生进行户外探险为背景，引导学生在穿越复杂地形时灵活运用基本运动技能。本案例活动的设计目的是让学生了解和运用德育、生物、地理、信息科技等知识与技能，在"穿越大峡谷"的情境模拟活动中，利用复杂环境的创设发展与基本运动技能相关的运动知识与技能，最终培养学生体育与健康核心素养与爱国主义精神。本活动可以由体育教师独立实施，也可以协同其他学科教师一起完成。

本活动给学生提供了一个开放性任务，引导学生在穿越复杂地形中发扬团队合作精神，并避免破坏生态环境。本活动分为课外和课内两部分：课外活动主要是学生收集相关资料和信息等；课内活动主要是展示不同动物运动行为的模仿、学练基本运动技能、发展保护自然的意识等，培养学生的责任意识和团队精神。

**二、水平二案例设计**

**（一）具体案例**

1. 选择学习主题，基于核心素养形成学习目标（C）

① 选择学习主题

本案例围绕体育与德育跨学科主题"尚武崇德，发扬国粹"开展活动设计，通过武术礼仪学练、小型对抗赛、突发安全事件等场景，引导学生在体育活动中学习运用道德与法治的知识，同时融合运用历史、语文、信息科技等学科知识与技能。

② 根据所选主题特点,构建学习目标体系

"尚武崇德,发扬国粹"这一跨学科学习主题主要聚焦体育与德育,重点是通过设置武术礼仪学练、小型对抗赛、突发安全事件等多种场景,引导学生运用多种学科知识与技能,帮助学生培养道德观念和法制意识等,提高学生体育与健康核心素养水平。基于此,本案例以武术长拳为载体展开跨学科主题学习的教学设计,构建了以下学习目标(见表6-5)。

表6-5　基于武术长拳的"尚武崇德,发扬国粹"学习目标

| 核心素养 | 具 体 表 述 |
|---|---|
| 运动能力 | 能够简单说出几种武术种类及各门派武术的发展史和现状;掌握长拳的简单组合动作和基本手型、步法等;肌肉力量、心肺耐力、协调性等体能得以发展。 |
| 健康行为 | 能有效规避武术长拳对抗中潜在的安全隐患;能掌握一定的运动损伤诊断和救治方法;在练习中能够与同伴积极互动,开展合作。 |
| 体育品德 | 掌握中华武术礼仪,表现出积极进取的体育精神、遵守规则的体育道德、文明礼貌的体育品格。 |

2. 依据学习主题与目标,构建大概念结构体系(Ⅰ)

"尚武崇德,发扬国粹"主要涉及道德与法治、历史、语文、体育等学科的融合,可从学习目标中提取大概念,具体涵盖学科大概念与跨学科大概念(见表6-6)。

表6-6　"尚武崇德,发扬国粹"大概念结构体系

| 大概念类型 | 大　概　念 |
|---|---|
| 学科大概念 | 武术文化起源(历史) |
| | 南北武术流派差异(语文) |
| | 科学运动(体育) |
| | 长拳基本技法(体育) |
| | 武德精神(道德与法治) |
| 跨学科大概念 | 武术礼仪学练(体育和道德与法治) |
| | 武术比赛规则的遵守(体育和道德与法治) |
| | 防卫过当案例的解读(体育和道德与法治) |

3. 根据大概念构建跨学科主题学习问题链(P)

为了促使学生明晰概念,可通过设置合适的问题,引导学生在解决问题的过程中形成对大概念的理解。可根据"尚武崇德,发扬国粹"主题学习所蕴含的大概念体系形成复合式问题链(见图6-2)。

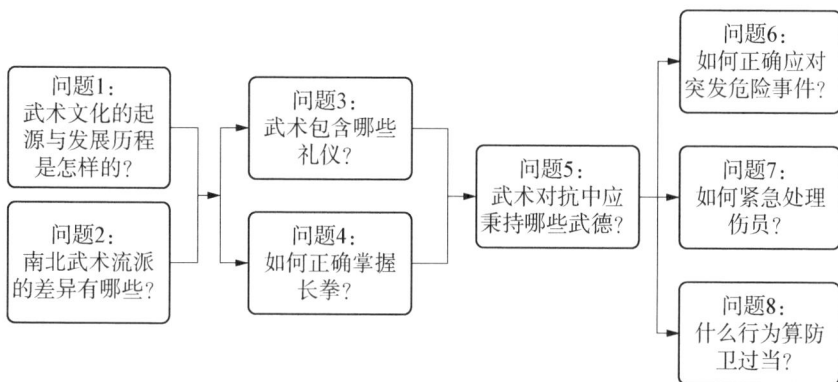

图6-2　"尚武崇德,发扬国粹"跨学科主题学习问题链

4. 在复杂问题导向下,构建教学内容任务群(T)

针对以上问题链,"尚武崇德,发扬国粹"跨学科主题学习任务群可由以下四个子任务组成:对武术文化和南北流派差异的回顾、探索与交流(指向问题1、2);对武术礼仪、长拳基本技法的学练(指向问题3、4);引导学生根据掌握的长拳技法、武术礼仪等开展模拟对抗赛(指向问题5);要求学生根据突发险情沉着应对,对伤员进行急救且了解防卫过当的法律条例(指向问题6、7、8)。基于情境、资源、活动三维元素,可设计以下任务群(见表6-7)。

表6-7　"尚武崇德,发扬国粹"跨学科主题学习任务群

| 情境导入 |
|---|
| 武术作为中华民族的优秀传统文化,一直以来是我国与其他国家文化交流、友好互动的重要名片之一。现阶段,由于现代信息技术的快速发展,社会上出现了一些冒牌武术大师亵渎武德精神,给武术界造成了负面影响。作为新时代的青少年,我们有必要学习纯粹的武德精神,传承武术国粹,感受传统体育文化的强大魅力与时代价值。 |

| 学习任务 | 学生活动 | 教师组织 | 活动意图 |
|---|---|---|---|
| ① 了解武术文化的发展史及其南北流派的差异, | ① 通过观看视频、查阅文献等途径了解中华武术文化的发展史和现状,以及其中衍生的 | ① 引导学生理解武术文化的内涵和不同流派武术的冲突,鼓励学生从多视角探究其冲 | ① 通过学习和了解武术文化及南北武术的差异,尝试运用多学科知 |

| 学习任务 | 学生活动 | 教师组织 | 活动意图 |
|---|---|---|---|
| 观看相关视频。 | 南北武术流派和其代表性武术等知识。<br>② 小组合作探究学习，运用历史、地理、信息科技等知识思考和分析南北武术差异的原因。 | 突的成因,如南北武术流派冲突成因之地域因素。<br>② 提醒学生利用多学科的知识和视角来解决问题,对于有困难的学生进行适度帮助,鼓励学生积极开展组内与组间交流。 | 识解决问题,提高综合实践能力,唤起内心对于国粹的热爱。<br>② 尝试通过团队合作与交流解决问题,以积极的状态投入探究活动中。 |
| ② 武术礼仪及长拳的基本练习。 | ① 了解武术表演礼仪的相关知识,如抱拳礼、鞠躬礼、持械礼,积极思考武术中出现这些礼仪的积极意义,以小组形式讨论:除武术之外,现实生活中还存在哪些礼仪?<br>② 学练长拳的基本技法,如推、拉、靠等。 | ① 引导学生理解武术礼仪的价值意蕴、不同类型礼仪的运用场景,教授学生标准的礼仪动作,启发学生对日常生活中礼仪运用的思考,并将武术礼仪引申到"武德"的概念。<br>② 在学生自主学练长拳基本技法时,及时纠正出现的错误动作。<br>③ 关注个体差异,有针对性地采用相应的教学方法,增强学生自信。 | ① 通过对各种场合中武术礼仪的学练,掌握基本的武术礼仪。<br>② 通过长拳基本技法的学练,发展力量、平衡等体能。<br>③ 通过了解中华礼仪文化并思考现实生活中的礼仪形式,增强对中华民族的文化自信和文化认同感。 |
| ③ 小型武术对抗赛。 | ① 练习长拳中的推、拉、靠技法并在比赛中运用。<br>② 听取比赛规则:点到为止,不可击打脆弱部位,友谊第一、比赛第二。<br>③ 思考自己比赛中的战术方案,根据对手实际情况制订方案。 | ① 检查学生动作细节并逐一指导。<br>② 制订比赛规则,做好比赛中的裁判工作,及时提醒学生注意比赛尺度,保护好学生。<br>③ 针对学生展现出的互敬互爱、保护同伴等行为做出点评。 | ① 通过对长拳基本技法的了解,掌握科学锻炼的方法。<br>② 通过比赛的开展,体会竞技运动员的不易,培养勇敢顽强、奋勇拼搏的意志品质。<br>③ 通过赛中关心对手、出拳点到为止等,培养关爱他人、保护身体的安全意识。 |

续表

| 学习任务 | 学生活动 | 教师组织 | 活动意图 |
|---|---|---|---|
| ④ 模拟"狭路相逢,见义勇为"的真实突发对抗情境。(三人一组进行模拟) | ① 通过教师讲解与演示,掌握心肺复苏的急救方法。<br>② 基于对武学中惩恶扬善精神的领会,学生三人成组,分别扮演三个角色——攻击者、受害者、施救者,攻击者和施救者配合演绎搏斗场景,赶跑攻击者后对受害者进行心肺复苏施救。<br>③ 观察其他小组进行紧急救援的情况,反思其中不足。<br>④ 通过教师讲解有关防卫过当的案例,了解有关防卫的法律法规。 | ① 教师讲解与演示,使学生掌握心肺复苏的急救方法。<br>② 组织学生三人成组,分别扮演三个角色;及时提醒学生注意搏斗分寸。<br>③ 观察各小组进行紧急救援的情况,对不规范的操作进行纠正。<br>④ 教师讲解有关防卫过当的案例,以及有关防卫的法律法规。 | ① 通过应急场景的模拟,提高应急处理能力,培养见义勇为、乐于助人的传统美德。<br>② 通过健康教育知识的讲解,增进对意外伤害处理方法及相关急救措施的掌握。 |

| 可用资源 |
|---|
| 实物资源:电子大屏幕、心率带。<br>电子资源:武术文化视频资源、武术礼仪视频资源、体育类信息资源库。<br>时间资源:体育课内时间、课外体育锻炼时间。 |

5. 设计评价方案,检验学生跨学科主题学习成果(E)

"尚武崇德,发扬国粹"跨学科主题学习评价主要以体育教师与学生为主体,在教师评价与学生自评互评中,运用表现性评价标准对学生在参与学习过程中的表现进行评价。可设置以下表现性评价标准(见表6-8)。

表6-8　"尚武崇德,发扬国粹"跨学科主题学习评价标准

| 评价标准 | 有待进步 | 一般 | 优秀 |
|---|---|---|---|
| 1. 能够了解武术文化背景及南北武术冲突 | | | |
| 2. 在长拳习练过程中体现出良好的体能水平 | | | |
| 3. 能够熟练掌握武术礼仪知识及动作 | | | |

| 评价标准 | 有待进步 | 一般 | 优秀 |
|---|---|---|---|
| 4. 能够展现出对中华传统文化的认同感 | | | |
| 5. 能在对抗赛中展现出保护同伴的意识并遵守比赛规则 | | | |
| 6. 能够践行见义勇为、互帮互助等武德精神 | | | |
| 7. 能掌握正确的急救方法 | | | |
| 8. 能初步掌握有关防卫的法律条例 | | | |

**（二）设计思路**

"尚武崇德，发扬国粹"以武术文化为背景，引导学生学习武术礼仪和长拳的基本技法等，本案例活动的设计目的是让学生了解和运用与武术相关的历史、德育、信息科技等知识与技能。在模拟比赛和见义勇为的情境中，结合武术中的德育理念与长拳相关的体育知识与技能，培养学生的体育与健康核心素养与武德精神。本活动可以由体育教师独立实施，也可以协同其他学科教师一起完成。

本活动创设了基于真实生活的对抗和应急情境，引导学生在学习武术文化时开展团队合作与交流，在处理应急事件时展现见义勇为的武德精神。本活动分为课外和课内两部分：课外活动主要是学生收集有关武术文化的信息，了解不同流派的武术功法，了解一些与防卫有关的法律法规等；课内活动主要是在体育教师的引导下，合作学练长拳技法，创编多种有利于武术、武德发挥的情境，展示并交流，增强武德精神和武术技能。

**三、水平三案例设计**

**（一）具体案例**

1. 选择学习主题，基于核心素养形成学习目标（C）

① 选择学习主题

本案例围绕体育与德育跨学科主题"弘扬女排精神，铸就少年力量"开展活动设计，通过中国女排历史回溯、排球技术学练、文明体育比赛等场景，引导学生在体育活动中主要学习运用道德与法治的知识，同时融合运用历史、信息科技等学科知识与技能。

② 根据所选主题特点，构建学习目标体系

"弘扬女排精神，铸就少年力量"这一跨学科学习主题主要聚焦体育与德育，重点是通过设置排球技术学练、文明体育比赛等场景,运用多种学科知识与技能帮助学生培养道德观念和团队精神等,提高学生的体育与健康核心素养水平。基于此,本案例以排球为载体展开设计,构建了以下学习目标(见表6-9)。

表6-9　基于排球的"弘扬女排精神,铸就少年力量"学习目标

| 核心素养 | 具 体 表 述 |
|---|---|
| 运动能力 | 能够较为完整地说出我国女排队伍所获奖项和荣誉及其发展历程;掌握排球的传、垫等基本技术和组合技术;力量、心肺耐力、反应速度、灵敏性等体能得到发展。 |
| 健康行为 | 能有效规避排球运动潜在的安全隐患;能在比赛中产生情绪波动时及时进行自我调控;在练习中能够与小伙伴沟通与合作、组织与协调,具备较好的社交能力。 |
| 体育品德 | 表现出勇敢顽强、坚持到底的体育精神,遵守规则的体育道德,自尊自信的体育品格;道德修养、家国情怀等德育意识得到进一步增强。 |

2. 依据学习主题与目标,构建大概念结构体系(I)

"弘扬女排精神,铸就少年力量"主要涉及德育、历史、信息科技、体育等学科的融合,可从学习目标中提取大概念,具体涵盖学科大概念与跨学科大概念(见表6-10)。

表6-10　"弘扬女排精神,铸就少年力量"大概念结构体系

| 大概念类型 | 大 概 念 |
|---|---|
| 学科大概念 | 排球发展史(历史) |
| | 科学运动(体育) |
| | 排球技战术(体育) |
| | 女排精神(道德与法治) |
| 跨学科大概念 | 排球实现中国梦(体育和道德与法治) |
| | 体育比赛中的道德问题(体育和道德与法治) |

3. 根据大概念构建跨学科主题学习问题链(P)

为了帮助学生明晰和理解大概念,需要设置相应的问题,引导学生在解决问题的过程中建构起对大概念的理解。可根据"弘扬女排精神,铸就少年力量"主题学习所蕴含的大概念体系形成复合式问题链(见图6-3)。

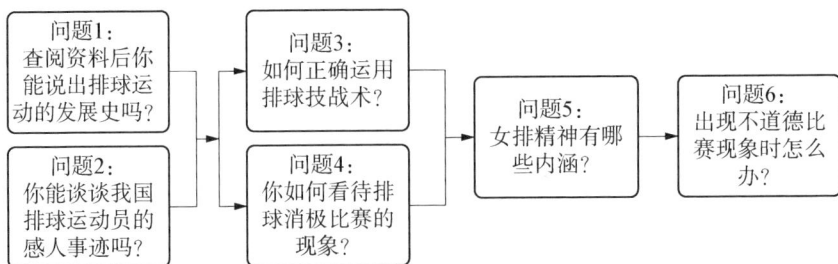

图6-3 "弘扬女排精神,铸就少年力量"跨学科主题学习问题链

4. 在复杂问题导向下,构建教学内容任务群(T)

针对以上问题链,"弘扬女排精神,铸就少年力量"跨学科主题学习任务群可由以下四个子任务组成:对排球发展史和排球实现中国梦的回顾、探索与交流(指向问题1、2);对排球技战术的学练、讨论对不道德比赛现象的看法(指向问题3、4);引导学生领悟女排精神(指向问题5)并开展文明的模拟比赛(指向问题3);要求学生践行道德品质,杜绝不文明行为,遵守比赛规则(指向问题6)。基于情境、资源、活动三维元素,可设计以下任务群(见表6-11)。

表6-11 "弘扬女排精神,铸就少年力量"跨学科主题学习任务群

| 情境导入 | | | |
| --- | --- | --- | --- |
| 排球作为我国竞技运动的优势项目之一,不仅在竞技体育层面为国争光,其蕴含的女排精神也对推动我国各行各业的发展产生了积极的影响,为实现中华民族的伟大复兴注入了精神动力。为了传承女排精神,书写女排精神的新内涵,我们一起通过深入了解和参与排球运动,感受排球运动的魅力吧。 | | | |
| 学习任务 | 学生活动 | 教师组织 | 活动意图 |
| ① 了解排球运动发展史和奥运会排球比赛的相关背景知识。 | ① 通过观看视频、查阅文献等途径了解排球发展史及奥运会排球比赛的相关知识。② 小组合作探究学习,运用历史、道德与法治、信息科技等知识思考和分析排球运动对实现中国梦的价值。 | ① 引导学生通过了解排球的发展史等背景知识,理解排球对实现伟大中国梦的助推作用。② 在学生遇到难以理解的问题时,及时予以解释说明,鼓励已理解的学生主动教授身边同学。 | ① 学习与了解排球史及其对实现中国梦的价值,以多学科的知识协同解决问题,提高实践能力,激发爱国情怀。② 加强组内的合作交流,鼓励思想碰撞,以对话的形式激发学生的学习热情。 |

续表

| 学习任务 | 学生活动 | 教师组织 | 活动意图 |
|---|---|---|---|
| ② 排球技战术分析及学练。 | ① 观看女排比赛视频，了解排球比赛中存在的技战术，如"中一二"进攻战术和传、垫球等组合技术，增强对排球运动的兴趣与参与意识。② 学练排球的组合技术和战术阵型，互相激励，组内同学互助完成学练。 | ① 传授学生有关传球、垫球的组合动作技术和排球战术阵型。② 在学生排球技战术学练中，及时纠正出现的错误动作，并有意识地组织学生进行团队合作。③ 关注学生个体差异，有针对性地采用相应的教学方法，增强学生自信。 | ① 通过对各种排球技战术的学练，掌握基本排球技战术。② 通过排球技战术的学练，发展心肺耐力、灵敏性等体能。③ 通过学生组内互帮互助，培养学生团队合作、合作共赢的意识。 |
| ③ 中国女排比赛片段与消极比赛案例分析与交流。 | ① 通过观看视频挖掘中国女排比赛中所展现出的祖国至上、团结协作、顽强拼搏、永不言败的女排精神。② 通过观看视频了解消极比赛案例所反映出的负面道德品质，如缺乏责任意识等。③ 相互讨论以上两个案例的差异，分享观后感。 | ① 为学生提前准备相关视频材料、多媒体教学设备。② 引导学生思考女排精神的具体内涵，如祖国至上、不怕困难的精神。③ 引导学生建立对负面比赛事件的正确认识，并鼓励学生学习中国女排，发挥正面效应。 | ① 帮助学生了解中国女排的精神及其事迹。② 培养学生的道德修养和祖国至上等精神。 |
| ④ 阅览体育新闻报道，在对抗赛中实现文明比赛，展现道德修养。 | ① 通过新闻报道导入并讨论当前女排比赛中存在的道德问题，如辱骂对手、不尊重裁判等，并提出自己在面对不道德现象时的做法。② 在对抗赛中杜绝出现道德问题，展现出尊重对手及裁判、遵守规则等优良品行。③ 赛后回收排球及网，感谢裁判的执裁，进一步筑牢道德意识。 | ① 导入关于女排赛场不道德行为的报道，引导学生避免出现道德问题，修身养性，以德服人。② 教师作为裁判，记录场上的犯规行为、学生的情绪表现及出现的不文明现象（尤其是学生的不良言语）。③ 做好比赛的善后工作，提醒学生回收相关器材。 | ① 通过不良问题的导入，培养学生公平竞赛、尊重他人的意识。② 通过对抗赛中排球技术的展现、赛中情绪的调控，培养学生勇敢顽强、不惧挫折的意志品质。③ 综合运用道德与法治、信息科技、语文等知识， |

| 学习任务 | 学生活动 | 教师组织 | 活动意图 |
|---|---|---|---|
| | | | 发展学生的逻辑思维和实践能力，厚植道德意识。 |
| 可用资源 | | | |

实物资源：电子大屏幕、排球、简易排球网。

电子资源：排球发展史视频资源、中国女排比赛片段视频资源、消极比赛案例的视频资源、体育新闻报道。

时间资源：体育课内时间、课外体育锻炼时间。

5. 设计评价方案，检验学生跨学科主题学习成果(E)

"弘扬女排精神，铸就少年力量"跨学科主题学习评价主要以体育教师与学生为主体，在教师评价与学生自评互评中，运用表现性评价标准对学生在参与学习过程中的表现进行评价。可设置以下表现性评价标准(见表6-12)。

表6-12 "弘扬女排精神，铸就少年力量"跨学科主题学习评价标准

| 评价标准 | 有待进步 | 一般 | 优秀 |
|---|---|---|---|
| 1. 能够正确了解排球项目发展史及其价值 | | | |
| 2. 能在排球技战术学练过程中体现出良好的体能水平 | | | |
| 3. 能够识别出消极比赛案例中的恶性品质 | | | |
| 4. 能够解读女排精神的内涵 | | | |
| 5. 能在模拟比赛中展现优秀的道德修养 | | | |
| 6. 能够通过女排事例激发爱国热情 | | | |

### (二) 设计思路

"弘扬女排精神，铸就少年力量"以排球发展史为背景，引导学生学习排球技战术并激发爱国热情。本案例活动的设计目的是让学生了解和运用与排球运动项目相关的历史、德育、信息科技等知识和技能。在模拟比赛情境中，展现文明比赛道德修养的同时，学习排球运动项目相关的体育与健康知识与技能，最终培养学生的体育与健康核心素养。本活动可由体育教师独

立实施,也可协同其他学科教师共同完成。

本活动创设了团队合作的学练赛和赛中体育道德遵守的真实情境,给学生提供了开放性任务,引导学生以团队合作形式开展活动。本活动分为课外和课内两部分:课外活动主要是学生收集关于中国女排的荣誉事迹;课内活动主要是在体育教师引导下,合作学练传接球技术,在排球对抗赛中遵守体育规则,涵养道德修养。

### 四、水平四案例设计

#### (一) 具体案例

1. 选择学习主题,基于核心素养形成学习目标(C)

① 选择学习主题

本案例围绕体育与德育跨学科主题"消防接力,扑灭火灾"开展活动设计,通过模拟森林火灾的场景,引导学生在体育活动中学习运用道德与法治的知识,同时融合运用历史、地理、信息科技等知识与技能。

② 根据所选主题特点,构建学习目标体系

"消防接力,扑灭火灾"这一跨学科学习主题主要聚焦体育与德育,重点是通过在运动技能学练过程中模拟接力合作、规则遵守、生态保护等场景,运用多种学科知识与技能帮助学生培养责任意识、团队精神、生态文明观等,提高学生的体育与健康核心素养水平。基于此,本案例以田径类运动项目中的接力跑运动为载体展开设计,构建了以下学习目标(见表6-13)。

表6-13　基于接力跑的"消防接力,扑灭火灾"学习目标

| 核心素养 | 具 体 表 述 |
|---|---|
| 运动能力 | 能够说出接力跑运动的项目文化;掌握不同情况下的接力跑技术;形成规则意识;对接力瞬间迅速做出判断与决策;耐力、反应速度、协调能力等体能得到发展。 |
| 健康行为 | 正确认识兴奋剂对人体的危害;能在复杂环境下完成接力跑技术的使用与身体适应;在练习中能够与接力队友保持沟通互动,发展社交能力。 |
| 体育品德 | 表现出团结协作的体育精神,公平正义的体育道德,文明礼貌的体育品格;责任意识与生态文明观得到进一步增强。 |

2. 依据学习主题与目标,构建大概念结构体系(I)

"消防接力,扑灭火灾"主要涉及德育、地理、体育等学科的融合,可从

学习目标中提取大概念,具体涵盖学科大概念与跨学科大概念(见表 6－14)。

表 6－14 "消防接力,扑灭火灾"大概念结构体系

| 大概念类型 | 大 概 念 |
|---|---|
| 学科大概念 | 接力跑项目文化(道德与法治) |
| | 森林地形(地理) |
| | 科学运动(体育) |
| | 接力跑技战术(体育) |
| | 规则意识(道德与法治) |
| | 生态文明观(道德与法治) |
| 跨学科大概念 | 消防战士的体能训练(体育与国防) |
| | 奖牌递补案例的规则内因(体育和道德与法治) |
| | 接力灭火保护森林(体育和道德与法治) |

3. 根据大概念构建跨学科主题学习问题链(P)

如果只是由体育教师直接讲解大概念,很难达到促使学生明晰概念的目标,大概念的学习将成为既定事实的灌输。为此,帮助学生理解大概念需要设置相应的问题,引导学生在解决问题的过程中建构起对大概念的理解。可根据"消防接力,扑灭火灾"主题学习所蕴含的大概念体系形成复合式问题链(见图 6－4)。

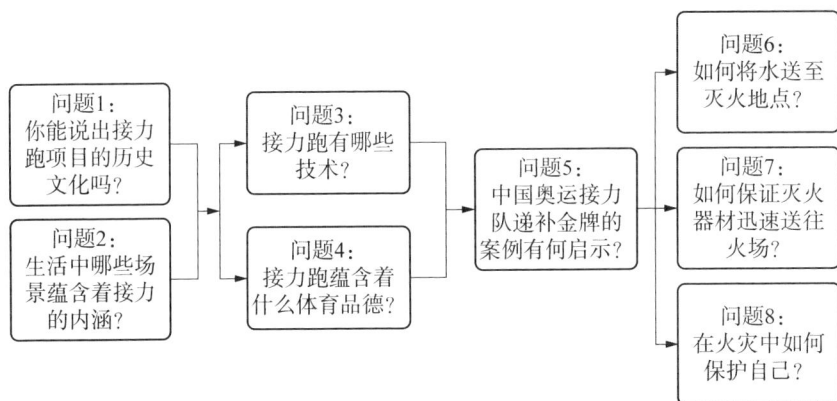

图 6－4 "消防接力,扑灭火灾"跨学科主题学习问题链

4. 在复杂问题导向下,构建教学内容任务群(T)

针对以上问题链,"消防接力,扑灭火灾"跨学科主题学习任务群可由以下子任务组成:对接力跑项目文化及其现实应用的回顾、探索与分享(指向问题 1、2);对接力跑运动技战术的学练与情境模拟中的规则强化(指向问题 3、4);引导学生根据真实事件交流切身感受,培养规则意识等(指向问题 5);要求学生根据模拟的"消防接力,扑灭火灾"的场景,接力合作组装消防水管并快速赶往"火灾前线",并以接力跑、负重跑为主要形式开展学习(指向问题 6、7、8)。基于情境、资源、活动三维元素,可设计以下任务群(见表 6-15)。

表 6-15　"消防接力,扑灭火灾"跨学科主题学习任务群

| 情境导入 | | | |
| --- | --- | --- | --- |
| 消防队员的工作是保护人民生命和财产安全,维护生态环境的稳定,他们的工作大都需要以接力的形式配合完成,包括接力组装水管、协作救援受灾人员等。在新时代加强与他人的协作配合十分重要,因此我们可以亲身体验消防队员的日常工作,同时体会他们的艰辛与伟大。 | | | |
| 学习任务 | 学生活动 | 教师组织 | 活动意图 |
| ① 了解接力跑项目,观看相关视频。 | ① 课前通过网络资源了解接力跑项目文化,观看奥运会赛事视频。② 小组合作探究学习,运用历史、信息科技等知识思考和分析接力跑与现代生活中的哪些行业有关联。 | ① 引导学生理解接力跑的项目文化,并从不同角度分析接力跑在生活中的实际运用。② 在学生遇到困难时,及时给予帮助,鼓励学生进行小组内部与小组之间的相互学习与交流。 | ① 学习和了解接力跑的项目文化和生活用途,尝试运用多学科知识解决问题,提高综合实践和思维能力。② 尝试通过团队合作与交流解决问题,以积极的状态投入探究活动中。 |
| ② 通过"天涯快递,虽远必达"情境,学练接力跑。 | ① 探讨当前快递运送过程中易出现的道德问题,如为求速度闯红灯不遵守交通规则;模拟"快递配送"过程中遇到红灯(红色标志盘)主动停留 3 秒,贯彻规则意识。 | ① 导入快递配送不遵守交通规则的视频;在"配送"区域内设置若干红色标志盘;引导学生自主学习接力跑的技术要领。② 在学生自主学练接力跑动作技术时,及时 | ① 通过对接力跑技术和战术的学练,掌握科学锻炼的方法。② 通过接力跑,发展心肺耐力等体能。③ 通过创编新的 |

| 学习任务 | 学生活动 | 教师组织 | 活动意图 |
|---|---|---|---|
|  | ② 学练接力跑。<br>③ 根据标志盘的摆放，灵活设计接力中的各项跑步战术；小组合作，互相激励，团结配合以完成"快递配送"工作。 | 对交接棒时机和手型等技术予以指导。<br>③ 引导学生在遵守标志盘规则的基础上尽可能快速地完成交接；关注个体差异，对有困难的学生予以帮助，增强学生自信。 | 接力跑规则，发展规则意识，锤炼团结协作、勇敢果断、不畏困苦的优良品质。 |
| ③ 奥运会接力跑英国队兴奋剂风波与中国队递补铜牌案例的分析与交流。 | ① 通过观看有关英国队兴奋剂事件的新闻报道，了解兴奋剂的种类及其对竞技比赛的危害。<br>② 通过观看视频了解中国接力跑奥运健儿积极进取为国争光的案例。<br>③ 讨论两个事件背后所反映的截然不同的道德修养，分享观后感。 | ① 为学生提前准备相关视频资料、多媒体教学设备。<br>② 引导学生对比分析两起事件蕴含的德育问题。<br>③ 激发学生的爱国热情和公平正义的体育道德。 | ① 帮助学生了解英雄人物、优秀运动员的经典事迹。<br>② 培养学生的爱国主义精神、公平正义的体育道德与规则意识。 |
| ④ 模拟"消防接力，扑灭火灾"的消防急救情境，还原森林火灾情境中消防战士接力组装水管扑灭火灾的情境。 | ① 了解消防水管的结构——管道、金属接头，以及森林火灾发生点的距离、方位等。<br>② 与同伴商议灭火路径，以及装接消防水管的方案（尽可能快地完成接力跑、负重跑活动）。 | ① 引导学生学习和了解森林夏季突发大火的情景，将故事背景融入教学情境中。<br>② 引导学生模拟相互配合组装消防水管、赶赴火灾现场（接力跑、负重跑）。<br>③ 提示学生在接力灭火过程中注意互相保护和团队协作，培养团队精神及对抗自然灾害等突发事件的能力。 | ① 通过对某次森林火灾接力灭火的模拟实战演练，了解森林火灾的成因，培养学生的团队意识和生态文明观。<br>② 在接力组装消防水管（接力跑）和携带水管赶赴火灾前线（负重跑）的过程中发展体能。 |

| 可用资源 |
| --- |
| 实物资源:电子大屏幕、标志盘、塑料管道、金属接头。<br>电子资源:接力跑项目文化视频资源、奥运会接力跑运动员为国争光案例资源、英国队兴奋剂风波新闻报道资源。<br>时间资源:体育课内时间、课外体育锻炼时间。 |

5. 设计评价方案,检验学生跨学科主题学习成果(E)

"消防接力,扑灭火灾"跨学科主题学习评价主要以体育教师与学生为主体,在教师评价与学生自评互评中,运用表现性评价标准对学生在参与学习过程中的表现进行评价,可设置以下表现性评价标准(见表6-16)。

表6-16 "消防接力,扑灭火灾"跨学科主题学习评价标准

| 评价标准 | 有待进步 | 一般 | 优秀 |
| --- | --- | --- | --- |
| 1. 能够正确使用接力跑技战术 | | | |
| 2. 在接力跑过程中体现出良好的体能水平 | | | |
| 3. 能够在遇到红色标志盘时遵守"配送"规则 | | | |
| 4. 能够理解奖牌递补事件中体现的公平竞争和规则意识 | | | |
| 5. 能够与同伴配合接力组装消防水管 | | | |
| 6. 能在合力组装消防水管、负重奔赴"火灾前线"中体现勇敢顽强和团结协作的精神 | | | |
| 7. 表现出对消防队员的尊重 | | | |
| 8. 能在"扑灭火灾"中形成保护森林的生态文明观 | | | |

**(二) 设计思路**

"消防接力,扑灭火灾"以森林火灾为背景,引导学生模仿消防队员接力扑灭火灾。本案例活动的设计目的是让学生了解和运用德育、地理、信息科技等知识,在扑灭森林火灾演练活动中,学习和运用团队配合、生态理念与接力跑技战术相关的体育与健康知识与技能,最终培养学生的体育与健康核心素养与规则意识、生态文明观等德育理念。本活动可以由体育教师独立实施,也可以协同其他学科教师一起完成。

　　本活动给学生提供了一个开放性任务,引导学生通过团队合作扑灭森林火灾,并进行消防接力演练。本活动分为课外和课内两部分:课外活动主要是学生收集相关资料和信息等;课内活动主要是小组基于奥运会接力跑赛事开展讨论、模拟接力扑灭森林火灾、学练接力跑动作技战术、进行展示与交流等,培养学生的责任意识、团队精神和生态文明观。

# 第七章　体育与智育跨学科主题学习的设计

　　"智育"这一概念在教育学理论体系中占据十分重要的地位。我国教育学界一般认为"智育是担负培养学生智慧能力任务的教育",主要向学生传授科学文化知识,形成学生的技能,培养学生的能力,发展学生的智力①。对此,《课程标准(2022年版)》针对体育与智育的跨学科主题学习提出了明确要求:"体育与健康是一门基于身体活动的综合性非常强的课程,无论是基本运动技能和体能的学练,还是专项运动技能的学练,在控制身体和运动器械的过程中都涉及多学科知识与技能。为了帮助学生破解运动的'密码',理解体育的真谛,可以通过观察、演讲、分析、绘图等活动,引导学生了解不同学科知识与方法对运动技能学练和运用的作用,以及运动所蕴含的科学价值和文化内涵,培养学生分析问题、解决问题的能力。"本章将围绕体育与智育跨学科主题学习的育人价值、开展的典型方式和案例设计进行论述。

## 第一节　体育与智育跨学科主题学习对核心素养培养的价值

　　体育和智育的相互渗透、融合已经成为教育领域当前的热门课题。体育与智育跨学科主题学习指的是通过整合体育和与智育相关的多学科知识,建构出意涵丰富的跨学科主题,创设形象生动的体育与智育跨学科主题学习情境,让学生能够利用多学科的知识来认识、理解和解决体育学习和现实生活中的问题,对培养学生体育与健康核心素养具有重要意义。本节将重点阐述体育与智育跨学科主题学习对培养学生运动能力、健康行为和体育品德三个方面核心素养的价值。

### 一、对培养学生运动能力核心素养的价值

#### (一) 运用多学科知识强化学生的体能

在学校所有的学科课程中,以身体练习为主要手段的特性决定了体育

---

① 项贤明."智育"概念的理论解析与实践反思[J].课程·教材·教法,2021,41(5):40-46.

与健康课程与其他课程的根本区别。从体育学科来看,"体能练习原理"涉及运动生理学、运动解剖学、运动生物化学、体育统计学、运动心理学等学科知识[①],这些学科都可归属于自己的母学科,如生理学、解剖学、生物化学、统计学、心理学等。在中小学学校教育中,诸如物理、生物、化学、数学等智育学科对"体能练习原理"有着很好的解释作用。基于以上学科开展体育与智育跨学科主题学习对学生进一步理解体能、发展体能、强化体能有着独一无二的作用。下面介绍运用多学科知识手段强化体能的具体示例。

在发展力量和爆发力的体能练习中,常涉及对速率、力、功率等物理量的理解与应用。例如,原地纵跳高度与离地初速度有关(竖直上抛运动),而离地初速度又与人体对地的冲量有关。在相同的触地时间条件下,起跳者对地施加的力量越大,冲量越大,则离地初速度越大,纵跳高度越高。通过物理学科的视角来理解体能练习动作,可以将传统的"越用力跳得越高"的抽象解释通过物理量在学生的脑海中具象化,帮助学生形成清晰、具有科学依据的理解。

体能练习中会涉及练习负荷量、各项体测指标等需要量化的数据,且常需要利用数学知识进行数据处理。例如,体质健康测试中的立定跳远、800米跑测试的成绩分别能够反映学生的下肢爆发力和无氧耐力,若将两者的成绩定期测试、记录并整理,制作成柱状统计图或折线统计图,就可以作为学生爆发力水平和无氧耐力水平变化的参考。利用统计学知识处理后的数据直观明了,能够反馈体能练习的负荷量积累和体能水平随时间的变化,从而能够有助于分析当前体能练习量的情况和体能水平,并根据实践结果做出及时调整。

**(二) 从多学科角度帮助学生理解体育的科学文化内涵**

体育除了具有运动性和艺术性外,还有着深厚的科学性和人文性。借助科学、历史、思想政治等学科的知识,能够帮助学生更好地理解体育的本质和真谛,尤其是体育的科学价值和文化内涵等方面。

多学科的科学知识可以帮助学生更好地理解体育的科学价值和运动规律。学生可以了解到体育需要运动生理学、运动生物化学、运动心理学等理论支撑,深入理解体育运动对人体的影响以及如何通过科学的方法进行体育锻炼,提高运动能力。此外,学生还可以通过学习力学、动力学等知识,深入了解体育运动的原理、技巧和策略。比如,学习弯道跑过程中涉及的向心

① 赵刚. 体能训练原理探讨与实践研究——评《大众体育体能训练理论与实践研究》[J]. 新闻战线,2017(20):159.

力和离心力的知识有助于提高跑步速度。科学知识还可以帮助学生更好地理解体育与科学技术的关系,如体育器材和装备的设计、运动数据的分析等方面。

从历史学科角度来看,在体育教学中融入历史学科元素,学生可以了解到体育运动的起源和演变过程。体育运动作为人类活动的一种形式,早在古代就已经存在。古希腊的奥运会、古中国的皇家运动会等都是历史上著名的体育运动盛会。通过了解这些历史事件,学生可以知晓体育运动在不同历史时期的社会作用和发展变化。此外,体育运动在现代社会中的发展也是一个重要的研究领域,学生可以通过了解现代体育运动的历史背景和发展现状,更好地理解体育运动的本质和意义。

从思想政治学科角度来看,在体育教学中融入思政元素,学生可以了解到体育运动不仅是一种个人行为,更是一种政治行为。通过探讨体育运动与社会结构、社会阶层、社会变革等方面的关系,学生可以知晓体育运动对社会的影响和作用。体育运动对于提高国家形象、促进国际交流和理解等方面也有着重要的作用。例如,历史上著名的"乒乓外交"打开了中美关系的大门,开创了一种以人民之间的友谊促进国家之间的交流与和解的成功外交模式,而这种外交模式的载体正是跨越国界和意识形态障碍的体育交流。

**(三) 通过多种设备或器材提升学生的技战术水平**

信息化时代的科学技术为体育提供了全新的设备和技术,如智能运动手环、虚拟现实技术(virtual reality,VR)、增强现实技术(augmented reality,AR)、计算机视觉技术等,这些智能化设备和技术既可以作为体育与智育跨学科主题学习的内容,也可以作为体育与智育跨学科主题学习的工具,帮助学生进行更加系统和科学的学练,提升他们的技战术水平。

首先,合理使用智能运动手环助力学生学习。智能运动手环是一种集成多种传感器和人工智能技术的运动设备,它可以记录和分析学生的运动和睡眠数据,从而帮助学生更好地了解自身的身体状况和运动情况。智能运动手环还可以提供个性化的训练建议和计划,帮助学生更加科学地进行训练和调整。比如,教会学生通过解读智能手环在运动时实时反馈的心率数据,来判断自己的身体活动状态,进而对自身技战术进行调整。

其次,借助计算机视觉技术可以更加清晰、全面地了解学生的运动情况,如速度、运动强度、动作等,从而更加精准地制订练习计划并调整练习强度。例如,在篮球比赛中,可以通过基于计算机视觉技术的手机软件了解球员的跑动路线、球员之间的传球关系等,从而更好地制订战术和调整阵容。

此外,还可以对学生运动时的运动轨迹、关节角度进行分析和诊断,以便学生从中发现自身运动技术存在的问题,从而有针对性地进行改进和提高,为提高运动技能学练效率奠定基础。

最后,与虚拟现实技术相结合来拓展学生体育学习场域。VR 和 AR 是近年来体育领域的热门应用之一。通过虚拟现实技术,可以模拟出各种不同的运动场景,如比赛场地、比赛环境等,从而解决场地器材不足和教学场景单一的问题,助力学生的技战术学习摆脱时间和空间的桎梏。此外,基于人工智能的动作捕捉技术配合 VR 或 AR 则可为课程内容的呈现形式提供新的可能,在此类技术支持下,学生可以从多角度具象化地观看技术动作,从而准确理解并掌握技术动作。例如,Ghost Pacer 公司的全息眼镜就采用AR 技术,在跑者前方呈现出能够展示正确跑姿、提供动作指导、引领计划配速的"幽灵兔虚拟领跑员"①。

**(四) 通过人工智能等多种智育手段更好地进行体育展示或比赛**

人工智能和信息技术的飞速发展为学生在体育与智育跨学科主题学习中更好地进行体育展示和比赛提供了全新的可能。借助人工智能与信息技术,学生可以更好地展示自己的运动技能,同时参与更具挑战性和互动性的比赛。

首先,借助人工智能技术,结合云计算和云存储,能打破时间和空间的限制,实现学生之间跨地区或国家的远程展示交流和比赛。这种跨地域的合作和竞争不仅能提升学生的运动技能,还能促进跨文化交流和培养学生的全球合作意识。此外,运动风险监控系统能通过可穿戴设备采集心率、血氧、体温等数据,以准确评估学生运动损伤的风险,帮助教师更好地把握体育展示或比赛的时间和强度,为学生更加安全和科学地参与体育展示或比赛提供保障。

其次,信息技术的应用能在体育与智育跨学科主题学习中提供更丰富和多样化的教学资源和学习方式。通过互联网和在线平台,学生可以随时随地获取与体育比赛相关的资讯,教师可以教会学生如何高效利用信息技术资源,欣赏和学习自己喜爱运动员的技术动作。信息技术还能提供更加便捷和高效的评估和反馈方式。通过在线测评系统和数据分析工具,教师可以收集和分析学生体育展示或比赛的数据,了解他们的问题所在。信息技术还能促进学生之间的合作与交流。比如,学生可以通过在线社交平台

---

① 尹志华,郭明明,贾晨昱,徐艳贤,李晨曦.人工智能助推体育教育发展的需求机理、关键维度与实现方略[J].成都体育学院学报,2023,49(2):73-81.

或协作工具上传自己体育展示或比赛的图片、视频,分享自己的体育展示或比赛经验,讨论学习中遇到的问题,互相鼓励和支持,共同提高体育展示或比赛的水平和能力。

### 二、对提升学生健康行为核心素养的价值

#### (一) 帮助学生更好地理解锻炼习惯形成的重要性

体育锻炼意识与习惯对健康有着重要影响。在体育与智育跨学科主题学习中,可以积极运用心理学的理论和方法,帮助学生更好地理解和养成健康的锻炼习惯,实现健康行为的自我管理。

心理学中有许多理论和方法可以帮助学生建立健康的锻炼习惯。例如,自我效能理论认为,个体可通过自我设定目标、自我监控、自我奖励等方式来提高自己的行动能力和自我效能感,从而更积极地践行健康行为。通过学习自我效能理论,学生可以学会如何制订可行的锻炼目标、如何监控锻炼进程和结果,并通过自我奖励来增强锻炼的动机和兴趣。锚定效应和立即反馈效应也是帮助学生养成锻炼习惯的重要手段。锚定效应指一个人在决策或行动时受到之前的经验或信息的影响,从而形成固定的思维或行为模式。例如,在锻炼时学生可以通过锚定自己的锻炼时间和频率来帮助自己形成锻炼的习惯,如每天晚上 8 点进行 20 分钟的慢跑。立即反馈效应指个体在产生行为时能够立即获得行为结果的反馈,从而增强或减少该行为的发生。在锻炼时,学生可以使用智能手环或健身类 App 等工具通过设置运动时间来定时实现锚定效应;通过监测锻炼数据、反馈锻炼效果,从而更好地掌握自己的锻炼进程和提高锻炼效益。由此可见,学生通过掌握自我效能理论、锚定效应、立即反馈效应等心理学技巧,能够更轻松地坚持锻炼,提高自己的锻炼水平,从而拥有更加健康的生活方式,养成锻炼习惯。

#### (二) 信息科技、物理、数学、化学等知识对于促进健康的作用

健康是我们追求幸福和美好生活的关键,信息科技、物理、数学、化学等学科知识是帮助学生理解并保持健康的重要基础。在体育与健康跨学科主题学习中,学生可以通过学习相关知识,理解锻炼的生理过程,了解食物营养的摄取和利用以及避免运动损伤的方法,掌握相关的学科知识与应用方法,以此更好地管理自己的健康。

首先,信息科技可以打破健康教育的时间和空间障碍[①],学生可以通过

---

[①] 张欣欣,张凯,范高胜.我国学校体育健康教育模块实施困境与应对策略[J].体育文化导刊,2022(4):103 - 110.

互联网、社交媒体、健康类 App 等平台和软件,学习健康的相关知识和疾病预防的方法,通过在线健康咨询获得有益的健康信息,改变不良生活习惯,提高健康意识。

其次,在物理学方面,学生可以借助力学和运动学等知识,了解身体运动的基本原理和力的相互作用。例如,在完成各类体育运动动作时,学生需要通过控制力的大小和方向来调整身体的姿势和运动轨迹,也需要使身体吸收和缓冲来自地面和其他物体的冲击力。通过对身体的压力和重量分布的理解,改善运动技能的姿势,学生可以避免不必要的运动损伤。

第三,在数学学科方面,数学知识可以帮助学生计算和解读一些与健康相关的指标,如身体质量指数(BMI)、血压、心率等。通过对这些指标的计算和监测,学生可以了解自己和家人的身体状况,制订促进健康的计划并对健康数据进行周期性记录,帮助自己和家人及时调整生活方式,从而预防疾病的发生。

最后,在化学学科方面,学生可以了解到有关食物和营养的知识。这些化学知识可以帮助学生更好地了解各种营养素及其对健康的作用,如蛋白质、碳水化合物和脂肪对身体的重要性,符合健康要求的每日建议营养素摄入量等。此外,学生还可以了解如何避免常见的营养缺乏症和如何根据自己的身体需要制订饮食计划。

**(三) 通过现代科技手段提升学生对不同运动环境的适应能力**

在体育与智育跨学科主题学习过程中,现代科技手段可以被充分利用,以提升学生对不同运动环境的适应能力,进而提高学生健康行为素养。通过运用现代科技手段,学生可以更好地克服各种运动环境的挑战,培养良好的运动环境适应能力,进而迁移到自然环境和社会环境中,全面提升环境适应能力。

首先,借助虚拟现实技术可以模拟各种运动环境,让学生在安全且受控的情况下体验和克服运动中的各种挑战。通过沉浸式的虚拟现实体验,学生能够更直观地感受到不同运动场景的氛围和要求。例如,在滑雪运动中,虚拟现实技术可以提供逼真刺激的滑雪场景,学生可以在虚拟环境中模拟滑雪动作,并获得在冰雪运动这一险峻环境中的具身运动体验。这样的练习可以帮助学生掌握滑雪技巧,提高他们在险峻环境中的心理适应能力。

其次,借助移动应用软件和云平台,学生可以获得丰富的运动资源和指导。例如,有许多与健康和运动相关的移动应用软件可以提供定制化的锻炼计划、健康指导和反馈,还可以根据天气情况、空气质量智能推荐不同的运动项目及运动场地。学生可以随时通过这些应用软件获取场地资源和运动项目信息,帮助他们更好地在不同的环境下选择和进行运动,从而提升学生对不同运动环境的适应能力。

### 三、对塑造学生体育品德核心素养的价值

#### (一) 通过探索运动的奥秘培育学生积极进取的品质

运用多学科知识发展学生的运动能力和健康行为是一个渐进式的探索过程,往往需要克服一定的困难,经过细致严谨的推理论证,最后得到答案。这些理性的知识体系及其思维方式背后实则蕴含着积极进取的美好品质。在体育与智育跨学科主题学习过程中,面对理论知识的难题和实际运动中的挑战,学生需要坚持不懈地研究、总结、反思。学生运用多种学科知识发掘运动过程中蕴含的奥秘的过程,也是培养积极进取品质的过程,此时积极运用信息技术和语文等学科知识可以助推这一品质的培养。

学生可以利用信息技术,在体育与智育跨学科主题学习前对心中的疑惑进行“调研”,即在网络上进行相关知识的检索与收集;学生通过语文学科的知识与方法,细致描绘运用多学科知识探索运动奥秘的过程和感受,并记录活动过程中的不足与反思。这两个环节不仅可以提高学生对体育与健康的理解程度和认知水平,还能激发学生的自我效能感,培养积极进取、努力上进和自我超越的精神。例如,为了让学生能够理解身体免疫系统与运动的关系,可以引导学生在跨学科主题学习之前先在互联网上搜寻相关知识,探究“人体的免疫系统是什么”“免疫系统涉及当前所学的哪门课的知识”“人体的免疫系统和运动有什么关系”等问题;在跨学科主题学习的过程中,可以利用篮球对抗赛演绎机体中免疫系统对抗外界病原体的免疫反应过程,加深学生对“免疫系统”知识的理解;在课后,让学生以日记的形式回顾、记录整个发现问题、解决问题的学习过程,并对整个学习过程进行总结,还可以利用信息技术进行归档整理,进一步培养学生不懈探索、积极进取的品质。

#### (二) 培养学生自尊自强、独立解决问题的能力

数学、物理学科本身就承载着培养学生逻辑思维能力的任务,其知识体系的掌握需经过大量的分析与论证,对学生分析问题、解决问题和深度学习能力的培养十分有益。因此,运用这些学科的知识、思维和方法解决体育与健康问题的过程,能够培养学生通过自身努力解决问题的品质。学生在体育与智育跨学科主题学习的探索过程中,逐渐学会从力学角度出发,思考并探究如何更好地促进运动技能的提高、体能的发展,如思考排球扣球前腿部

与地面的夹角和纵跳高度的关系、如何克服关节角度效应进行弯举和深蹲的体能练习等问题,学生分析问题的能力得以提高;学会从几何的角度考虑如何将三维运动的物体用二维的方式在平面中进行表达,进行运动策略的演绎,再将二维的表达在三维的实际运动中进行应用,如利用信息技术模拟篮球战术的行进路线,从而实现理论层面和实践层面的结合,达到知行合一,学生解决问题的能力得以增强;学会从统计学角度出发,对自己的运动数据进行量化记录和统计学处理,对自己的能力和进步幅度进行深入分析与思考,调整或优化接下来的运动计划,实现运动能力的高效发展,学生深度学习的能力得以增强。

此外,借助人工智能的学科知识也可以培养学生依靠自身力量发现问题、解决问题的能力。传统体育浅层学习所强调的肢体动作赋予学生的学习体验虽然直观,但仅停留于动作大小、力度、方向等的变化,学生对动作背后所蕴含的原理、机制乃至文化底蕴等所知甚少,因而会产生枯燥乏味感,且仅靠动作学练无法提升学生的高阶思维能力。当前人工智能时代,各种AI软件能够帮助学生收集和整合信息,提高学生解决问题的效率,引导其主动探索更深层次的学习机制,培养其复杂思维与问题解决等高阶思维能力。如在足球学习中,可通过计算机视觉识别课堂中每位学生的跑动路线、技术动作、战术配合以及违规事件,通过赛事智能分析系统评价学生足球技战术掌握、技战术执行及规则遵守情况,进而引导学生从表层"技术动作模仿"向深层"整体运动分析"转变[1]。

**(三) 通过应用科技手段引导学生公平公正进行运动**

科技的应用能够更好地落实运动最初所追求的本质——公平公正。在现代化的体育比赛中,引进高级技术设备已经成为一种趋势,如电子裁判系统、运动员监控系统等。这些设备的应用可以有效地提高比赛的公正性。

竞技体育裁判是体育赛事规则的执行者,也是实现规则价值的重要载体,在竞技体育赛事中具有举足轻重的地位[2]。随着人工智能等现代技术的发展,电子裁判系统在各类赛事中得到了广泛应用,可以尽可能避免在比赛中出现误判、漏判等情况,从而保障运动员的权益,提高比赛的公正性。AI评分系统也在体操等运动项目中得到成功应用,借助计算机视觉和深度算法,可以对运动员的动作进行精准分析和评分,减少主观因素和错误判断

① 尹志华,郭明明,贾晨昱,徐艳贤,李晨曦.人工智能助推体育教育发展的需求机理、关键维度与实现方略[J].成都体育学院学报,2023,49(2):73-81.
② 江岚.竞技体育智能裁判系统的风险识别及规制路径[J].武汉体育学院学报,2023,57(3):29-36+44.

的可能性。这样可以确保比赛结果的客观性,并给予参赛者公正的评价,激励运动员不断提高和进步。可以让学生观看电子裁判对赛场上运动员进行判罚的视频,让学生通过视频体会到各项运动的客观判罚尺度,并积极引导学生在运动时遵循公平公正的原则。基于以上科技,在体育与智育跨学科主题学习中,教师通过对体育赛事中现代科技的解读,可以让学生深入了解减少运动中的判罚失误与偏见、让公平竞争成为可能的高级技术设备以及保持比赛公平的重要意义。

**(四) 多学科知识助力学生建立正确胜负观**

为了追求比赛的胜利,一些选手在赛场上会采用非常规手段,例如在游泳比赛中穿着能够提升泳速的"鲨鱼泳衣",在篮球比赛中穿着能够提升垂直纵跳高度的"弹簧鞋"。这些装备都曾出现在职业运动的赛场上,但因其有失公平、违反体育道德,而相继被官方部门禁止。此外,兴奋剂问题目前仍在体育赛场上层出不穷。这些问题是随着科技发展而出现的负面产物,是多学科知识在体育中应用的体现,但并未建立在正确的胜负观之上。因此,在体育与智育跨学科主题学习运用多学科知识解决体育问题的过程中,还应引导学生建立正确的胜负观。

在体育与智育跨学科主题学习过程中,体育教师可以引导学生剖析"鲨鱼泳衣""弹簧鞋"的深层原理,让学生了解它们为何能够提高运动成绩;同时,也要始终把握正确的教育导向,让学生明白在追求运动成绩的同时应秉持正确的胜负观念。体育比赛的目的是增强体魄、培养团队协作精神以及享受比赛过程中的快乐,因此不能为了取得胜利而不择手段。此外,还可以让学生了解因为不择手段地争取胜利而引发的对自身和社会的不良后果,以发挥警示作用。例如,俄罗斯国家队曾经因为使用兴奋剂而受到了国际奥委会的处罚,此事件不仅损害了其国家形象和国际声誉,还引发了一系列社会负面效应,甚至影响了现代竞技运动的发展[①]。因此,应当坚守体育道德,追求公平竞争,树立正确的胜负观念。

## 第二节　体育与智育跨学科主题学习开展的典型方式

结合《课程标准(2022 年版)》中的跨学科主题学习的示例,体育与智育跨学科主题学习开展可以从体育运动知识的掌握、科技助力体育学习、体育

---

① 张翼. 俄罗斯兴奋剂事件的社会学解读与思考[J]. 南京体育学院学报(社会科学版),2016,
　30(4):17 - 24.

与智育相关问题的探讨三个方面出发。本节将重点阐述体育与智育跨学科学习开展的"学""练""思"三种典型方式。

## 一、学:体育运动知识的掌握

### (一)学习运动器材和运动装备的相关知识

运动器材和运动装备不仅关乎学生运动时的安全问题,也直接影响学生的运动表现和比赛的公平性,因而了解运动器材和运动装备的结构原理和使用方法是进行一项运动的前提。随着社会政治经济的发展,体育教学与训练的器材设计也逐渐呈现出科学化和技术化的趋势,人们利用越来越完善的运动器材来提高体能,符合生物化学理论的体育器材设计能够十分显著地提高其训练水平,促进其运动成绩和竞技成绩的飞速增长[①]。

在体育与智育跨学科主题教学过程中,学生对运动器材和运动装备知识的学习可划分为三个层次。第一个层次是了解运动项目涉及的具体器材、装备的功能和相应的使用方法,包括基本的运动设备如球、球拍、护具,以及复杂的设备如篮球架、足球球门、网球推车等。第二个层次是理解器材和装备在运动项目中如何发挥作用,如乒乓球拍正反面胶粒的区别及其对击球的影响,网球拍的主弦和横弦间距如何影响球的旋转与球路,足球、篮球、排球的纹路、摩擦力如何影响球的运转。第三个层次是认识到现代科技是如何赋能运动器材和装备应用的,如高分子材料制作的球拍和球鞋为何更轻、更强、更耐用,用于收集运动员各种生理数据的传感器可以收集和分析哪些指标,如何通过这些指标帮助运动员制订更加科学的训练计划。值得注意的是,在学习过程中,要与传统的"教运动器材和装备的使用方法"区别开来,要引导学生对其深层的知识、原理进行挖掘,使学生更深入、更直观地感受、了解运动器材和运动装备。

### (二)观看科技手段在体育运动中应用的视频

观看科技手段在体育运动中应用的视频,可以帮助学生更好地理解如何将理论知识应用到具体的体育实践中,也可以激发他们对新兴科学技术的探索欲和求知欲。这类视频可以包括:优秀运动员应用高新科技手段进行训练和比赛的录像,应用高新科技实况报道的各类运动竞赛,运动数据分析师使用高新科技手段对运动员身体状况与训练和比赛数据进行分析的实录等。通过这些视频,学生可以观察到高新科技是如何助力优秀运动员的

---

① 曾庆添.生物化学赋能体育器材设计创新分析——评《运动训练生物化学》[J].化学工程,
　2023,51(4):95.

运动表现、实时报道体育赛事，以及帮助运动科学家改善运动员身体状况的。

观看此类视频还可以帮助学生更好地了解当前科技发展的趋势和前沿方向。随着科技的不断进步和发展，越来越多的新技术和工具被应用到体育运动中，这些新技术和工具不仅可以提高运动员的表现和成绩，还可以改善体育比赛的规则和方式，使得竞技体育更加公正和有趣。

**（三）学习物理、化学、生物、信息科技中与体育有关的知识**

科学和技术在体育领域的应用是多方面的，涵盖了物理、化学、生物以及信息科技等诸多领域。

首先，物理学在运动中的应用十分广泛。投掷、跳跃和运动员的运动轨迹等，这些都与物理学的基本理论密切相关，如采用动力学研究物体运动过程中涉及的力、质量和加速度之间的关系。了解动力学原理可以帮助学生优化运动方式，如在投掷项目中，合理运用动力学知识可以帮助学生通过改变投掷物体的质量和速度来提高投掷的距离和精度。能量转化是物理学中的重要概念，其也在体育中发挥着重要的作用。比如在长跑项目中，理解能量原理可以帮助学生有效地管理体内的能量，合理控制呼吸和步频，以提高长跑的耐力和效率。

其次，化学知识在体育运动中也有着重要应用。例如通过研究人体在运动过程中的代谢反应，学生可以了解运动过程中人体需要消耗哪些能量物质，学会为自己和家人制订合理的运动与饮食计划。在体育运动中，尤其是高强度和高风险的项目中，运动损伤不可避免，而化学知识可以帮助学生了解和应用一些化学药物和处理方法，如抗菌药物、消炎药、冷热敷料等，以及正确使用一些化学品和物质，如酒精消毒剂、消毒喷雾等，以促进伤口愈合和恢复。化学在材料科学和工程中起着重要的作用，运动器材和装备的制造涉及很多化学原理和化学材料，如合成纤维、橡胶材料、塑料等。了解相关化学知识可以帮助学生选择合适的器材，并知晓如何正确使用和保养它们。

第三，生物学涉及人体的结构和功能。了解人体的骨骼、肌肉、神经系统如何在运动中协同工作，可以帮助学生更好地理解运动技巧和运动损伤及预防的相关知识。此外，了解人体与运动过程相关的呼吸系统、循环系统和免疫系统，学生可以更好地理解运动过程中人体系统的工作过程。

最后，信息科技是体育运动中的一项重要工具，尤其在数据收集和分析方面。例如，利用各类传感器收集运动者的心率、速度、力量等数据；利用大数据和人工智能技术对这些数据进行深入分析，为运动者提供科学的学练建议;利用虚拟现实和增强现实技术,为运动者提供模拟的学练环境,使他们在安全无威胁的环境下学习和练习复杂的运动技巧等。

## 二、练:科技助力体育学习

### (一) 各种高科技设备与体育学习结合

在体育与健康跨学科主题学习中可融入高科技设备,以助力学生学习。以加速度计、陀螺仪、心率传感器、温度传感器、速度传感器等为代表的可穿戴设备可为体育与智育跨学科主题学习带来全新的体验,它们可以及时调整教学进度、降低运动损伤的风险,并且能有效调动学生运动的积极性①。可穿戴式设备可以监测学生的身体状况指标,如心率、移动速度、纵跳高度、移动路径、动作轨迹等,并提供实时的指标反馈,不仅能为运动技能、体能的学练提供客观的评价依据,还可以为学生探究学习提供新思路。

基于人工智能的计算机视觉、对话机器人、拓展现实、智适应学习等技术为运动插上了智慧的翅膀。计算机视觉技术利用摄像机、电脑替代人眼对活动目标进行跟踪、识别,使电脑处理的信息成为更适合人眼观察或传送给仪器检测的图像。通过视频捕获、图像处理等技术,对学生的技术动作进行诊断和分析,优化学生的动作模式。对话机器人可用于辅助学生运动技能、体能或健康知识的学习,通过对学生的各项指标数据进行分析,给出针对性的建议,从技术、身体、营养角度提供智能的优化方案②。虚拟现实(VR)和增强现实(AR)等拓展现实技术可以为学生提供"真实"的运动场景,让学生在虚拟环境中进行体验学习,突破了时空限制,也增加了学习的趣味性。智适应学习技术能够依据学生学习兴趣、成绩、能力、体能等历史学习数据和学习路径规划算法,为每一位学生定制个性化的体育学习方案。

### (二) 在练习中结合科学知识探究运动的共性和特性

体育运动中蕴含着丰富的科学知识,在练习中探究科学知识的奥秘,可以加深学生对运动的理解。通过将物理、生物、化学等学科知识融入体育与智育跨学科主题学习,学生可以理解各种运动之间的相似性和差异性。

首先,在物理学科方面,运用力学原理可以帮助学生更好地理解和掌握运动技术,提高他们的运动能力。例如,为何跳高运动员和跳远运动员在起跳时同样是对地面施加力的作用,身体却朝向不同的方向运动? 为何材质

① 袁鹏科. 可穿戴运动监测设备在运动教学中的应用[J]. 电气传动,2020,50(2):123.
② 苏宴锋,赵生辉,李文浩,张文栋,张铭鑫. 人工智能提升运动表现的前沿进展、困境反思与优化策略[J]. 上海体育学院学报,2023,47(2):104 - 118.

和大小不同的球类特性各不相同,需要特定的技巧和方法才能将其掌控?

其次,在生物学科方面,运用生理学知识可以解释为何从事不同项目的运动员存在身体形态、身体机能方面的差异,帮助学生更好地理解不同运动项目的特性及其和其他项目的差别。如解释短跑运动员与长跑运动员为何强壮程度不同,篮球运动员与举重运动员四肢长度的比例为何不同,这些身体特性对其从事该项目有何促进作用等。

最后,在化学学科方面,物质的组成结构、物质的化学反应及能量守恒等知识可以帮助学生更好地理解体育运动中的营养膳食问题。不同食物的化学成分不同,对身体产生的功能也有所不同,适当的体育活动辅以良好的膳食配比能够有效促进机体健康生长,维持机体健康。若膳食的摄入量大于活动的消耗量,多余的能量将以脂肪的形式贮存在体内,会带来体重的增长和体脂率的升高。

**(三) 设计丰富多彩的运动形式**

在体育与智育跨学科主题学习中,利用信息技术、人工智能设备,辅以多学科知识,可以设计丰富多彩的具有探究性质的运动形式,给运动赋予"智"的元素。通过生成式人工智能、虚拟现实(VR)和增强现实(AR)等技术以及数字化设备的应用,学生不仅可以提高运动技能和体能,还可以培养创新思维和解决问题的能力,实现体育与智育的"双丰收"。

首先,通过生成式人工智能技术,可以设计交互式的运动游戏。这些游戏和应用程序可以结合虚拟现实、增强现实或运动传感器等技术,在游戏中提供体育运动的体验和挑战,学生可以与虚拟人物或机器人进行运动对战,同时可以结合多学科知识在游戏过程中解决问题或制订高效的策略。通过游戏化的方式,学生可以更加积极主动地参与体育运动,并培养健康的锻炼习惯和分析问题的能力。

其次,利用虚拟现实(VR)和增强现实(AR)技术,可以为学生创建逼真的虚拟运动环境。学生可以通过身临其境的虚拟场景进行各种体育运动,如登山、滑雪、赛车等。这不仅可以增加学生的兴趣和活跃度,还可以根据课程目标和学科要求设计各种挑战和任务,促使学生在运动过程中运用多学科知识与技能。

最后,运用计算机视觉技术和各种传感器,可以将运动量化并创造数字化运动场景。学生可以利用智能手环、传感器等设备记录并分析自身的运动数据,如步数、心率、速度等,结合多学科知识分析数据并构建模型,以此来研究不同运动动作背后的科学原理和规律。

### 三、思：体育与智育相关问题的探讨

#### （一）设置体育科技前沿知识分享与交流论坛

在体育与智育跨学科主题学习中，通过组织体育科技前沿知识分享与交流论坛，能让学生持续学习和分享他们在体育与智育交叉领域的新知识和新想法。在知识分享与交流论坛中，学生可以扮演行业专家、科研人员等多种角色，共享知识和经验，共同探索体育科技的未来。这样的论坛不仅可以帮助学生了解体育科技的最新发展，还可以提供一个交流平台，让学生分享他们在体育与科学交叉领域的新思路。在论坛上，学生可以了解和学习最新的科技成果和技术应用，以及体育科技的前沿知识和发展趋势。这种跨学科的交流与合作，有助于学生拓宽视野，加深对体育科技的认识和理解，激发学生对体育科技的兴趣和热情。同时，这种交流与合作也有助于学生提高自己的学术水平和创新能力，培养学生的团队合作精神和领导能力，为学生未来的学习和发展打下坚实的基础。

#### （二）探讨体育教育中科技知识应用的伦理问题

虽然现代科技对体育运动的发展产生了极大的助力作用，但同时也带来了一些新的伦理问题。部分运动员甚至会通过使用兴奋剂、运用不符合规定的设备等不正当的手段来提升运动表现。为了引导学生对这些问题建立正确的认识，在体育与智育跨学科主题学习中可以组织一些专题讨论，邀请相关领域的专家进行线上、线下的讲座，引导学生深入思考这些问题。在讨论中，学生可以交流科技运用于体育过程中涉及的道德和伦理问题，如药物使用的伦理问题、科技在竞技场上的合理使用以及运动员的自律与诚信等。此外，可以引导学生了解和研究国际体育组织和各种运动的规则与要求，以及禁止使用非法装备和药物的原因，再辅以一些真实案例的分析，使学生更好地理解伦理问题产生的原因和后果。学生还可以以小组的形式开展讨论，探讨体育伦理与个人的价值观、团队合作和社会责任之间的关系，讨论运动员应如何应对科技的诱惑，并寻找解决和应对伦理问题的方法与策略。通过多种形式的探讨，学生不仅可以增强自己的体育伦理道德观念，更可以学会怎样以理性、公正的态度看待和处理体育运动中的这些问题，同时体会到竞技运动的真正意义。

#### （三）现代科技对体育发展影响的趋势分析

现代科技对体育发展的影响是全面和深远的，体育教师可以设置该议题引导学生展开讨论，具体可涵盖以下主题。首先，科技改变了体育训练和

比赛的方式。例如,通过泳姿分析系统①,教练可以更准确地指导运动员改正游泳姿势;借助仿真技术,运动员可以在安全的环境下进行训练;借助大数据分析,人们可以更准确地预判比赛结果。其次,科技也改变了人们观看体育赛事的方式。例如,以前观众只能在比赛场馆或通过电视观看比赛,现在则可以通过网络直播,实时观看全球各地的比赛,甚至可以利用虚拟现实(VR)和增强现实(AR)设备身临其境地感受比赛;人工智能甚至可以帮助解析比赛过程,提供更丰富的比赛解读。最后,科技也改变了体育赛事的管理和营销方式。例如,电子竞技已经成为一种全新的体育赛事②,其全球市场规模已经超过了许多传统的体育项目;区块链技术可以用于体育赛事网络版权的保护③;社交媒体则为运动员和粉丝提供了直接交流的平台,有效提升了体育赛事的影响力。

通过分析这些趋势,能够让学生认识到科技将继续深入影响体育的各个方面,为体育的发展提供更多的可能性。同时,也应提醒学生注意科技发展可能带来的问题,并积极寻找解决方案,促进体育与科技和谐发展。

## 第三节 体育与智育跨学科主题学习的案例设计

依据第五章中构建的体育与健康跨学科主题学习设计模型 CI - PTE,结合《课程标准(2022年版)》的相关精神,本节为水平一到水平四学生设计了"指挥身体的大脑""运动记录员""身体的运动与运动的身体""给运动插上智慧的翅膀"四个有关体育与智育的跨学科主题学习案例。

### 一、水平一案例设计

**(一)具体案例**

1. 选择学习主题,基于核心素养形成学习目标(C)

① 选择学习主题

本案例围绕跨学科主题"指挥身体的大脑"进行活动设计,通过综合运用科学、数学等知识与技能,使学生知晓大脑的功能,明白大脑是向身体发

---

① 白慧敏. 无线游泳姿态测量实验与数据分析方法[J]. 国外电子测量技术,2019,38(10):38 - 43.

② 周结友,闫艺方,赵赢,彭文杰,陈亮. 发达国家体育消费研究:成果、特征与启示[J]. 广州体育学院学报,2022,42(6):1 - 22.

③ 鸦新颖,刘亚云,曹冰婵. 基于区块链技术的体育赛事网络版权保护[J]. 武汉体育学院学报,2022,56(7):46 - 52.

出指令的"指挥部",在日常生活中可以通过积极的体育活动缓解大脑疲劳，提高大脑认知灵活性，养成良好的健康行为习惯。

②根据所选主题特点，构建学习目标体系

"指挥身体的大脑"这一跨学科学习主题主要聚焦智育，重点是通过在基本运动技能学练过程中模拟大脑给身体下达指令以及放松的过程，运用多种学科知识与技能帮助学生理解大脑是如何调动身体进行运动的，以及如何保持大脑健康，提高学生运动认知、健康知识与技能的掌握和运用等体育与健康核心素养水平。基于此，本案例以水平一学生所进行的基本运动技能学练为载体展开设计，提出了以下学习目标（见表7-1）。

表7-1　基于基本运动技能的"指挥身体的大脑"学习目标

| 核心素养 | 具 体 表 述 |
|---|---|
| 运动能力 | 能够正确展示主要的基本运动技能；理解大脑对保持身体平衡、控制身体肌肉的作用；体能水平得到一定程度发展。 |
| 健康行为 | 形成体育锻炼意识和习惯，具有较好的自然环境与社会环境适应能力。 |
| 体育品德 | 具有团队精神，能够在团队活动中相互帮助与支持。 |

2. 依据学习主题与目标，构建大概念结构体系(I)

"指挥身体的大脑"主要涉及科学、体育等元素的融合，可从学习目标中提取大概念，具体涵盖学科大概念与跨学科大概念（见表7-2）。

表7-2　"指挥身体的大脑"大概念结构体系

| 大概念类型 | 大 概 念 |
|---|---|
| 学科大概念 | 大脑的功能（科学） |
|  | 基本运动技能（体育） |
| 跨学科大概念 | 运动有益于大脑放松（体育与科学） |

3. 根据大概念构建跨学科主题学习问题链(P)

为了帮助学生理解大概念，就需要设置相应的问题，引导学生在解决问题的过程中建构起对大概念的理解。可根据"指挥身体的大脑"跨学科主题学习所蕴含的大概念体系形成递进式问题链（见图7-1）。

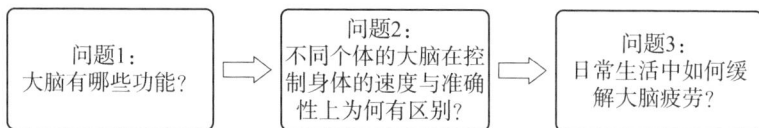

图 7-1　"指挥身体的大脑"跨学科主题学习问题链

4. 在复杂问题导向下,构建教学内容任务群(T)

针对以上问题链,"指挥身体的大脑"跨学科主题学习任务群可由以下三个子任务组成:查阅资料了解大脑的相关功能(指向问题 1);通过基本运动技能的学练模拟大脑控制身体的情境(指向问题 2);引导学生查阅与大脑健康相关的知识,通过基本运动技能学练模拟"缓解大脑疲劳"的情境,并以移动性技能、非移动性技能和操控性技能为主要形式开展学习(指向问题 3)。基于情境、资源、活动三维元素,可设计以下任务群(见表 7-3)。

表 7-3　"指挥身体的大脑"跨学科主题学习任务群

| 情境导入 | | | |
| --- | --- | --- | --- |
| 中小学生的大脑健康对于他们的学习、认知和心理健康至关重要。然而,随着学业压力的增大和电子产品使用时长的增加,中小学生的大脑健康面临挑战。为此,作为学生的我们应认识到大脑健康的重要性,并了解运动对促进大脑健康的积极影响。 | | | |
| 学习任务 | 学生活动 | 教师组织 | 活动意图 |
| ① 神奇的大脑功能:查阅有关大脑功能的资料,思考大脑与基本运动技能学练的关系。 | ① 通过网络、书籍等途径查阅资料,了解大脑主要功能的相关知识。② 回忆基本运动技能的动作名称、技术细节及其作用。③ 思考基本运动技能学练与大脑的关系,以及如何运用大脑功能促进基本运动技能的发展,进行小组交流讨论,推选出小组组长进行汇报。 | ① 引导学生查阅相关资料。② 引导学生回忆所学基本运动技能的动作名称、动作细节及其作用,鼓励学生用丰富的语言描绘、形容出基本运动技能的动作细节。③ 组织学生对基本运动技能学练与大脑的关系、如何运用大脑功能促进基本运动技能的发展等问题进行思考,并组织小组讨论,小组长 | ① 通过查阅相关资料,了解大脑的感知、学习和记忆、运动控制、情感调节、思考和决策等功能。② 通过回忆基本运动技能的动作名称、动作细节和作用,加深对基本运动技能的理解和认知。③ 通过对基本运动技能学练与大脑的关系、如何运用大脑功能促进基本运动技能的发展等问题的思考,辅以教师引导、讲 |

| 学习任务 | 学生活动 | 教师组织 | 活动意图 |
|---|---|---|---|
|  |  | 对讨论结果进行汇报。 | 解,加深对大脑的运动控制、思考、记忆等功能的理解。 |
| ②身体指挥官:"大脑"控制"身体"的小游戏。 | ① 学生分成若干个小组,组员轮流扮演"大脑"角色,其余组员则扮演"身体"角色,"大脑"发出基本运动技能的动作指令,"身体"执行指令,做出相应的基本运动技能动作。<br>② 思考为什么不同的"身体"在接受指令时做出反应的快慢不同、为什么有的"身体"在接受指令时会出现错误动作,对此进行交流探讨。<br>③ 自由练习,对在活动②中出现的延迟反应、错误动作进行针对性练习。<br>④ 重复活动①,思考为什么经过针对性的反复练习后,"身体"接受指令后做出反应的速度和准确率提高了,对此进行交流探讨。 | ① 组织学生分组进行"身体指挥官"的游戏。<br>② 组织学生对不同"身体"接受"大脑"指令时的不同反应速度和正确率进行小组交流探讨。<br>③ 组织学生针对活动②中出现的延迟反应、错误动作进行练习,并对学生的动作进行针对性指导。<br>④ 组织学生对经过针对性的反复练习后,"身体"接受指令时做出反应的速度和准确率得到提高的原理进行探讨。 | ① 通过"身体指挥官"游戏,体会大脑的运动控制功能。<br>② 通过对"身体"接受"大脑"指令时的不同反应速度和正确率进行小组交流探讨,了解个体在运动控制方面的差异性。<br>③ 通过对活动②中出现的延迟反应、错误的动作进行针对性练习,加强基本运动技能的掌握。<br>④ 通过对针对性的反复练习后,"身体"接受指令时做出反应的速度和准确率得到提高的原理的探讨,了解大脑的运动控制学习机制,初步建立对通过针对性的反复练习塑造和强化大脑中突触的连接作用的认知。 |
| ③ 大脑健康维护员:通过运动缓解大脑疲劳。 | ① 通过网络、书籍等途径查阅资料,了解大脑过度疲劳对身心健康的危害以及运动对大脑健康的益处。<br>② 开展由操控性、移动性、非移动性基本运动技能组成的组合练习比赛。 | ① 引导学生查阅相关资料。<br>② 创设由多种基本运动技能组成的组合练习比赛,组织学生在该情境下通过不同基本运动技能学练完成情境任务。<br>③ 组织学生围绕"保 | ① 通过了解大脑过度疲劳对身心健康的危害以及运动对大脑健康的益处,明白运动可以缓解大脑疲劳、改善大脑认知灵活性,促进学生健康知识的掌握,体育锻炼意识和习惯的养成。 |

续表

| 学习任务 | 学生活动 | 教师组织 | 活动意图 |
|---|---|---|---|
|  | ③结合活动①和活动②,思考在进行体育活动以后是否感觉身心愉悦、思路清晰,并探讨该现象对日常生活中放松大脑的启示。 | 持大脑健康,日常生活中应该怎么做?"进行思考和探讨并进行点评。 | ②通过让学生在体育活动中获得大脑放松、身心愉悦的真实感受,使他们具象化理解运动对放松大脑的作用;在活动过程中学生的基本运动技能得到发展,加深其对"运动促进大脑健康"的感悟。③结合活动①和活动②,对在日常生活中如何保持大脑健康进行思考,并予以点评,增加学生的健康知识,提高学生的健康意识。 |
| 可用资源 | | | |

实物资源:标志桶。

电子资源:大脑功能相关视频资源、保护脑健康相关视频资源。

时间资源:体育课内时间、课外体育锻炼时间。

5. 设计评价方案,检验学生跨学科主题学习成果(E)

"指挥身体的大脑"跨学科主题学习评价主要以体育教师与学生为主体,在教师评价与学生自评互评中,运用表现性评价标准对学生在参与学习过程中的表现进行评价,可设置以下表现性评价标准(见表7-4)。

表7-4　"指挥身体的大脑"跨学科主题学习评价标准

| 评价标准 | 有待进步 | 一般 | 优秀 |
|---|---|---|---|
| 1. 能够准确描述基本运动技能的名称和内容 |  |  |  |
| 2. 能够积极参与到运动技能学练中 |  |  |  |
| 3. 能够描述大脑的基本功能 |  |  |  |

| 评价标准 | 有待进步 | 一般 | 优秀 |
|---|---|---|---|
| 4. 能够阐明为何不同个体的大脑在控制运动时存在速度和正确度的差别 | | | |
| 5. 在活动中与同伴积极交流 | | | |
| 6. 积极参与大脑功能、大脑健康相关信息的搜索 | | | |
| 7. 积极参与大脑功能、大脑健康相关问题的讨论 | | | |

### (二) 设计思路

"指挥身体的大脑"跨学科主题学习围绕"大脑的运动控制功能"和"运动促进大脑健康"两个问题展开,综合利用了科学、数学等知识和信息技术,学生通过在主题游戏中进行基本运动技能学练,加深对"大脑的运动控制功能"和"运动促进大脑健康"的理解。在活动中,学生的基本运动技能得到发展,对"大脑健康"相关的知识有了一定认知,体育锻炼意识和习惯得以养成。通过运用数学中的几何、计算等知识构建运动场景,使学生的合作交流能力、分析探究能力得以发展。

### 二、水平二案例设计

#### (一) 具体案例

1. 选择学习主题,基于核心素养形成学习目标(C)

① 选择学习主题

本案例围绕跨学科主题"运动记录员"进行活动设计,通过综合运用信息技术、语文、数学等学科中的知识与技能,实现体能和运动技能学练、身体健康指标和心理状态变化的周期性记录和反思,探寻体育运动对身心健康的作用,促进体能、运动技能和身心健康的同步发展。

② 根据所选主题特点,构建学习目标体系

"运动记录员"这一跨学科学习主题主要聚焦体育与智育,重点是通过运用多种学科知识与技能帮助学生掌握周期性记录和反思体能与运动技能的方法,并学会利用信息化平台进行信息录入,实现数据的信息化管理。此外,帮助学生掌握总结、报告自己体能和运动技能以及身心健康状况的方法,最终促进学生的体育与健康核心素养水平提升。基于此,本案例构建了以下学习目标(见表 7-5)。

表7-5　"运动记录员"学习目标

| 核心素养 | 具 体 表 述 |
| --- | --- |
| 运动能力 | 掌握体能和运动技能的学练方法,能够运用适当方法了解当前自身的体能情况并制订锻炼计划。 |
| 健康行为 | 正确理解体育运动和身心健康促进的联系,树立"运动促进健康"的价值观念,在运动中能够适应环境。 |
| 体育品德 | 在记录工作中表现出公平公正的体育道德,具有较强的责任意识。 |

2. 依据学习主题与目标,构建大概念结构体系(I)

"运动记录员"主要涉及信息技术、语文、数学等元素的融合,可从学习目标中提取大概念,具体涵盖学科大概念与跨学科大概念(见表7-6)。

表7-6　"运动记录员"大概念结构体系

| 大概念类型 | 大 概 念 |
| --- | --- |
| 学科大概念 | 信息化平台使用(信息技术) |
| | 制订体能练习计划(体育) |
| | 评价体能水平(体育) |
| 跨学科大概念 | 运动监测(体育与科学) |
| | 信息化管理运动(体育与信息技术) |

3. 根据大概念构建跨学科主题学习问题链(P)

为了帮助学生理解大概念,就需要设置相应的问题,引导学生在解决问题的过程中建构起对大概念的理解。可根据"运动记录员"主题学习所蕴含的大概念体系形成复合式问题链(见图7-2)。

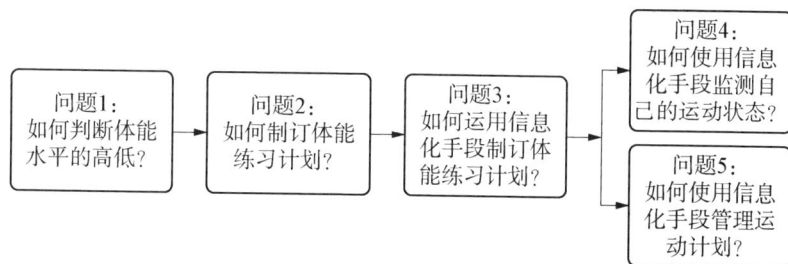

图7-2　"运动记录员"跨学科主题学习问题链

### 4. 在复杂问题导向下,构建教学内容任务群(T)

针对以上问题链,"运动记录员"跨学科主题学习任务群可由以下四个子任务组成。我要记录什么:了解体能水平的评判标准及记录方法(指向问题1);三省吾身:针对当前体能水平进行反思,制订体能练习计划(指向问题2);将运动记录信息化:学会运用信息技术制订体能计划(指向问题3);记录汇报:根据体能练习中的监测情况与计划安排制作成长 PPT 与大家分享(指向问题4、5)。基于情境、资源、活动三维元素,可设计以下任务群(见表7-7)。

表7-7　"运动记录员"跨学科主题学习任务群

| 情境导入 |
| --- |
| 身心健康水平对于个体成长具有重要影响,体能练习可以有效促进身心健康发展、提高学生运动表现。学会测评体能水平、记录体能状况、管理体能练习能够更好地促进体能水平的提高。随着信息技术的发展,学生还可以通过信息化平台来管理自己的体能训练计划,提高练习效率与效果。 |

| 学习任务 | 学生活动 | 教师组织 | 活动意图 |
| --- | --- | --- | --- |
| ① 我要记录什么:了解体能水平的评判标准及记录方法。 | ① 通过网络、书籍等途径查阅资料,了解体能水平的评判标准。<br>② 小组讨论,确定体能水平的记录形式与方法。 | ① 要求学生查阅相关资料。<br>② 帮助学生确定正确的体能评价指标。<br>③ 引导学生采用正确的形式进行相关的记录(用折线统计图形式记录体能各项指标水平、用日记形式记录自身心理变化等)。 | ① 通过查阅相关资料,帮助学生了解体能的评价指标,同时培养其搜索信息的能力。<br>② 帮助学生了解体能评价方法,在交流中提高其合作能力。 |
| ② 三省吾身:针对当前体能水平进行反思,制订体能练习计划。 | ① 在教师的引导下,对当前自身体能水平进行针对性分析,思考如何促进体能发展。<br>② 在教师的引导下制订新的体能练习计划,执行新计划期间,根据自身情况对练习计划做出及时调整。 | ① 引导学生对当前体能状态进行针对性分析,思考促进体能水平提高的方法。<br>② 协助学生调整体能练习计划。<br>③ 提醒学生在执行新计划期间,密切关注身心变化情况,必要时进行及时调整。 | ① 使学生对自己体能情况形成清晰认识,同时培养自我反思能力,提高自主意识。<br>② 通过制订体能练习计划并根据计划进行及时调整,培养学生自主管理能力。 |

续表

| 学习任务 | 学生活动 | 教师组织 | 活动意图 |
|---|---|---|---|
| ③ 将运动记录信息化:学会运用信息技术制定体能计划。 | ① 在教师的引导下运用信息技术,将一段时间内的体能水平输入信息化平台。<br>② 运用信息设备进行体能计划设计。 | ① 为学生提供平板电脑等信息化设备,帮助学生正确使用信息技术制订体能练习计划。 | ① 通过学习信息技术的使用,实现体能水平记录的信息化管理。 |
| ④ 记录汇报:根据体能练习中的监测情况与计划安排制作成长 PPT 与大家分享。 | ① 对一学期的体能水平变化、练习计划进行汇总,制作成 PPT。<br>② 对照 PPT 进行分享,围绕"利用信息技术进行周期性记录和反思"谈心得感悟。 | ① 指导学生总结一学期的体能水平进步情况。<br>② 鼓励学生向大家分享体能练习心得,运用数学知识解释体能指标的变化特征,思考合理使用信息技术为自我管理带来的益处。 | ① 通过制作 PPT 并演讲提高学生的总结概括能力和语言表达能力。<br>② 通过总结概括使学生切身体会体育锻炼对提高体能水平的作用,养成体育锻炼的意识与习惯。<br>③ 通过交流"利用信息技术进行周期性记录和反思"的心得感悟,强化学生合理利用信息技术实现自我管理的意识。 |

| 可用资源 |
|---|

实物资源:计算机。

时间资源:体育课内时间、课外体育锻炼时间。

5. 设计评价方案,检验学生跨学科主题学习成果(E)

"运动记录员"跨学科主题学习评价主要以体育教师与学生为主体,在教师评价与学生自评互评中运用表现性评价标准,可对学生在参与学习过程中的表现进行评价,可设置以下表现性评价标准(见表 7-8)。

表 7 - 8　"运动记录员"跨学科主题学习评价标准

| 评价标准 | 有待进步 | 一般 | 优秀 |
|---|---|---|---|
| 1. 能够通过日记正确记录体能练习情况 | | | |
| 2. 能够正确绘制体能相关指标的统计图 | | | |
| 3. 能够解读自身体能状况并制订新的练习计划 | | | |
| 4. 能够使用信息化平台记录和管理信息 | | | |
| 5. PPT 制作精美,准确反映汇报主题 | | | |
| 6. 能够与同伴沟通交流,共同探讨学习心得 | | | |

## (二) 设计思路

"运动记录员"跨学科主题学习围绕对体能练习进行信息化的周期性记录展开,旨在综合利用信息技术、语文和数学知识,提高学生体能练习效率。活动之初,学生经过资料检索、团队探讨,确定出日后要观测、记录的体能相关指标与内容;通过学习信息化技术的使用,实现将观测指标与记录内容输入信息化平台;通过信息化平台的反馈,学生根据体能情况对日后练习计划做出调整;学期末,学生汇总一学期的体能和运动技能学练情况,制作成长PPT,从中总结体育锻炼与体能发展的关系,以及信息化技术对实现自我管理的帮助。在活动过程中,学生的观察能力、逻辑思维能力、自我反思能力、自主意识、总结概括能力和语言表达能力得到增强,能够综合运用信息技术、语文、数学学科知识实现自我管理,养成了体育锻炼的意识与习惯。

## 三、水平三案例设计

### (一) 具体案例

1. 选择学习主题,基于核心素养形成学习目标(C)

① 选择学习主题

本案例围绕跨学科主题"身体的运动与运动的身体"进行活动设计,通过综合运用科学中的生物、化学等知识与技能,使学生明白人体的呼吸系统、血液循环系统和免疫系统的工作与人体运动息息相关,在运动过程中应注意调节呼吸方式,日常生活中要注意合理膳食,养成规律的运动习惯、作息习惯以提高免疫力。

② 根据所选主题特点,构建学习目标体系

"身体的运动与运动的身体"这一跨学科学习主题主要聚焦体育与智育,重点是通过在运动技能学练过程中模拟身体内呼吸系统、循环系统、免疫系统的工作过程,运用多种学科知识与技能帮助学生学会正确的呼吸方式,养成健康的作息和饮食习惯。基于此,本案例以篮球运动项目为载体展开设计,构建了以下学习目标(见表7-9)。

表7-9　基于篮球的"身体的运动与运动的身体"学习目标

| 核心素养 | 具 体 表 述 |
|---|---|
| 运动能力 | 正确做出篮球传球、行进间运球、行进间投篮等组合动作;提高篮球实战能力;提高一般体能与专项体能水平。 |
| 健康行为 | 建立正确的生命观念;学会如何预防疾病、如何提高免疫力;养成合理膳食、健康作息的生活习惯;在运动中能够运用合理的呼吸策略。 |
| 体育品德 | 形成乐观向上、勇敢顽强的体育精神;能够尊重裁判、公平竞争、尊重对手、遵守规则。 |

2. 依据学习主题与目标,构建大概念结构体系(I)

"身体的运动与运动的身体"主要涉及科学、体育等元素的融合,可从学习目标中提取大概念,具体涵盖跨学科大概念(见表7-10)。

表7-10　"身体的运动与运动的身体"大概念结构体系

| 大概念类型 | 大 概 念 |
|---|---|
| 跨学科大概念 | 运动需要正确呼吸(体育与科学) |
| | 运动需要营养膳食(体育与科学) |
| | 运动能提高免疫力(体育与科学) |

3. 根据大概念构建跨学科主题学习问题链(P)

为了帮助学生理解大概念,就需要设置相应的问题,引导学生在解决问题的过程中建构起对大概念的理解。可根据"身体的运动与运动的身体"主题学习所蕴含的大概念体系形成并列式问题链(见图7-3)。

4. 在复杂问题导向下,构建教学内容任务群(T)

针对以上问题链,"身体的运动与运动的身体"跨学科主题学习任务群可由以下三个子任务组成。气体交换总动员:了解呼吸系统的作用,思考在运动过程中呼吸系统的重要性,为什么在运动中需要对呼吸方式进行调节(指向问题1);营养物质运输队:了解血液循环系统的作用,思考运动后营养补充、日常合理膳食的重要性(指向问题2);免疫系统保卫战:了解免疫

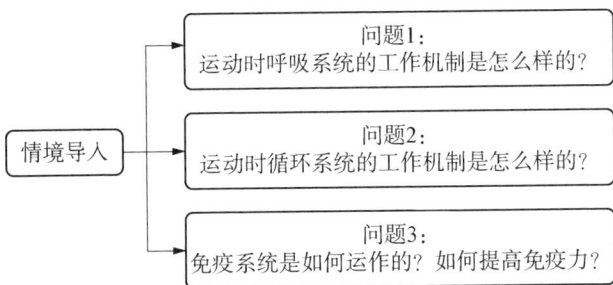

图7-3　"身体的运动与运动的身体"跨学科主题学习问题链

系统的作用,思考如何提高免疫力(指向问题3)。基于情境、资源、活动三维元素,可设计以下任务群(见表7-11)。

表7-11　"身体的运动与运动的身体"跨学科主题学习任务群

| 情境导入 | | | |
| --- | --- | --- | --- |
| 人体呼吸系统、循环系统和免疫系统对于维持身体健康至关重要。这三个系统在协调运转的过程中,保证了氧气的供应、废物的排出,同时抵御疾病和维持免疫力。三个系统的正常运转对于人体健康至关重要,也与运动有着十分密切的关系。 | | | |
| 学习任务 | 学生活动 | 教师组织 | 活动意图 |
| ① 气体交换总动员:了解呼吸系统的作用,思考在运动过程中呼吸系统的重要性,为什么在运动中需要对呼吸方式进行调节。 | ① 通过网络、书籍等途径查阅资料,了解呼吸系统的相关知识。<br>② 对气体在人体内的交换过程用篮球运球、传球进行演绎。<br>③ 学习调节呼吸的方法,思考调节呼吸的好处并进行小组讨论。<br>④ 运用呼吸调节方法进行技能的补偿性体能练习,谈一谈利用呼吸调节方法对呼吸调节后进行运动的感受。 | ① 引导学生查阅相关资料。<br>② 组织学生用篮球运球、传球演绎气体在人体内的交换过程。<br>③ 教会学生正确的呼吸调节方式,引导学生思考为什么要对呼吸方式进行调节。<br>④ 组织学生分享运用正确方法调节呼吸进行运动的心得体会。 | ① 通过查阅相关资料,了解人体呼吸系统的作用,明白二氧化碳与氧气在体内交换的概念。<br>② 通过用运球、传球演绎气体在人体内的交换过程,促进对人体呼吸系统工作过程的理解,提高运动技能。<br>③ 通过学习正确的呼吸方式并进行讨论,理解在运动中调节呼吸利于提升呼吸系统的工作效率。<br>④ 通过在补偿性体能练习中运用所学的方法调节呼吸方式,切身体会正确调节呼吸方式的好处。通过总结分享运用所学呼吸调节方法进行运动的感悟,提高学生的语言表达能力和总结概括能力。 |

| 学习任务 | 学生活动 | 教师组织 | 活动意图 |
|---|---|---|---|
| ② 营养物质运输队：了解血液循环系统的作用，思考运动后营养补充、日常合理膳食的重要性。 | ① 通过网络、书籍等途径查阅资料，了解呼吸系统的相关知识。<br>② 对营养物质在人体内的运输过程用篮球运球、上篮进行演绎。<br>③ 学习合理膳食的方法，思考合理膳食的好处并进行小组讨论。<br>④ 列出未来一周的膳食计划，组内成员相互点评，教师最后点评。谈一谈如何进行合理膳食。 | ① 引导学生查阅相关资料。<br>② 组织学生用篮球运球、传球演绎营养物质在人体内的运输过程。<br>③ 教会学生合理健康的膳食习惯，引导学生思考为什么要合理膳食。<br>④ 组织学生制订膳食计划并进行组内点评，最后由教师进行点评。组织学生谈一谈如何进行合理膳食。 | ① 通过查阅相关资料，了解人体血液循环系统的作用，明白营养物质通过血液运输的概念。<br>② 通过用运球、上篮演绎营养物质在人体内的运输过程，促进对人体血液循环系统工作过程的理解，提高运动技能。<br>③ 通过学习合理的膳食并进行讨论，理解合理膳食对运动和健康的帮助。<br>④ 通过列出未来一周的膳食计划实现合理膳食知识的应用。通过总结分享对所学的合理膳食知识的感悟，促进良好膳食习惯的养成。 |
| ③ 免疫系统保卫战：了解免疫系统的作用，思考如何提高免疫力。 | ① 通过网络、书籍等途径查阅资料，了解免疫系统的相关知识。<br>② 对免疫反应过程用篮球对抗赛进行演绎。<br>③ 学习提高免疫力的方法，思考免疫力对预防疾病的重要性并进行小组讨论。<br>④ 谈一谈提高免疫力带来的益处。 | ① 引导学生查阅相关资料。<br>② 组织学生用篮球对抗赛演绎人体内的免疫反应过程。<br>③ 教会学生提高免疫力的方法，引发学生思考免疫力对预防疾病的重要性。<br>④ 组织学生分享关于"生活中提高免疫力的益处"的感悟。 | ① 通过查阅相关资料，了解人体免疫系统的作用，明白免疫反应是机体对抗外来病原体的过程。<br>② 通过用篮球对抗赛演绎人体内免疫反应的过程，促进对人体免疫反应过程的理解，同时提高运动技能，培养团队精神。<br>③ 通过学习提高免疫力的方法并进行相关讨论，理解免疫力的提高有利于预防疾病。<br>④ 通过总结分享对增强免疫力益处的感悟，提高学生的语言表达能力和总结概括能力，促进健康意识的形成。 |

| 可用资源 |
| --- |
| 实物资源:篮球。<br>电子资源:呼吸系统功能视频资源、循环系统功能视频资源、免疫系统功能视频资源。<br>时间资源:体育课内时间、课外体育锻炼时间。 |

5. 设计评价方案,检验学生跨学科主题学习成果(E)

"身体的运动与运动的身体"跨学科主题学习评价主要以体育教师与学生为主体,在教师评价与学生自评互评中运用表现性评价标准,对学生在参与学习过程中的表现进行评价,可设置以下表现性评价标准(见表7-12)。

表7-12 "身体的运动与运动的身体"跨学科主题学习评价标准

| 评价标准 | 有待进步 | 一般 | 优秀 |
| --- | --- | --- | --- |
| 1. 能够正确使用篮球组合动作技术 | | | |
| 2. 在篮球对抗赛中与队友积极配合 | | | |
| 3. 能够描述人体呼吸系统的工作过程 | | | |
| 4. 能够描述人体循环系统的工作过程 | | | |
| 5. 能够描述人体免疫系统的工作过程 | | | |
| 6. 在运动中表现出正确的呼吸节奏调整能力 | | | |
| 7. 掌握制订合理膳食计划的方法 | | | |
| 8. 掌握提高免疫力的方法 | | | |

### (二) 设计思路

"身体的运动与运动的身体"跨学科主题学习围绕对人体的呼吸系统、血液循环系统和免疫系统的探究展开,综合利用了科学中的生物、化学等知识,学生通过篮球中的运动技能学练和对抗赛来切身体会呼吸系统、血液循环系统和免疫系统的工作过程。同时,学会了要在运动中调节呼吸方式以便提高气体交换的效率,要进行合理的膳食补充运动消耗的能量并保持健康,要通过规律的运动、睡眠和情绪调节来提高机体的免疫力,从而抵抗外来病原体的侵扰。在主题活动中,学生的运动技能、体能得到发展,团队精神得到了培养。通过对呼吸系统、血液循环系统和免疫系统知识的学习和对其工作过程的模拟,学生的逻辑思维能力、探究能力得以发展,同时建立了正确的生命观念,树立了健康意识。

### 四、水平四案例设计

#### (一)具体案例

1. 选择学习主题,基于核心素养形成学习目标(C)

① 选择学习主题

本案例围绕跨学科主题"给运动插上智慧的翅膀"进行活动设计,通过综合运用人工智能、信息技术、数学、生物、化学等知识与技能,使学生了解速度传感器、计算机视觉技术、拓展现实(extended reality,XR)技术,将基于机器学习、自然语言处理、深度学习的生成式人工智能的知识与使用方法用于测试原地纵跳数据、分析足球和篮球技术动作、掌握健康知识与促进健康的方法。

② 根据所选主题特点,构建学习目标体系

"给运动插上智慧的翅膀"这一跨学科学习主题主要聚焦体育与智育,重点是通过人工智能在体能、运动技能、健康方面的运用来培养学生利用人工智能解决体育与健康问题的能力。基于此,本案例以体能指标分析、运动技能分析和健康知识咨询为载体展开设计,构建了以下学习目标(见表7-13)。

表7-13 "给运动插上智慧的翅膀"学习目标

| 核心素养 | 具体表述 |
| --- | --- |
| 运动能力 | 能够说出运用现代技术分析运动技战术的方法,能够在实践中运用人工智能、加速度仪等现代高科技设备提高自身体能水平。 |
| 健康行为 | 学会运用人工智能记录自己的体能和健康状况,形成主动锻炼的习惯;掌握利用人工智能咨询健康问题的方法。 |
| 体育品德 | 树立正确的人工智能伦理意识,积极探索人工智能的创新用途。 |

2. 依据学习主题与目标,构建大概念结构体系(I)

"给运动插上智慧的翅膀"主要涉及人工智能、信息技术、数学、生物、化学、体育等元素的融合,可从学习目标中提取大概念,具体体现为跨学科大概念(见表7-14)。

表7-14　"给运动插上智慧的翅膀"大概念结构体系

| 大概念类型 | 大　　概　　念 |
|---|---|
| 跨学科大概念 | 智能信息设备在体育中的运用(体育+智能感知) |
| | 人工智能在运动表现分析中的运用(体育+计算机视觉) |
| | 人工智能对健康促进的作用(健康教育+深度学习) |

3. 根据大概念构建跨学科主题学习问题链(P)

为了帮助学生理解大概念,就需要设置相应的问题,引导学生在解决问题的过程中建构起对大概念的理解。可根据"给运动插上智慧的翅膀"主题学习所蕴含的大概念体系形成并列式问题链(见图7-4)。

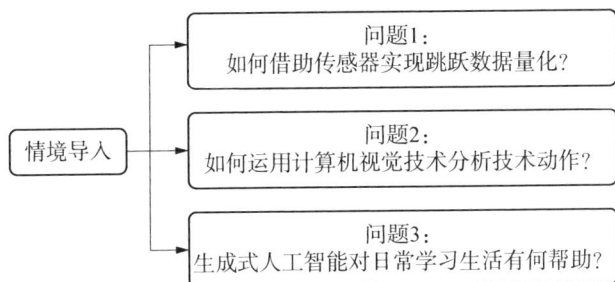

图7-4　"给运动插上智慧的翅膀"跨学科主题学习问题链

4. 在复杂问题导向下,构建教学内容任务群(T)

针对以上问题链,"给运动插上智慧的翅膀"跨学科主题学习任务群可由以下三个子任务组成。数字化的跳跃:运用速度传感器实现跳跃数据的量化(指向问题1);运动表现分析家:运用计算机视觉等技术分析运动表现(指向问题2);智能的健康咨询专家:借助生成式人工智能进行健康咨询(指向问题3)。基于情境、资源、活动三维元素,可设计以下任务群(见表7-15)。

表7-15　"给运动插上智慧的翅膀"跨学科主题学习任务群

| 情境导入 |
|---|
| 人工智能技术正在迅速发展并广泛应用于各个领域,其可以帮助学生提高健康水平、增强运动能力、培养智能思维。掌握人工智能知识与应用方法可以帮助学生更好地解决运动能力不足、营养不均衡、未养成科学健康生活方式等问题,此外,还可以培养学生利用人工智能发现问题、分析问题、解决问题的能力。 |

续表

| 学习任务 | 学生活动 | 教师组织 | 活动意图 |
|---|---|---|---|
| ① 数字化的跳跃:运用速度传感器实现跳跃数据的量化。 | ① 通过网络、书籍等途径查阅资料,了解原地纵跳涉及的物理量。<br>② 在教师的讲解下学习速度传感器的原理、使用方法,了解速度传感器在体育运动中的应用。<br>③ 利用速度传感器进行原地纵跳练习与测试,针对实时反馈的速度、功率、纵跳高度等数据,思考关联之处。<br>④ 根据速度传感器的反馈数据,利用速度传感器程序提供的建议,制订提升爆发力的体能练习计划。 | ① 引导学生查阅原地纵跳涉及的物理量相关资料。<br>② 讲解速度传感器的原理、使用方法,了解速度传感器在体育运动中的应用。<br>③ 组织学生利用速度传感器进行原地纵跳练习与测试,引导学生思考速度传感器实时反馈的速度、功率、纵跳高度等数据的关联之处。<br>④ 组织学生根据速度传感器的反馈数据和程序提供的建议,制订未来的体能练习计划。 | ① 通过查阅相关资料,了解原地纵跳动作涉及的物理量。<br>② 通过教师讲解,了解速度传感器的机器学习及深度学习原理、使用方法、在体育运动中的应用,树立学生的智能意识。<br>③ 通过对速度传感器的实际应用及反馈结果的思考,培养学生的智能应用和创造能力。<br>④ 通过根据速度传感器的反馈数据和程序提供的建议,制订未来的体能练习计划,为学生的体能发展提供帮助,培养学生运用人工智能解决问题的智能思维。 |
| ② 运动表现分析家:运用计算机视觉等技术分析运动表现。 | ① 通过网络、书籍等途径查阅资料,了解计算机视觉技术、拓展现实(XR)技术的概念,以及二者在体育运动中的应用。<br>② 在教师的讲解下学习基于计算机视觉原理的运动技术分析软件,XR 头戴设备的运用。<br>③ 利用基于计算机视觉原理的运动技术分析软件分析篮球投篮轨迹、足球射门飞行轨迹,利用 XR 技术 | ① 引导学生查阅相关资料。<br>② 讲解基于计算机视觉原理的运动技术分析软件,XR 头戴设备的使用方法和应用。<br>③ 组织学生利用基于计算机视觉原理的运动技术分析软件分析篮球投篮轨迹、足球射门飞行轨迹,利用 XR 技术观看,感受优秀运动员的技术动作。<br>④ 组织学生分享利 | ① 通过查阅相关资料,了解计算机视觉技术、拓展现实(XR)技术的概念。<br>② 通过教师讲解,了解基于计算机视觉原理的运动技术分析软件,XR 头戴设备的使用方法和应用,树立学生的智能意识。<br>③ 通过基于计算机视觉原理的运动技术分析软件和 XR 头戴设备的运用,培养学生的智能应用和创造能力。<br>④ 通过总结利用计算 |

| 学习任务 | 学生活动 | 教师组织 | 活动意图 |
|---|---|---|---|
| | 观看、感受优秀运动员的技术动作，进行针对性学练。<br>④ 谈一谈在计算机视觉技术、拓展现实技术的辅助下进行运动技能学练的体会。 | 用计算机视觉技术、拓展现实技术进行运动技能学练的心得体会。 | 机视觉技术、拓展现实技术进行运动技能学练的心得体会并进行分享，促进学生养成运用人工智能解决问题的智能思维。 |
| ③ 智能的健康咨询专家：借助生成式人工智能进行健康咨询。 | ① 通过网络、书籍等途径查阅资料，了解基于机器学习、自然语言处理、深度学习的生成式人工智能对日常学习生活的帮助。<br>② 思考和提出与健康相关的问题，在教师的引导下使用人工智能了解该问题的相关知识，询问促进健康的方法。<br>③ 在教师的指导下判断自己询问问题时的语义、逻辑问题，并且主动探寻人工智能提供信息的来源和可靠性。<br>④ 根据自身条件，结合人工智能制订未来的"运动促进健康"计划并分享。 | ① 引导学生查阅相关资料。<br>② 讲解基于机器学习、自然语言处理、深度学习的生成式人工智能的使用方法、功能、对健康促进的作用，科普人工智能使用涉及的伦理问题。<br>③ 组织学生利用已有的科学、生物、化学知识和生活常识，使用人工智能了解与健康相关的问题和促进健康的方法。<br>④ 组织学生使用人工智能制订未来的"运动促进健康"计划并进行分享。 | ① 通过查阅相关资料，了解基于机器学习、自然语言处理、深度学习的生成式人工智能对日常学习生活的帮助。<br>② 通过教师讲解，了解基于机器学习、自然语言处理、深度学习的生成式人工智能的使用方法、功能、对健康促进的作用，知道人工智能使用涉及的伦理问题，树立学生的智能意识和智能社会责任。<br>③ 通过人工智能了解与健康相关的问题和促进健康的方法，增加学生的健康知识，培养学生的智能应用意识和创造能力。<br>④ 通过根据自身条件使用人工智能制订未来的"运动促进健康"计划并分享，促进学生体育锻炼意识与习惯、智能思维的养成。 |
| 可用资源 | | | |

实物资源：速度传感器、手机、拓展现实（XR）设备、计算机。

电子资源：人工智能相关的视频资源。

时间资源：体育课内时间、课外体育锻炼时间。

5. 设计评价方案,检验学生跨学科主题学习成果(E)

"给运动插上智慧的翅膀"跨学科主题学习评价主要以体育教师与学生为主体,在教师评价与学生自评互评中运用表现性评价标准,对学生在参与学习过程中的表现进行评价,可设置以下表现性评价标准(见表 7 - 16)。

表 7 - 16　"给运动插上智慧的翅膀"跨学科主题学习评价标准

| 评价标准 | 有待进步 | 一般 | 优秀 |
|---|---|---|---|
| 1. 能够说出跳跃涉及的物理量 | | | |
| 2. 学会利用速度传感器测试和分析自己的跳跃指标 | | | |
| 3. 掌握分析篮球、足球运动轨迹的方法 | | | |
| 4. 学会运用计算机视觉、拓展现实(XR)技术分析自己的运动技术 | | | |
| 5. 能够说出与健康相关的常见问题 | | | |
| 6. 学会运用生成式人工智能询问健康问题 | | | |
| 7. 学会运用生成式人工智能给自己制订健康促进计划 | | | |
| 8. 能够实现人工智能在体育运动中的熟练应用 | | | |

## (二) 设计思路

"给运动插上科学的翅膀"围绕对跳跃涉及的物理量、运动技术分析、健康知识学习的探究展开,综合利用人工智能、物理、数学、化学、生物等学科知识。学生通过速度传感器,基于计算机视觉原理的分析软件,拓展现实(XR)头戴设备,基于机器学习、深度学习、自然语言处理的人工智能分别在测试原地纵跳数据、分析足球和篮球技术动作以及健康知识与促进方法三大方面进行应用,旨在通过现代化信息技术的代表——人工智能的使用,更加高效地发展学生的运动能力、健康行为和体育品德,同时在人工智能的使用过程中,还促进了智能意识、智能思维、智能应用和智能社会责任的发展,使得学生能够学会并积极应用人工智能解决问题,迎接未来人工智能时代在学习、工作和生活中可能遇到的挑战。

# 第八章    体育与美育跨学科主题学习的设计

体育和美育作为五育的重要组成部分,学科育人的两大关键体系,在立足现实问题的基础上开展二者的跨学科主题学习是培养德智体美劳全面发展的社会主义接班人的应然举措。对此,《课程标准(2022 年版)》针对体育与美育的跨学科主题学习,提出了明确要求:"体育运动是展现人体之美的最佳载体之一,人体在运动中所体现出的蓬勃活力和生命律动能培养学生正确的身体观和审美观。定向越野、水上运动、冰雪运动等在自然环境中进行的体育运动更是兼具锻炼身心和感悟自然的双重价值。在运动认知、体能练习、运动技能学习等活动中,可以运用绘画、音乐、形体表演等艺术形式,以及重心、地理环境、抛物线、动植物等知识,引导学生观察并描述大自然中的各种现象,增进对自然的认识,感受人与自然的和谐之美,体验体育活动的趣味性,加深对运动美的理解,增强热爱自然和保护环境的意识①。"因此,本章主要内容在于阐述如何准确落实课程标准相关精神,理清体育与美育开展跨学科主题学习对核心素养培养的价值及开展方式,并在此基础上设计出典型的教学案例。

## 第一节    体育与美育跨学科主题学习对核心素养培养的价值

2016 年发布的《中国学生发展核心素养》中核心素养的提出标志着"素养本位"时代的到来,各学科都在积极开展指向核心素养的教学探索,跨学科主题学习便是其中非常重要的探索之一。以体育和美育为例,二者的跨界融合不仅能够提高学生的运动能力,而且可以在发现美、感知美、理解美等方面起到有效的促进作用。基于此,本节将从运动能力、健康行为、体育品德三个方面核心素养出发,系统探讨体育与美育跨学科主题学习的育人价值所在,以期为体育与美育跨学科主题学习开展的典型方式和案例剖析提供理论指向。

① 中华人民共和国教育部. 义务教育体育与健康课程标准(2022 年版)[M]. 北京:北京师范大学出版社,2022:101.

### 一、对培养学生运动能力核心素养的价值

#### （一）感受运动中体现的蓬勃活力与生命律动

"身体"是一个自然性和社会性相统一的概念，生理学上的身体是指由骨骼、肌肉、皮肤、血液等要素构成的有机整体，它是人们参与一切活动的基础和生命载体，可见身体本身的存在就有其意义所在。20世纪90年代，《身体意识与身体美学》一书的出版，在学术界掀起了新美学热潮，引起了国内外学术界对"身体"话题的探讨。

俗话说"站有站相，坐有坐相"，展现的就是对于身体美的要求。运动是体育的根本属性和主要内容，也是体育作为审美对象的前提①。美是体育运动的表现形式，而运动美则是体育美的基本形式，追求运动美不仅是在体育运动中展现出美感，而是以"身体"为载体在体育学习中鉴赏运动美、感受运动美、积极创造运动美。在体育教育领域中，身体既是体育教育的出发点和落脚点，也是体育教育的物质载体、衡量依据和评判标准。体育教育与身体实践密不可分，它是以身体为基础展开的一种教育活动，旨在实现真正意义上人与身体的完美结合。体育运动是获得身体之美的主要途径，通过体育运动可以使人拥有健康的身体，此外还会形成发达的肌肉、健美的形体，用体育美学术语表述身体美就是人类健康身体所呈现的美，而构成身体美的主要因素有体型、肌肉、骨骼、皮肤、毛发、形体，且它是属于现实生活中的一种动态之美，同时也是体育教学中美育的具体表现形式。20世纪的苏联诗人马雅可夫斯基曾说"世界上没有比结实的肌肉和新鲜的皮肤更加美丽的衣裳"，可见身体是身体美学的起点与核心。在体育教学中，学生通过运动可以获得优美的体态、强壮的骨骼、发达的肌肉等身体美的外在表现，此外，学生在运动中所展现的身体美更是体育力量的外在表现。在体育运动中融入美育活动，可以提高学生鉴赏身体美的能力，从而促进对健美的自觉认识，进而不断提高身体的健美素质。

#### （二）运用形体表演等艺术形式助力运动技能的掌握

体育与美育跨学科主题学习的一个重要特点是将艺术形式融入体育运动中，让学生能够在运动技能学习中运用形体表演等艺术形式，提升整体的练习效果。从表达方式上看，形体表演、舞蹈等艺术形式可以为学生提供更加丰富的情感表达方式，在体育运动中，学生可以通过身体动作、姿势等形体表现来展示技巧和力量。而借助形体表演等艺术形式，学生可以更加准

---

① 赵洪波,刘泽磊,姜勇.学校体育美学表征及实现路径[J].中国教育学刊,2021(2):25-29.

确地表达自己的情感和意图,使运动技能更加生动有趣。从学习效果上看,体育与美育跨学科主题学习将艺术形式与体育运动结合,可以提升学生的运动技能学习效果。艺术形式强调身体的协调性、舞蹈的节奏感等要素,这些要素对于运动技能的学习和表现都具有积极的影响。例如,在学习健美操、啦啦操等操类运动时,通过形体表演的方式可以更好地掌握节奏和动作的连贯性,从而提高技能的准确性和流畅度。除此之外,艺术形式的运用可以提升学生的审美意识。在体育运动中,学生的动作和姿态也是一种艺术表现。通过学习和欣赏艺术形式,学生可以培养对美的敏感性和鉴赏能力,从而更好地理解和感受体育运动中的美感,这有助于学生更加细致入微地观察和体验运动技能的艺术性,进一步提高他们的表现水平和审美品位。从审美创造上看,体育与美育跨学科主题学习可以激发学生的主观能动性。在体育运动中,通过艺术形式的引导,学生可以有更多的空间和机会进行创造性的探索和表现,他们可以通过形体表演、编舞等方式将自己独特的想法和创意融入运动技能中,从而展现出独特的风格和个性,例如,健美操第二风格的编排,很大程度上就需要借助街舞、拉丁舞等形体表演的形式来增强整体效果。

**(三) 使学生在自主实践中感受各种美**

体育与美育跨学科主题学习可以为学生提供自主设计并实践和欣赏各类美的动作的机会。首先,体育与美育跨学科主题学习可以扩展学生对美的认知和欣赏。学生在学习体育运动和艺术表演的过程中,可以接触到各种美的动作和表现形式。通过欣赏各种美的动作,学生可以开拓眼界,提升审美能力,从不同领域的美感中汲取灵感和启发,这样的跨界欣赏有助于培养学生的综合素养和广泛的审美眼界。其次,体育与美育跨学科主题学习可以丰富学生的情感体验与表达方式。通过体育与美育跨学科主题学习,学生不仅可以自主设计并实践各种美的动作,还可以通过欣赏他人的作品和表演来拓宽自身的视野和体验范围。例如,在健美操、啦啦操运动项目中,编排精美巧妙的组合动作,无论是个人展示还是集体展示,优美的动作、音乐的旋律都是美的体现,这一过程不仅可以培养身体的协调性、灵活性和节奏感,还可以培养欣赏美、表现美、大胆创造美的能力。这种丰富的体验和表达不仅可以让学生更好地感受美的魅力,还可以帮助他们更准确地表达自己的想法和情感。最后,在体育与美育跨学科主题学习中,学生可以通过自主的设计和实践,尝试创造出独特而美好的动作形式,展现出个人的创意和想法,此外,还可以体验到自主学习的乐趣和成就感,培养独立思考和解决问题的能力。

## 二、对提升学生健康行为核心素养的价值

### (一) 帮助学生了解、尊重、爱惜身体

体育与美育跨学科主题学习能够让学生学会了解、尊重和爱惜身体,具体表现在以下四个方面。第一,体育与美育的跨学科主题学习可以帮助学生深入了解自己的身体,包括身体的结构、功能和潜力。通过体育运动,学生可以体验到身体的各种感觉和运动方式,感知身体的力量、灵活性和协调性,在其中融合美育学习则可以通过艺术表达和感知,让学生关注自己的身体形象和美感,增强对自己身体的认知和意识,培养对身体的尊重和爱惜之情。第二,体育与美育的跨学科主题学习可以帮助学生认识到身体健康的重要性,并培养健康的生活方式。体育运动可以提高学生的体能和健康水平,增强抵抗力,预防疾病,通过体育运动的实践,学生可以学会合理安排运动时间、控制饮食、保持良好作息等,养成健康的生活习惯。美育学习则可以通过审美意识的培养,让学生关注身体形象和外在美的呈现,并鼓励他们通过健康的方式追求美。第三,体育与美育的跨学科主题学习可以帮助学生发展身体表达和自我展示的能力。体育运动可以通过各种动作和技巧来表达学生的个性和情感,这一点与美育所倡导的通过艺术表达和表演,让学生用身体语言传递情感和意义有异曲同工之妙。学生在接受了二者的跨学科主题学习后,能够借助身体表达自己的思想和情感,培养自信心和自尊心,增强对自身的认同感和价值感。第四,体育与美育的跨学科主题学习可以培养学生的身体伦理观念和社会责任感,提高道德水平。体育运动不仅仅是个人的身体活动,还涉及与他人的互动和合作,通过团队运动和竞技活动,学生可以学会尊重他人、团队合作和公平竞争的精神,他们会体验到体育运动中的规则和道德准则,并学会在运动中保持诚实、尊重和公正的行为。例如,在球类运动中,运动员比赛前后的握手、拥抱等行为都是身体伦理观念的体现。这样的学习可以培养学生的道德意识和伦理价值观,使他们成为有责任感和公民意识的社会成员。

综上所述,通过体育与美育的跨学科主题学习,学生可以学会了解、尊重和爱惜身体。在学习中,学生会更加了解自己的身体,关注身体的健康和形象,培养健康的生活方式,并在此过程中学会尊重他人、团队合作,关注社会问题并积极参与社会活动。这样的学习不仅能够帮助学生发展综合素养,也能够培养他们成为有健康意识、有责任感的公民,为社会的和谐与进步做出积极的贡献。

## （二）帮助学生在多种身体活动中接触自然，提高自然环境适应能力

体育与美育跨学科主题学习可以引导学生在多种身体活动中观察自然，提高自然环境适应能力。首先，体育与美育的跨学科主题学习可以提供学生接触和体验自然环境的机会。在户外体育运动中，学生可以接触到自然界的各种元素，如空气、阳光、风、水等，感受自然环境对身体的影响，同时学生也可以借助艺术表演、绘画等形式表达对自然的观察和感受。通过体育与美育跨学科主题学习，学生可以增强对自然环境的认知和理解，加深对自然之美的体验和欣赏。其次，体育与美育的跨学科主题学习可以帮助学生观察和理解身体与自然的互动关系。在体育运动中，学生可以通过观察自然环境的变化，如地形、气候、植被等，调整自己的身体动作和策略，适应自然条件。例如，在登山运动中，学生需要观察山势、气温等因素，做出相应的调整。此外，也需要借助相关的美学知识来进一步加深对自然与身体的互动理解。再次，体育与美育的跨学科主题学习可以让学生观察和感知身体与自然的生命律动。在体育运动中，学生可以通过观察和模仿自然中的动物运动，如猿猴的攀爬、鸟类的飞翔等，来丰富自己的身体动作，并在其中配合音乐、舞蹈等美育元素，加深与自然的融合。最后，体育与美育的跨学科主题学习可以培养学生对自然环境的保护意识和可持续发展的价值观。学生可以通过参与自然环境保护活动，如户外清洁、植树造林等，增强对自然环境的尊重和关注，同时借助艺术作品和表演，传达对自然环境的珍惜和保护，并通过绘画、摄影等方式表达自己对自然的观察和感受，呼吁他人一起保护环境。

总体而言，通过体育与美育跨学科主题学习，学生可以在多种身体活动中观察自然。通过自然环境的体验、身体与自然的互动、身体的生命律动、环境保护与可持续发展以及多元文化与自然观察等方面的学习，学生可以加深对自然的认知和理解，提高自然环境适应能力。

## （三）通过美的熏陶调整心情，培养学生情绪调节能力

体育与美育跨学科主题学习可以通过美的熏陶调整心情，形成良好的情绪。第一，体育与美育的跨学科主题学习可以让学生通过感知美的元素，如优美的动作、和谐的音乐、精致的艺术作品等，来激发积极的情绪体验。例如，学生可以通过感受运动带来的愉悦感、自信心和成就感，形成积极的情绪状态，也可以通过欣赏艺术作品、参与艺术表演等，感受美的魅力，激发快乐、赞赏和喜悦等积极的情绪。第二，体育与美育的跨学科主题学习可以帮助学生学会通过身体活动来调节情绪。体育运动可以促进身体内分泌的激素释放，如内啡肽、血清素等，这些物质能够愉悦心情、缓解压力和焦虑

感。而美育则可以使学生通过身体的自由表达和舒缓放松的动作,达到情绪的宣泄和平衡。第三,体育与美育的跨学科主题学习可以鼓励学生进行创造性的表达和情感的释放。体育运动中,学生可以通过动作、姿势等形式表达自己的情感和意图,例如在运动中展现自信、团队合作和竞争精神等,同时,也需要鼓励学生通过艺术表演、绘画等形式来宣泄和释放情感。第四,体育与美育的跨学科主题学习可以通过美的关照和情感共振,激发学生的情绪共鸣和情感体验。通过观看优秀的体育比赛、欣赏精美的艺术作品,学生可以感受到运动员的拼搏精神、艺术家的创造力和情感表达,产生共鸣和情感共振。这种共鸣和共振可以激发学生内心深处的情感,引发积极的情绪体验,例如赞美、感动、鼓舞等,从而达到良好的情绪状态。

综上所述,通过体育与美育跨学科主题学习,学生可以在美的熏陶中学会自我情绪调节。即通过美的感知与情绪体验、身体活动与情绪调节、创造性表达与情感释放、情绪调控与自我认知以及美的关照与情感共鸣等方面的学习,学生可以感受美的力量,调节情绪状态,提升自我认知和情绪管理能力。

### 三、对塑造学生体育品德核心素养的价值

#### (一) 通过美的感悟帮助学生建立自尊和自信

毛泽东曾在《体育之研究》一文中指出"体者,载知识之车而寓道德之舍也","体育于吾人实占第一之位置,体强壮而后学问道德之进修勇而收效远"。由此可见,体育对人的塑造作用不仅体现在形体上,更体现在精神上。

精神美往往指人的精神世界的美,它包括思想意识、道德情操、精神意志,以及智慧、才能的美,人的身体是人精神的寄寓之地,身体和精神是不可分割的统一体,体育精神作为体育运动的内在生命力,具有公平性、公开性、公正性等特点,反映着体育的整体面貌,能够培养学生坚韧不拔的精神。我国著名体育教育家马约翰先生在《体育的迁移价值》中提出:"运动是培养学生的极好方式,体育锻炼可以培养学生勇敢的精神、坚强的意志、自信心、进取心和竞争胜利的心理。"[1]可见,不仅学生的身体形态在体育运动中得到了发展,其精神也得到了锤炼,所以体育本身就是精神之美的身体表达,体育精神对学生有着积极的指导和影响作用。百余年来,现代奥林匹克运动被视为体育之美的最高展示,而奥林匹克口号"更快、更高、更强——更团结"也正表达了体育精神的精华所在,不论是何种运动项目,都存在一股精

---

① 刘武.学校体育教学中学生意志品质的培养[J].教学与管理,2012(21):122-123.

神力量,而运动中的精神力量并不是运动者与生俱来的,是需要通过后天训练培养出来的。以马拉松运动项目为例,有人说"马拉松是孤独的竞赛,自己与自己斗争",可见,在这项运动中,需要具备坚定的信念、不屈不挠的精神。这种精神之美未必体现在夺冠中,而更多体现在完成比赛、超越自我中,也体现在运动场上的激烈竞赛、团队协作和场下的互相拥抱、握手言和之中。体育教学本身不仅是研究美、发现美、创造美的过程,也是将学生培养成德智体美劳全面发展的社会主义接班人的过程,育"精神"之美实际上就是育心,通过育心使学生达到审美精神的净化与提升。

由此可见,体育之美的重要表现之一就是精神之美,通过不断塑造健康、热情、创造、自由的"精神"之美,个体在德性、智慧及人格养成上会逐渐趋于完满,并释放内在本能与潜力。可以说,正是体育之美,激发了个体的内在力量①。

**(二) 通过运动感受人与自然的和谐之美,形成绿色体育价值观**

体育与美育跨学科主题学习可以让学生通过运动感受人与自然的和谐之美,形成绿色体育的价值观。具体来看,在物质层面,主要表现在以下两个方面:第一是体育与自然环境的结合可让学生在运动中感受到自然的美丽与和谐。户外体育活动,如徒步、登山、划船等,让学生置身于自然环境中,欣赏到自然风光的美丽,感受到自然万物与人的共生,深入体验到人与自然之间的和谐关系,感悟到自然界的力量和秩序,从而培养其对自然的尊重和珍惜之情。第二则是体育运动中的身体感知与自然元素的融合可让学生感受到人与自然的和谐之美。例如,在滑雪运动中,学生可以感受到雪的柔软与滑行的流畅,自身与雪地的和谐互动;在冲浪运动中,学生可以感受到海浪的涌动与自己身体的协调,人与海洋的和谐共振。通过运动与自然元素的融合,学生可以感受到身体与自然之间的和谐关系,体会到身体与环境的统一与协调。在精神层面,道家思想与生态美学的融合能够让学生感受人与自然的和谐之美。古代哲学和生态美学中强调人与自然之间的互动和共生关系,强调人类与自然的和谐与平衡。通过体育与美育的跨学科主题学习,学生可以了解到这些哲学和美学理念,并将其应用到运动和艺术实践中。例如,道家思想强调"道法自然",追求与自然的和谐与平衡。在体育运动中,学生可以通过练习太极拳、气功等传统功法,感受到身体与自然力量的融合与流动,体验到身心的平衡与和谐。

① 赵茜,方志军.论作为美育的学校体育:内涵、诉求及价值表征[J].北京体育大学学报,2015,38(9):111-115+122.

综上所述,在体育与美育的跨学科主题学习中,学生可以通过自然环境与运动的融合、身体感知与自然元素的融合以及道家思想和生态美学的融合,深入感受到自然界的美妙和自然与人的和谐共生。这样的学习既可以培养学生对自然界的敬畏之心,加深对自然美的欣赏和理解,又可以让他们通过自身的跨学科主题学习实践,传递和分享对和谐之美的感受,推动更多人参与到保护自然、实现人与自然和谐发展的行动中。

**(三) 学会了解、尊重和爱惜身体**

体育与美育跨学科主题学习可以让学生学会了解、尊重和爱惜身体。具身认知理论认为身体是知觉的主体,人类之所以能进行思考、产生认知,关键在于有一个活的身体[①]。因此,可以尝试从具身理论的视角来理解跨学科主题学习对于身体的独特价值。第一,通过体育与美育的跨学科主题学习,学生可以深入了解自身身体的构造、功能和运动原理。他们可以学习关于骨骼、肌肉、关节等身体结构的知识,了解身体的生理机制和运动的基本原理,这样的学习过程使学生对自己的身体有更全面的认知和理解,从而培养对身体的尊重和关注。第二,体育与美育的跨学科主题学习可以帮助学生培养身体意识和自我关怀的能力。通过体育运动,学生可以体验到身体的运动和感觉,进而更加关注自己的身体状况和需求,并通过舞蹈、表演等形式表达身体的感受和情感,进一步加深对身体的关怀和尊重。第三,通过体育与美育的跨学科主题学习,学生可以理解和体验身体的价值,并学会尊重他人的身体。在体育运动中,学生可以意识到每个人的身体都有其独特的能力和潜力,每个人都应该被平等对待和尊重,而美育的学习则让学生理解每个人的身体表达都有其独特的美和价值,这样的学习过程有助于培养学生的包容性和尊重他人的意识。第四,体育与美育的跨学科主题学习促进学生的健康和平衡发展。综合体育与美育的跨学科主题学习,学生可以实现身心的平衡发展,培养积极健康的生活态度。

综上所述,体育与美育跨学科主题学习可以引导学生了解、尊重和爱惜身体,并帮助他们建立积极的身体态度和自我形象,培养对身体的尊重和关怀,以及对他人身体的尊重。

## 第二节　体育与美育跨学科主题学习开展的典型方式

法国著名雕塑家奥古斯特·罗丹曾经说过:“生活中从不缺少美,而是

---

① 莫里斯·梅洛-庞蒂. 知觉现象学[M]. 姜志辉,译. 北京:商务印书馆,2001:27-29.

缺少发现美的眼睛。"体育和美育作为五育中的重要组成部分,学科教学的两大关键体系,其相互融合有许多值得关注的素材。但囿于目前学界对体育与健康跨学科主题学习的相关理论研究不够充实,加上大部分体育教师不具备充分的美学素养,导致体育与美育的跨学科主题学习实践还有较大提升空间。基于以上现象,本节将从学、练、思三个角度入手,涵盖美学要素欣赏、在运动中感知美、关于运动美的探讨三大主题,系统阐述体育与美育跨学科主题学习开展的典型方式,以期为后续的相关发展提供理论指引和实践参考。

## 一、学:美学要素欣赏

### (一) 学习有关体育和美学的相关知识

学习体育和美学的相关知识是一个综合性的过程,需要结合理论学习和实践操作,并在学习内容、学习方法和学习效果等方面进行积极探索。

在学习内容方面,对于体育而言,在理论层面要了解体育的基本概念、原理和理论框架,通过阅读体育专业相关教材、参加课堂讲座、听取专家讲解等方式学习体育的理论知识。重点学习运动生理学、运动心理学、运动训练学等方面的知识,以了解运动机理和训练方法。在实践层面,要引导学生实际参与体育运动,亲身体验和感受运动的过程和价值,可以选择自己感兴趣的体育项目,参加相关的训练课程、俱乐部或团队,积极参与比赛和锻炼,通过实践操作,了解运动技能和战术,培养身体机能和运动能力。对于美学而言,在理论层面,要学习美学的基本概念、理论体系和美学思想,可以阅读美学经典著作,如康德的《判断力批判》、黑格尔的《美学》等,了解美学的基本原理和美的哲学思考。同时,关注当代美学理论和研究成果,跟进美学领域的最新发展。在艺术欣赏层面,要培养学生的艺术欣赏能力,学习欣赏不同艺术形式的美,可以参观艺术展览,观看舞蹈、音乐、戏剧等演出,品味不同类型的艺术作品。通过观察、聆听和感受,理解艺术作品的内涵和表现形式,提升对美的感知和理解能力。在创作实践层面,可鼓励学生自己进行艺术创作,通过表达个人情感和思想来实践美学,可以选择自己喜欢的艺术形式,如绘画、音乐、舞蹈等,进行创作实践。通过实践中的探索和尝试,加深对美学原理和艺术创作过程的理解。

除此之外,在学习体育和美学的过程中,要积极探索体育和美学的交叉领域,了解体育艺术、舞蹈运动、音乐健身等跨学科领域的知识和实践。通过阅读相关文献、参加学术研讨会、与跨领域专家进行交流,拓宽视野,深入了解不同领域的交叉点和共同点。在学习方法方面,要通过图书馆、互联网等渠道获取丰富的学习资源,包括书籍、期刊、在线课程、视频教程等,利用多种学习途径,如自主阅读、参与讨论、实践操作等,综合提升对体育和美学的理解和掌握。其次,寻求导师、教练或专业人士的指导和辅导。最后,加入学习群体或社群,与志同道合的人分享学习心得、讨论问题,互相激励、互相学习。可以通过线下的学习小组、俱乐部或在线的社交媒体群组、论坛等平台参与交流和合作。在学习效果方面,体育和美学领域都是不断发展和变化的领域,需要保持持续学习的态度和动力,关注最新的研究成果、学术动态和艺术创作趋势,不断更新知识和观念。

通过实践以上的学习方法,可以系统地学习体育和美学的相关知识,并将其相互结合,达到跨学科的融合。学习体育知识需要注重理论学习和实践操作,通过参与体育运动和训练,培养体能和运动能力。学习美学知识需要进行理论学习、艺术欣赏和创作实践,通过深入了解美学原理和艺术表现形式,提升对美的感知力和理解力。同时,探索交叉领域、寻求指导和辅导、参与学习群体、进行实践和研究,这些都是促进学习体育和美学相关知识的有效途径。最重要的是保持学习的热情和持续学习的态度,以不断探索和发现体育和美学的美妙之处。

**(二) 观看健美操、啦啦操、健身、健美比赛等各类视频**

观看健美操、啦啦操、健身和健美比赛等各类视频是一种学习和享受运动的方式。通过观看这些视频,不仅可以让学生学习技巧、激发运动动力,还可以培养学生的美学素养,引导其学会在运动中积累美学元素。

首先,要选择可靠的资源,确保选择的视频资源来源可靠和权威。优质的视频资源可以提供准确的信息、专业的指导和高质量的美感。因此,体育教师可以选择官方比赛录像或者专业教练、知名运动员的讲解视频,以确保学生能够获得足够准确和可靠的信息。其次,体育教师要带领学生学会学习和模仿,观看视频时,注意观察运动员的动作和技巧,学习他们的姿势、身体控制和动作流畅度,尝试模仿他们的动作,也可以在自己的训练计划中安排时间来专门练习视频中的动作,或者将其作为整体训练的组成部分。在模仿过程中,如果涉及复杂或高风险的动作,一定要在体育教师的专业指导下进行或事先进行适当的训练和准备。再次,要积极与他人展开分享和讨论,观看视频后,体育教师要组织学生与同学、教师或家长分享自己的观点和体验,也可以和朋友或运动伙伴一起讨论视频中的动作、表演或比赛,交流意见和观点,这种交流可以拓宽视野、促进学习,并激发更多的灵感和动力。最后,要鼓励学生持续学习,运动领域在不断发展和演变,新的技巧和动作不断涌现,因此持续学习和更新知识是非常重要的。体育教师要鼓励学生保持对最新视频和资讯的关注，有能力的学生可以参与培训和相关的研讨会，也可以与其他运动爱好者交流，以不断提升自己的运动水平。

**（三）设计绿色体育的各类方案**

设计绿色体育方案是为了在体育活动中促进可持续发展、保护环境和提高资源利用效率，这同样也是学生进行美学要素欣赏的重要途径。

在体育教学实践中，体育教师可以根据绿色体育的相关主题来设计不同的方案，具体包括以下几个方面：（1）绿色体育意识培养。体育教师可以组织课堂讨论和小组研究，让学生分享对环境问题的观点和想法，并分析实际案例，探讨环境保护的策略和行动，也可以组织学生参观自然保护区、进行户外实地考察等，使学生亲身体验自然环境的美好和脆弱，培养学生的绿色体育意识。（2）教育目标设定。在思想上，体育教师要有意识地将绿色体育作为教育目标之一，培养学生对环境问题的敏感性和责任感，使他们能够主动关注和解决环境挑战。在行动上，鼓励学生采取可持续发展行动，如减少能源消耗、废物分类回收、水资源合理利用等，以实际行动践行绿色体育理念。同时，还要引导学生认识到绿色体育的重要性，包括推广环保体育项目、拥护运动设备的可持续性设计和生产等。（3）教学内容设计。首先，体育教师要在体育课程中融入环保知识的讲解与感悟，如自然资源的保护、气候变化的影响等，增强学生对环境问题的理解。其次体育教师可以选择符合可持续发展理念的体育项目，如徒手运动、户外活动、环保体操等，减少对资源和能源的依赖，提倡自然与身体的和谐。再次，要注重培养学生的环保运动技能，如自行车代步、徒步旅行等，鼓励学生减少对机动车的依赖。最后，教授学生绿色运动策略，如低碳出行、节能锻炼、环保训练设备的使用等，引导学生在体育活动中采取环保措施。（4）活动策划与实施。体育教师可以组织绿色运动比赛、清洁运动、植树活动等，让学生亲身参与绿色体育实践，也可以成立绿色运动俱乐部，定期组织环保活动和讲座，鼓励学生在日常生活中践行绿色体育理念，还可以在体育赛事中推广可持续性管理措施，如减少碳排放、废物分类回收、使用可再生能源等。（5）设备和资源选择。体育教师在进行场地器材选择时，可以向绿色体育的方向靠拢，选择环保体育器材，如使用可回收材料制造的球类、节能照明设备等，减少资源消耗和环境污染。

**二、练：在运动中感知美**

**（一）运动与绘画相结合**

将运动与绘画相结合可以创造出独特的艺术体验，这种跨界的艺术形式不仅能够提升学生的运动能力,还能够让他们在运动中感知美,培养创造力和表达能力。

具体可以从以下几个方面入手:第一,用身体表达绘画,即通过身体动作来表达和创作绘画作品。可以利用身体的动态姿势、舞蹈动作或运动的流畅性来绘制图案和线条,也可以使用身体的各种部位,如手、脚、头部等,进行绘画,将运动的力量和美感融入艺术创作中。此外,还可以将身体与绘画工具相结合,创造出特殊的绘画工具。例如使用特制的画笔或喷枪,将颜料连接到身体的不同部位,通过运动动作来控制颜料的流动和绘画效果。第二,运动道具的创意利用,即利用运动器械和道具进行绘画创作。例如,使用跑步机、自行车或滑板等运动器械,将颜料固定在轮子上或与运动器械连接,通过运动的力量在画布上创造独特的图案和色彩。这种方法可以结合体育运动和绘画,将运动的速度和力量转化为绘画的能量。第三,联合创作与表演,即邀请运动者、艺术家和画家共同参与创作和表演活动。运动者通过他们的动作创造出独特的运动美感,艺术家和画家捕捉和表达这些动作的力量和美感。

### (二)运动与音乐相结合

将运动与音乐相结合是一种令人振奋和充满活力的艺术形式,它将身体的动作和音乐的旋律、节奏相融合,创造出一种独特的艺术表达方式。

具体到体育与美育跨学科主题学习中,可以从以下几个方面入手:第一,舞蹈与音乐。舞蹈是将运动和音乐完美结合的艺术形式之一,通过舞蹈的动作和姿势来诠释音乐的旋律和节奏,呈现出丰富的情感和表现力。在体育教学的具体操作过程中,可以将其分为编排舞蹈和即兴舞蹈两部分。前者是指在音乐的旋律和节奏下,带领学生进行舞蹈的创编,体育教师可以选择不同的舞蹈风格和乐曲,创造出丰富多样的舞蹈作品;后者是指根据音乐的即兴演奏,让学生以自由灵感即兴创编舞蹈动作来表达情感,这种方式注重学生对音乐的直觉和感知,通过身体的自由运动来创造独特的舞蹈表演。第二,有氧运动与音乐。有氧运动是一种结合音乐和身体运动的健康锻炼方式,通过选择适合的音乐,可以增加运动的乐趣和动力,提高身体的耐力和协调性。具体到体育教学中,主要有两种落实途径。第一种是跳舞健身,即选择流行音乐或舞曲,结合舞蹈动作让学生进行健身训练;第二种是跑步音乐,即选择节奏明快的音乐曲目,通过耳机或扬声器播放音乐,让学生在跑步过程中与音乐的节奏保持一致,不仅可以增加跑步的乐趣和动力,还可以帮助调整呼吸和步伐,提高跑步的效果和体验。第三,运动训练与音乐。将音乐作为运动训练的伴奏,可以提升训练的动力和效果,以下是两种音乐伴奏与运动训练相结合的方法。第一种是节奏训练,选择适合的音乐节奏,让学生根据音乐的速度和节拍进行运动训练,例如,在跳绳、健身操或拳击训练中,通过音乐的节奏来控制动作的速度和力度,增加训练的乐趣和动感;第二种是声音指导训练,利用音乐的节奏和指令来进行运动训练,可以制作音乐指导的训练音频,让学生通过音乐和语音指导来控制训练的动作和时间,提高训练的效果和动力。第四,创新形式的尝试。可以结合影像、投影、虚拟现实等技术,将运动和音乐融入更丰富的艺术体验中。例如,利用投影技术在舞蹈表演中呈现出动态的背景和图像,或者通过虚拟现实技术创造出身临其境的音乐运动体验。

**(三) 运动与舞蹈表演相结合**

将运动与舞蹈表演相结合是一种独特而令人兴奋的艺术形式,它不仅能展示运动员的技术和身体控制能力,还能通过舞蹈的美学表达情感和故事,其具体的操作流程可以分为四部分。

第一部分:理解运动和舞蹈表演。首先,需要让学生理解运动和舞蹈表演的基本概念。运动是指身体的物理活动,通常涉及力量、速度和协调性,它可以包括各种形式的体育运动,如足球、篮球和田径等。舞蹈表演是一种艺术形式,强调身体的表达和舞蹈动作的优美,舞蹈可以是个人创作,也可以是团体合作。

第二部分:融合运动和舞蹈表演的技巧。(1)技术训练:为了将运动和舞蹈表演相结合,学生需要进行专业的技术训练,包括培养身体的柔韧性、力量和协调性,以及学习各种技术动作和动作序列。通过掌握这些技巧,学生能够在表演中展示出高水平的技术能力。(2)舞蹈语言:了解舞蹈的基本语言和动作元素对于将运动与舞蹈表演相结合至关重要。体育教师应当引导学生学习各种舞蹈风格和舞蹈动作的基本概念,例如身体姿势、步伐和转身等。这将帮助学生更好地理解舞蹈的表达方式,并能够将其应用到自己的运动技术中。(3)故事情感表达:舞蹈表演是通过身体语言来传达情感和故事的。学生需要学会将自己的情感与动作相融合,通过舞蹈的形式表达出来。这需要培养学生对音乐、节奏和情感表达的敏感性,以便能够在表演中创造出令人动容的艺术形象。

第三部分:创作和演绎运动舞蹈表演作品。(1)创作过程:运动舞蹈表演作品的创作是一个复杂的过程,需要舞蹈教师、体育教师及音乐教师等的全力合作,以确保舞蹈和运动元素的有机结合。首先,舞蹈教师可以根据舞蹈的主题和故事情节创作出舞蹈动作序列,体育教师则负责将运动技术融入这些舞蹈动作中,并帮助学生进行训练和排练,音乐教师可以为舞蹈创作原创音乐,以增强整个表演的氛围和情感。(2)运动与舞蹈的融合:在创作过程中,体育教师需要将运动技术与舞蹈动作相结合。他们可以将速度、力量和协调性等运动元素运用到舞蹈动作中,以此来展示运动技术水平。同时,也可以利用舞蹈的美学表达情感和故事,通过身体语言传达出更深层次的意义。(3)视觉和音乐效果:视觉和音乐效果在运动舞蹈表演中起着重要的作用。舞台布景、灯光和服装设计等可以增强表演的视觉效果,营造出适合作品主题的氛围。

第四部分:运动舞蹈表演的应用和发展。将运动和舞蹈表演相结合可以在教育领域发挥重要作用,例如:体育舞蹈作为一项融体育和艺术为一体的运动,有机结合了健与美,不仅可以锻炼学生的协调和反应能力,还可以通过舞蹈步伐的教学,开展审美教育。体育教师在课堂中引入体育舞蹈等项目,不仅能够丰富教学内容,也能促使学生从体育运动中感受美的魅力,在提升自身审美素养的同时更好地理解与接受体育与美育跨学科主题学习的课堂内容。此外,学校和社区也可以组织运动舞蹈表演比赛或演出,为学生提供展示自己才华的机会,促进他们参与艺术和体育活动。

**(四) 运动与戏剧表演相结合**

将运动与戏剧表演相结合是一种令人兴奋且富有创意的艺术形式,它不仅能够展示学生的表演技巧和情感表达能力,还能通过动作和肢体语言来丰富剧场作品。其具体的操作流程可以分为四部分。

第一部分:理解运动和戏剧表演。首先,学生需要理解运动和戏剧表演的基本概念。运动的概念前文已述,而戏剧表演是一种艺术形式,通过演员的表演来讲述故事、传达情感和塑造角色,其包括电影、电视剧和戏剧表演等。

第二部分:融合运动和戏剧表演的技巧。(1)肢体表达和动作技巧:运动和戏剧表演的融合需要学生具备良好的肢体表达和动作技巧。学生可以通过身体语言来传达情感和角色的特点,也可以利用姿势、动作和肢体表情来创作生动的角色形象。此外,他们还需要掌握一些基本的运动技巧,如舞蹈动作、柔韧性和协调性等,以展示出高水平的表演能力。(2)声音和语言表达:除了肢体表达外,声音和语言表达也是戏剧表演的重要组成部分。学生应该通过声音的变化、语调和语速来传达角色的情感和意图,并且声音和语言的使用应该与肢体表达相互配合,形成一个整体的表演效果。(3)故事情节和剧本创作:融合运动和戏剧表演需要在故事情节和剧本创作中加入运动元素,以使运动成为剧情的一部分,运动可以用来展示人物的冲突、转折和发展,增加戏剧性和视觉效果。

第三部分:创作和演绎。(1)创作过程:将运动与戏剧表演相结合的创作是一个复杂的过程,舞蹈教师和体育教师需要共同探讨故事情节和角色设定,并发掘适合运动表达的元素,指导学生在表演中运用动作和肢体语言,以及协助他们进行相关的技术训练。(2)运动与戏剧的融合:在创作过程中,学生需要将运动和肢体表达融入戏剧表演中。他们可以利用各种运动项目中的动作技术元素,如武术、体操和田径等,来丰富角色的塑造和故事的表达。(3)舞台设计和视觉效果:为了将运动与戏剧表演相结合,舞台设计和视觉效果也起着关键作用。舞台布景、灯光和服装设计等要与运动元素相协调,创造出适合剧情和角色的氛围。视觉效果的运用可以加强运动表达的视觉冲击力,使观众更加投入和沉浸在戏剧的世界中。

第四部分:运动与戏剧表演融合的应用和发展。(1)特技和动作戏:运动与戏剧表演的融合可以在特技和动作戏方面发挥重要作用。特技动作和激烈的战斗场面可以通过运动技巧和舞蹈动作来呈现,增加戏剧表演的紧张感和观赏性。这对戏剧作品中需要动作场面的剧目,如历史剧、武打剧和冒险剧等,特别有效。(2)舞剧和音乐剧:运动与戏剧表演的融合在舞剧和音乐剧方面也有广泛应用。在舞剧中,运动被用来讲述故事、传达情感和展示舞蹈技巧和美学。舞者通过运动和肢体表达,与音乐、舞蹈和剧情相结合,创造出令人难忘的舞台效果。音乐剧则将歌曲、舞蹈和戏剧表演有机地结合在一起,通过演员的运动和肢体表达来推动剧情的发展。(3)实验和现代剧场:运动与戏剧表演的融合在实验剧场和现代剧场中也得到广泛应用。实验剧场注重艺术的创新和突破,通过运动和肢体表达来挑战传统的剧场形式。现代剧场则强调对当代社会和个体问题的探索,通过运动和肢体表达来传达深层次的主题和情感。(4)教育和社区活动:将运动和戏剧表演融合也可以在教育和社区活动中发挥重要作用。学校和社区可以组织戏剧课程和活动,引导学生和社区成员通过运动和肢体表达来培养创造力、自信和表达能力。此外,运动与戏剧表演的融合还可以作为社区活动的一部分,如庆典、社区剧场和公益演出,为社区带来艺术和娱乐的享受。

**(五) 自然环境中的运动**

在自然环境中进行运动是一种健康、充满活力的与自然亲近的方式。自然提供了广阔的空间和丰富的资源,让学生能够在户外进行多种运动活动,在运动之前应注意做好相关的准备活动和安全措施,以免出现意外事件。具体来看,在自然环境中运动包含以下三方面内容。

一是选择适合的运动项目。由于各地区的自然环境存在差异,开展户外运动的条件也不同,各地可根据自身情况选择适合的运动项目。总体来看,常见的户外运动项目主要包括以下几种:(1)徒步。徒步是一种简单而受欢迎的运动项目。体育教师可以根据地形选择各种难度级别的徒步路线,从简单的小径到富有挑战性的山岳徒步。(2)自行车骑行。自行车骑行是一种令人愉悦而环保的运动项目,可以选择在森林小道、乡村道路或山地地形上骑行,能够显著提高学生的心肺耐力,并且使其体验到自由和速度的乐趣。(3)水上运动。如皮划艇、划船、冲浪、帆板等。进行水上运动可以增强身体的平衡能力、协调性和核心力量,同时享受大自然中水的清凉和活力。(4)登山和攀岩。在大自然中攀登山峰或岩壁,可以锻炼全身力量、耐力和灵活性,同时欣赏到壮观的景色,与自然亲密接触。(5)滑雪和滑板。冬季也可以尝试滑雪和滑板等雪上运动。

二是做好安全和准备工作。(1)在自然中进行运动之前,体育教师必须确保学生身体状况良好并适合进行特定的运动项目。如果有任何健康问题或身体限制,必须咨询医生的建议,再做进一步的部署安排。(2)体育教师要根据自己的能力选择熟悉的适宜地点并规划路线。了解所选地点的气候、地势、道路状况和可能遇到的风险,制订详细的运动路线和计划,并使用地图、导航工具和指南针来帮助规划路线,确保学生能返回起点或找到紧急出口。(3)装备准备和装备检查:在自然中运动,准备合适的装备和器材是必要的。例如,对于徒步,需要舒适的鞋子、适当的服装、背包、地图和指南针等;对于水上运动,需要救生衣、浮板和适合水上运动的服装。确保学生的装备完好无损,并进行必要的检查和维护。(4)充分准备:包括携带足够的水和食物,以满足补给需求。根据运动时间和距离的要求,带上水和能量补给品,还要记得携带急救包和安全装备,如手电筒、手机、指南针和备用电池等。

三是享受自然运动的好处。(1)感受自然之美:在大自然中运动可以让学生与自然界的美景和奇观亲密接触,欣赏到壮观的山脉、湖泊、森林和瀑布等自然景观,感受大自然的力量和宁静。(2)促进身体健康:在大自然中进行运动可以提高心肺功能、增强肌肉力量和灵敏性。户外运动还有助于提高体内维生素 D 水平,促进骨骼健康。(3)有助于心理健康:户外运动有助于减轻压力、焦虑和抑郁,增强心情愉悦感和幸福感。与自然亲近还可以激发创造力和思考力,提升注意力和专注力。(4)体验探索和冒险的乐趣:大自然提供了无尽的探索和冒险机会。通过参与户外运动,可以发现新的地方、体验新的挑战和突破个人极限。这种冒险精神和探索欲望有利于学生成长和发展。(5)增强环保意识:通过在大自然中运动,可以增强学生对环境的认知和关注,学生能够亲身体验大自然的美丽和脆弱性,从而更加珍惜自然环境,自觉保护自然资源。(6)推动社交和团队合作:大自然中的运动提供了社交和团队合作的机会,可以加强人际关系、建立信任和培养团队精神。

### 三、思:关于运动美的探讨

#### (一)分析讨论"力量与刚健之美"等各类议题

学而不思则罔,思而不学则殆。学生在积累了一定的美学素材及运动体验后,还需要设置相关的思考主题,激发学生对运动美的探讨,在讨论中加深对体育和美育融合的认知。

以"力量与刚健之美"主题为例,体育教师在组织学生进行分析和讨论时,大致可以从以下五个方面入手:第一,要提出引导性的问题,如"在你眼中,健康的人体应该具备怎样的特征?""你认为什么是力量与刚健之美的表现?"等。通过这些问题,激发学生对话题的兴趣,鼓励他们表达个人观点和看法。第二,引导学生进行文献阅读和研究,了解不同学者和文化对力量与刚健之美的理解和定义,并撰写自己的观点和理解,从而培养学生的批判性思维和研究能力。第三,将学生分为若干小组进行讨论和分享,让他们在给定的时间内讨论和分享关于力量与刚健之美的想法和观点。每个小组可以选出代表来陈述本组的意见,并与其他小组进行交流和探讨,拓宽他们对话题的认识。第四,提供一些关于力量与刚健之美的案例,例如成功的角色模型、历史人物、体育运动员等。学生可以观察这些案例中所呈现的品质、行为和价值观,并分析这些特征如何体现力量与刚健之美。第五,组织角色扮演和辩论,让学生扮演不同角色,例如家长、社会观察者等,在辩论中讨论健康的人体应有的力量与刚健之美。学生可以根据自己扮演的角色,阐述不同的观点和立场,进行辩论和交流。

#### (二)分析如何通过健美操、啦啦操等各类项目体现美

许多运动项目中都蕴含了丰富的美学素材,体育教师可以以发现运动中的美为主题,引导学生对健美操、啦啦操等各类项目展开讨论,具体包括以下几个方面。

首先,体育教师要激起学生参与讨论的兴趣,引导学生回顾他们在健美操、啦啦操等项目中的经验和感受。通过提问和分享,让学生描述他们认为何种元素或动作能体现美感,以及对美的定义和感受,这能够充分激发学生对话题的兴趣,并为他们的思考提供起点。其次,体育教师可以选择一些优秀的健美操、啦啦操表演视频,组织学生观看,引导学生仔细观察视频中的动作、姿势、舞蹈编排等细节,并帮助他们分析这些元素如何体现美感,鼓励

学生从动作的流畅性、协调性、表达力以及与音乐的配合等方面进行观察和分析，并鼓励学生互相交流和分享自己的观点。每个小组可以选出代表发表本组的观点和结论，并向其他小组进行展示。再次，可以利用多种形式来进行专题讨论。第一，体育教师可以提供一些图像和视频，展示不同类型的健美操、啦啦操等项目中体现美的案例。这些素材可以是专业表演者的照片、精美的舞台设计、服装和化妆等，通过观察和分析这些图像，学生可以获取更多的灵感和观点，以及对美的多样性的认识。第二，体育教师可以鼓励学生运用他们的想象力和创造力，设计一段健美操、啦啦操等，以展现他们对美的理解和表达。学生可以考虑动作、编排、音乐、服装、舞台效果等方面，并通过口头或视觉形式展示自己的创意。第三，体育教师可以让学生扮演观众、评委或表演者的角色，在小组内进行评价和讨论。"观众"可以提出对美感的评价和观点，"评委"可以给出专业的评分和反馈，"表演者"可以接受评价并回应观众和评委的问题和建议。这样的角色扮演可以帮助学生更好地理解美的体现和评判标准，并促进相互之间的交流和讨论。第四，体育教师还可以邀请专业的舞蹈教练、健美操或啦啦操表演者来学校进行讲解和示范，分享他们对于健美操、啦啦操等项目中的美感的理解和经验，并进行示范演示。最后，要引导学生对交流和讨论的结果进行总结和反思，鼓励他们回顾自己在该话题上的学习和思考过程，总结自己对健美操、啦啦操等项目如何体现美的认识和观点，并通过写作、演讲等形式表现出来。

**（三）相互交流如何通过运动保护自然环境之美**

运动与自然息息相关，如何通过运动来保护自然环境之美是学生在进行体育和美育跨学科融合学习过程中必须关注的话题之一。从实施流程来看，引导学生交流这一话题大致分为以下几个方面。

首先，体育教师要提出与主题相关的问题并引导学生进行思考和讨论，例如"运动和自然环境之间有什么联系？""如何通过运动保护自然环境之美？""我们如何在运动时减少对环境的负面影响？"等。通过这样的问题，激发学生对话和思考，促进他们对话题的理解和认知。其次，在问题讨论过程中，要广泛运用各种形式来加强讨论的氛围。可以将学生分成小组或团队，让他们在给定的时间内集思广益，分享对于如何通过运动保护自然环境之美的想法和观点，鼓励交流与合作，彼此倾听并互相启发，在讨论结束后，可以让每个小组或团队分享他们的观点和结论。也可以利用图片、视频或幻灯片等多媒体资源，展示与主题相关的实例和案例，这些资源可以包括运动员或体育团队参与环保行动的照片、保护自然环境的运动项目、运动与可持续发展的关联等，通过这些实例，激发学生的兴趣，并让他们从中获取灵感。

还可以组织学生进行辩论或角色扮演,从不同的角度阐述如何通过运动保护自然环境之美,这样可以让学生思考和表达不同观点,培养他们的批判性思维和辩论能力。

再次,可以鼓励学生以写作、绘画、摄影或制作展板等形式,表达他们对如何通过运动保护自然环境之美的想法和观点。学生可以通过撰写文章、绘制插画、拍摄照片或制作展板,展示他们对环境保护的热情和创意。最后,学校可以组织或支持学生参与环保活动,如清理垃圾、植树造林、节能减排等,或者参观与自然环境保护相关的场所,如自然保护区、环保机构或运动项目中的绿色实践示范区等。这样可以让学生亲身参与并体验通过运动保护自然环境之美的实践行动,并在活动后分享他们的观察和感受,促进交流和思考。

## 第三节　体育与美育跨学科主题学习的案例设计

依据第五章中构建的体育与健康跨学科主题学习设计模型 CI－PTE,结合《课程标准(2022 年版)》的精神,本节为水平一到水平四设计了"探寻大自然的魅力""身体的健与美""绘画接力跑""大自然生存之道"四个体育与美育跨学科主题学习案例。具体而言,依据学习主题与目标,构建了相应的大概念结构体系;根据大概念构建了相应的跨学科主题学习问题链;在复杂问题导向下,构建了教学内容任务群;设计了相应的评价方案,检验学生跨学科主题学习成果。

### 一、水平一案例设计

**(一) 具体案例**

1. 选择学习主题,基于核心素养形成学习目标(C)

① 选择学习主题

本案例围绕《课程标准(2022 年版)》中体育与美育跨学科主题"美丽的大自然"(水平一)进行活动设计,形成了"探寻大自然的魅力"跨学科学习主题,引导学生在体育活动中运用美术、生物、道德与法治、科学、语文、音乐、信息科技等学科中的知识与技能。

② 根据所选主题特点,构建学习目标体系

"探寻大自然的魅力"这一跨学科学习主题主要聚焦于体育与美育,重点在于让学生通过查阅相关资料了解大自然中不同种类动物的运动形式,并通过模仿动物的运动形式感受人与自然的密切关系,并通过团队合作的形式举行模拟动物的运动形式挑战赛。此外，通过观察不同的季节和气候变化感悟大自然之美。基于此，本案例以基本运动技能为载体展开设计，构建了"探寻大自然的魅力"学习目标（见表8-1）。

表8-1　基于基本运动技能的"探寻大自然的魅力"学习目标

| 核心素养 | 具体表述 |
|---|---|
| 运动能力 | 能够初步掌握各项基本运动技能；能够在不同自然环境中综合运用各种基本运动技能；上下肢力量、肌肉耐力、协调性等体能得到发展。 |
| 健康行为 | 能够在多种身体活动中观察自然环境，提高自然环境适应能力；在练习中能够与伙伴积极交流，社交能力得到一定程度提高。 |
| 体育品德 | 通过对基本运动技能的掌握感受人与自然的和谐之美；形成遵守规则的意识；能够初步明晰人与自然的和谐发展规律；树立正确的身体价值观。 |

2. 依据学习主题与目标，构建大概念结构体系（I）

"探寻大自然的魅力"主要涉及美术、生物、道德与法治、科学、语文、音乐、信息科技等元素的融合，可从学习目标中提取大概念，具体涵盖学科大概念与跨学科大概念（见表8-2）。

表8-2　"探寻大自然的魅力"大概念结构体系

| 大概念类型 | 大概念 |
|---|---|
| 学科大概念 | 动物的运动方式（生物） |
| | 人与自然和谐共生（道德与法治） |
| | 基本运动技能（体育） |
| | 保护自然环境（道德与法治） |
| 跨学科大概念 | 动物运动的形态美（体育与生物） |
| | 运动与自然的和谐之美（体育和道德与法治） |
| | 不同自然环境中的运动（体育与生物） |

3. 根据大概念构建跨学科主题学习问题链（P）

为了帮助学生理解大概念，就需要设置相应的问题，引导学生在解决问题的过程中建构起对大概念的理解。可根据"探寻大自然的魅力"主题学习所蕴含的大概念体系形成复合式问题链（见图8-1）。

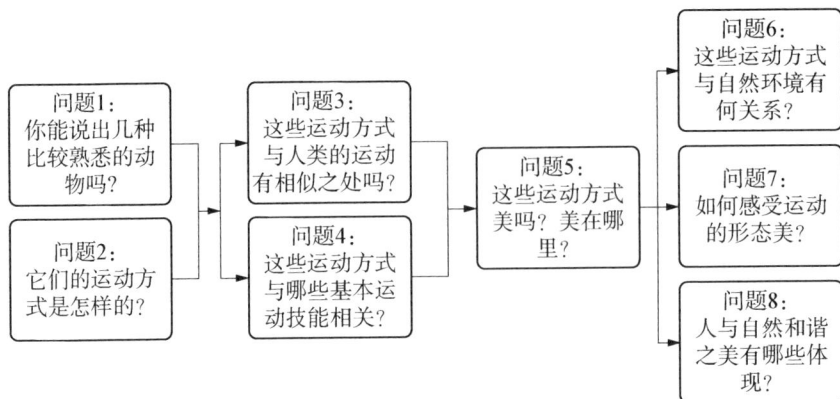

图 8-1　"探寻大自然的魅力"跨学科主题学习问题链

4. 在复杂问题导向下,构建教学内容任务群(T)

针对以上问题链,"探寻大自然的魅力"跨学科主题学习任务群可由以下四个子任务组成:对大自然中动物运动方式的思考、探索与分享(指向问题 1、2);将动物运动方式与基本运动技能进行结合的思考(指向问题 3、4);引导学生在与自然接触的过程中感受人与自然的和谐之美(指向问题 5);要求学生根据自己收集的相关材料来观察动物的运动方式,并以基本运动技能为主要形式开展学习(指向问题 6、7、8)。基于以上的相关要求,可设计以下任务群(见表 8-3)。

表 8-3　"探寻大自然的魅力"跨学科主题学习任务群

| 情境导入 | | | |
| --- | --- | --- | --- |
| 在美丽的大自然中,有山岳、江河、湖泊、大海,也有各种各样可爱的小动物与大动物,今天让我们一起走进美丽的大自然,用善于发现美的眼睛去探寻大自然的魅力。 | | | |
| 学习任务 | 学生活动 | 教师组织 | 活动意图 |
| ① 了解大自然生物链规律,通过多媒体设备认识、了解大自然中不同种类的动物,以及它们的运动方式,及时做好记录。 | ① 课前通过网络等途径阅有关大自然的资料,了解大自然中生物链的相关知识,探寻其中蕴含的规律;收集大自然中不同种类动物的运动形式,保存相关图片并做好记录。 | ① 引导学生课前收集动物图片并查阅有关大自然生物链规律的相关资料。<br>② 鼓励学生课中积极分享自己收集的图片,并能够准确表述自己的观点,同时学会倾听其他同学的观点并积极主动思考。 | ① 通过收集信息、课堂交流大自然中生物链规律和认识大自然中不同种类的动物,尝试运用多学科知识阐述观点,发展信息收集能力和语言表达能力。<br>② 以饱满的精神状态全身心投入活动,在团队合作中能积极主动且有 |

| 学习任务 | 学生活动 | 教师组织 | 活动意图 |
|---|---|---|---|
| | ② 课中积极与身边同学展示、交流收集到的动物图片及相关动物的运动形式，以及所了解到的自然规律。 | ③ 引导学生主动提出问题，在学生产生疑惑时，及时给予耐心解答；鼓励学生进行小组内和小组间的交流与合作，互相分享观点与心得体会。 | 条理地分享自己的观点，并及时与同伴沟通交流，培养团队合作能力和团队精神。 |
| ② 模仿大自然中不同种类动物的运动方式，并感受模仿过程中身体所展现出的美感。 | ① 对不同种类动物的运动形式进行模仿，并学会欣赏自己及同伴在模仿过程中所表现出的美感。② 绘制动物运动形式的图画，小组内和小组间开展交流活动，积极主动分享自己的观点。③ 与同伴一起观察自然界中的生物链规律，并学会欣赏自然界中动物所展现出的美。 | ① 引导学生模仿不同种类动物的运动形式，启发学生合作探寻其中的形态美，提高思考能力和积极参与能力。② 在绘画过程中引导学生发挥想象力，思考不同种类动物的运动特点，并注意不同动物身上的细节特征，鼓励学生尽可能将动物的形态完整绘制出来。③ 组织学生进行分组活动，引导学生在小组活动中积极与同伴合作完成任务，能倾听并采纳同伴的想法，学会欣赏他人，主动与同伴互相学习。 | ① 学习有关自然的知识，提高观察能力、动手能力、思考能力以及模仿能力，增强对大自然的兴趣，主动探索大自然中的奥秘，同时能较好地完成绘画任务。② 通过模仿感受不同种类动物的身体运动，感受并欣赏动物的身体在运动中的动态变化之美，同时也感受和欣赏自己与同伴在模仿中所展现的身体形态之美，提高自身的审美素养，能够欣赏大自然中的美。③ 在团队协作中能够提升语言表达和团结合作的能力，提高在团队协作中的参与度。 |
| ③ 模拟真实大自然情境，还原真实大自然情境中动物的运动形式。 | ① 了解真实大自然的情境（包括天气、水流、土壤、丛林），并在课前备足道具尽可能营造真实大自然情境。② 课中在图纸上设计好不同类型的 | ① 引导学生发挥想象力，鼓励学生尽可能备足道具，营造真实的大自然环境，将真实情境融入教学活动中，提升学生在课堂活动中的真实体验感。 | ① 通过对真实自然环境的模拟，进一步了解自然，感受、欣赏大自然中的美，在今后的学习生活中学会尊重、保护自然。② 发挥想象力和动手能力，模仿动物的运动方式，同时发展肌肉力量、 |

续表

| 学习任务 | 学生活动 | 教师组织 | 活动意图 |
|---|---|---|---|
| | 大自然情境,用道具搭建出真实的大自然情境,模拟在不同自然情境中的动物运动形式,提高自身对环境的适应能力。 | ② 用背景音乐烘托环境氛围,努力帮助学生全身心投入教学活动中,提高其在活动中的审美感受。<br>③ 提示学生在模仿中注意安全,通过模拟不同的自然情境来提高学生自身对环境的适应能力。 | 平衡能力、协调性、灵敏性等体能,提高身体运动能力。 |
| ④ 分组比赛:根据情境音乐的变化调整模仿的动作,灵活进行变化。 | ① 根据活动需要,播放不同情境下的大自然音乐,根据音乐的变换,准确标准地做出相应的动作。<br>② 课后作业:围绕这次活动分享心得体会,小组内和小组间互相评价。 | ① 用不同音乐将学生带入所设置的自然情境中去,让学生分组根据音乐变化调整模仿动作,引导学生发现身体形态美,提高其观察能力的同时也提高其审美能力。<br>② 引导学生学会根据身边同学不正确的动作进行自我修正,提高模仿动作的标准程度以及美感。 | ① 通过真实情境的创设,使学生能够身临其境进行模仿,真实沉浸在大自然的环境中,提高课堂体验感和学生学习积极性。<br>② 在参与活动过程中综合运用语文、音乐、美术、信息科技、英语等学科的知识,提高知识运用能力。 |

可用资源

**实物资源:**电子大屏幕、画笔与画纸等。
**电子资源:**美丽大自然视频资源、动物运动视频和图片资源。
**时间资源:**体育课内时间、课外活动时间。

5. 设计评价方案,检验学生跨学科主题学习成果(E)

"探寻大自然的魅力"跨学科主题学习评价主要以体育教师与学生为主体,在教师评价与学生自评互评中运用表现性评价标准,对学生在参与学习过程中的表现进行评价,可设置以下表现性评价标准(见表8-4)。

表 8 - 4　"探寻大自然的魅力"跨学科主题学习评价标准

| 评价标准 | 有待进步 | 一般 | 优秀 |
|---|---|---|---|
| 1. 能够正确展现基本运动技能 | | | |
| 2. 能够在基本运动技能练习过程中体现出良好的体能水平 | | | |
| 3. 能够在基本运动技能练习过程中体现出蓬勃的活力和激情 | | | |
| 4. 能够主动与伙伴沟通,展现良好的合作品质 | | | |
| 5. 能够在练习动物运动形式过程中表现出永不放弃、坚持不懈的体育品德 | | | |
| 6. 能够在练习动物运动形式过程中学会观察自然 | | | |
| 7. 能够在练习动物运动形式过程中表现出对大自然的敬畏、珍爱之情 | | | |
| 8. 能够在练习动物运动形式过程中感受人与自然的和谐之美 | | | |

### (二) 设计思路

"探寻大自然的魅力"以营造真实大自然情境,模拟大自然中不同种类动物的运动形式为主线,引导学生综合运用体育与健康、科学、语文、音乐、信息科技等学科中的知识,了解大自然中生物链规律以及真实大自然情境下动物的运动形式,并学习相关的基本运动技能,开展模仿动物运动形式的比赛。本活动可以由体育教师独立实施,也可以协同其他学科教师一起完成。

本活动涉及播放背景音乐、创设真实的大自然情境以及模仿真实大自然情境下的动物运动形式,通过音乐和情境的切换,让学生在不同情境中完成模仿任务,鼓励学生积极发挥想象力和创造力,团队协作来完成模拟比赛,比赛结束后小组成员之间以及组与组之间开展交流活动,分享各自的心得体会。本活动分为课外和课内两部分:课外活动主要是学生收集信息,了解有关大自然的常识,认识大自然的规律和动物的运动形式;课内活动主要是在教师的引导下,与同伴合作创设真实大自然情境,通过小组合作完成模仿比赛,并能够在活动中与其他同学积极交流合作,提高基本运动技能的同时提高审美意识,学会站在审美角度欣赏大自然的美以及自身在模仿过程中所展现出的身体形态美。

## 二、水平二案例设计

### (一) 具体案例

1. 选择学习主题,基于核心素养形成学习目标(C)

① 选择学习主题

本案例以"身体的健与美"为体育与美育的跨学科学习主题,让学生感受健美操项目技术动作中身体的运用,并学会欣赏自己在练习健美操相关动作时所展现出的身体健与美,引导学生在体育活动中综合运用语文、音乐、美术、信息科技、英语等学科的知识与技能,提高跨学科主题学习能力。

② 根据所选主题特点,构建学习目标体系

"身体的健与美"这一跨学科学习主题主要聚焦语文、音乐、美术、信息科技、英语等学科的知识与技能,重点是通过学习健美操,提高学生的身体协调性和灵活性,综合运用体育、美育等知识,欣赏在体育运动中的身体之美和运动之美,增强对审美的兴趣,锤炼团结协作、坚持不懈等优良品质。基于此,本案例构建了以下学习目标(见表 8-5)。

表 8-5　基于健美操的"身体的健与美"学习目标

| 核心素养 | 具 体 表 述 |
|---|---|
| 运动能力 | 能够较为准确地描述健美操运动的美;能够展示健美操成套动作;身体的协调性和灵活性有所提高。 |
| 健康行为 | 养成良好的锻炼习惯;在感受美的过程中提高情绪调节能力;在练习中能够与同伴积极交流,社交能力得到一定程度提高。 |
| 体育品德 | 能够欣赏体育运动中的身体之美和运动之美;在身体运动过程中增强对审美的兴趣;表现出团结协作、坚持不懈等优良品质。 |

2. 依据学习主题与目标,构建大概念结构体系(I)

"身体的健与美"主要涉及语文、音乐、美术、信息科技、英语等元素的融合,可从学习目标中提取大概念,具体涵盖学科大概念与跨学科大概念(见表 8-6)。

表8-6　"身体的健与美"大概念结构体系

| 大概念类型 | 大　概　念 |
|---|---|
| 学科大概念 | 审美意识(美术) |
| | 相关信息收集(信息技术) |
| | 表达与理解(语文) |
| | 节奏感知(音乐) |
| | 健美操相关技术(体育) |
| 跨学科大概念 | 健美操中的身体之美(体育与美术) |
| | 伴奏中的运动(体育与音乐) |

3. 根据大概念构建跨学科主题学习问题链(P)

为了帮助学生理解大概念,就需要设置相应的问题,引导学生在解决问题的过程中建构起对大概念的理解。可根据"身体的健与美"主题学习所蕴含的大概念体系形成递进式问题链(见图8-2)。

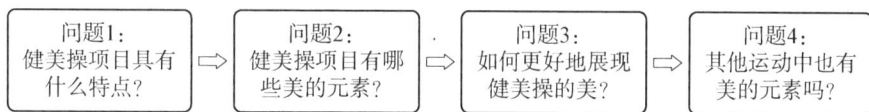

图8-2　"身体的健与美"跨学科主题学习问题链

4. 在复杂问题导向下,构建教学内容任务群(T)

针对以上问题链,"身体的健与美"跨学科主题学习任务群可由以下四个子任务组成:了解健美操项目技术动作的身体姿态,观看相关动态图片和视频(指向问题1);找到健美操项目中身体的平衡与协调(指向问题2);模拟真实运动比赛情境,交流美的感受(指向问题3);不同运动项目技术动作中身体的运用(指向问题4)。基于情境、资源、活动三维元素,可设计以下任务群(见表8-7)。

表8-7　"身体的健与美"跨学科主题学习任务群

| 情境导入 |
|---|
| 《大卫》、《断臂的维纳斯》等闻名世界的雕塑向世人展示着健美的身姿,同学们是否了解过形体美? 是否能够正确辨别什么样的身体是健美的? 今天让我们一起走近身体的健与美。 |

| 学习任务 | 学生活动 | 教师组织 | 活动意图 |
|---|---|---|---|
| ① 了解健美操项目技术动作的身体姿态,观看相关动态图片和视频。 | ① 通过动态图片和视频了解健美操项目的身体姿态,并仔细观察技术动作细节以及身体在技术动作中的运用。<br>② 小组合作探究学习,积极思考健美操项目技术动作要领;学会站在不同角度运用语文、音乐、美术、信息科技、英语等学科的知识思考、分析、欣赏不同动作。 | ① 引导学生课前收集健美操项目的信息,了解、认识和欣赏健美操项目的技术动作和身体姿态,并从不同角度分析身体姿态背后所蕴含的美学知识,拓展学生的审美思维。<br>② 积极引导学生深入思考,并在学生遇到困难时,及时给予引导帮助,鼓励学生进行小组内部和小组之间的相互交流与学习。 | ① 通过课前收集信息学习了解、练习健美操项目的技术动作,提高自身的信息收集能力,并能够尝试运用多学科知识去解决问题,解决问题的同时能够提高审美意识和审美情趣。<br>② 尝试通过团队合作加强团队成员间的沟通与交流,提高团队协作能力以及自身的语言表达能力,能够以积极的状态投入活动中,提高在实践活动中的参与感。 |
| ② 找到健美操项目中身体的平衡与协调。 | ① 了解健美操项目中部分技术动作的要领,如 V 字步、一字步、小马跳等,提高对健美操的兴趣和审美意识,学会从不同的审美角度欣赏不同技术动作下身体的健与美。<br>② 灵活变换技术动作形式,找到身体在活动中的平衡与协调点,提高健美操技术动作的完成度。<br>③ 小组成员以及组与组之间能够相互合作、相互激励,欣赏同伴在练习不同技术动作中身体的健与美。 | ① 通过动态图片和视频导入健美操项目的运动情境,引导学生仔细观察健美操技术动作的细节并认真模仿与练习技术动作,体验练习过程中身体动态与静态变换之美,并及时用文字记录下当时的感受。<br>② 在学生自主练习健美操技术动作时,及时对其练习中标准且美的动作给予鼓励,同时也及时纠正不美且错误的身体姿态。<br>③ 引导学生在合作学习中积极主动地互相学习,学会欣赏他人正确优美的身体姿态并及 | ① 通过健美操不同技术动作和身体姿态的学练,掌握科学、正确的技术动作训练方法,提高健美操技术动作的标准度。<br>② 通过技术动作的练习,发展耐力、平衡能力、协调性等体能,提高身体的运动能力。<br>③ 通过创编难度适中的健美操形式,发展创造美的能力,同时锤炼团结协作、公平竞争、互相尊重、坚持不懈、吃苦耐劳的优良品质。 |

续表

| 学习任务 | 学生活动 | 教师组织 | 活动意图 |
|---|---|---|---|
| | | 时纠正自身错误的动作与身体姿态;关注不同学生的身体差异,变换不同的教学方式,逐步帮助学生建立自信,促使其积极主动学习并参与课堂练习活动。 | |
| ③ 模拟真实运动比赛情境,交流美的感受。 | ① 了解真实运动比赛情境中技战术运用的具体情况(包括技术动作关键点、身体姿态切换的时机)。<br>② 设计技术动作切换的顺序,模拟在不同比赛情境中技术动作的变换形式。<br>③ 与同学交流比赛中发现了健美操的哪些美的元素。 | ① 引导学生学习比赛情境中技术动作的关键点,将真实情境运用到教学中。<br>② 引导学生抓住变换身体姿势的时机,快速、准确、标准地转换技术动作。<br>③ 提示学生在模拟真实比赛情境中注意安全和互相帮助,增强不同比赛情境下的适应能力和反应能力,从而提高自己的协调性。<br>④ 引导学生分组展开讨论。 | ① 通过在真实运动比赛情境中的模拟训练,了解比赛规则,学会在健美操比赛中约束自己的行为,做一个遵守规则的人。<br>② 发挥创造力,创新变换技术动作形式,体验真实比赛过程,发展平衡、协调、控制能力以及灵敏度。<br>③ 帮助学生加深对健美操之美的理解。 |
| ④ 不同运动项目技术动作中身体的运用。 | ① 在小组内向同学展示自己擅长的运动项目,并与大家分享该项目中的美。<br>② 结合语文、英语素材,准确表述出关于美的词汇,提升自己对美的意识。<br>③ 课后作业:结合课上讨论谈一谈自己擅长的运动项目中有哪些美的元素,并形成说明文。 | ① 根据小组合作形式的特点,引导学生合理调整技术动作形式,增强身体协调能力,掌握正确的练习方法;教师及时提供合理的建议和指导。 | ① 通过参与小组合作练习,学会发现队友运动中呈现出来的美,学会追求运动美感。<br>② 在互帮互助中形成乐于助人、不卑不亢、自我反思、不怕困难等意志品质。<br>③ 综合运用语文、音乐、美术、信息科技、英语等知识,学会用批判性思维去学习,发展欣赏美、创造美的能力。 |

| 可用资源 |
| --- |
| 实物资源:电子大屏幕、画笔与画纸等。 |
| 电子资源:展现健美身体的视频、健美操成套动作视频。 |
| 时间资源:体育课内时间、课外活动时间。 |

5. 设计评价方案,检验学生跨学科主题学习成果(E)

"身体的健与美"跨学科主题学习评价主要以体育教师与学生为主体,在教师评价与学生自评互评中运用表现性评价标准,对学生在参与学习过程中的表现进行评价,可设置以下表现性评价标准(见表8-8)。

表8-8 "身体的健与美"跨学科主题学习评价标准

| 评价标准 | 有待进步 | 一般 | 优秀 |
| --- | --- | --- | --- |
| 1. 能够正确做出健美操的相关运动技术 | | | |
| 2. 能够在练习过程中表现出较好的体能水平 | | | |
| 3. 能够较好地完成教师布置的运动技术任务 | | | |
| 4. 能够在活动中表现出坚持不懈的意志品质 | | | |
| 5. 能够主动与同学沟通、协商 | | | |
| 6. 能够在学习过程中表现出互帮互助、团结友爱的优良品质 | | | |
| 7. 能够说出对运动之美的体验 | | | |
| 8. 能够表现出对身体之美、运动之美的热情 | | | |

### (二) 设计思路

"身体的健与美"跨学科主题学习以健美操项目为主,引导学生通过练习健美操项目的动作技术,开展各种形式的身体训练。本活动的设计目的是让学生通过健美操项目技术动作的练习,感受身体之美,同时学习和运用语文、音乐、美术、信息科技、英语等知识。本活动可以由体育教师独立实施,也可以协同其他学科教师一起完成。

该案例给学生提供了一个需要团队合作开展的开放性任务,旨在引导学生通过团队合作设计不同的身体健与美的形态变换形式,并进行练习和比赛。本活动分为课外和课内两部分:课外活动主要是让学生收集健美操项目技术动作的相关资料和信息等;课内活动主要是通过组内或组间的比赛交流,培养学生欣赏体育运动之美和身体之美的能力。此次学习任务充分体现了学科整合的特点,让体育课堂焕发出艺术光彩,不但可以引导学生深入学习健美操项目的技术动作,从而掌握运动技能,提高身体平衡、协调、肌肉控制等能力,而且还可以使学生感受到美育和体育的魅力,在运动中陶冶情操、升华品质,在精神上得到美的启迪。

### 三、水平三案例设计

#### (一) 具体案例

1. 选择学习主题,基于核心素养形成学习目标(C)

① 选择学习主题

本案例以"绘画接力跑"为体育与美育的跨学科学习主题,让学生在通过小组合作完成接力跑比赛的同时,与同伴一同完成绘画任务,并引导学生在体育活动中综合运用美术、体育与健康、信息科技、英语等学科的知识与技能,提高跨学科主题学习能力。

② 根据所选主题特点,构建学习目标体系

"绘画接力跑"这一跨学科学习主题主要运用美术、体育与健康、信息科技、英语等学科的知识与技能,重点是通过接力跑绘画的比赛,提高学生的心肺耐力和爆发力,通过团队协作比赛合力完成绘画任务,培养学生的审美能力和体育竞赛精神。基于此,本案例以田径类运动中的接力跑项目为载体展开设计,构建了以下学习目标(见表8-9)。

表8-9　基于接力跑的"绘画接力跑"学习目标

| 核心素养 | 具 体 表 述 |
| --- | --- |
| 运动能力 | 能够正确使用接力跑技术;耐力、灵活性、反应能力、协调性等体能得到发展。 |
| 健康行为 | 掌握运动损伤的预防方法与手段,知道如何判断运动损伤种类与原因,并能够根据运动损伤情况迅速做出处理;在练习中能够与同伴积极交流,社交能力得到一定程度提高。 |
| 体育品德 | 通过团队协作比赛合力完成绘画任务,能够对审美意识和体育竞赛精神有比较清晰的认知;表现出勇敢顽强、不怕困难的体育精神,遵守规则的体育道德,自尊自信、文明礼貌的体育品格。 |

2. 依据学习主题与目标,构建大概念结构体系(I)

"绘画接力跑"主要涉及美术、体育与健康、信息科技、英语等学科的知识与技能,可从学习目标中提取大概念(见表8-10)。

表8-10　"绘画接力跑"大概念结构体系

| 大概念类型 | 大　概　念 |
|---|---|
| 学科大概念 | 接力跑技战术(体育) |
| | 绘画速写(美术) |

3. 根据大概念构建跨学科主题学习问题链(P)

为了帮助学生理解大概念,就需要设置相应的问题,引导学生在解决问题的过程中建构起对大概念的理解。为此,可根据"绘画接力跑"主题学习所蕴含的大概念体系形成递进式问题链(见图8-3)。

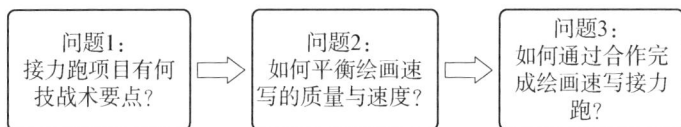

图8-3　"绘画接力跑"跨学科主题学习问题链

4. 在复杂问题导向下,构建教学内容任务群(T)

针对以上问题链,"绘画接力跑"跨学科主题学习任务群可由以下四个子任务组成:对接力跑技战术的学习、练习接力跑专项体能(指向问题1);交流讨论绘画速写中如何保持质量与速度(指向问题2);接力跑过程中与同伴合作完成绘画任务(指向问题3)。基于情境、资源、活动三维元素,可设计以下任务群(见表8-11)。

表8-11　"绘画接力跑"跨学科主题学习任务群

| 情境导入 | | | |
|---|---|---|---|
| 绘画往往需要心情平静,长时间保持身体静止,而接力跑则总是以紧张刺激的比赛形式出现。今天让我们将两者结合起来,体验一场不一样的绘画接力跑比赛。 | | | |
| 学习任务 | 学生活动 | 教师组织 | 活动意图 |
| ① 了解接力跑的技术动作、步伐节奏和摆臂技巧, | ① 通过视频和图片了解接力跑的技术动作细节。<br>② 小组合作学习,运用 | ① 引导学生观察和分析接力跑技术动作,并从不同角度分析接力跑技术动作蕴含的美学 | ① 通过观察和分析接力跑技术动作,尝试运用多学科知识解决问题, |

| 学习任务 | 学生活动 | 教师组织 | 活动意图 |
|---|---|---|---|
| 观看专业比赛视频和动态技术图片。 | 美术、体育与健康、信息科技、英语、语文等学科知识思考、分析、欣赏接力跑中所表现出来的美。 | 知识,拓展学生的审美思维。<br>② 用合适的语言引导学生发挥想象力并学会思考,在学生遇到困难时,及时给予引导帮助,鼓励学生进行小组内部和组别之间的相互交流与学习。 | 提高审美意识和审美情趣。<br>② 尝试通过团队合作与交流解决问题,以积极的状态投入活动中,并在团队中积极主动的与他人合作交流。 |
| ② 接力跑比赛中学练心肺耐力和爆发力。 | ① 了解接力跑过程中技术动作的要领,提高对接力跑技术动作的兴趣和审美意识,学会从不同的审美角度欣赏接力跑时身体的健与美。<br>② 灵活调整步伐节奏,找到身体的平衡与协调点;小组合作,互相激励,互相欣赏同伴在接力跑中身体所展现出的健与美。 | ① 比赛前,通过讲解分析专业的接力跑比赛,引导学生仔细观察接力跑技术动作,在接力跑过程中体验身体动态与静态变换之美。<br>② 在学生跑完接力跑时,及时给予鼓励,同时也及时纠正不美且错误的技术动作。<br>③ 引导学生在合作学习比赛中积极主动地互相学习,学会欣赏他人正确优美的身体姿态,及时纠正自身错误的动作与身体姿态;关注不同学生的身体差异,变换不同的教学方式,逐步帮助学生建立自信,促使其积极主动地学习并参与课堂练习活动。 | ① 通过分析专业的接力跑比赛,掌握正确的接力跑比赛的动作要领,同时掌握科学、正确的技术动作的训练方法。<br>② 通过接力跑技术动作的练习,发展耐力、灵敏性、爆发力、协调性等体能。<br>③ 通过小组比赛活动形式,发展其创造美的能力,锤炼团结协作、公平竞争、互相尊重、坚持不懈、吃苦耐劳的优良品质。 |
| ③ 交流讨论绘画速写中如何保持质量与速度。 | ① 回忆之前美术课中所学的绘画速写技能。<br>② 在小组内交流讨论如何在短时间内根据要求提高绘画质量。 | ① 为学生划分小组,提供交流讨论平台。<br>② 引导学生思考在体力消耗较大的情况下如何保持头脑冷静。 | ① 帮助学生巩固绘画速写技能。<br>② 使学生能够在高强度身体活动中冷静思考。 |

续表

| 学习任务 | 学生活动 | 教师组织 | 活动意图 |
|---|---|---|---|
| ④ 接力跑过程中与同伴合作完成绘画任务。 | ① 自由发挥想象力绘制图案,并结合语文、英语素材,准确表述有关绘制图案的词汇,以提升自己的语言表达能力和创造能力。<br>② 与同伴互相沟通协作完成绘画任务,保证接力跑效率的同时,也保证绘画任务的完成度。 | ① 用言语激励指导学生通过调整接力跑技术动作来提高接力跑效率。<br>② 引导学生积极主动投入真实比赛情境中,在比赛中获得自我效能感。<br>③ 根据小组合作形式的特点,鼓励学生积极主动与同伴交流与协作,并引导学生合理调整技术动作,增强身体协调能力,并掌握正确的练习方法,在学生绘制图案时及时提供合理的建议。 | ① 通过接力跑绘画的形式提高对美育的重视,善于发现和欣赏接力跑运动中所展现的美。<br>② 通过参与小组合作比赛,学会欣赏其他小组成员在运动中所表现的美感以及欣赏他们的作品,提高自身的审美鉴赏能力。<br>③ 在互帮互助中形成乐于助人、不卑不亢、自我反思、不怕困难等意志品质。<br>④ 综合运用语文、体育与健康、美术、信息科技、英语等知识,学会用审美思维去学习接力跑技术动作,发展自己欣赏美、创造美的能力。 |
| 可用资源 | | | |

实物资源:电子大屏幕、接力棒、画笔与画纸。

电子资源:接力跑视频资源、体育类信息资源库。

时间资源:体育课内时间、课外活动时间。

5. 设计评价方案,检验学生跨学科主题学习成果(E)

"绘画接力跑"跨学科主题学习评价主要以体育教师与学生为主体,在教师评价与学生自评互评中运用表现性评价标准,对学生在参与学习过程中的表现进行评价,可设置以下表现性评价标准(见表8-12)。

表 8-12　"绘画接力跑"跨学科主题学习评价标准

| 评价标准 | 有待进步 | 一般 | 优秀 |
|---|---|---|---|
| 1. 能够正确使用接力跑技战术 | | | |
| 2. 在接力跑过程中体现出良好的体能水平 | | | |
| 3. 能够主动与同伴进行协商与沟通 | | | |
| 4. 能够较好地完成比赛 | | | |
| 5. 能够体现出较好的美学素养 | | | |
| 6. 在绘画接力跑比赛中表现出永不放弃、坚持不懈的体育品德 | | | |
| 7. 能够在学习过程中表现出互帮互助、团结友爱的优良品质 | | | |
| 8. 能够对审美意识和体育竞赛精神有比较清晰的认知 | | | |

### (二) 设计思路

"绘画接力跑"跨学科主题学习以接力跑比赛形式合作绘制图案为主线,引导学生综合运用美术、体育与健康、信息科技、语文、英语等知识,了解接力跑技术的动作规范和比赛规则,学习接力跑技术动作,开展绘画接力跑比赛,并在结束时用英语和语文等知识表述绘画的内容,分享心得体会。本活动可以由体育教师独立实施,也可以协同美术教师一起完成。

该案例通过设置接力跑比赛情境,引导学生通过团队协作完成接力跑比赛以及绘画任务。本活动分为课外和课内两部分:课外活动主要是让学生收集有关接力跑技术动作要领的信息以及小组成员共同想绘制的图案等;课内活动主要是通过组内或组间的比赛交流,培养学生欣赏体育运动之美和身体之美的能力。此次学习任务充分体现了学科整合的特点,让体育课堂焕发艺术光彩,不但可以引导学生深入学习接力跑项目的技术动作,从而掌握技能,提高身体心肺耐力、协调能力、灵敏能力,而且还可以使学生感受到美育和体育的魅力,在运动中陶冶情操,升华品质,在精神上得到美的启迪。

### 四、水平四案例设计

#### (一) 具体案例

1. 选择学习主题,基于核心素养形成学习目标(C)

① 选择学习主题

本案例围绕"人与自然和谐共生"(水平四)进行活动设计,形成了"大自然生存之道"具体跨学科学习主题,让学生在完成攀岩比赛过程中,感受户外运动的魅力,引导学生在体育活动中综合运用语文、音乐、体育与健康、美术、信息科技、英语等学科的知识与技能,提高跨学科主题学习能力。

② 根据所选主题特点,构建学习目标体系

"大自然生存之道"这一跨学科学习主题主要运用语文、音乐、体育与健康、美术、信息科技、英语等学科的知识与技能,重点是在户外攀岩项目中,提高自己的四肢力量、协调性以及灵敏性等体能,增强对户外运动的兴趣,锤炼团队协作、坚持不懈、不怕吃苦等优良品质,发扬团队合作精神。基于此,本案例以户外攀岩运动为载体展开设计,构建了以下学习目标(见表8-13)。

表8-13  基于攀岩的"大自然生存之道"学习目标

| 核心素养 | 具 体 表 述 |
|---|---|
| 运动能力 | 能够说出户外运动的特点;能够基本掌握户外攀岩的运动技术;上下肢力量、协调性等体能明显提高。 |
| 健康行为 | 掌握在户外攀岩等危险性运动中自救与他救的方式;在练习中能够与同伴积极交流,社会交往能力得到一定程度提高。 |
| 体育品德 | 表现出坚持不懈、不怕吃苦等优良品质;团队合作精神、竞技体育精神得到进一步增强。 |

2. 依据学习主题与目标,构建大概念结构体系(I)

"大自然生存之道"主要涉及语文、音乐、体育与健康、美术、信息科技、英语等元素的融合,可从学习目标中提取大概念,具体涵盖学科大概念与跨学科大概念(见表8-14)。

表8-14  "大自然生存之道"大概念结构体系

| 大概念类型 | 大 概 念 |
|---|---|
| 学科大概念 | 大自然的美(美术) |
| | 攀岩专项体能(体育) |
| | 攀岩动作技术(体育) |
| 跨学科大概念 | 攀岩动作的美(体育与美术) |

3. 根据大概念构建跨学科主题学习问题链(P)

为了帮助学生理解大概念,就需要设置相应的问题,引导学生在解决问题的过程中建构起对大概念的理解。可根据"大自然生存之道"主题学习所蕴含的大概念体系形成递进式问题链(见图8-4)。

图8-4 "大自然生存之道"跨学科主题学习问题链

4. 在复杂问题导向下，构建教学内容任务群(T)

针对以上问题链，"大自然生存之道"跨学科主题学习任务群可由以下四个子任务组成：了解户外攀岩的节奏、技术、技巧，观看专业比赛视频和动态技术图片，视觉体验攀岩运动的魅力(指向问题1)；攀岩学练中练习核心力量，提高户外运动能力(指向问题2)；模拟大自然中不同天气时的真实运动情境，还原真实比赛情境中技战术的使用(指向问题3)；小组汇报心得体会并进行赛后反思(指向问题4)。基于情境、资源、活动三维元素，可设计以下任务群(见表8-15)。

表8-15 "大自然生存之道"跨学科主题学习任务群

| 情境导入 | | | |
|---|---|---|---|
| 众所周知，人类由森林古猿进化而来。你在电影中或纪录片中是否见过猿在茂密的丛林中攀爬穿梭的情景？今天让我们一起回到原始森林，体验攀岩运动带来的乐趣。 | | | |
| 学习任务 | 学生活动 | 教师组织 | 活动意图 |
| ① 了解户外攀岩的节奏、技术、技巧，观看专业比赛视频和动态技术图片，视觉体验攀岩运动的魅力。 | ① 通过视频和图片了解攀岩的技术动作细节，并感受户外运动之美。<br>② 小组合作学习，课前收集资料，课中积极参与讨论，并运用美术、体育与健康、信息科技、英语、语文等知识思考、分析、欣赏攀岩运动中所表现出来的美。 | ① 引导学生观察和分析攀岩运动技术动作，并从不同角度去分析攀岩技术动作所蕴含的美学知识，拓展学生的审美思维。<br>② 用合适的语言引导学生发挥想象力，想想除攀岩以外还有哪些户外运动，学会思考户外运动的共同点，并在学生遇到困难时，及时给予引导帮助，答疑解 | ① 通过观察和分析攀岩技术动作，了解技术动作背后的原理以及攀岩运动所展现的美学知识，学会尝试运用多学科知识去解决问题，提高审美意识和审美情趣。<br>② 尝试通过团队合作与交流解决问题，以积极的状态投入活动中，提高对户外 |

| 学习任务 | 学生活动 | 教师组织 | 活动意图 |
|---|---|---|---|
| | | 惑,并鼓励学生进行小组内部和组别之间的相互交流与学习,加强与他人的沟通与协作。 | 运动的兴趣,并在团队中积极主动与他人合作交流,培养团队精神。 |
| ② 攀岩学练中练习核心力量,提高户外运动能力。 | ① 了解攀岩过程中技术动作的要领,提高对攀岩技术动作的兴趣和审美意识,学会从不同的审美角度欣赏攀岩运动中身体的健与美,并主动思考户外运动中蕴含的美学知识。<br>② 灵活调整攀岩运动中的节奏,找到身体的平衡与协调点,发挥四肢力量的作用,完成攀岩比赛;小组合作完成比赛,并在比赛中互相激励,欣赏同伴在攀岩运动中所展现出的健与美,学会欣赏他人。 | ① 比赛前,通过讲解分析专业的攀岩比赛,引导学生仔细观察攀岩技术动作,在攀岩过程中体验身体动态与静态变换之美。<br>② 在学生完成攀岩比赛时,及时给予鼓励,同时也及时纠正不美且错误的技术动作,引导学生在攀岩比赛中欣赏户外运动之美的同时,也欣赏同伴在攀岩运动中所展现出的身体美。<br>③ 引导学生在合作学习与比赛中积极主动地互相学习,欣赏他人正确优美的身体姿态,及时纠正自身错误的动作与身体姿态;关注不同学生的身体差异,变换不同的教学方式,逐步帮助学生建立自信,促使其积极主动地学习并参与课堂练习活动。 | ① 通过分析专业的攀岩比赛,掌握正确的攀岩动作要领,同时掌握科学、正确的技术动作的训练方法,提高户外运动技能。<br>② 通过攀岩技术动作的练习,发展耐力、灵敏性、爆发力、协调性等体能。<br>③ 通过小组比赛形式,发展创造美的能力,锤炼团结协作、公平竞争、互相尊重、坚持不懈、吃苦耐劳的优良品质。 |
| ③ 模拟大自然中不同天气时的真实运动情境,还原真实比赛情境中技战术的运用。 | ① 了解真实比赛情境中技战术运用的具体情况(包括攀岩技术动作关键点、身体姿态切换的时机),能够在真实运动情境下灵活运用攀岩技战术, | ① 引导学生学习不同比赛情境中技术动作的关键点,将真实情境运用到教学中,提高攀岩运动的能力。<br>② 引导学生抓住变换身体姿势的时机,快速 | ① 通过对大自然天气的模拟,了解真实比赛情境中的技战术运用情况,并能够主动运用,适应真实运动情境。<br>② 发挥创造力,模拟 |

续表

| 学习任务 | 学生活动 | 教师组织 | 活动意图 |
|---|---|---|---|
| | 提高攀岩运动的能力,增强对户外运动的兴趣。②模拟大自然天气情境,能够适应并完成真实大自然情境下的攀岩运动,提高户外运动的适应能力。 | 准确标准地转换技术动作。③提示学生在模拟真实比赛情境中注意安全和互相帮助,增强不同比赛情境下的适应能力和反应能力,从而提高自己的协调能力。 | 变换技术动作形式,体验真实比赛过程,发展平衡、协调、控制能力以及灵敏度。 |
| ④小组汇报心得体会并进行赛后反思。 | ①在攀岩比赛中用心感受攀岩的过程,并记录自己的身体变化,学会欣赏自己在运动过程中所展现的运动美、形体美。②观察同伴在攀岩比赛中的表现,观察他人的技术动作细节,并积极向他人学习,学会欣赏和赞扬他人。③比赛结束后,学会用英语和语文知识表达自己在攀岩运动中的感受。 | ①引导学生全身心投入攀岩比赛,积极在比赛中感受自己的身体变化,并学会欣赏自己。②引导学生积极观察其他同学的技术动作,学会用欣赏的眼光看待同学的技术动作。③引导学生比赛时积极与同伴配合完成比赛,比赛结束后积极分享自己的心得体会。 | ①通过全身心投入攀岩比赛,提高自己在运动中的专注力,同时提高自己的户外运动能力及审美能力。②通过小组合作完成攀岩比赛,培养自身的体育精神,赛后积极与他人分享自己的心得体会,以提高自身的语言表达能力及与他人的交流与合作能力。 |

| 可用资源 |
|---|

实物资源:电子大屏幕、合适的岩石、攀岩安全设备。
电子资源:猿攀岩视频资源、人类攀岩比赛视频、体育类信息资源库。
时间资源:体育课内时间、课外活动时间。

5.设计评价方案,检验学生跨学科主题学习成果(E)

本案例跨学科主题学习评价主要以体育教师与学生为主体,在教师评价与学生自评互评中运用表现性评价标准,对学生在参与学习过程中的表现进行评价,可设置以下表现性评价标准(见表8-16)。

表 8 - 16  "大自然生存之道"跨学科主题学习评价标准

| 评价标准 | 有待进步 | 一般 | 优秀 |
|---|---|---|---|
| 1. 能够正确使用攀岩技术 | | | |
| 2. 在攀岩过程中体现出良好的体能水平 | | | |
| 3. 能够运用健康知识与技能避免在攀岩运动中出现运动损伤 | | | |
| 4. 能够主动与同学沟通,交流攀岩经验 | | | |
| 5. 在攀岩运动中表现出吃苦耐劳、勇敢顽强的体育品德 | | | |
| 6. 能够对户外运动的美学知识进行了解 | | | |
| 7. 能够表现出对户外运动的热爱 | | | |
| 8. 在攀岩遇到困难时能够结合实际情况深入分析问题并提出解决策略 | | | |

**(二) 设计思路**

"大自然生存之道"跨学科主题学习以模拟大自然环境中的攀岩比赛为主线,引导学生综合运用语文、音乐、体育与健康、美术、信息科技、英语等知识,了解大自然中的天气变化,并学会适应不同天气状况下的攀岩运动,学习户外运动知识,并积极分享参加攀岩比赛的体会。本活动可以由体育教师独立实施,也可以协同其他学科教师一起完成。

本活动通过创设大自然中不同天气的真实情境,为学生布置开放性的学习任务,倡导学生通过团队合作来完成活动。本活动分为课外和课内两部分:课外活动主要是学生收集信息,了解户外活动相关知识,学习攀岩运动相关技战术动作的运用,同时了解其他户外运动形式,掌握户外运动规则;课内活动主要是在体育教师的引导下,小组合作完成攀岩比赛,创编不同天气状况下的攀岩运动形式,积极与同伴交流与合作,学会用英语和语文知识表述自己的观点,增强户外活动能力。

# 第九章　体育与劳动教育跨学科主题学习的设计

体育和劳动都以身体活动为主要形式,具有消耗能量、锤炼意志等特点。体育与劳动教育的融合是社会转型背景下保持身体健康,发挥协同育人功能,促进学生核心素养形成的重要手段和路径。对此,《课程标准(2022 年版)》针对体育与劳动教育的跨学科主题学习提出了明确要求:"体育与健康课程和劳动课程的跨学科融合主要体现在身体活动、能量消耗、意志锤炼、责任担当和健康生活等方面。体育与健康课程教学可以运用学生在劳动课程中习得的日常生活自理、个人卫生、生产劳动和职业体验等知识,通过具体的劳动实践促进学生体育与健康知识和技能的学习。体育与健康课程和劳动课程的跨学科学习,可以增强学生的移动性、非移动性和操控性基本运动技能,发展学生的协调性、肌肉力量和肌肉耐力等体能,培养学生的劳动意识和吃苦耐劳、坚韧不拔等优良品质。"基于此,本章将围绕体育与劳动教育跨学科主题学习对学生核心素养培养的价值、开展的典型方式和案例设计展开论述。

## 第一节　体育与劳动教育跨学科主题学习对核心素养培养的价值

体育与劳动教育跨学科主题学习能够培养学生的劳动技能,让学生体验劳动和体育的魅力,增强学生体格、完善学生人格、塑造学生价值观,使学生形成热爱劳动的品质。除此之外,体育与劳动教育跨学科主题学习能够培养学生运用多学科知识解决现实问题的能力,实现"以劳树德、以劳增智、以劳强体、以劳育美"的育人目标,促进体育与健康核心素养的培养。基于此,本节将重点阐述体育与劳动教育跨学科主题学习对培养学生运动能力、健康行为和体育品德三个方面核心素养的价值。

### 一、对培养学生运动能力核心素养的价值

#### (一) 提高学生基本运动技能水平

在原始社会,人类为了生存和获取食物经常需要与环境和动物斗争,因而

必须学会走、跑、跳、投、攀登等基本身体活动技能,进而演化出耕种、狩猎、工具制作等劳动技能,随着技能掌握的不断发展和社会的进步,部分技能逐渐演化为体育运动。因此,可以说原始体育动作大多源于劳动动作,虽然部分运动与劳作的目的和要求不同,但都是只有通过身体参与和实践才能实现预期目的①。裴斯泰洛齐对于基本运动技能提出了"技能入门"的概念,包括劳动中最简单的身体练习——打、拿、掷、角力等,他认为学生可通过发展基本运动技能来增强他们的体力,以此掌握各种专门活动与职业活动所需的基本劳动技能②。由此可见,体育中的基本运动技能与劳动技能是相互渗透与融合的。

《课程标准(2022年版)》采用全球主流的基本运动技能"三分法"的划分方式,将基本运动技能分为移动性技能、非移动性技能和操控性技能。其中,移动性技能是指身体从某一位置移动到另一位置的能力;非移动性技能是指个体为维持平衡对身体进行控制的能力;操控性技能则是指身体通过控制某种器械进行运动的能力。各种劳动情境都包含着基本的动作,在体育与劳动教育跨学科主题学习中,可以设置多种劳动情境来增强学生移动性、非移动性和操控性基本运动技能。比如,在粮食搬运、物流仓储、环卫工作的劳动情境中可以充分发展学生的走、跑、跳、爬、钻等移动性运动技能;在果蔬采摘、农田种植等劳动情境中可以充分发展学生的屈曲、伸展、摆动等非移动性运动技能;在渔场捕捞的劳动情境中可以充分发展学生的抛投、抓取等操控性运动技能。在具体的劳动实践中,使学生的基本运动技能得到发展,进而为学生专项运动技能的提升奠定了坚实基础。

**(二)发展学生的协调性、肌肉力量和肌肉耐力等体能**

《课程标准(2022年版)》将体能具体分为身体成分、心肺耐力、肌肉力量、肌肉耐力、柔韧性、反应能力、位移速度、协调性、灵敏性、爆发力、平衡能力等。良好的体能能够确保学生充满活力地学习与生活,有足够的精力应对突发事件。然而,随着智能时代的到来,身体活动的减少已成为世界性的趋势,生活的便捷化使绝大部分学生很少有机会参与劳动,导致学生缺乏劳动知识和劳动意识,自理能力差,体能水平不断下降。除了对学生进行劳动教育外,体育与劳动教育跨学科主题学习也是改善这一现状的重要途径之一,其内在机理在于:体育和劳动教育具有共同的表现形式,二者都需要学生进行特定的身体运动,通过一定强度的运动量使身体达到设定的运动负

① 李月红.中学生劳动教育与体育教育有效融合的路径研究[J].智力,2022(11):41-44.
② 周妍.跨学科主题学习背景下体育与劳动学科融合的可行性、难点与策略[J].体育教学,2022,42(10):54-56.

荷,起到强身健体的效果。在身体活动的过程中需要运动系统、神经系统和心血管系统等共同参与,从而促进肌肉力量增强和心肺耐力发展,达到增强体质的功效。体育以特定的方式和项目指导学生的肢体动作,以此强化学生的身体机能和身心素质;劳动教育是引导学生为应对社会和自然问题进行身体运动。二者的协同教学能够确保学生身体机能得到全面发展,体育教学能够改善劳动教育中单一肌肉做功的情况,而劳动教育则能更好地落实体育运动。苏霍姆林斯基认为,"体力劳动对于培养健美的体格起着很大的作用。在许多劳动过程中,人体动作的协调、和谐、优美可与体操相媲美。从事这样劳动的学生,身体发育良好,身体各部分匀称和谐,身材优美,动作灵活有力①"。《课程标准(2022 版)》的"劳动最光荣"学习主题中,水平二"争做小劳模"学习主题明确提出要结合重复性、模仿性较强的体力劳动发展学生的体能,提高劳动的意识与能力。体育与劳动的相互渗透与融合,有助于通过"身体活动"这一媒介促进学生协调性、肌肉力量和肌肉耐力等体能的提升,实现健身育人的综合效果。

**(三) 在劳动教育中科学掌握苦练、勤练和巧练的方法**

劳动教育需要强调工作时间和精力投入与劳动效率的关系,鼓励学生全身心地投入工作中。教师可以引导学生多投入劳动之中,不怕吃苦,从中体会勤奋努力所带来的成就感。除此之外,劳动教育往往与技术相伴相随,二者具有密切联系,技术通常被视为物质生产劳动的手段。也就是说,劳动往往需要掌握正确的技术和方法才能提高效率,更好地达到劳动目的。要提高劳动能力,就必须通过苦练、勤练和巧练相结合的方法来实现,而体育与劳动教育的跨学科主题学习则为学生掌握这些方法提供了机会。

体育教师可以在体育与劳动教育跨学科主题学习中引导学生掌握苦练、勤练和巧练的方法。以模拟挥动锄头犁地为例,在学习过程中教师可以向同学讲解动作的发力原理,帮助学生掌握正确的动作姿势。通过"苦练"——不断地重复练习,加深肌肉记忆,形成正确的动作姿势;接着通过"勤练"使动作达到自动化的程度;最后通过"巧练"对技能进行灵活运用,发展创新能力。

**二、对提升学生健康行为核心素养的价值**

**(一) 在日常劳动中养成坚持强身健体的习惯**

劳动教育具有健身育人的功能,在日常生活中,许多劳动活动都涉及身

---

① 周妍.跨学科主题学习背景下体育与劳动学科融合的可行性、难点与策略[J].体育教学,
　2022,42(10):54-56.

体的运动和力量的使用,例如搬运重物、家居清洁等。这些活动需要身体各部分的协调运动,从而能使肌肉得到锻炼和强化,提高身体机能和力量。一些劳动性的活动还需要进行较长时间的持续运动,而这些活动可以视为有氧运动,有利于增强心肺功能,提高耐力和体力水平。此外,规律地进行劳动还有助于强身健体习惯的养成,具体而言,在体育与劳动教育跨学科主题学习中,体育教师可以通过家庭作业的形式,促进学生制订合理的家务劳动计划,要包括不同种类的家务劳动,如扫地、拖地、洗衣、擦窗等。安排合理的时间和劳动强度,确保学生每天都有一定的家务劳动时间,以达到在日常劳动活动中强身健体的目的。

**(二) 帮助学生学会自理个人卫生、养成良好生活习惯**

当今社会,体育健康教育与社会实践和生活常常脱节,很多学生锻炼自理能力的机会少,健康意识薄弱,简单的洗衣叠被等都需要家长完成,从而导致一些学生走出学校、步入社会后出现自理能力差,缺乏独立性,环境适应能力较弱等情况,制约了学生的长远健康发展①,违背了义务教育的根本目标。对此,《课程标准(2022 年版)》指出,体育与健康教学可以运用学生在劳动课程中习得的日常生活自理、个人卫生、生产劳动和职业体验等知识,通过具体的劳动实践促进学生体育与健康知识和技能的学习。体育与劳动教育跨学科主题学习实现了体育教育"生活化",学生在提升身体机能、掌握基本劳动技能和运动技能的同时,加强了生活自理能力,培养了良好的体育习惯,提升了身体素质,形成了独立人格,为今后的长远健康发展奠定了基础。

**(三) 学会适应不同类型的劳动环境**

劳动教育通过让学生在不同场景中参加各种类型的劳动,获得劳动经验,总结解决问题的方法,提高其劳动技能熟练度和环境适应能力。而体育与劳动教育跨学科主题学习将劳动情境融入体育课程中,可以使学生了解到各个地域的气候环境、地理特征、风俗文化等,拓宽学生的知识领域,培养学生在不同环境中运用多学科知识、运动技能和劳动技能来解决实际问题的能力,从而使运动技能、劳动技能和环境适应能力得到进一步提升。以《课程标准(2022 年版)》中"争做小劳模"学习主题案例为例,通过让学生观察二十四节气,进行农业劳动,体验小农经济生活,使其进一步了解田间劳作,从而提高学生对田间环境的适应能力。另外,在教师所创设的各类劳动

① 汪晓赞. 坚守与突破:"双减"政策下学校体育的价值与使命[J]. 上海体育学院学报,2021,45(11):8-11.

情境中开展学练活动,既激发了学生的学习热情,又解决了体育课程内容应试化、缺乏趣味性等问题,让体育课程与现实生活更加贴近,为进一步培养学生核心素养提供了条件。

### 三、对塑造学生体育品德核心素养的价值

#### (一)培养学生的劳动意识和吃苦耐劳、坚韧不拔的优良品质

吃苦耐劳是中华民族的传统美德,也是每位中华学子应该具备的优良品质。然而,在现代家庭教育中,父母为了减轻孩子负担,"一手包办"孩子日常生活的一切事务,导致许多孩子不能吃苦,劳动意识薄弱,劳动积极性较差[1]。体育学科和劳动教育学科均对学生的身体要求较高,绝大部分学生在劳动过程中容易喊苦喊累,体能较差的学生难以在活动中坚持下来[2]。对此,体育与劳动教育融合的跨学科主题学习可以借助体育课堂开展体育与劳动项目的学练,起到增趣促学的作用,让学生对劳动有更加感性和直观的认识,从而积极参与到劳动中来,使学生的自我效能感得到进一步提升,强化学生心理韧性[3],培养不怕苦、不怕脏、不怕累的精神。通过劳动的过程,使学生在自觉自愿的基础上形成吃苦耐劳、坚韧不拔的优良品质。另外,体育与劳动教育跨学科主题学习的活动任务中包含了团队任务,这样的形式可以有效增强学生的劳动责任感,激发学生的集体荣誉感。在团队的帮助和鼓励下克服困难,坚持完成活动任务,使学生的意志力和团队协作精神得到进一步提升。

#### (二)引导学生体会劳动的艰辛,爱惜和尊重劳动成果

许多劳动工作涉及重物的搬运、长时间的站立或弯腰等姿势,导致身体肌肉疲劳和疼痛,长时间的体力劳动会对身体造成一定的负担和压力。某些劳动工作需要高强度的体力和持续的时间投入,如建筑劳作、农业劳作等。这种长时间、高强度的劳动可能导致身体和精神的疲劳。有些劳动工作在恶劣的环境条件下进行,如高温、寒冷、高海拔、污染等。这些环境对劳动者的身体和健康构成威胁,增加了劳动的艰辛程度。通过体育与劳动教育跨学科主题学习,体育教师能够引导学生了解各行各业劳动人员的日常工作内容,感悟劳动的艰辛和劳动成果的来之不易,使学生学会尊重和欣赏劳动工作者,并珍惜他人的劳动成果,同时也让学生意识到劳动的目的是创

---

① 高天保. 小学体育与劳动教育的有效融合探究[J]. 新课程导学,2022(32):33 - 36.

② 隗夜夜. 初中体育课堂教学渗透劳动教育的实践与思考[J]. 体育视野,2022(23):67 - 69.

③ 刘朝辉. 体育锻炼对大学生负性情绪的影响——自我效能感与心理韧性的中介和调节作用[J]. 体育学刊,2020,27(5):102 - 108.

造美好的生活,劳动没有等级之分,帮助其形成劳动最光荣的价值观念。

**(三) 培养学生干一行、爱一行的工匠精神**

"工匠精神"源于"工匠","工匠"特指掌握某种技艺的手工从业者。由工匠衍生出的工匠精神,是工匠文化的核心内容。党的十九大报告中强调社会主义建设需要"弘扬劳模精神和工匠精神,营造劳动光荣的社会风尚和精益求精的敬业风气",自此,工匠精神成为社会和学界热议的话题。学校教育对此要积极响应,让学生了解和体会工匠精神。《课程标准(2022 版)》跨学科主题学习水平四"光荣劳动者"的学习主题案例明确指出,要培养学生不怕苦、不怕累,干一行、爱一行、钻一行的工匠精神。通过体育与劳动教育跨学科主题学习,可以让学生体验不同职业的劳动,获得劳动体验感,从模拟的情境中了解各种职业的重要性,感受每个行业的艰辛与乐趣,在不同的劳动收获中获得成就感,体会平凡劳动者伟大和无私奉献的精神,培养劳动的兴趣,学习劳动模范干一行、爱一行、钻一行的工匠精神。

## 第二节　体育与劳动教育跨学科主题学习开展的典型方式

结合《课程标准(2022 年版)》中跨学科主题学习的示例,体育与劳动教育跨学科主题学习的开展可以从学习和理解劳动课程中的知识,创设劳动情境让学生参加劳动实践,宣传劳模精神和劳动模范典型事迹等方面进行。本节将重点阐述开展体育与劳动教育跨学科主题学习的"学""练""思"三种典型方式。

### 一、学:学习和理解劳动课程中的知识

#### (一) 劳动过程中对身体能量的消耗和体能的发展

参与体育与劳动教育跨学科主题学习,能够让学生了解劳动过程中对身体能量的消耗和体能的发展。首先,教师可以教学生掌握运动强度自我监测量表的使用方法,从说话、面色、呼吸的急促程度等方面对自己所达到的运动强度进行简单的评估,还可以通过使用运动电子产品或测量脉搏等方法,根据心率区间判断达到的运动强度,从而根据身体情况调整运动负荷,达到科学锻炼的目的。其次,体育教师还可以在课堂中向学生普及简单的运动生理知识,讲解各个项目的耗氧类型。如森林徒步是有氧运动,可以促进心肺耐力的发展;犁地、劈柴等对力量要求较高,可以有效增强肌肉力量等。通过增强学生的认知,可以使学生针对自身情况进行有目的的身体活动,提升运动和劳动的兴趣。

### (二) 了解各类劳动专有名词及其内涵

体育与劳动教育跨学科主题学习的内容涉及多学科的知识与技能。因此,在学习过程中,学生可以了解各类劳动的专有名词,包括但不限于职业分类名词、资格证书和职业标准名词、劳动法律名词、劳动统计名词、各类劳动生产工具名词等。

以职业分类名词和劳动生产工具名词为例:在体育与劳动教育跨学科主题学习中,教师可以引导学生通过角色扮演的形式认识职业分类名词。具体而言,蓝领工人指从事体力劳动的工人,如建筑工人、工厂工人等;白领工人指从事非体力劳动的工人,如行政人员、办公室职员等;知识工作者指从事高级知识、技能和创造性劳动的人,如科学家、工程师、教师等;服务业工作者指从事服务行业的工人,如服务员、美容师、护士等。可以引导学生通过体验劳动的过程了解和认识各类劳动生产工具,比如低年级劳动项目可以设置"喜获丰收""顺时而作"等主题,通过分五谷、辨农物、识农具,用手推车、簸箕等工具运送农产品,让学生了解农业生产相关的基本知识,锻炼学生的动手操作能力。

### 二、练:创设劳动情境,让学生参加劳动实践

#### (一) 在体育学习中创设家务劳动情境

体育与劳动教育的融合使体育课程变得更加生活化、实践化,提高了学生体育、劳动知识与技能的应用性和实践性,让学生充分认识到体育的内在价值。教师可以根据学生的身心特点,结合日常劳动行为,创设生活化的劳动情境。例如,通过端盘、洗碗、收拾桌面等活动任务,提高学生主动承担家务的意识;又如通过洗衣服、晾衣服、叠衣服的活动任务,提高学生的生活自理能力。除了在课堂中创设生活化的劳动情境外,体育教师还可以和家长积极沟通合作,通过家庭劳动作业的形式让学生真正参与到家务劳动中。体育教师可以与家长协商,制订一份家庭劳动作业表,其中包含一些日常家务活动,如打扫房间、整理书桌、洗碗、擦洗浴室等。体育教师还可以与家长沟通合作,共同制订奖励机制,对学生积极参与家务劳动给予认可和激励,例如家庭劳动作业完成得好的学生可以获得奖励或特别表扬。通过课堂和家庭的合力,能够有效提高学生的劳动意识,改变当代学生"饭来张口、衣来伸手"的不良习惯,培养学生勤劳勇敢、吃苦耐劳的品质,有助于学生形成正确的劳动观和社会责任感。

#### (二) 在体育学习中创设校园劳动情境并实践

校园内有许多真正的劳动实践机会,可以将体育与宿舍卫生清洁、后勤

工作、食堂工作、校园绿化等相结合，为学生提供劳动实践机会，丰富体育与劳动教育跨学科主题学习的内容和方法。当前，许多学校都在积极开展校园体劳融合的学习活动。例如，浙江某中学为学生创造向著名厨师学习烹饪鱼、与绿色大师一起种植树木和花卉的机会；河南某中学探索了"劳动＋体育"新模式，发挥学校后勤的作用，开展"基础生活维护""宿舍生活体验"等活动。在体育与劳动教育跨学科主题学习中，教师可以在运动技能学习中创设校园劳动情境并让学生实践，例如建立"体育值日生"制度，让学生负责当天体育课课前点名、器材准备，以及课后巡视，提醒同伴及时将衣物、水壶带走等事务，为学生提供"当家作主"的服务机会；在学校运动会中，教师也可以为学生安排计时员、记录员、测量员、场地规划员等岗位，让学生参与到实践当中。除此之外，教师还可以组织学生到公园和老人一起进行太极拳、八段锦等运动的学练，并在活动结束后收拾公园场地的垃圾，对垃圾进行分类，加强学生的环保意识和劳动意识，引导其体会环卫工人的艰辛，形成爱护环境的优良品质。通过这种课外劳动实践活动，给予学生更直接、更充分的劳动感受，让他们在多元化的劳动实践中形成良好的劳动品德。

**（三）在体育学习中创设社区劳动情境**

除了在校内开展体育与劳动教育跨学科主题学习，学校还可以联系周边社区，建立长期合作的关系，建立实践基地。根据社区资源情况，为学生系统地安排社区劳动。例如，安排学校体育特长生担任社区体育指导员，进行相关服务工作，参与社区体育设施维护。通过这些劳动不仅可以增强学生的身体能力，还可以提高他们的服务意识和社交能力。体育教师可以定期与社区进行对接，了解学生参与社区劳动的情况，对此进行综合评价，形成家—校—社联合促进劳动的教育模式。

**（四）在体育学习中创设生产劳动情境**

当今社会城市化程度高，导致生活在城市的孩子基本没有机会去田间体验农业劳作，往往只能通过书本或视频了解农业劳作。缺乏实践经历使他们很难获得"一分耕耘，一分收获"的劳动辛苦体验及幸福体验。对此，体育教师可以在体育课堂中创设不同类型的生产劳动情境，例如山间砍柴、出海捕鱼、农业劳作等。其中，农业劳作又可细化为不同的具体情境，如"农作物种植""农作物收成"等。这些主题活动能够使学生体验劳动的艰辛与快乐，提高劳动观念和劳动技能，增强环境适应能力和生活自理能力，促进学生基本运动技能与体能的发展，使学生形成热爱劳动、主动奉献的健康行为；同时，学生吃苦耐劳、团结合作、勇敢顽强、不怕困难等优秀品德也会在潜移默化中得到提升。

具体而言,可在运动技能学习中创设收割谷物的生产劳动情境,在教学过程中,体育老师向学生示范收割稻谷的动作,并配合语言讲解,让学生跟随模仿练习,体验收割活动,在活动中发展挥、割等劳动技能,提高学生操控性运动技能的运用能力。教师还可以引导学生自行创编劳动相关的准备活动操,例如将农民收割稻谷的动作、脱谷的动作、搬运秧苗的动作及插秧的动作等融合在一起形成一套完整的农耕操,并将其在课间进行推广。通过这样的方式模仿田间劳作场景,让学生在情境化的教学中感受农民的辛苦与不易,形成珍爱劳动成果、热爱劳动的优良品质。

学校还可以根据农时,结合体育学习的需求适当安排生产劳动社会实践活动。例如,学校可以支持学生深入田间地头,或组团到农业示范园、智慧农业综合体、农业科研所等机构参加义务劳动,助力乡村振兴,建设美丽乡村。返校后,学生还可以通过电子设备和相关软件对观察对象进行实时监控和动态了解。学校通过这些方式可以培养学生热爱劳动的习惯和珍惜劳动成果的情感,促使他们端正劳动态度,形成正确的劳动价值观念。

### 三、思:宣传劳模精神和劳动模范典型事迹

#### (一) 在体育课堂中分享交流劳动模范事迹

体育与劳动协同育人的教育价值之一就是能锤炼人的意志、培养人的品德。义务教育阶段的学生处于懵懂、三观尚未完全形成的时期,很多学生会盲目追星,体育教师可以引入有影响力的劳动模范的励志故事来渗透劳动教育[①],帮助学生树立正确的劳动观。例如,教师可以在跨学科主题学习课堂中让学生观看劳动模范的事迹报道、纪录片等,感受其背后付出的努力和无私的奉献精神。之后,组织学生分享感受,再一次将劳动、付出的意义进行升华,并让学生通过制作海报、学唱劳动歌曲等形式进行劳动模范事迹的宣传,增强学生的劳动意识。通过劳动模范事迹的学习和宣传,引导学生认识、理解、思考并学习劳动模范的坚持、奉献和创新精神,培养学生正确的劳动观和积极的工作态度。

#### (二) 探讨劳动人民精神的伟大

劳动人民精神的伟大体现在多个方面。比如,奉献精神:劳动人民以奉献为己任,无论是在农业、工业、医疗还是教育等各个领域,他们用辛勤的劳动为社会做出贡献。他们把自己的时间、智慧和力量投入工作中,为社会的

---

① 隗夜夜.初中体育课堂教学渗透劳动教育的实践与思考[J].体育视野,2022(23):67-69.

发展和进步做出了巨大的奉献。创造精神：劳动人民具备创造力和创新精神，他们不断思考问题、寻求解决方案，并在工作中融入自己的智慧和创意。他们通过改进工艺、提高效率、发明新技术等，推动了科技和社会的进步。团结合作精神：劳动人民具有团结合作的精神，他们懂得团结他人、协作共赢。无论是在工作中还是生活中，他们相互支持、互助合作，形成了强大的集体力量。这种团结合作的精神是推动社会发展和进步的重要基石。坚持精神：劳动人民具有坚持的精神。他们在面对困难和挑战时，能够坚持不懈，不轻言放弃。他们通过辛勤的努力、不断的尝试和超越自我的追求，逐步实现自己的目标。自信和自尊精神：劳动人民拥有自信和自尊的精神。他们对自己的劳动价值和贡献有着坚定的信念，自尊心和自豪感使他们勇敢面对困难和挑战，保持积极向上的态度。

在体育与劳动教育跨学科主题学习中，通过让学生以小组讨论、汇报演讲的形式学习劳动人民的伟大精神，进而引导学生感受劳动人民精神的伟大，知晓他们为社会发展和进步做出的巨大贡献，以及他们所体现的奉献、创造、团结、坚持和自尊的精神品质。他们的精神代表了劳动的力量和价值，应该受到广泛的关注、尊重和赞扬。

**（三）结合不同运动项目特点分析其所蕴含的劳动精神**

体育与劳动教育跨学科主题学习是以各类体育项目为载体，结合劳动教育开展的情境化活动任务。在学习不同类型运动项目的过程中，体育教师可以对运动项目的特点进行分析，挖掘其所蕴含的劳动精神，对学生进行劳动教育。以田径类项目为例，其是量化类运动项目，是"更快、更高、更强"精神的典型代表，运动员每一秒都在竭尽全力打破纪录、超越自我，这类运动对他们的身体能力和意志品质有着非常高的要求。因此，田径运动员必须具备不怕苦、不怕累的劳动精神和吃苦耐劳的品质。一些技巧型运动项目，如体操、滑雪、击剑等，需要精益求精的劳动精神，这种劳动精神要求参与者通过长时间的刻苦训练，不断提升自己的技艺，从而实现卓越的运动表现。通过在课堂上结合运动项目特点讨论与之相关联的劳动精神，可以引导学生以劳动精神来激励自己学练运动技能。

## 第三节　体育与劳动教育跨学科主题学习的案例设计

依据第五章中构建的体育与健康跨学科主题学习设计模型 CI - PTE，结合《课程标准（2022 年版）》的相关精神，本节为水平一到水平四设计了"今日我当家""上山砍柴""器材大检查""捕鱼达人"四个体育与劳动教育跨学科主题学习案例。具体而言,依据学习主题与目标,构建了相应的大概念结构体系;根据大概念构建了相应的跨学科主题学习问题链;在复杂问题导向下,构建了教学内容任务群;设计了相应的评价方案,检验学生跨学科主题学习成果。

### 一、水平一案例设计

#### (一) 具体案例

1. 选择学习主题,基于核心素养形成学习目标(C)

① 选择学习主题

本案例围绕《课程标准(2022 年版)》中体育与劳动教育跨学科主题"劳动最光荣"(水平一)进行活动设计,具体设计了"今日我当家"跨学科主题学习案例,引导学生在体育活动中进行劳动,同时融合了体操、美术等学科知识与技能。

② 根据所选主题特点,构建学习目标体系

"今日我当家"这一跨学科学习主题,主要聚焦体育与劳动教育,重点是通过在基本运动技能学练过程中模拟家庭大扫除的情境,引导学生运用体育、劳动、美术、体操、生活常识等知识与技能增强基本运动技能水平、生活自理能力和劳动意识,提高学生的体育与健康核心素养水平。基于此,本案例以基本运动技能为载体展开设计,构建了以下学习目标(见表 9-1)。

表 9-1　基于基本运动技能的"今日我当家"学习目标

| 核心素养 | 具 体 表 述 |
|---|---|
| 运动能力 | 掌握提踵走、平衡、跳、伸展等基本运动技能;综合运用劳动、体操等知识与技能创编劳动操;力量、耐力、柔韧性、平衡能力等体能得到发展。 |
| 健康行为 | 养成良好的生活劳动习惯;能够展开想象绘制收纳图;在活动中能够主动感受劳动的乐趣,形成珍爱劳动成果的品质和自己的事情自己做的劳动意识;生活自理能力得到一定程度的提高。 |
| 体育品德 | 表现出独立自强、迎难而上、永不放弃的体育精神,形成热爱劳动、勤劳勇敢的生活态度。 |

2. 依据学习主题与目标,构建大概念结构体系(I)

"今日我当家"主要涉及体育、劳动、美术、体操、生活常识等元素的融合,可从学习目标中提取大概念,具体涵盖学科大概念与跨学科大概念(见

表 9-2)。

表 9-2 "今日我当家"大概念结构体系

| 大概念类型 | 大 概 念 |
| --- | --- |
| 学科大概念 | 基本运动技能(体育) |
| | 家务劳动技能(劳动) |
| | 收纳图制作(美术) |
| | 劳动精神(劳动教育) |
| 跨学科大概念 | 劳动操(体育与劳动) |
| | 劳动安全意识(体育与劳动) |

3. 根据大概念构建跨学科主题学习问题链(P)

如果只是由体育教师直接讲解大概念,很难达到促使学生明晰概念的目标,大概念的学习将成为既定事实的灌输。为此,帮助学生理解大概念需要设置相应的问题,引导学生在解决问题的过程中建构起对大概念的理解。可根据"今日我当家"主题学习所蕴含的大概念体系形成复合式问题链(见图 9-1)。

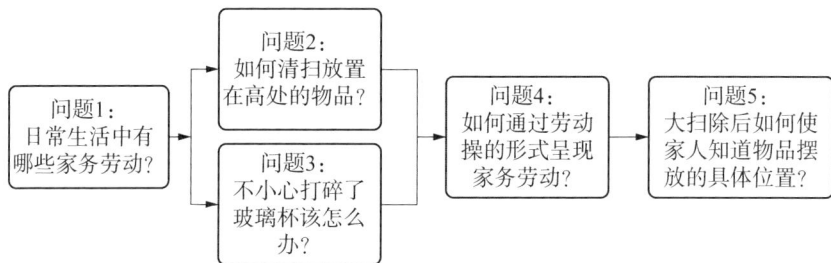

图 9-1 "今日我当家"跨学科主题学习问题链

4. 在复杂问题导向下,构建教学内容任务群(T)

针对以上问题链,"今日我当家"跨学科主题学习任务群可由以下五个子任务组成:查阅家务劳动相关资料(指向问题 1);进行擦窗户、叠被子、扫地、拖地、整理物品等家务劳动(指向问题 2);处理玻璃碎片(指向问题 3);引导学生根据劳动动作创编劳动操(指向问题 4);分享劳动感受,绘制物品收纳图(指向问题 5)。基于情境、资源、活动三维元素,可设计以下任务群(见表 9-3)。

表 9 - 3　"今日我当家"跨学科主题学习任务群

| 情境导入 | | | |
|---|---|---|---|
| 独立生活能力是一个人最基本的生存能力。《课程标准(2022 年版)》要求水平一学段的学生体会自己的事情自己做的劳动理念,从小养成自立和热爱劳动的好习惯,深化劳动意识。作为水平一的学生,你能在家务劳动中扮演怎样的角色呢? | | | |
| 学习任务 | 学生活动 | 教师组织 | 活动意图 |
| ① 了解如何开展家务劳动。 | ① 提前通过网络等途径查阅资料,了解家务劳动的分类和各种清洁工具,并进行讨论。<br>② 模仿视频中的劳动动作,并制订做家务的顺序。 | ① 导入劳动情境,激发学生的劳动积极性。<br>② 引导学生认识清洁工具,并对学生的发言进行总结和补充,鼓励学生积极交流合作。<br>③ 要求学生原地模仿各种劳动动作,并给予指导。 | ① 了解家务劳动知识,学会使用清洁工具,拓宽知识领域,增强求知欲;提升积极交流的能力。<br>② 初步掌握劳动动作,积极思考,以饱满的精神状态投入活动中。 |
| ② 进行家务劳动,学练提踵走、平衡、跳、伸展等基本运动技能。 | ① 学习在不同类型的家务劳动中(如擦玻璃、扫地、搬东西等)运用基本运动技能。<br>② 运用基本运动技能与劳动技能的融合解决教师提出的问题。 | ① 在学生进行劳动活动时,及时给予动作技术指导。<br>② 引入问题:高处不易触及的位置该用什么办法扫打?<br>③ 鼓励学生积极解决问题;关注个体差异,因材施教,鼓励团队成员之间互帮互助。 | ① 能够在家务劳动中灵活运用各种基本运动技能;掌握正确的劳动动作姿势;发展力量、柔韧性、平衡能力等体能。<br>② 形成独立思考问题的能力,增强交流能力;提高动手操作能力,形成吃苦耐劳的优良品质和自己的事情自己做的劳动意识。 |
| ③ 处理打碎的玻璃。 | ① 同学之间相互探讨"如何处理打碎的玻璃"的问题。<br>② 运用多学科知识与技能清理玻璃碎片。 | ① 引导学生开展讨论,并给予重要提示:不能用手直接触碰玻璃碎片,要穿鞋子用扫帚等工具清理玻璃碎片,要将玻璃碎片这类尖锐的物品独立包装丢到垃圾站。<br>② 提醒学生注意安全。 | ① 增强交流合作能力;能够综合运用生活常识和劳动技能解决问题。<br>② 增强劳动技能的运用能力,发展上肢力量;积极思考解决问题的办法,形成永不言弃、坚持不懈的体育精神。 |

续表

| 学习任务 | 学生活动 | 教师组织 | 活动意图 |
|---|---|---|---|
| ④ 创编劳动操。 | ① 根据劳动技能动作,展开想象,创编劳动操。 | ① 引导学生创编劳动操,及时给予指导。<br>② 鼓励学生展开想象,增强创新意识。 | ① 能够运用劳动与体操知识与技能创编劳动操;积极思考,展开想象,增强创新意识;发展协调性、力量等体能;感受劳动的乐趣。 |
| ⑤ 分享劳动体验。 | ① 结合自身活动经历分享劳动体验,体会父母做家务的艰辛和无私付出的劳动精神。<br>② 根据评价标准进行自我评价。<br>③ 课后作业:结合活动情况,绘制收纳图,告诉父母各种物品摆放的位置。 | ① 鼓励学生积极分享学习经验和劳动体验;引导学生体会父母劳动的艰辛,珍惜劳动成果。<br>② 引导学生根据评价标准进行自我评价。 | ① 增强语言表达能力;形成爱惜劳动成果、热爱劳动、自己的事情自己做的劳动意识。<br>② 能够对自己的活动表现做出合理的评价,并总结劳动经验。<br>③ 通过绘制收纳图,培养想象力、创新能力和美术绘画能力。 |

| 可用资源 |
|---|

实物资源:扫帚、抹布、凳子、需要搬运的物品、小石头(模拟玻璃碎片)。
电子资源:家务劳动相关视频资源。
时间资源:体育课内时间、课外体育锻炼时间。

5. 设计评价方案,检验学生跨学科主题学习成果(E)

"今日我当家"跨学科主题学习评价主要以体育教师与学生为主体,在教师评价与学生自评与互评中运用表现性评价标准,对学生在参与学习过程中的表现与绘制的收纳图进行评价,可设置以下表现性评价标准(见表9-4)。

表9-4 "今日我当家"跨学科主题学习评价标准

| 评价标准 | 有待进步 | 一般 | 优秀 |
|---|---|---|---|
| 1. 掌握基本运动技能 | | | |
| 2. 掌握拖地、擦玻璃、搬运物品等劳动技能 | | | |
| 3. 在活动过程中体现出良好的体能水平 | | | |
| 4. 能够说出与劳动主题相关的术语 | | | |

续表

| 评价标准 | 有待进步 | 一般 | 优秀 |
|---|---|---|---|
| 5. 活动中表现出永不放弃、坚持不懈的体育精神 | | | |
| 6. 能够合理处理玻璃碎片等特殊垃圾 | | | |
| 7. 所创编的劳动操内容合理、丰富 | | | |
| 8. 能够绘制清晰的收纳图 | | | |

#### (二) 设计思路

"今日我当家"体育与劳动教育跨学科主题学习案例以日常生活劳动为背景,引导学生在模拟家庭大扫除的过程中开展基本运动技能学练。本案例活动的设计目的是让学生学习和运用体育与健康、劳动、体操、美术、生活常识等知识与技能解决遇到的问题;在做家务的过程中,了解各种清洁工具的作用,学习扫地、拖地、擦玻璃、搬运物品等劳动技能,并将基本运动技能提踵走、平衡、跳、伸展等运用到劳动技能中,最终培养学生的体育与健康核心素养与劳动能力。本活动可以由体育教师独立实施,也可以协同其他学科教师一起完成。

本活动为学生提供了两个开放性任务,引导学生创编劳动操和绘制收纳图。本活动分为课外和课内两个部分:课外活动主要是学生观看开展家务劳动的相关视频;课内活动主要是在不同类别的家务劳动中灵活运用基本运动技能等,增强基本运动技能和劳动技能,提高生活自理能力,学会感受劳动乐趣,珍爱劳动成果,树立自己的事情自己做的劳动意识。

### 二、水平二案例设计

#### (一) 具体案例

1. 选择学习主题,基于核心素养形成学习目标(C)

① 选择学习主题

本案例围绕《课程标准(2022 年版)》中体育与劳动教育跨学科主题"劳动最光荣"(水平二)进行活动设计,具体形成了"上山砍柴"跨学科主题学习案例,引导学生在体育活动中综合运用劳动、地理等学科知识与技能,学习砍柴的劳动知识与技能,从中体会劳动者的艰辛,感受劳动的光荣,提高劳动的意识与能力。

② 根据所选主题特点,构建学习目标体系

"上山砍柴"这一跨学科学习主题,主要聚焦体育与劳动教育,以上山砍柴为背景,重点是通过在运动技能学练过程中模拟农民上山砍柴的情境,引导学生在体育活动中综合运用劳动、地理等知识与技能,提高劳动意识和动手能力,促进学生提升体育与健康核心素养。基于此,本案例以田径类运动中的越野跑项目为载体展开设计,构建了以下学习目标(见表9-5)。

表9-5  基于越野跑的"上山砍柴"学习目标

| 核心素养 | 具 体 表 述 |
|---|---|
| 运动能力 | 掌握砍柴、捆柴、挑柴等劳动技能;掌握在复杂地形中合理运用越野跑等技术;力量、耐力、灵敏性、平衡能力等体能得到发展;学习自制捆柴绳的方法;动手操作能力得到一定程度提高。 |
| 健康行为 | 对上山砍柴的相关知识形成一定的了解;能够适应野外环境,掌握在野外被蛇咬伤等紧急情况的处理方法,能够对突发事件做出迅速判断与决策。 |
| 体育品德 | 表现出吃苦耐劳、不畏困难的体育精神,形成热爱劳动、自立自强的生活态度;在练习中能够体验劳动的艰辛与快乐,感悟劳动者的艰辛,形成积极的劳动意识。 |

2. 依据学习主题与目标,构建大概念结构体系(I)

"上山砍柴"体育与劳动教育跨学科主题学习主要涉及体育与健康、劳动教育、地理等学科的融合,可从学习主题与目标中提取大概念,具体涵盖学科大概念与跨学科大概念(见表9-6)。

表9-6  "上山砍柴"大概念结构体系

| 大概念类型 | 大 概 念 |
|---|---|
| 学科大概念 | 植物的识别(地理) |
| | 越野跑(体育) |
| | 紧急救援(健康) |
| | 劳动精神(劳动教育) |
| 跨学科大概念 | 劳动中的运动(体育与劳动) |

3. 根据大概念构建跨学科主题学习问题链(P)

为了帮助学生理解大概念,就需要设置相应的问题,引导学生在解决问

题的过程中建构起对大概念的理解。可根据"上山砍柴"主题学习所蕴含的
大概念体系形成复合式问题链(见图9-2)。

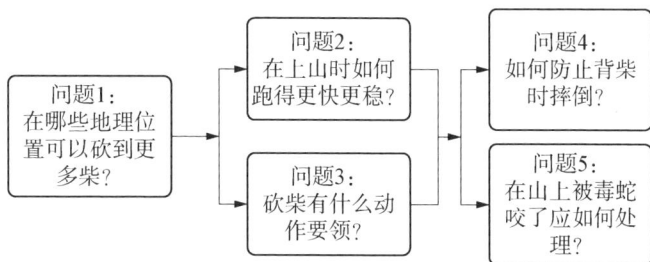

图9-2 "上山砍柴"跨学科主题学习问题链

4. 在复杂问题导向下,构建教学内容任务群(T)

针对以上问题链,"上山砍柴"跨学科主题学习任务群可由以下五个子
任务组成:了解上山砍柴的工具,并选择合适的地理位置(指向问题1);对
越野跑运动技战术的学练(指向问题2);自制捆柴绳,思考面对不同结构的
树木,使用相对的工具和方法砍柴(指向问题3);在复杂地形中进行挑柴越
野跑练习(指向问题4);针对紧急情况开展急救措施(指向问题5)。基于情
境、资源、活动三维元素,可设计以下任务群(见表9-7)。

表9-7 "上山砍柴"跨学科主题学习任务群

| 情境导入 | | | |
| --- | --- | --- | --- |
| 上山砍柴是一种传统的体力劳动,对于生活在城市的人来说已经不常见了。今天让我们走进农村生活,体验上山砍柴的辛苦劳作。 | | | |
| 学习任务 | 学生活动 | 教师组织 | 活动意图 |
| ① 了解上山砍柴的相关知识。 | ① 提前通过网络等途径查阅资料,了解上山砍柴的工具,分析砍柴的地理特点。<br>② 小组合作探究学习,运用地理等知识思考如何选择合适的砍柴地点。 | ① 引导学生说出砍柴工具的名称,并对其进行补充。<br>② 引导学生选择合适的砍柴地点,鼓励学生进行小组内部的交流合作。 | ① 了解上山砍柴的相关知识;尝试运用多学科知识找到合适的砍柴地点,提高探究能力,拓宽知识领域,增强求知欲。<br>② 尝试通过团队合作与交流解决问题,以饱满的精神状态投入探究活动中。 |

| 学习任务 | 学生活动 | 教师组织 | 活动意图 |
|---|---|---|---|
| ② 学练越野跑。(上山) | ① 学习越野跑的技术要领,并结合砍柴地点的地理特征进行准备,提高对越野跑的兴趣和参与意识。<br>② 在上山过程中进行越野跑的学练。<br>③ 通过团队合作,互相配合,互帮互助,克服困难。 | ① 导入"上山砍柴"的情境:要求学生了解砍柴地点的地理特征,并运用越野跑上山。<br>② 讲解越野跑技术要领,指导学生进行越野跑。<br>③ 因材施教,鼓励团队成员之间互帮互助。 | ① 掌握越野跑技术要领,并能够在复杂地形中灵活运用;通过越野跑发展心肺耐力、力量等体能。<br>② 了解砍柴地点的地理特征,形成团结协作、吃苦耐劳的优良品质。 |
| ③ 自制捆柴绳,进行砍柴劳动。 | ① 团队合作探究制作捆柴绳的方法,并制作捆柴绳。<br>② 探讨砍柴的多种方法,并利用工具砍柴。<br>③ 用自制捆柴绳将柴捆好后准备运输。 | ① 引导学生制作捆柴绳,对有困难的学生及时给予指导。<br>② 引入"砍柴有几种方法?"等问题,引发学生思考。<br>③ 根据不同结构的树木,示范砍柴的正确姿势,讲解动作要领。<br>④ 组织学生将捆好的柴集中摆放,分小组进行运输。 | ① 掌握和运用多种砍柴劳动技能;加强合作探究能力和动手操作能力;勇于承担分配的任务,增强集体荣誉感,树立正确的劳动观。<br>② 通过重复性较强的砍柴劳动发展力量、耐力等体能。<br>③ 感受集体劳动中团队配合的重要性,体验劳动带来的成就感,形成正确的劳动意识,增强珍惜劳动成果的意识。 |
| ④ 挑柴负重跑竞赛。(下山) | ① 将越野跑与挑柴下山劳动任务结合,开展负重跑比赛。<br>② 小组根据地形地貌制订挑柴下山负重跑计划,为组员分配任务,尽量以最少的次数,最快、最稳的速度跑下山。<br>③ 挑柴负重跑比赛。 | ① 示范挑柴负重跑的要领,引导学生在复杂地形中进行负重跑比赛。<br>② 引导学生制订计划,并提供意见,鼓励学生积极配合。<br>③ 提示学生在竞赛过程中注意安全,激发学生的活动热情。 | ① 通过挑柴负重跑比赛,增强学生的负重跑能力,在复杂地形中,进一步提高运动技能的运用能力;发展速度、力量、平衡能力等体能。<br>② 通过运用体育、地理等知识与技能制订负重跑计划,增强统筹与规划能力和团队合作能力。 |

| 学习任务 | 学生活动 | 教师组织 | 活动意图 |
|---|---|---|---|
| | | | ③ 形成沉着冷静、临危不惧的处事态度,养成坚强勇敢、敢于克服困难的品质。 |
| ⑤处理被毒蛇咬伤的紧急情况。 | ① 运用健康教育知识对被毒蛇咬伤的同伴或自己采取急救处理。<br>② 面对紧急情况,积极做出反应,互帮互助,克服困难。 | ① 讲解任务规则,鼓励学生相互帮助。<br>② 引导学生积极主动投入创设的情境中。 | ① 通过设置情境,让学生运用健康等多学科知识与技能,对紧急情况做出快速反应与应急处理。<br>② 通过参与模拟救援情境的活动,学习意外伤害的处理方法。<br>③ 锤炼不畏困难、临危不惧、坦然面对挫折的意志品质。 |

| 可用资源 |
|---|

实物资源:电子大屏幕、散落的树枝、钉耙。
电子资源:上山砍柴相关视频资源、体育类信息资源库。
时间资源:体育课内时间、课外活动时间。

5. 设计评价方案,检验学生跨学科主题学习成果(E)

"上山砍柴"跨学科主题学习评价主要以体育教师与学生为主体,在教师评价与学生自评互评中运用表现性评价标准,对学生在参与学习过程中的表现进行评价,可设置以下表现性评价标准(见表9-8)。

表9-8　"上山砍柴"跨学科主题学习评价标准

| 评价标准 | 有待进步 | 一般 | 优秀 |
|---|---|---|---|
| 1. 掌握越野跑技术与练习方法 | | | |
| 2. 掌握砍柴、捆柴、挑柴等劳动技能 | | | |
| 3. 在活动过程中体现出良好的体能水平 | | | |
| 4. 能够说出与主题内容相关的术语 | | | |
| 5. 在活动中表现出永不放弃、坚持不懈的体育品德 | | | |

| 评价标准 | 有待进步 | 一般 | 优秀 |
|---|---|---|---|
| 6. 能够在突发情况下保持冷静,展现出合理的处理方法 | | | |
| 7. 能够积极参与团队合作,具有较强的劳动责任感和积极参与劳动的精神 | | | |
| 8. 在挑柴下山负重跑时动作迅速,身体稳定 | | | |

### (二) 设计思路

"上山砍柴"跨学科主题学习案例以山间劳动为背景,引导学生在上山砍柴的情境中开展田径越野跑和砍柴、捆柴等劳动技能的学练。本案例活动的设计目的是让学生学习和运用体育与健康、劳动、地理等学科知识解决遇到的突发状况;了解和运用劳动、科学等相关知识与技能。在上山和下山过程中能灵活运用各类运动技能穿越急流、丛林等复杂地形,最终培养学生的体育与健康核心素养与劳动能力。本活动可以由体育教师独立实施,也可以协同其他学科教师一起完成。

本活动为学生提供了一个开放性任务,引导学生通过团队合作制订挑柴下山负重跑竞赛的策略。本活动分为课外和课内两个部分:课外活动主要是让学生收集关于"上山砍柴"的相关信息,如熟悉砍柴工具,了解樵夫的劳动故事;课内活动主要是学习制作捆柴绳、砍柴、掌握处理毒蛇咬伤的知识等。在促进学生体能和运动技能发展的同时,帮助学生体会劳动者的艰辛,感受劳动的光荣,提高劳动意识和技能,形成坚持不懈、自立自强的生活态度,拓宽生活常识,提高动手操作能力和生存能力。

### 三、水平三案例设计

#### (一) 具体案例

1. 选择学习主题,基于核心素养形成学习目标(C)

① 选择学习主题

本案例围绕《课程标准(2022 年版)》中体育与劳动教育跨学科主题"劳动最光荣"(水平三)进行活动设计,具体设计了"器材大检查"跨学科主题学习案例,引导学生在体育活动中综合运用劳动、物理等学科知识与技能。

② 根据所选主题特点,构建学习目标体系

"器材大检查"这一跨学科学习主题,主要聚焦体育与劳动教育,重点是通过让学生在体育器材准备的情境中,运用多种学科的知识与技能帮助学生增强对劳动的认知,形成良好的劳动习惯与品质,从中体会平凡劳动者的伟大,促进学生的体育与健康核心素养水平发展。基于此,本案例以排球运动项目为载体展开设计,构建了以下学习目标(见表9-9)。

表9-9　基于排球项目的"器材大检查"学习目标

| 核心素养 | 具 体 表 述 |
|---|---|
| 运动能力 | 掌握测量排球气压的方法;掌握排球传球、扣球等技术;力量、耐力等体能得到发展。 |
| 健康行为 | 对测量排球气压的几种方法及其相关知识形成一定的了解;感悟平凡劳动者的伟大,劳动认知得到一定提升;动手操作能力、沟通与表达能力得到一定程度提高。 |
| 体育品德 | 表现出积极进取、勇于克服困难的体育精神,形成热爱劳动、自立自强的生活态度。 |

### 2. 依据学习主题与目标,构建大概念结构体系(I)

"器材大检查"体育与劳动教育跨学科主题学习主要涉及体育、劳动、物理等学科的融合,可从学习目标中提取大概念,具体涵盖学科大概念与跨学科大概念(见表9-10)。

表9-10　"器材大检查"大概念结构体系

| 大概念类型 | 大 概 念 |
|---|---|
| 学科大概念 | 排球技术(体育) |
|  | 归纳意识(劳动教育) |
| 跨学科大概念 | 器材安全筛查(体育与健康) |
|  | 体育中的物理奥秘(体育与物理) |

### 3. 根据大概念构建跨学科主题学习问题链(P)

为了帮助学生更好地理解大概念,就需要设置相应的问题,引导学生在解决问题的过程中建构起对大概念的理解。可根据"器材大检查"主题学习所蕴含的大概念体系形成递进式问题链(见图9-3)。

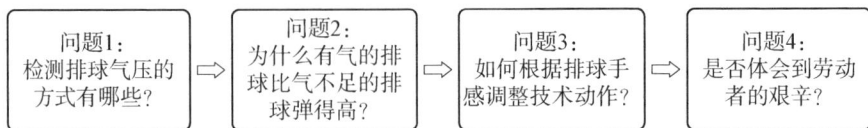

图9-3　"器材大检查"跨学科主题学习问题链

**4. 在复杂问题导向下,构建教学内容任务群(T)**

针对以上问题链,"器材大检查"跨学科主题学习任务群可由以下四个子任务组成:了解测量排球气压的方法(指向问题1);对比有气排球和气不足排球的回弹高度的差距,探究并讨论为什么有气排球的弹力比较强(指向问题2);用打好气的排球进行传球、扣球练习,开展实践检测任务(指向问题3);引导学生享受劳动成果,并结合活动体验,感悟后勤人员维护器材的不易(指向问题4)。基于情境、资源、活动三维元素,可设计以下任务群(见表9-11)。

表9-11　"器材大检查"跨学科主题学习任务群

| 情境导入 | | | |
|---|---|---|---|
| 平时同学们都是在课堂上直接用准备好的排球进行排球技术的学习,今天我们来对排球进行气压检查,自己动手准备器材,体验后勤人员工作的艰辛,感受他们默默付出的精神,享受劳动带来的乐趣。 | | | |
| 学习任务 | 学生活动 | 教师组织 | 活动意图 |
| ① 了解测量排球气压的方法。 | ① 通过观看测量排球气压和给排球打气的视频,了解排球气压的测量方法和给排球打气的方法。<br>② 小组商讨运用哪种方法对排球气压进行检测。 | ① 为学生提前准备好相关视频材料、多媒体教学设备。<br>② 引导学生积极讨论排球气压测量的方法(方法一:排球从180 cm处自由下落至硬地,反弹的高度应为膝盖与腰之间。方法二:凭经验用手挤压排球通过排球硬度判断。方法三:用测压器测气压,排球的正常气压为0.30—0.325 kg/cm²)。在学生遇到问题时及时给予指导。 | ① 了解测量排球气压的方法;提高探究能力,增强求知欲。<br>② 提高团队合作与交流能力。 |

| 学习任务 | 学生活动 | 教师组织 | 活动意图 |
|---|---|---|---|
| ② 排球气压测试对比。 | ① 对比有气排球和气不足排球的回弹高度的差距。② 探究并讨论为什么有气排球的弹力比较强。③ 积极参与团队合作,勇于发言。 | ① 引导学生将有气排球和气不足排球向地面垂直砸出,对比两种球的回弹高度。② 组织学生开展探究,引导学生积极思考。 | ① 了解排球为什么具有弹性的物理原理,加深对排球运动的了解;发展手臂力量。② 拓宽知识领域,提高动手实践能力,增强求知欲。③ 培养积极思考和良好交流的能力。 |
| ③ 排球传、扣球赛。 | ① 以小组为单位进行排球比赛,第一位同学负责打气,将打好气的排球传给负责二传的队员,负责二传的队员再将球传给第三位队员进行扣球,三人轮流交替,在规定的时间内扣球命中率最高的队伍获胜。② 小组间相互讨论不同气压排球的手感有何不同,如何控制动作力度。③ 将使用的排球进行回收。 | ① 讲解比赛规则,提醒学生注意安全和保护同伴,避免受伤。② 鼓励学生团结协作,积极投入比赛。③ 监督学生检查器材,宣布比赛结果,赞扬学生为集体奉献的劳动精神。 | ① 通过排球传、扣比赛,增强学生的排球运动能力;发展力量、速度和协调性。② 通过在比赛情境中运用排球打气劳动技能,进一步掌握给排球打气的方法。③ 通过小组间互相讨论交流,进一步提高适应不同气压排球的能力。④ 树立正确的胜负观,体验为班级出力的奉献精神,加深对劳动人民的理解与关心;形成团结一心、积极进取、勇于担当的优良品质。 |
| ④ 感受平凡劳动者的伟大。 | ① 展示劳动成果,分享劳动心得。② 结合活动体验,感受后勤人员工作的艰辛。③ 小组根据评价标准自评与互评。 | ① 组织学生分享劳动经验,引导学生感受取得劳动成果的喜悦。② 组织学生评选出最积极的巧手小工匠。 | ① 感受平凡劳动者的伟大,形成默默付出的劳动精神。 |

续表

| 学习任务 | 学生活动 | 教师组织 | 活动意图 |
|---|---|---|---|
|  | ④ 课后作业:观看以中国女排为题材的电影,感受运动员的体育精神与劳动精神。 |  |  |
| 可用资源 | | | |

实物资源:电子大屏幕、排球、打气筒。

电子资源:检测排球气压视频资源。

时间资源:体育课内时间、课外体育锻炼时间。

5. 设计评价方案,检验学生跨学科主题学习成果(E)

"器材大检查"跨学科主题学习评价主要以体育教师与学生为主体,在教师评价与学生自评互评中运用表现性评价标准,对学生在参与学习过程中的表现进行评价,可设置以下表现性评价标准(见表9-12)。

表9-12 "器材大检查"跨学科主题学习评价标准

| 评价标准 | 有待进步 | 一般 | 优秀 |
|---|---|---|---|
| 1. 掌握排球传球与扣球等组合技术动作 |  |  |  |
| 2. 掌握检测排球气压和给排球打气的劳动技能 |  |  |  |
| 3. 在活动过程中体现出良好的体能水平 |  |  |  |
| 4. 在比赛中表现出永不放弃、坚持不懈的体育品德 |  |  |  |
| 5. 能够积极参与团队合作,具有较强的集体责任感 |  |  |  |
| 6. 展现出良好的劳动意识和服务他人的劳动精神 |  |  |  |

### (二) 设计思路

"器材大检查"跨学科主题学习案例以排球课为背景,引导学生在课堂情境中开展排球传球和扣球的技术动作学习,以及检测排球气压、给排球打气等劳动技能的学练。本案例活动的设计目的是让学生学习和运用体育与健康、劳动、物理等学科的知识解决问题。在比赛中灵活运用传球、扣球运动技能和测量排球气压等劳动技能,最终培养学生的体育与健康核心素养与劳动能力。本活动可以由体育教师独立实施,也可以协同其他学科教师一起完成。

本活动为学生提供了一个开放性任务,通过团队合作对排球充气的程度进行探究。本活动主要以课内活动为主:通过学习测量排球气压和给排球打气的方法,了解排球的相关知识,提高学生的探究能力和动手操作能力。在比赛中提高排球传球、扣球技能的运用能力。在促进学生体能和运动技能发展的同时,引导学生体会平凡劳动者的伟大,感受劳动者默默奉献的精神,提高劳动意识和技能,形成勤奋勇敢、坚持不懈的体育品德。

### 四、水平四案例设计

#### (一) 具体案例

1. 选择学习主题,基于核心素养形成学习目标(C)

① 选择学习主题

本案例围绕《课程标准(2022 年版)》中体育与劳动教育跨学科主题"劳动最光荣"(水平四)进行活动设计,具体形成了"捕鱼达人"跨学科主题学习案例,引导学生在体育活动中主要运用劳动教育,同时融合地理等学科知识与技能。

② 根据所选主题特点,构建学习目标体系

"捕鱼达人"这一跨学科学习主题,主要聚焦体育与劳动教育,重点是通过在运动技能学练过程中模拟在河流中捕鱼的场景,引导学生综合运用体育、劳动、地理、物理、生活常识等知识与技能解决问题,提高运动能力和劳动能力,培养学生不怕苦、不怕累、爱一行、钻一行的工匠精神,促进学生的体育与健康核心素养发展。基于此,本案例以田径类运动中的越野跑项目为载体展开设计,构建了以下学习目标(见表 9-13)。

表 9-13　基于越野跑的"捕鱼达人"学习目标

| 核心素养 | 具 体 表 述 |
| --- | --- |
| 运动能力 | 对在河流中捕鱼的相关知识形成一定的了解;掌握捕鱼劳动技能,综合运用体育、劳动、地理、物理等知识;掌握在复杂地形中合理运用越野跑的技术;团队合作制订捕鱼的方案;力量、速度、耐力、灵敏性、平衡能力等体能得到发展。 |
| 健康行为 | 在捕鱼中形成安全意识;提高对各类环境的适应能力;能够与同伴友好交流。 |

| 核心素养 | 具 体 表 述 |
|---|---|
| 体育品德 | 能够形成勤练、苦练、巧练的意识;感受渔民的劳动精神,形成干一行、爱一行、钻一行的劳动理念;表现出勇于面对挫折,永不言弃的体育精神,形成勤劳勇敢、热爱劳动的品质。 |

2. 依据学习主题与目标,构建大概念结构体系(I)

"捕鱼达人"跨学科学习案例主要涉及体育、劳动、地理、物理、生活常识等元素的融合,可从学习目标中提取大概念,具体涵盖学科大概念与跨学科大概念(见表9-14)。

表9-14 "捕鱼达人"大概念结构体系

| 大概念类型 | 大 概 念 |
|---|---|
| 学科大概念 | 越野跑技战术(体育) |
| | 河流的特点(地理) |
| | 劳动精神(劳动教育) |
| 跨学科大概念 | 不同水域捕鱼(劳动与地理) |
| | 钻木取火(劳动与物理) |

3. 根据大概念构建跨学科主题学习问题链(P)

为了帮助学生更好地理解大概念,就需要设置相应的问题,引导学生在解决问题的过程中建构起对大概念的理解。可根据"捕鱼达人"主题学习所蕴含的大概念体系形成递进式问题链(见图9-4)。

| 问题1:捕鱼有哪些基本流程和要领? | ⇒ | 问题2:如何选择合适的捕鱼地点? | ⇒ | 问题3:如何通过团队配合捕鱼? | ⇒ | 问题4:原始人钻木取火的原理是什么? |
|---|---|---|---|---|---|---|

图9-4 "捕鱼达人"跨学科主题学习问题链

4. 在复杂问题导向下,构建教学内容任务群(T)

针对以上问题链,"捕鱼达人"跨学科主题学习任务群可由以下四个子任务组成:了解捕鱼的相关知识(指向问题1);定向越野跑运动技能学练(指向问题2);模拟在河流捕鱼的场景,和团队一起制订捕鱼策略(指向问题 3);交流探讨原始人捕鱼后进行烤鱼时钻木取火的物理原理(指向问题 4)。该案例以定向越野跑为主要形式开展学习,基于情境、资源、活动三维元素,可设计以下任务群(见表 9-15)。

表 9-15　"捕鱼达人"跨学科主题学习任务群

| 情境导入 | | | |
| --- | --- | --- | --- |
| 捕鱼是一种传统的体力劳动,对于生活在城市的人来说已经不常见了,今天让我们一起体验"捕鱼达人"的乐趣,希望同学们都能够收获满满。 | | | |
| 学习任务 | 学生活动 | 教师组织 | 活动意图 |
| ① 观看视频了解捕鱼的相关知识。 | ① 提前通过网络等途径查阅资料,了解河流捕鱼的相关知识与技能。<br>② 观看劳动模范典型事例,了解捕鱼过程,感受劳动人民的工匠精神,并展开小组合作探究学习,思考和分析。 | ① 引导学生认识捕鱼工具,引导学生比较在不同类型的水域中捕鱼的方法。<br>② 为学生提前准备好相关视频材料和多媒体教学设备;引导学生感受渔民的工匠精神,并鼓励学生开展积极的交流。 | ① 通过学习了解捕鱼的知识与技能,尝试运用多学科知识解决问题,拓宽知识领域,增强求知欲。<br>② 以饱满的精神状态投入探究活动中,学会通过交流解决问题;能够感受劳动工作者干一行、爱一行、钻一行的工匠精神,提高劳动热情。 |
| ② 模拟河流捕鱼情境,学练越野跑。 | ① 了解在河流边开展越野跑的技术要领,提高对越野跑的兴趣和参与意识,增强越野跑的运用能力。<br>② 学练越野跑。<br>③ 手持捕鱼工具开展越野跑;小组合作,互相激励。 | ① 导入"捕鱼达人"的情境:模仿河流中的渔民手持工具进行捕鱼。引导学生自主学习越野跑的技术要领。<br>② 在学生自主学练越野跑技术时,及时给予指导。<br>③ 引导学生在已学会的动作技术的基础上,手持捕鱼工具进行越野跑;引入问题,引导学生团队合作。 | ① 通过对河流地形下越野跑技术要领的了解,掌握科学锻炼的方法。<br>② 通过越野跑,发展速度、平衡能力、心肺耐力等体能。<br>③ 发展实践能力,提高环境适应能力和劳动意识,锤炼团结协作、勇敢顽强、吃苦耐劳的优良品质。 |

| 学习任务 | 学生活动 | 教师组织 | 活动意图 |
|---|---|---|---|
| ③ 模拟捕鱼情境,开展捕鱼劳动。 | ① 学习捕鱼动作,在越野跑中利用捕鱼工具进行捕鱼(变速跑、挥棒、插棒捕鱼动作)。<br>② 团队合作制订捕鱼计划,模拟在河流地形下捕鱼的情境(目标是可移动生物)。 | ① 执行捕鱼任务,对捕鱼动作进行指导,对团队合作给予指导。<br>② 提示学生在捕鱼过程中注意自我保护和相互保护。 | ① 通过模拟捕鱼的实战学习,提高越野跑技术和捕鱼劳动技能;发展速度、耐力、平衡能力等体能。<br>② 环境适应能力及团队合作能力得到增强。 |
| ④ 钻木取火,加工食物。 | ① 与同伴交流、探究钻木取火的方法及其物理原理。<br>② 模拟钻木取火情境,对捕获的鱼进行加工。 | ① 引导学生通过学习了解钻木取火的物理原理和方法。<br>② 普及用火安全知识。<br>③ 引导学生体会获得劳动成果的成就感,增强劳动积极性。 | ① 了解钻木取火的方法和物理原理,掌握用火知识和生存技能。<br>② 肌肉力量等体能得到一定的发展。<br>③ 形成坚韧不拔、勇于克服困难的体育精神,增强生存能力。 |
| 可用资源 | | | |

实物资源:电子大屏幕、捕鱼叉。

电子资源:渔民捕鱼视频资源、体育类信息资源库。

时间资源:体育课内时间、课外体育锻炼时间。

5. 设计评价方案,检验学生跨学科主题学习成果(E)

"捕鱼达人"跨学科主题学习评价主要以体育教师与学生为主体,在教师评价与学生自评互评中运用表现性评价标准,对学生在参与学习过程中的表现进行评价,可设置以下表现性评价标准(见表 9-16)。

表 9-16  "捕鱼达人"跨学科主题学习评价标准

| 评价标准 | 有待进步 | 一般 | 优秀 |
|---|---|---|---|
| 1. 掌握越野跑的技战术 | | | |
| 2. 掌握捕鱼劳动技能 | | | |

续表

| 评价标准 | 有待进步 | 一般 | 优秀 |
|---|---|---|---|
| 3. 在活动过程中体现出良好的体能水平 | | | |
| 4. 能说出捕鱼相关知识 | | | |
| 5. 在捕鱼活动中表现出细致耐心的体育品德 | | | |
| 6. 展现出积极的劳动态度 | | | |
| 7. 能够积极参与团队合作,协商捕鱼方案 | | | |
| 8. 能够描述钻木取火的要点 | | | |

### (二) 设计思路

"捕鱼达人"跨学科主题学习案例以渔民捕鱼为背景,引导学生模拟在河流地形下开展越野跑和捕鱼劳动技能的学练。本活动案例的设计目的是让学生学习和运用体育与健康、劳动、地理、物理等学科知识解决遇到的问题;学习捕鱼的相关知识和钻木取火的方法等劳动技能。在捕鱼过程中,通过挥、插捕鱼叉等动作发展力量等体能;在团队配合下灵活运用越野跑技术在复杂的地形中捕鱼,最终培养学生的体育与健康核心素养与劳动能力。本活动可以由体育教师独立实施,也可以协同其他学科教师一起完成。

本活动为学生提供了一个开放性任务,引导学生以团队合作的形式制订捕鱼方案。本活动分为课内和课外两个部分:课内活动主要是学习关于捕鱼的相关知识,模拟在复杂的河流地形中运用越野跑技术和挥、插捕鱼叉劳动技能进行捕鱼,并采用钻木取火的方法取火加工食物,提高劳动技能和越野跑技术的运用能力,拓宽知识领域,领悟工匠的劳动精神;课外活动主要是让学生对活动进行总结,分享劳动心得,感悟劳动的重要性,并学会灵活运用苦练、勤练、巧练的方法,形成不怕苦、不怕累,干一行、爱一行、钻一行的工匠精神。

# 第十章　体育与国防教育跨学科主题学习的设计

　　国防教育是国家为了捍卫国家主权、领土完整和安全，抵御外来侵略、颠覆和威胁，对全体社会公民的国防政治、思想品德、军事技术战术和体质等诸多方面施以影响的一切有组织、有计划的活动①。体育和国防教育之间有着密切的关系，二者相辅相成，共同促进人的身体能力和精神状态的提高。对此，《课程标准（2022 年版）》针对体育与国防教育的跨学科主题学习，提出了明确要求："体育运动与国防教育具有许多共通之处，主要体现在培养学生的爱国主义和集体主义精神，合理运用战略战术和发展体能，强调纪律意识、勇敢顽强、不畏艰难、责任担当等。体育与健康课程和国防教育的跨学科学习，可以结合英雄事迹、历史战役、国家国防事业发展等内容，组织学生观看阅兵典礼、军事训练等视频资料，模拟战场战斗、救援救护等情境演练，恰当运用《孙子兵法》的战术思维分析体育比赛中'敌我双方'的特点等；帮助学生在跨学科主题学习过程中发展体能，运用和巩固适应环境、应对突发事件等技能，提高战术思维和应变能力，培养学生不怕困难、顽强拼搏、敢于担当的高尚品格。"基于此，本章从对核心素养培养的价值、开展的典型方式和实际案例设计三个方面详细阐述了如何开展体育与国防教育跨学科主题学习的设计。

## 第一节　体育与国防教育跨学科主题学习对核心素养培养的价值

　　真正有效的跨学科学习需要以整合性思维设计课程的整体结构框架，确保体育课程的科学性、系统性与稳定性②。体育与国防教育跨学科主题学习为学生提供跨越学科边界的综合性学习体验，使学生能够更全面地了

①　张进喜，陶劲松. 中外国防教育比较[M]. 武汉：武汉理工大学出版社，2004.
②　毛振明，马立军，柏杨. 义务教育体育新课标的时代背景与重要变化[J]. 广州体育学院学报，2022，42(4)：1-9.

解国防和体育领域的知识和技能,提高综合素质和能力,进而实现体育与国防教育两个学科协同育人的价值,共同培养学生体育与健康核心素养。通过国防教育中的体能操练能够提高学生的纪律性,增强其体能,同时还可以让他们接受革命教育,使学生的体育精神文化带有人民军队的烙印,拥有深厚的"红色基因"①。通过体育与国防教育跨学科主题学习,学生可以更深入地了解体育和军事训练的共同点和相互关联,了解体能和意志力对于军事训练和作战能力的重要性,同时,还可以了解到体育和军事训练的许多相似之处,例如训练的方法、目标和规范等。这样的综合性学习可以让学生拓宽视野,增强对不同领域知识的理解和掌握,提高学生的体育与健康核心素养。本节主要阐述体育与国防教育跨学科主题学习对培养学生运动能力、健康行为和体育品德三个方面核心素养的价值。

### 一、对培养学生运动能力核心素养的价值

提到体育和国防教育,最容易让人想到的就是二者都以身体练习为主要手段,在提高运动能力方面具有较强的一致性。体育与健康课程的前身被称为"体操",军事体育最早应用于学校体育时被称为"兵式体操",通过身体练习对学生进行军事知识教育和军事技术训练,是为国防建设培养后备兵员的一种有组织、有计划的体育活动。军事体育训练具有组织制度体系专门化、组训人员专业化、军体科目转战化等特点,对军人身心能力都有着极为苛刻的要求,只有把严体能关,才能更好地完成作战任务和达到预期的作战目标②,这与学校体育培养学生运动能力的要求基本相似。在体育与国防教育跨学科主题学习的过程中,通过设计不同的运动情境可发展学生运动能力核心素养,具体体现为以下几个方面。

#### (一)在火线战斗、长途奔袭情境下提高体能水平

体育与国防教育跨学科主题学习中往往会创设模拟军事训练和军事演习的情境。以《课程标准(2022年版)》中的跨学科主题学习"钢铁战士"中的"长途奔袭,火速增援"情境为例,在该情境中,通过指导学生合作创编不同地形地貌下的耐久跑练习,能够提高学生的心肺耐力、协调性、反应速度等体能,发展学生的位移速度和下肢肌肉力量,增强其对恶劣环境的适应能力;利用体育课结合国防教育或与发展体能相关的历史事件,可使学生的身

① 宋宾,张朋,袁小超.新时代兵团体育精神的价值重塑与文化推广[J].体育科技文献通报,2021,29(11):7-9.
② 陈吉,罗姿.外军军事体育训练"专"化特点及启示[J].体育科技文献通报,2022,30(3):251-253.

心同时融入创设的情境中,促进其更加深刻地理解发展体能对国防将士的重要性,从而能够更加重视对自身体能的提高。

同时,在国防情境中设置体能游戏和比赛,如负重校园定向运动、军体主题运动会等,使学生关注体能的关联性与完整性。引导学生参与结构化、整合性的体能学练,如在学生参与发展心肺耐力的情境式负重校园定向运动的同时,加入钻过、跨过、跳过、绕过、翻越障碍,卧倒、匍匐前进、模拟投弹等练习,从而发展学生的肌肉力量、肌肉耐力、位移速度、灵敏性、协调性等体能,促进学生体能全面协调发展,培养学生解决问题的综合能力。在此过程中,指向真实世界的复杂问题还可以帮助学生加深对增强体能的理解,培养学生分析问题与解决问题的能力。例如:在各种地形地貌下,如何能够坚持完成耐久跑任务? 在障碍越野跑的过程中,体力应该如何分配? 在耐久跑的过程中,呼吸节奏需要如何调整? 通过解决问题,使学生最终掌握耐久跑的呼吸节奏、提高不同地形耐久跑的能力等,体能整体水平有所提高。

**(二) 在模拟战斗环境中发展跑、跳、投的能力**

身体的参与、体验与认知是学生习得体育知识和感悟体育学习的关键。跨学科学习活动能通过创设真实情境使学生在亲身体验和参与中感知、接触与建构知识,认识不同学科知识间的联系,有效提高学生参与体育锻炼的意愿。

从国防教育来看,军事体育中的基础动作练习与体育课中的基础动作练习是一致的。为此,在体育教学中加入军事体育内容,为学生创设实际的生活情境,有助于学生更好地将运动能力运用到生活实践当中。如在进行队列练习及走、跑、跳、投掷等基本运动技能学练时,组织开展"军训"和群众性的国防体育活动,能够帮助学生较快掌握基本运动技能。在进行运动技能学习时,有意识地引导学生体验进行运动项目时的身体感受,能够提高学生的感知能力和身体控制能力,如在体操教学中站军姿,引导学生感受脊柱、身体姿态的改变。此外,针对低年级学生,体育教师可以创设生动形象的国防情境开展游戏化教学,引导学生模仿教师的动作或跟随语言提示做动作,通过模拟国防教育中的某种情境,如士兵行军、新兵军训等,来提高学生的运动认知,从而帮助学生掌握基本运动技能,发展学生的柔韧性、灵敏性、平衡能力及自我展示能力。在体育学习中提高学生的体能,能够使其学习到解放军的优秀行为品质,如"站如松、坐如钟、卧如弓、行如风"。

**(三) 学习战略战术,提高学生战术意识**

在体育与国防教育跨学科主题学习中,可以以国防情境为载体提高学生运动技术与战术意识水平。首先,结合真实的历史战争事迹带领学生分析历史事件中出现的战略和战术,能够使学生由易到难、循序渐进地理解战术,形成战术理念。例如,古代战争排兵布阵体现的强侧、弱侧概念可与篮球、足球的攻防战术站位相联系,提高学生战术素养。其次,在团队运动中设置国防训练背景可加强学生对以团队力量获得胜利的认知。在集体性的运动项目中战术配合至关重要,在国防情境中的战术教学可以先强化学生之间的基础配合,再逐步进行全队整体配合教学,培养学生的合作意识和团队精神,从而加深学生的组织领导能力。如在"围攻堡垒,炮轰敌营"情境下,要求通过团队合作保护自身"阵营"并摧毁"敌方"的"堡垒",这需要有学生扮演领导者角色并带领集体完成任务。最后,在个人运动项目中,学生也要具备战略战术意识,根据自身的身体状况和运动能力对所进行的运动项目进行合理安排,如在"长途奔袭,火速增援"情境中,要求学生根据自己的能力选择适合的耐久跑路线,努力完成不同高度和难度的跳高、跳远项目,培养学生不断挑战自我的精神。

**(四) 为学生提供展示机会,提高学生欣赏与评价能力**

在《课程标准(2022 年版)》中提出要避免孤立、静态地进行单个知识点的教学,强调每类运动项目都要有展示或比赛,这是对运动项目技战术综合运用的过程[①]。在国防教育情境中,教师往往会设置不同类型的比赛。一方面,比赛为学生提供了更多机会展示所学运动项目的学习成果;另一方面,在观看他人比赛或展示的过程中,可以引导学生进行相互评价。在以上环节中,学生既能提高运动能力维度的展示与比赛能力,又能很好地提升欣赏与评价能力。

## 二、对提升学生健康行为核心素养的价值

国防教育要增强学生的国防意识和提高学生的国防行为能力,提升学生的社会责任感和使命感,促进学生综合素质全面发展[②]。而健康是保证学生综合素质全面发展、健康成长的必要条件。在体育与国防教育的跨学科主题学习过程中,以"健康第一"为指导思想开展教学,能通过影响学生意识、积累生活经验、获得运动体验而助力学生提升健康行为核心素养[③]。

**(一) 对身体机能的重要价值形成正确认识**

基于国防教育背景的军事体能训练,兼顾了一般的体能训练和独特的

① 孙铭珠,贾晨昱,尹志华. 体育与健康核心素养背景下的大概念要义阐释、提取路径与内容框架[J]. 首都体育学院学报,2023,35(1):21 - 31.
② 魏波. 高校国防教育与思想政治教育融合育人效果分析——以江苏农牧科技职业学院为例[J]. 教育教学论坛,2022(50):177 - 180.
③ 吴仲晶. 运动技能对体育学科核心素养形成的作用探析[J]. 启迪与智慧(上),2022(11):103 - 105.

军事性、强制性特点,是与体能及提高战斗力相关的身体训练,也是心理素质及意志品质提升的重要手段①。在练习过程中,学生能够切身体会到身体机能提高的重要价值。首先,学生通过体育与国防教育跨学科学习可以了解到良好的身体机能是报效祖国的基础要求,进而能够学会锻炼、坚持锻炼,从而增强体能。其次,学生在参与国防教育情境下的跨学科主题学习时能够体会体育锻炼有益于健康,能够经常参与户外运动,知晓基本的运动安全知识和方法,伏案学习时保持坐姿端正,行走时身姿挺拔,关注自己的体重等方面。此外,在国防教育中,学生通过观看视频了解到士兵良好的身体机能对于其完成任务的重要性,在参与跨学科学习过程中能够逐渐使学生爱上体育运动,逐渐养成体育锻炼习惯。在活动中能够说出体育锻炼对健康的益处,并能够参与户外运动或游戏。最后,在国防情境中能够知道自身的身体状况,参加适合的体育锻炼项目,选择合理的运动负荷。学生能够逐渐认同体育锻炼是健康生活方式的重要组成部分,通过有规律的科学锻炼保持正常体重,促进生长发育,能够在运动中保护自己。

**(二) 增加学生处理运动损伤的知识与技能**

在国防教育中,可将健康知识与技能和国防教育进行跨学科融合,增强学习的趣味性,结合学生认知水平和生活经验,采用形象生动的教学方法,激发学生学习兴趣,提高学生主动学习健康知识的积极性,引导学生在日常生活中学会运用健康与安全的知识和技能,形成健康的生活方式。例如,在"具有安全意识和自我保护能力"方面,体育与国防教育跨学科主题学习可结合战场救护与野外生存创设教学情境,帮助学生树立安全意识,强调对安全防护、保护与帮助、运动损伤预防和处理等能力的培养。

此外,通过体验式学习战场受伤环境下的健康知识与技能,能够加深学生对健康知识与技能的掌握与运用。例如:在边防战士野外面临生存危机的情境中,学生能够认识到个体的身体越强健、拥有的生存知识越丰富,生存的机会就越多;在战场救助情境下,学生通过学习积极自救和配合他救的健康技能与方法,能够列举出体育活动和比赛中的安全注意事项,表现出主动规避运动伤害和危险的意识与行为,发生运动伤病时能够进行简单处理。

**(三) 面对战场突发危险时冷静、镇定心态的培养**

国防教育要求学生不仅要"炼体"更要"强心",在国防教育的情境下学生能够体会、感悟、提高情绪调控与环境适应能力。例如,在国防教育中对士兵的心理行为训练,是提高士兵的基础心理素质和心理健康水平的练习,

---

① 朱煜. 体能与军事体能概念的研究[J]. 科教导刊(中旬刊),2012(10):192+213.

目的是帮助士兵适应军营、融入团队,提升抗压能力和心理应激能力,促进角色转变,为其在军营中的成长与发展打牢良好的心理基础。士兵通过心理行为的训练,能够有效优化职业认知、增强压力应对能力、挖掘心理潜能、培养团队精神、激发战斗士气,促进军事动作技能的掌握,提高军事训练的效率。在体育与国防教育跨学科主题学习中,通过对学生进行心理抗压训练,引导学生探索适合自己的释放压力、缓解焦虑的有效方法,能使学生培养良好的情绪调控能力,从而能够冷静面对生活中的压力和挫折。

### 三、对塑造学生体育品德核心素养的价值

#### (一)培养不怕困难、勇敢顽强的品质,增强爱国主义和集体主义精神

在体育与国防教育跨学科主题学习中,通过再现艰苦的国防情境能够激发学生的想象力和学习兴趣,培养学生遇到困难团结协作和坚持学练的意志品质,提高学生对环境的适应能力。国防教育本身就是提高学生政治素质、道德认知的重要手段,不仅能够发展学生的行动能力,还可以对其心理和体育精神进行塑造。首先,相关的视频资料能够带领学生感受战争年代,体会到爱国英雄的爱国主义精神和在团结奋战中的集体主义精神。其次,在完成国防教育任务的过程中学生能够获得更真实、深刻的体会,使学生的身体、精神、内心受到战争的冲击,带领学生感受战争年代英雄们的爱国主义情怀和集体主义精神。

#### (二)培养勇于担当的责任感和共同体意识

国防教育要求以军辅德、以军促智、以军健体、以军创美[1],其中德在首位。在体育与国防教育跨学科主题学习中,以团队完成任务的形式能够培养学生的责任意识,有助于他们提升对自己、家庭、集体、社会、国家和人类的责任感,增强担当精神和参与能力。只有有了责任感,在今后的成长与学习过程中才能够对自己和他人负责,这是使学生能够全面发展的精神基础。在国防教育情境中,学生能够学会关心集体、社会和国家,具有主人翁意识、责任感和集体主义精神,主动承担起对自己、家庭、学校和社会的责任,自觉维护祖国统一和国家安全。具体体现在:在日常社区活动中,能够主动参与志愿者活动、社区服务活动,具有为人民服务的奉献精神,勇于担当;在社会交往中,能够遵守社会规则和社会公德,依法依规有序参与公共事务,具有公共意识和公共精神;在自然环境互动中,能够敬畏自然,保护环境,形成人与自然生命共同体的意识。

---

① 龚立新.加强学校国防教育一体化建设[J].思想政治工作研究,2023(1):53-54.

## 第二节  体育与国防教育跨学科主题学习开展的典型方式

《课程标准(2022年版)》中提出将"学、练、赛"有机结合,引导学生在充分动起来的过程中享受乐趣,形成丰富、深刻地运动体验,在"做中学,学中思,思中得"。在此基础之上,本节提出开展体育与国防教育跨学科主题学习的典型方式,从"学、练、思"三方面加深学生对国防教育情境的感知,学练体育运动技能进行反思并不断提高核心素养水平。

### 一、学:观看或聆听各类与国防相关的视频和音频资料

在进行体育与国防教育跨学科主题学习之前,学生需要提前了解国防教育的内容,对国防教育的内容形成初步认识。该内容可以从其他学科中,如历史、道德与法治课程中获取,或通过观看或聆听各类与国防相关的视频和音频资料,使学生能够对课堂所创设的国防情境有基本了解,为体育与国防教育跨学科主题学习的实施奠定基础,具体涵盖以下内容。

#### (一)学习人民解放军壮大历程相关视频材料

在"学"中融入视频资源能够提高教学效率,使学生对人民解放军的发展壮大历程形成直观感受,从中感悟伟大建党精神,激发爱国热情。如针对水平一阶段"新兵入伍,士兵突击"情境,通过课前观看人民解放军的发展壮大历程,使学生接受国防启蒙教育,从思想和精神上接受洗礼:首先,以壮大历程中伟人的先进思想引导学生从小形成正确的价值观、人生观和世界观;其次,通过学习人民解放军在壮大过程中所体现出的纪律性,理解参与体育学习要遵守课堂规范;最后,通过体悟人民解放军壮大历程的艰辛,对国防形成正确认识,积极参与国防教育学习。

#### (二)学习我国边境冲突历史

在边境冲突中,面对非法侵权挑衅行为,边防官兵一般会以最大的诚意克制并且坚定地维护两国关系稳定和边境地区的和平安宁,但在必要时刻,他们会用鲜血和牺牲坚决捍卫祖国主权和领土完整。例如,针对水平四阶段"长途奔袭,火速增援"情境,可运用网络资源帮助学生了解边境冲突的历史背景,通过小组合作探究学习,运用历史、地理等知识思考和分析边境的地理特点和易发生冲突的原因。在此情境中,学生能够了解发展体能的重要性,了解在不同的地形地貌下进行耐久跑的技术要领,提高对耐久跑的兴趣和参与意识,克服对耐久跑的恐惧心理;全身心投入到复杂的边境冲突情境中,运动能力和爱国精神得到全面提高;了解我国的地理位置、领土面积、

海陆疆域、行政划分,知晓祖国的领土神圣不可侵犯,从而具备国家利益高于一切的观念,能够在生活和学习中以实际行动维护民族团结,捍卫国家主权。

**(三)观看真实战场录像**

国家安定、人民安全是所有国家可持续发展的前提,在战火纷飞、物资缺乏、内忧外患的年代,革命先烈用鲜血守护国家。通过观看真实战场录像,可以让学生对战争中的军事思想、军事技术、战略环境及中国国防等内容有系统性的了解,使其更好地掌握基本军事理论与军事技能,达到增强国防观念和国家安全意识,强化爱国主义精神、集体主义精神,加强组织性、纪律性的目的,促进学生综合国防素质的提高。例如,针对水平二阶段"长征四关,薪火相传"情境,组织学生观看红军长征中的四大战役录像,使学生对我国渡河战役的历史形成一定的了解,结合地理学科知识了解江河的重要战略意义,引发学生积极思考"如何集体渡河",在沉浸式的战役情境体验中,通过小组合作完成任务的形式,使学生的运动能力、健康行为和体育品德核心素养得到提升。

**(四)学习消防员的光辉事迹**

在万家灯火的平安背后,凝聚着消防员的汗水和辛劳,赤诚是他们不变的底色,忠于党、忠于祖国、忠于人民是他们不变的承诺。何为英雄? 是在火情来临、警报响起的那一刻,挺身而出的消防员,他们肩负使命、不惧生死,在艰难中逆火前行。一名合格的消防员需要有强健的身体,能适应各种复杂、多变和危险的环境;还要具备过硬的业务本领,精通消防业务理论和灭火技战术;同时还需要具备良好的心理素质,遇到危险时情绪稳定、不慌不惧,保持良好的观察、记忆、判断和思维能力。在体育与国防教育跨学科主题学习中,通过带领学生学习消防员的光辉事迹,能够使学生全面认识消防员职业的神圣使命,进而激发奉献自我的崇高精神。

**二、练:创设国防相关情境**

学生在国防情境下对运动技术进行练习和复习是提高运动能力的关键,关系到学生是否能够真正掌握技能并参与比赛,没有一定的练习时间和练习质量作为保障,就难以完整掌握和运用某项运动技能①。军事技能和军事体育教育具有夯实身心基础、深化国防认知、培育国防兴趣情感、强化

---

① 尚力沛.学校体育教学改革"教会、勤练、常赛"一体化推进探析[J].体育文化导刊,2022
(5):96-103.

国防核心观念、生成国防行为等综合育人的特殊功能①。通过设计与提供涉及多学科知识的国防情境、具体问题和实践项目,给予学生自我探索和发现的机会,引导学生在主题研讨、问题解决和项目实践中学习学科知识,结合不同国防情境发展学生不同的运动技能,提高体育与健康核心素养,走向"以学促练、学以致用"。

**（一）边境冲突情境下的耐久跑学练**

在模拟边境冲突的情境下,可根据边境复杂的地形地貌特点指导学生开展耐久跑、越野跑、折返跑等运动技能的学练。通过掌握耐久跑、越野跑的技战术,学生能够提高跑的专项体能水平,在课外活动中面临复杂的地形地貌时,也能够轻松应对。通常,在户外运动中长时间走、跑会消耗大量的体力,在模拟边境冲突的情境下对耐久跑等技能进行学练,有助于学生在今后适应在各种户外环境中运动。此外,由于在户外复杂的地形中会遇到各种困难,在坚持完成任务的过程中,学生能够养成团结协作和坚持学练的意志品质,提高对恶劣环境的适应能力。

**（二）火灾现场消防员翻越障碍物的基本动作技能组合练习**

在火灾救援现场,消防员主要负责火灾扑灭和救援行动,在实施过程中会遇到各种危险和障碍,翻越障碍到达起火点是实施救援的前提。消防员的体能训练包括长短跑训练、力量训练和各种组合训练,这是为了快速实施现场救援。在此教学情境下,引导学生进行翻越障碍物的基本动作技能组合练习,进行结构化、整体性的体能学练,能够培养学生多方面的能力和素养。首先,能够促进学生体能全面协调发展,从而培养学生解决问题的综合能力;其次,能够培养学生在遇到困难时,注意量力而行,根据结果合理调整训练目标,提高训练效果;再次,能够促进学生主动参与和组织体能活动与比赛,塑造勇于挑战、坚韧不拔、遵守规则和公平竞争的体育品德;最后,能够培养学生的安全意识和自我保护意识,引导其注重团队合作,提高协作能力,逐步形成体育锻炼习惯和健康的生活方式。

**（三）根据不同地形情况绘制行军路线**

军队的活动是在一定的地形条件下实施的,受到地形条件的影响和制约②。例如,军队的行军路线、设计隐蔽伪装等,都和地形有着密切的关系。首先,从绘制路线本身来看,绘制行军路线涉及对地理、美术、数学等学科知

---

① 程春.普通高校大学生综合国防素质的模型构建与国防教育的实践着力——基于现代国防和现代教育的双重牵引[J].中国电化教育,2020(7):84-90+103.

② 吴温暖,张正明.军事理论与技能训练教程[M].北京:高等教育出版社,2020.

识的运用,此外对学生的战略思维和战术意识具有一定的要求。学生在根据地形条件绘制能够攻克或躲避敌人的行军路线的过程中,需要具备较强的大局观。其次,从绘制路线的组织形式来看,在模拟国防情境中,学生通过小组合作,运用多学科知识,根据任务需要和设定的地形条件绘制团队的行军路线,自主参与课堂设计,在这一过程中实现其个人价值,使学生的参与感更强。最后,从绘制路线的作用来看,参照绘制的行军路线和计划,教师可设置不同的训练任务,在完成任务的过程中穿插体能练习与技能练习,在潜移默化中促进学生运用多学科知识解决问题和提高核心素养。

**(四) 在格斗操、武术练习中模拟军事训练情境**

军事技能中的格斗操和体育中的武术练习具有相似之处。练习格斗操能使全身各部位得到比较全面的活动,尤其可使上下肢肌肉的爆发力、各关节的灵活性和柔韧性,以及快速反应能力得到锻炼,具有自卫和制敌的作用。在模拟军事训练情境中习练格斗操和武术,能够帮助学生掌握遇到危险时打击敌人和保护自己的有效手段,具有重要的实战意义。例如,在水平一阶段"新兵入伍,士兵突击"情境下,格斗操是新兵入伍的必备技能,每个新兵都必须对其进行习练,从而具备自卫和制敌的能力,在此情境中习练格斗操和武术,能够使学生融入军事训练的情境中,既发展自身的运动能力,又掌握一项运动技能。同时,在充满节奏感的音乐中集体学练格斗操,可作为一项集体活动增强班级凝聚力,展示班级风采。

**(五) 模拟战场上对伤员的救助活动**

战场救助活动是作战人员自身或相互间在负伤地点或就近地域进行的紧急救护活动,这在激烈的战场战斗中是保护战士生命安全的重要环节。一方面,观看战场上对伤员救护救援活动的相关视频资料,能使学生体会和感受党和政府怎样践行"把人民群众的生命安全与身体健康放在第一位"的理念,认识"人民至上、生命至上"的意义。另一方面,模拟战场救援活动,可提高学生对健康知识与技能的掌握。通过在此情境中的学练,学生能够习得主动规避运动伤害和危险的意识与行为,做到自我保护、逃生和求助;掌握在户外复杂环境中运动损伤的预防方法与手段,知道如何判断运动损伤种类与原因,及时根据运动损伤情况迅速做出处理,积极实施自救与配合他救,提高对各种突发事件的应变能力。此外,实施救助活动对学生自身的体能水平有一定的要求,只有在保证自身健康和具备救援他人的能力时,才可以对他人实施救援行动。因此,良好的体能状况可增进学生自身的体质健康和学练专项运动技术的能力,为在模拟战场救援活动中的学习打下坚实基础。

### 三、思：讨论与探索国防教育相关问题

在教学中进行情境设计是落实培养核心素养的关键①。要通过创设复杂和递进的国防教育情境，促进学生增强对国防教育的理解，从具象到抽象发挥迁移的效能，最终实现学生核心素养的发展②。在素养形成的过程中，引导学生思考是避免惰性知识习得的关键。在国防教育情境下应激发学生深入反思、体验实践、突破简单情境下不断重复的固化教学，从而使学生形成迁移能力，为培养学生的核心素养提供支架，具体可从以下几个方面入手。

**（一）思考《孙子兵法》相关策略如何在体育比赛中运用**

《孙子兵法》中的谋略思想是人类智慧的经典浓缩，其阐述了一个完整的谋略体系，这对体育领域中的技战术运用有较多可借鉴之处③。在体育课中研究《孙子兵法》不仅要重视书中提出的重要军事原则，更重要的是能引导学生学习、继承和发展其思想方法，揭示运动竞赛与军事实践的共同特征、内在联系和本质规律，进一步探索其在运动项目技战术中的应用。例如，《孙子兵法》中提出"知己知彼，百战不殆"，强调要对敌我双方的情况都有所把握。而在体育比赛中，也需要了解对手，做到先知，才能做出正确的决策，以赢得比赛的胜利。通过将《孙子兵法》的谋略思想与体育运动实践相结合，启发学生意识到要想在体育比赛中出奇制胜就需要综合运用谋略。

**（二）探讨体能对战士的重要性**

"人就是武器，是最原始、最直接的武器"。良好的体能是战士完成作战任务的基础，战士的体能水平直接影响其战斗能力。由于战士要在各种恶劣环境中与敌人进行力量和耐力的角逐，没有好的体能，甚至难以自保，更不要说完成任务。在体育与国防教育跨学科主题学习中，学生在进行体能学练时扮演战士角色，能够促进其理解发展体能的重要性，以及所扮演角色承担的任务的重要性。体育教学情境是产生身体体验与感知的重要场所，通过师生共同与教学环境的动态交互作用而生成④。学生在具身化的体育

① 张良，靳玉乐.核心素养的发展需要怎样的教学认识论？——基于情境认知理论的勾画[J].教育研究与实验，2019(5)：32-37.
② 周珂，张伯伦，乔石磊，曹美娟.体育与健康核心素养引领下的大单元教学现实之需、价值定位与实践进路[J].首都体育学院学报，2023，35(1)：32-39+56.
③ 黄丽敏.《孙子兵法》谋略在现代竞技体育中的应用[J].哈尔滨学院学报，2005(5)：128-129.
④ 周生旺，程传银.具身化体育教学：落实体育课程标准的实践视角[J].天津体育学院学报，2022，37(5)：504-510.

与国防教育跨学科学习的教学情境中,身体的情感、意识与行为产生交融,从而促进学生理解体能对战士的重要性,促进今后积极参与体育锻炼,养成锻炼习惯,增强自身身体机能。

**(三) 分享未来的职业理想**

在体育与国防教育跨学科主题学习中,学生能够接触到许多英雄人物及其事迹,以及在平凡岗位上做出过突出贡献的杰出人物,这些可以引导学生树立正确的择业观。择业观是学生世界观、人生观和价值观的缩影,也是社会发展变化的风向标,是学生将自身发展与祖国进步的步伐紧密联系在一起的意识体现,也是学生的活力与创造力的最好证明。众所周知,很多学生从小就梦想成为军人、人民警察、消防员等,这些梦想在很大程度上会对他们今后的职业选择产生影响。在国防教育情境下学习革命先烈的英雄事迹,将会对学生今后选择职业产生正面的引导作用。因此,可以通过设置小组论坛,引导学生分享未来的职业理想,进而树立自己的奋斗蓝图。

## 第三节　体育与国防教育跨学科主题学习的案例设计

基于第五章所构建的体育与健康跨学科主题学习设计模型 CI - PTE,结合《课程标准(2022 年版)》的相关精神,根据学生身心发育和体能发展特点,本节设计了四个水平的体育与国防教育跨学科主题学习的活动案例,即"新兵入伍,士兵突击""长征四关,薪火相传""围攻堡垒,炮轰敌营""长途奔袭,火速增援"案例。以下是对四个案例以 CI - PTE 模型的五个步骤分别进行的详细介绍,供教师们参考,在实际教学中教师们可对案例进行创造性改动,也可自行设计跨学科主题学习活动。

### 一、水平一案例设计

**(一) 具体案例**

1. 选择学习主题,基于核心素养形成学习目标(C)

① 选择学习主题

本案例围绕《课程标准(2022 年版)》中体育与国防教育跨学科主题"小小特种兵"(水平一)进行活动设计,具体形成了"新兵入伍,士兵突击"的跨学科主题学习案例,引导学生在体育活动中主要运用国防教育知识,同时融合历史、语文、数学、艺术、信息技术、道德与法治等知识与技能。

② 根据所选主题特点,构建学习目标体系

"新兵入伍,士兵突击"这一跨学科学习主题主要聚焦体育与国防教育,重点是通过在基本运动技能学练过程中模拟军事训练的场景,运用多种学科知识与技能对学生进行国防启蒙教育,提高学生的体育与健康核心素养水平。基于此,本案例以基本运动技能中的走、跑、跳、攀、爬、跃等动作为载体展开设计,构建了以下学习目标(见表 10-1)。

表 10-1　基于基本运动技能的"新兵入伍,士兵突击"学习目标

| 核心素养 | 具 体 表 述 |
|---|---|
| 运动能力 | 基本掌握移动性技能、非移动性技能、操控性技能等基本运动技能;发展身体活动能力,积极参与体育活动;能够保持良好的身体形态。 |
| 健康行为 | 提高安全运动意识,能够在运动中做好安全方面的检查;在练习的过程中能够运用运动安全知识和技能;做到站如松、坐如钟、行如风、卧如弓;乐于与他人交往;能够适应自然环境。 |
| 体育品德 | 表现出积极进取、坚持不懈的体育精神,遵守纪律的体育道德,友爱互助、文明礼貌的体育品格;对国防意识和爱国主义精神有初步的了解。 |

2. 依据学习主题与目标,构建大概念结构体系(I)

"新兵入伍,士兵突击"主要涉及历史、道德与法治、艺术、国防教育、体育等元素的融合,可从学习目标中提取大概念,具体涵盖学科大概念与跨学科大概念(见表 10-2)。

表 10-2　"新兵入伍,士兵突击"大概念结构体系

| 大概念类型 | 大 概 念 |
|---|---|
| 学科大概念 | 解放军发展壮大的历程(历史) |
| | 基本运动技能(体育) |
| | 锻炼习惯(体育) |
| | 国防启蒙教育(国防教育) |
| | 韵律性口号与合唱军歌(艺术) |
| 跨学科大概念 | 士兵的体能训练(体育与国防教育) |
| | 训练喊口号与合唱军歌(体育与艺术) |
| | 搭建行军帐篷(体育与国防教育) |

3. 根据大概念构建跨学科主题学习问题链(P)

为了帮助学生理解大概念就需要设置相应的问题,引导学生在解决问

题的过程中构建起对大概念的理解。可根据"士兵突击,新兵入伍"主题学习所蕴含的大概念体系形成复合式问题链(见图 10-1)。

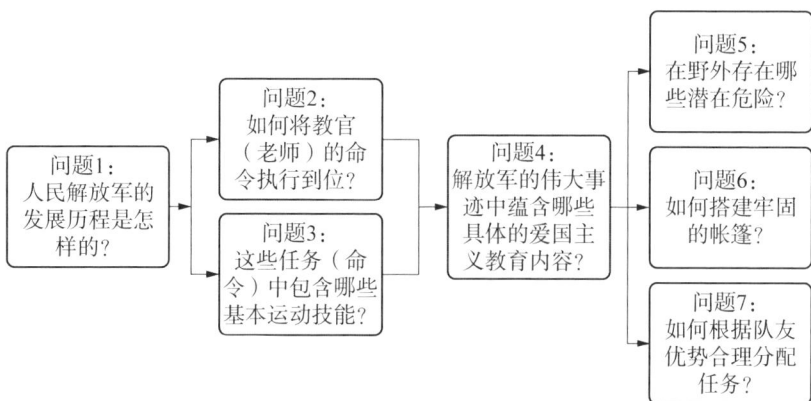

图 10-1 "士兵突击,新兵入伍"跨学科主题学习问题链

4. 在复杂问题导向下,构建教学内容任务群(T)

针对以上问题链,"新兵入伍,士兵突击"跨学科主题学习任务群可由以下四个子任务组成:对解放军发展壮大过程的回顾、探索或分享(指向问题1);对基本运动技能的学练(指向问题 2、3);引导学生根据真实事件交流切身感受,培养爱国情怀、国防意识等(指向问题 4);要求学生根据设定的野外生存情境,自主辨别安全食物、搭建帐篷,制订合理分配物资的方案等,并以跑、跳为主要形式开展学习(指向问题 5、6、7)。基于情境、资源、活动三维元素,可设计以下任务群(见表 10-3)。

表 10-3 "士兵突击,新兵入伍"跨学科主题学习任务群

| 情境导入 | | | |
|---|---|---|---|
| 青年人参军入伍,是将最美好的年华和热血奉献给国家和人民,用实际行动践行中华儿女对祖国的赤诚。作为一名新入伍的士兵,你会面临什么样的训练呢? | | | |
| 学习任务 | 学生活动 | 教师组织 | 活动意图 |
| ① 了解解放军新兵入伍的任务及解放军的发展历程,观看相关视频,自主查阅资料。 | ① 提前利用网络资源了解解放军新兵入伍的基本任务。② 观看视频了解解放军发展壮大的历程,增强民族自豪感和爱 | ①带领学生回顾解放军发展壮大的历程,对学生进行国防启蒙教育,并将新兵入伍的任务进行分解。② 在学生遇到困难时, | ① 通过让学生了解解放军发展壮大的历程,对学生进行国防启蒙教育,激发其爱国热情。 |

| 学习任务 | 学生活动 | 教师组织 | 活动意图 |
|---|---|---|---|
| | 国主义精神。<br>③ 小组合作探究学习,运用多学科知识思考和分析解放军所特有的品质。 | 及时给予帮助,鼓励学生之间相互学习与交流。 | ② 通过对新兵入伍基本任务的分解,使学生意识到作为军人的不易。 |
| ② 新兵入伍训练,学练基本运动技能。 | ① 参加"教官说"游戏,在"教官"的组织和口令下完成队列动作,掌握基本运动技能及队列动作,培养遵守规则的意识。<br>② 结合武术动作学练格斗操。<br>③ 在训练过程中能够有节奏地喊出军号、合唱军歌。<br>④ 能够保持良好的身体姿态,积极地参与体育活动。 | ① 以新兵入伍为教学情境,引导学生养成服从命令的习惯,带领学生完成"教官说"游戏,引导学生掌握队列动作并保持良好的身体姿态。<br>② 带领学生结合武术动作,学习格斗操,在学练过程中体验节奏、力量和速度的变化。<br>③ 组织学生有节奏地喊军号、合唱军歌,增强班级凝聚力。<br>④ 引导学生在已学会动作技术的基础上,积极进行练习;关注个体差异,有针对性地采取相应的教学方法,增强学生自信。 | ① 在创设的情境中通过队列动作练习,掌握走、跑、跳、投等基本运动技能,理解服从教师指令的重要性。<br>② 通过学练格斗操,提高身体控制能力和协调能力。<br>③ 在活动中遵守纪律,不怕困难,努力坚持学练,积极地参与体育活动。 |
| ③ 观看大阅兵视频,分析与交流解放军的特有品质。 | ① 通过观看我国阅兵仪式视频,了解我国的军事实力。<br>② 相互讨论阅兵仪式中解放军坚韧不拔的品质,分享观后感想。 | ① 为学生提前准备好相关视频材料、多媒体教学设备。<br>② 引导学生思考和平年代解放军的重要性。<br>③ 对学生爱国主义思想与国防意识的形成进行正确的引导。 | ① 帮助学生树立正确的偶像观,熟悉解放军的英雄形象,了解英雄人物的经典事迹。<br>② 对学生进行国防启蒙教育,培养其爱国精神。 |

续表

| 学习任务 | 学生活动 | 教师组织 | 活动意图 |
|---|---|---|---|
| ④ 模拟实战演练:还原解放军野外生存情境。 | ① 了解某次解放军野外生存的具体情况(包括野外行军、搭建帐篷、识别野生食物等)。<br>② 设计野外行军路线、搭建帐篷,在野外识别野生食物。<br>③ 在野外行军中能够克服困难,适应恶劣环境,表现出较好的体能状况。<br>④ 小组合作完成任务,与同伴交流制订方案。 | ① 引导学生了解和学习野外生存的必备技能,如制订行军路线、搭建帐篷技能和识别野生食物,将事件背景融入教学情境中。<br>② 引导学生模拟进行野外行军,搭建帐篷等活动。<br>③ 提升学生在野外行军过程中自我保护和相互保护的意识,增强适应恶劣环境的能力,通过团队合作解决问题。 | ① 通过对野外生存的模拟实战演练,了解解放军的真实经历,讲述英雄事迹,涵养家国情怀。<br>② 能够辨别野外生存中的危险因素和识别安全食物,提高健康意识。<br>③ 发挥想象力,搭建简易帐篷,体验动手过程,发展体能。 |
| 可用资源 | | | |

实物资源:电子屏幕、音箱、口哨、标志桶、体操垫、标志杆、野生食物卡片。
电子资源:解放军发展历程视频资源、国庆大阅兵视频资源。
时间资源:体育课内时间、道德与法治课内时间、课外体育锻炼时间。

5. 设计评价方案,检验学生跨学科主题学习成果(E)

"新兵入伍,士兵突击"跨学科主题学习评价主要以体育教师与学生为主体,在教师评价与学生自评互评中运用表现性评价标准,对学生在参与学习过程中的表现与野外生存活动中的表现进行评价,可设置以下表现性评价标准(见表 10-4)。

表 10-4　"新兵入伍,士兵突击"跨学科主题学习评价标准

| 评价标准 | 有待进步 | 一般 | 优秀 |
|---|---|---|---|
| 1. 能够听懂队列口号并做出正确的队列动作 | | | |
| 2. 能够正确、流畅地进行格斗操展示 | | | |
| 3. 能够运用健康知识与技能避免在野外生存中出现运动损伤,能识别野生食物 | | | |

| 评价标准 | 有待进步 | 一般 | 优秀 |
|---|---|---|---|
| 4. 能够主动与人沟通，合作协商野外生存方案 | | | |
| 5. 在新兵入伍训练和野外生存中能够表现出不怕困难、坚持不懈的体育品德 | | | |
| 6. 能够说出解放军发展壮大历程中的重大历史事件及解放军的优良品质 | | | |
| 7. 表现出对解放军的敬仰，对国家的热爱 | | | |
| 8. 在制订野外生存计划时，能够结合实际情况深入分析问题并提出解决策略 | | | |

**（二）设计思路**

"新兵入伍，士兵突击"跨学科主题学习案例以新兵入伍为背景，通过学习军人常识、掌握基本运动技能、培养军人气质、磨炼战术素养和战斗作风，提升身体和心理素质。本案例活动的设计目的是让学生了解解放军发展壮大的历程，通过新兵入伍的基础训练使低水平阶段学生能够掌握基本运动技能、进行队形队列练习、增强团队合作精神。运用体育、历史、艺术、信息科技和道德与法治等知识进行跨学科学习，在野外生存模拟演练活动中，能够结合不同学科知识完成任务，并在活动中增强体能，增进体育与健康知识与技能，最终培养体育与健康核心素养与爱国主义精神。本活动可以由体育教师独立实施，也可以协同其他学科教师一起完成。

本活动给学生提供了一个开放性任务，引导学生通过团队合作对任务进行合理分工，然后进行演练以增强学生的组织协调能力。本活动分为课外和课内两部分：课外活动主要是学生收集相关资料和信息等；课内活动主要是小组创编多种形式的"士兵突击，新兵入伍"活动及小组队形队列练习，并进行展示与交流等，培养学生的国防意识和爱国主义情怀。

**二、水平二案例设计**

**（一）具体案例**

1. 选择学习主题，基于核心素养形成学习目标（C）

① 选择学习主题

本案例围绕《课程标准（2022 年版）》中体育与国防教育跨学科主题"英雄小少年"（水平二）进行活动设计，具体形成了"长征四关，薪火相传"的跨学科主题学习案例。通过综合分析长征历史中著名的渡河战役：四渡赤水河、巧渡金沙江、强渡大渡河、飞夺泸定桥等，引导学生在体育活动中接受国防教育，同时融合了历史、地理、语文、数学、艺术、信息技术、英语等知识与技能。

② 根据所选主题特点，构建学习目标体系

"长征四关，薪火相传"这一跨学科学习主题主要聚焦体育与国防教育，重点是通过在体能学练中模拟军事训练或军事行动场景，运用多种学科知识与技能帮助学生培养爱国主义精神，提高学生的体育与健康核心素养水平。基于此，本案例以体能学练中的速度、力量、耐力、协调性、平衡能力等为载体展开设计，构建了以下学习目标（见表 10-5）。

表 10-5 基于体能的"长征四关，薪火相传"学习目标

| 核心素养 | 具 体 表 述 |
|---|---|
| 运动能力 | 能够简单叙述长征中渡河战役的历史；掌握在不同游戏中发展体能的多种练习方式；协调性、灵敏性、平衡能力、反应能力和位移速度等体能得到重点发展。 |
| 健康行为 | 了解常见的运动伤病及简单处理方法；知道自身身体状况，参加适合的体育锻炼，选择合理的运动负荷；了解适当体育锻炼、充足睡眠、合理膳食对生长发育和身心健康的益处。 |
| 体育品德 | 表现出遵守规则、公平竞争等体育品德；提高协作能力和团队精神；提升独立判断、快速反应和调控情绪等能力；进一步增强爱国情、强国志和报国行的国防精神。 |

2. 依据学习主题与目标，构建大概念结构体系（I）

"长征四关，薪火相传"跨学科学习主题主要涉及历史、地理、国防教育、体育等元素的融合，可从学习目标中提取大概念，具体涵盖学科大概念与跨学科大概念（见表 10-6）。

表 10-6 "长征四关，薪火相传"大概念结构体系

| 大概念类型 | 大 概 念 |
|---|---|
| 学科大概念 | 长征中渡河战役的历史（历史） |
| | 江河地理位置（地理） |
| | 体能练习（体育） |

| 大概念类型 | 大　概　念 |
|---|---|
| 跨学科大概念 | 解放军的渡河任务(体育与国防) |
| | 绘制江河地形图(体育与地理) |
| | 设计渡河浮桥(体育与艺术) |

3. 根据大概念构建跨学科主题学习问题链(P)

为了帮助学生理解大概念,就需要设置相应的问题,引导学生在解决问题的过程中建构起对大概念的理解。可根据"长征四关,薪火相传"主题学习所蕴含的大概念体系形成复合式问题链(见图10-2)。

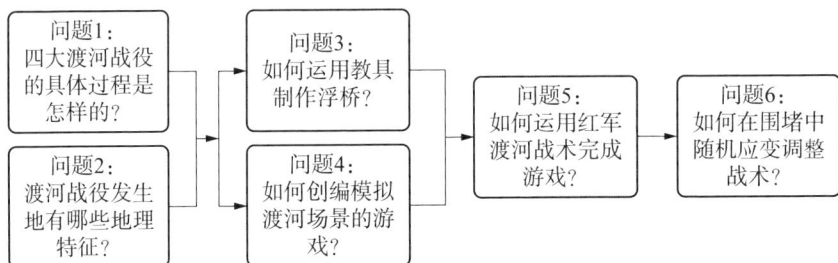

图10-2　"百万雄师过大江"跨学科主题学习问题链

4. 在复杂问题导向下,构建教学内容任务群(T)

针对以上问题链,"长征四关,薪火相传"跨学科主题学习任务群可由以下四个子任务组成:对长征中渡河战役历史事件的回顾、探索或分享,绘制江河地形图(指向问题1、2);对跑、跳、投等基本运动技能进行学练,进而增强体能,引导学生根据真实情境利用给定的教具设计浮桥(指向问题3);模拟渡河战役运动场景(指向问题4);创编渡河战役主题游戏(指向问题5、6)。基于情境、资源、活动三维元素,可设计以下任务群(见表10-7)。

表10-7　"长征四关,薪火相传"跨学科主题学习任务群

| 情境导入 |
|---|
| 回望历史,最伟大的力量源于人民,团结奋斗是中国人民创造历史伟业的必由之路。长征中渡河战役的胜利充分展示了人民军队无坚不摧的巨大力量。在战火纷飞的年代,最小的战斗单位是班,班与班之间的默契程度,决定了整个部队的战斗力。作为新时代少年,我们要了解历史,通过集体的团结合作挑战看似不可能完成的任务。 |

| 学习任务 | 学生活动 | 教师组织 | 活动意图 |
|---|---|---|---|
| ① 了解红军长征和四大著名渡河战役,学习战略智慧,感受爱国热情。 | ① 通过文献了解长征中渡河战役的历史背景。<br>② 小组合作探究学习,运用国防教育、历史、信息技术检索等知识了解四渡赤水河、巧渡金沙江、强渡大渡河和飞夺泸定桥的历史,并思考和讨论其中的战略智慧。<br>③ 了解江河的位置和地理特点,绘制长江地形图。<br>④ 拓展学习更多战役细节,组间相互分享,知道战争的残酷和如今和平生活的来之不易。 | ① 为学生提供学习资源,并引导学生查阅。<br>② 在学生分组探究遇到困惑时及时给予帮助,引导、鼓励小组成员之间和小组之间多交流讨论。<br>③ 组织学生结合美术知识,通过小组合作绘制长江地形图。<br>④ 引导学生注意观察和感受战役细节和革命先驱英雄事迹。 | ① 通过学习了解红军长征中的著名渡江战役,培养学生运用多学科知识学习的能力。<br>② 结合地理、美术、信息科技等多学科知识了解江河的地理特点,为后续活动的开展奠定基础。<br>③ 在深入学习和探讨的过程中感受战争的残酷和革命先驱舍生取义的大无畏精神,激发学生的爱国热情。 |
| ② 通过模拟"声东击西,四渡赤水河""枪林弹雨,强渡大渡河"情境,学练变向快速跑和沙包掷准。 | ① 观看相关战役资料片,绘制四渡赤水河和强渡大渡河的战役场景。<br>② 学唱歌曲《中国军魂》,感受战役氛围,激发爱国热情。<br>③ 聚焦战役特点,分组创编游戏。<br>④ 小组合作运用体育教具设计渡河浮桥,并保证浮桥可使小组成员安全地"渡河"。<br>⑤ 小组间相互配合进行创编游戏的展示并开展小组自评和组间互评。<br>⑥ 选出最佳游戏,分组竞赛体验。 | ① 引导学生描绘战役场景,学唱红歌。<br>② 将学生分组(4人每组),两两合作创编,轮流扮演红军和敌人。<br>③ 组织学生借助教具发挥想象力制作渡河浮桥,保证安全性。<br>④ 引导学生在游戏创编的过程中紧扣主题。<br>⑤ 在游戏竞赛体验中发现亮点、正向评价,通过音乐烘托气氛,适时进行爱国主义教育。 | ① 通过绘、唱,沉浸体验战役情境,营造爱国氛围。<br>② 通过合作游戏创编,激发创新能力和合作沟通能力。<br>③ 通过设计浮桥发挥创新想象力,增强团队合作,借助多学科知识发展学生的动手实践能力。<br>④ 通过展示、评价和竞赛,提高竞争意识、观察能力。<br>⑤ 通过沉浸式游戏竞赛体验,进一步烘托"战役氛围",激发爱国情怀,树立社会责任感。 |

| 学习任务 | 学生活动 | 教师组织 | 活动意图 |
|---|---|---|---|
| ③ 通过模拟"足智多谋,巧渡金沙江"和"齐心协力,飞夺泸定桥"情境,学练各种形式的呼啦圈传递和指压板过河接力。 | ① 课前观看相关战役资料片,了解巧渡金沙江和飞夺泸定桥的战役场景。<br>② 自学《打靶归来》《红军爷爷》等歌曲。<br>③ 将红军的战术智慧用于设计呼啦圈的传递游戏(如钻呼啦圈接力等)和指压板摸石头过河游戏(设置不同距离、不同方向的指压板等)。<br>④ 小组合作,激励和帮助同伴逐渐掌握"玩转"呼啦圈的技巧;组间展示互评,比较哪一组的"渡河"更有效率、有技巧、有智慧。 | ① 描绘战役场景并组织传唱红歌。<br>② 引导学生在已学动作技术和规则的基础上,进一步创编传递呼啦圈和指压板接力的游戏。<br>③ 巡回指导,关注个体差异,有针对性地采用相应的教学方法激发小组学生的信心。 | ① 通过绘、唱,进一步感受红军勇敢顽强、不怕牺牲的英雄事迹。<br>② 在体验不同风格的创编游戏中学习老一辈革命家的战术智慧。<br>③ 发挥自身优势,挖掘以技巧取胜的智慧,体验团队精神。 |
| ④ 模拟红军长征渡河四大战役的整个过程,重"走"微型长征路,赛后4支队伍"成功会师"。 | ① "声东击西,四渡赤水河"和"枪林弹雨,强渡大渡河":小组两两对抗,一组作为"敌军"在"大渡河"区域投掷沙包和在"赤水河"区域围追堵截,另一组扮演"红军",根据围追堵截的情况调整策略渡河。<br>② "足智多谋,巧渡金沙江":4组学生手拉手排成直线,同时进行呼啦圈穿越身体的接力。<br>③ "齐心协力,飞夺泸定桥":4组学生前后一路纵队排成直线,同时进行传递指压板过河接力。 | ① 引导学生按顺序将四个体育游戏串联起来并创编为简化的、游戏版的"长征渡江河"。<br>② 通过教师语言引导和红色歌曲等渲染"保家卫国"的氛围。<br>③ 提醒学生在对抗和竞赛中注意安全、保护同伴。<br>④ 赛后带领学生总结、交流和分享,进行爱国主义教育。 | ① 加强学生对游戏步骤和通关要求的理解,同时通过跑、躲、投、踏、跳、绕等身体动作练习发展体能。<br>② 通过队伍间相互竞争的方式,提高学生的竞争意识和团队凝聚力。<br>③ 赛后通过总结、交流和分享,引入胜利来之不易、珍惜美好生活、热爱祖国、向革命先驱致敬等爱国主义教育。 |

续表

| 可用资源 |
| --- |
| 实物资源：电子大屏幕、音箱、指压板、呼啦圈、标志桶、标志杆、浮板、绳子。<br>电子资源：长征视频资源、四渡赤水河视频资源、巧渡金沙江视频资源、强渡大渡河视频资源、飞夺泸定桥视频资源。<br>时间资源：体育课内时间、课外体育锻炼时间、历史课内时间、信息与技术课内时间。 |

5. 设计评价方案，检验学生跨学科主题学习成果(E)

"长征四关，薪火相传"跨学科主题学习评价主要以体育教师与学生为主体，在教师评价与学生自评互评中运用表现性评价标准，对学生在参与学习过程中的表现与搭建渡河浮桥、集体渡江活动中的表现进行评价，可设置以下表现性评价标准(见表 10-8)。

表 10-8　"百万雄师过大江"跨学科主题学习评价标准

| 评价标准 | 有待进步 | 一般 | 优秀 |
| --- | --- | --- | --- |
| 1. 能够在障碍跑中体现出良好的体能水平 | | | |
| 2. 能够掌握跑、跳技术，初步掌握投掷技战术 | | | |
| 3. 能够运用健康知识与技能避免在复杂环境下出现运动损伤 | | | |
| 4. 能够主动与他人沟通，绘制江河地形图、协商渡河方案 | | | |
| 5. 在模拟四大战役情境下，能够表现出勇敢顽强、不怕困难的体育品德 | | | |
| 6. 能够说出长征著名渡河战役中的若干历史事件，并分析江河的地理特点 | | | |
| 7. 表现出对红军的敬仰，对国家的热爱 | | | |
| 8. 在绘制江河地形图时能够结合实际情况和具体任务深入分析问题并提出解决策略 | | | |

**(二) 设计思路**

"长征四关，薪火相传"跨学科主题学习案例以长征中著名的四大渡河战役为历史背景，让学生了解红军长征及关键渡河战役的相关知识，发展学生的位移速度、反应速度、力量、耐力和协调性等体能。

本活动的设计目的是让学生了解和运用国防教育、历史、地理、美术、音乐等知识与技能,在"枪林弹雨,强渡大渡河"和"声东击西,四渡赤水河"活动中,分组进行躲避跑和投掷活动等学练活动,在"足智多谋,巧渡金沙江"和"齐心协力,飞夺泸定桥"活动中,绘制江河地形图、设计渡河浮桥、学练各种形式的呼啦圈传递和指压板过河接力,在模拟战争场景中提高设计、组织、沟通、合作和决策等能力,同时在活动中学唱红色歌曲激发爱国热情,为课堂营造热烈的氛围。本活动为学生提供了开放性的任务,引导学生根据历史情境灵活创编难度适宜的课堂游戏,并分组进行不同运动技能的学练。

### 三、水平三案例设计

#### (一) 具体案例

1. 选择学习主题,基于核心素养形成学习目标(C)

① 选择学习主题

本案例围绕《课程标准(2022 年版)》中体育与国防教育跨学科主题"智勇双全小战士"(水平三)进行活动设计,形成了具体的"围攻堡垒,炮轰敌营"跨学科主题学习案例,引导学生在体育活动中主要运用国防教育知识,同时融合物理、历史、地理、语文、艺术、信息科技等知识与技能。

② 根据所选主题特点,构建学习目标体系

"围攻堡垒,炮轰敌营"这一跨学科学习主题主要聚焦体育与国防教育,重点是通过在运动技能学练过程中模拟军事训练或军事行动场景,运用多种学科知识与技能帮助学生培养爱国主义精神,提高学生的体育与健康核心素养水平。基于此,本案例以田径类运动中的投掷项目为载体展开设计,构建了以下学习目标(见表 10 - 9)。

表 10 - 9    基于投掷项目的"围攻堡垒,炮轰敌营"学习目标

| 核心素养 | 具 体 表 述 |
|---|---|
| 运动能力 | 掌握多种情境中的投掷技术;理解投掷项目的比赛规则和裁判方法;上肢肌肉力量、肌肉耐力和爆发力得到提高;在比赛中表现出充沛的体能;在不同情境下能够采取灵活化的策略。 |
| 健康行为 | 具备适应不同比赛环境的能力;能克服压力、保持良好心态;能简单处理投掷类项目中常见的运动损伤;能够认同体育锻炼是健康生活方式的重要组成部分;保持情绪稳定,能够适应自然环境和社会环境。 |
| 体育品德 | 表现出积极进取、挑战自我的体育精神,尊重对手的体育道德,自尊自信、不畏挫折的体育品格;家国情怀和中华民族共同体意识进一步加强。 |

2. 依据学习主题与目标,构建大概念结构体系(I)

"围攻堡垒,炮轰敌营"跨学科主题学习主要涉及历史、地理、国防教育、体育等元素的融合,可从学习目标中提取大概念,具体涵盖学科大概念与跨学科大概念(见表 10-10)。

表 10-10　"围攻堡垒,炮轰敌营"大概念结构体系

| 大概念类型 | 大　概　念 |
| --- | --- |
| 学科大概念 | 自我牺牲的英雄事迹(历史) |
| | 投掷抛物线(物理) |
| | 体能练习(体育) |
| | 投掷技战术(体育) |
| | 英雄精神(国防教育) |
| 跨学科大概念 | 战士运送炸药包(体育与国防教育) |
| | 英雄精神铸魂育人(体育与国防教育) |
| | 绘制沙包飞行路线(体育与物理) |

3. 根据大概念构建跨学科主题学习问题链(P)

为了帮助学生理解大概念,就需要设置相应的问题,引导学生在解决问题的过程中建构起对大概念的理解。可根据"围攻堡垒,炮轰敌营"主题学习所蕴含的大概念体系形成递进式问题链(见图 10-3)。

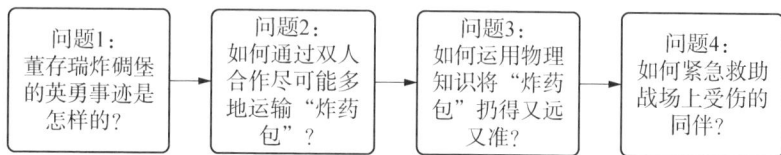

图 10-3　"围攻堡垒,炮轰敌营"跨学科主题学习问题链

4. 在复杂问题导向下,构建教学内容任务群(T)

针对以上问题链,"围攻堡垒,炮轰敌营"跨学科主题学习任务群可由以下四个子任务组成:以董存瑞炸碉堡为教学背景,通过查阅相关资料、观看视频对事迹进行回顾、探索和分享(指向问题 1);通过团队合作完成"炸药包"的运输(指向问题 2);对投掷技战术的分析和学练(指向问题 3);通过模拟战地救助活动增强健康知识与技能,提高团队凝聚力(指向问题 4)。在教学过程中可引导学生根据真实事件交流切身感受,增强爱国精神、国防意

识等;赋予学生较强的自主灵活性,可通过小组合作对任务进行合理分工开展探究式学习。基于情境、资源、活动三维元素,可设计以下任务群(见表10-11)。

表10-11 "围攻堡垒,炮轰敌营"跨学科主题学习任务群

| 情境导入 | | | |
|---|---|---|---|
| 中国的发展之路是坎坷的,我们的先辈用自己的血肉之躯为后代铺就了一条平坦的大道。就如那位用身体做炸药托的英雄——董存瑞,战乱年代,他选择了为了祖国牺牲自己。作为新时代少年,我们要时刻铭记历史,向英雄学习,珍惜来之不易的和平生活。 | | | |
| 学习任务 | 学生活动 | 教师组织 | 活动意图 |
| ① 了解解放战争时期董存瑞炸碉堡的历史背景,观看相关视频,学习战略智慧,感受爱国热情。 | ① 通过网络资源了解董存瑞炸碉堡的历史背景。<br>② 小组合作探究学习,运用历史、物理、数学等知识思考和分析董存瑞炸碉堡的过程和结果。 | ① 组织学生着重了解中华民族为民族独立和国家统一而浴血奋战的历程,并从不同角度谈谈自己的感受。<br>② 在学生遇到困难时,及时给予帮助,鼓励学生进行小组内部与小组之间的学习与交流。 | ① 通过学习和了解解放战争的历史,能将体育与其他学科的知识融入到战争场景中,提高对综合知识的运用能力,激发爱国热情。<br>② 尝试通过团队合作与交流解决问题,以积极的状态投入探究活动中。 |
| ② 合力运送"炸药包"。(团队合作竞速) | ① 双人合作完成运送"炸药包"任务,合理分工,提高团队合作意识,增强团队凝聚力。<br>② 灵活设计小组战车形式、运送"炸药包"的障碍和游戏规则;小组合作,互相激励,帮助同伴克服社交恐惧心理。<br>③ 增强身体机能,提高体能。 | ① 将学生分组,组织学生交流讨论如何运送尽可能多的"炸药包",通过团队合作完成"炸药包"的运送。<br>② 引导学生在参与游戏的过程中紧扣主题。<br>③ 在游戏竞赛体验中发现亮点、正向评价,通过音乐烘托气氛,适时进行爱国主义教育。<br>④ 在游戏环节做好学生安全防护,防止出现运动损伤。 | ① 通过合作完成运送"炸药包"任务,增强团队协作意识和集体责任意识,提高创新能力和合作沟通能力。<br>② 通过展示、竞赛提高竞争意识和观察能力。<br>③ 增强体能,提高身体机能,尤其是使上肢力量得到发展。<br>④ 沉浸式体验游戏竞赛,进一步烘托"战役"氛围,激发爱国情怀,培养团队责任感。 |

| 学习任务 | 学生活动 | 教师组织 | 活动意图 |
| --- | --- | --- | --- |
| ③ 完成"围攻堡垒,炮轰敌营"游戏。(沙包掷远和掷准) | ① 学练沙包掷远和掷准。<br>② 利用物理学中的抛物线原理分析沙包飞行轨迹。<br>③ 了解投掷沙包时的身体姿势。<br>④ 根据活动要求,设计投掷沙包方案,在规定时间内完成沙包掷远和掷准任务。<br>⑤ 参加"围攻堡垒,炮轰敌营"游戏,通过投掷沙包守护阵地。 | ① 运用物理学知识和原理解释投掷沙包的原理和飞行轨迹,将学练投掷沙包运动融入教学情境中。<br>② 将学生分组,两两合作创编,守护各自阵地。<br>③ 引导学生运用所学知识进行思考、讨论,合作探究。<br>④ 提示学生在学练投掷沙包过程中注意自我保护和相互保护。 | ① 通过投掷沙包联想到在战场上投掷手榴弹,体会体育与国防教育之间的相通之处。<br>② 实现体育与物理的跨学科融合,将物理知识融入体育中。<br>③ 发展投掷技能,发展上肢力量,促进体能发展。<br>④ 在游戏中增强团队凝聚力,体验团结合作中的团队精神。 |
| ④ 模拟战地救助。(学习健康急救知识和提高团队凝聚力) | ① 观看战地救助视频资料,了解战地救助知识,能够积极自救和配合他救。<br>② 根据提供的教具,小组合作自制担架。<br>③ 小组分工合作运送伤员,完成战地救助任务。 | ① 为学生提前准备相关视频资料、多媒体设备。<br>② 组织学生制作担架,并注意检查担架的安全性。<br>③ 明确布置战地救助任务,模拟布置好战地的恶劣战斗环境。 | ① 通过观看战地救助视频,学习战地救援知识,提高对伤病的紧急处理能力。<br>② 培养团队合作的意识和在复杂情境下的任务分配能力。<br>③ 在战地救助的恶劣环境中,培养适应不同环境的能力。<br>④ 提高体能和快速移动能力。 |
| 可用资源 | | | |

实物资源:电子屏幕、音箱、标志桶、绳子、标志杆、体操垫、沙包、泡沫砖。

电子资源:董存瑞炸碉堡视频资料、战地救助视频资料。

时间资源:体育课内时间、课外体育锻炼时间、物理课内时间、历史课内时间。

5. 设计评价方案,检验学生跨学科主题学习成果(E)

"围攻堡垒,炮轰敌营"跨学科主题学习评价主要以体育教师与学生为主体,在教师评价与学生自评互评中运用表现性评价标准,对学生在参与学习过程中的表现及绘制的沙包投掷路线等进行评价,可设置以下表现性评价标准(见表 10 - 12)。

表 10 - 12    "围攻堡垒,炮轰敌营"跨学科主题学习评价标准

| 评价标准 | 有待进步 | 一般 | 优秀 |
| --- | --- | --- | --- |
| 1. 能够正确运用投掷技战术 | | | |
| 2. 在学练投掷运动过程中体现出良好的体能水平 | | | |
| 3. 能够运用健康知识与技能避免出现运动损伤 | | | |
| 4. 能够运用战地救助的健康知识与技能在恶劣环境中积极自救和配合他救 | | | |
| 5. 能够主动与他人沟通,协商营救方案 | | | |
| 6. 在战地救助中表现出不抛弃、不放弃、迎难而上、不怕受伤、挑战自我的钢铁意志 | | | |
| 7. 能够说出投掷沙包时的物理抛物线原理 | | | |
| 8. 表现出对解放军战士的敬仰和对国家的热爱 | | | |

### (二) 设计思路

"围攻堡垒,炮轰敌营"跨学科主题学习案例以解放战争中董存瑞舍生取义炸碉堡的历史事件为背景,引导学生模拟不同的地形障碍,开展障碍跑和远程投掷的学练。本活动的设计目的是让学生了解和运用国防相关的历史、地理、物理等知识;在国防模拟演练活动中,结合不同地形障碍学练障碍跑,发展体能,学练与投掷运动技能相关的体育与健康知识;在投掷项目中运用物理、数学等知识掌握投掷技巧和方法;通过分组合作的形式,在教师提出问题后能够进行小组探究,提高团队合作意识与交流沟通能力;模拟救助伤员,掌握救护知识,预防运动损伤。本活动可以由体育教师独立实施,也可以协同其他学科教师一起完成。例如,邀请历史教师讲述在解放战争时期,人民解放军是如何通过浴血奋战换来现在的和平时代,激发学生的爱国热情;邀请物理教师为学生讲解在投掷时如何才能投得更远的物理知识原理;邀请健康教育教师讲解救护知识等,最终使学生能够沉浸式地体验本主题学习课程,多方面能力得到提升。

本活动为学生提供了一个开放性的任务,引导学生通过团队合作设计"摧毁敌军碉堡"的方案以及不同距离的投掷,并进行演练。本活动分为课外和课内两部分:课外活动主要是学生收集相关资料和信息等;课内活动主

要是小组讨论如何提高投掷精准度、进行障碍跑发展体能、进行比赛与展示交流等，培养学生的国防意识和爱国主义精神。

### 四、水平四案例设计

#### （一）具体案例

1. 选择学习主题，基于核心素养形成学习目标（C）

① 选择学习主题

本案例围绕《课程标准（2022 年版）》中体育与国防教育跨学科主题"忠诚的祖国卫士"（水平四）进行活动设计，形成了具体的"长途奔袭，火速增援"跨学科主题学习案例，引导学生在体育活动中主要运用国防教育知识，同时融合历史、地理、语文、音乐、美术、信息科技、英语等知识与技能。

② 根据所选主题特点，构建学习目标体系

"长途奔袭，火速增援"这一跨学科学习主题主要聚焦体育与国防教育，重点是通过在运动技能学练过程中模拟军事训练或军事行动场景，运用多种学科知识与技能帮助学生培养爱国主义精神，提高学生的体育与健康核心素养水平。基于此，本案例以田径类运动中的耐久跑项目为载体展开设计，构建了以下学习目标（见表 10-13）。

表 10-13　基于耐久跑项目的"长途奔袭，火速增援"学习目标

| 核心素养 | 具体表述 |
| --- | --- |
| 运动能力 | 对我国边境冲突的历史形成一定的了解；掌握在复杂地形、地貌中的多种耐久跑、折返跑技术；对不同条件下的耐久跑、折返跑能够采取多样化、灵活化策略；耐力、灵活性、反应速度、协调能力等体能得到发展。 |
| 健康行为 | 掌握在户外复杂地形中运动损伤的预防方法，知道如何判断运动损伤的种类与原因，并能够根据运动损伤情况迅速做出处理；在练习中能够与"战友"积极交流，社交能力得到一定程度提高。 |
| 体育品德 | 表现出勇敢顽强、不怕困难的体育精神，遵守规则的体育道德，自尊自信、文明礼貌的体育品格；能对突发事件做出迅速判断与决策；国防意识与爱国主义精神得到进一步增强。 |

2. 依据学习主题与目标，构建大概念结构体系（I）

"长途奔袭，火速增援"跨学科主题学习主要涉及历史、地理、国防教育、体育等元素的融合，可从学习目标中提取大概念，具体涵盖学科大概念与跨学科大概念（见表 10-14）。

表 10-14　"长途奔袭,火速增援"大概念结构体系

| 大概念类型 | 大　概　念 |
| --- | --- |
| 学科大概念 | 边境冲突历史(历史) |
| | 边境冲突地理特点(地理) |
| | 科学运动(体育) |
| | 耐久跑技战术(体育) |
| | 爱国精神(国防教育) |
| 跨学科大概念 | 边防士兵的体能训练(体育与国防教育) |
| | 国家荣誉高于一切(体育与国防教育) |
| | 绘制跑步路线(体育与地理) |
| | 运动环境监测(体育与地理) |

**3. 根据大概念构建跨学科主题学习问题链(P)**

为了帮助学生理解大概念,就需要设置相应的问题,引导学生在解决问题的过程中建构起对大概念的理解。可根据"长途奔袭,火速增援"主题学习所蕴含的大概念体系形成复合式问题链(见图 10-4)。

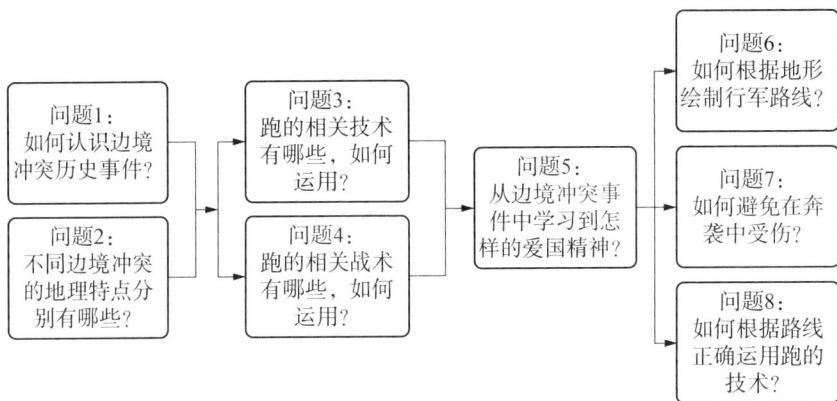

图 10-4　"长途奔袭,火速增援"跨学科主题学习问题链

**4. 在复杂问题导向下,构建教学内容任务群(T)**

针对以上问题链,"长途奔袭,火速增援"跨学科主题学习任务群可由以下四个子任务组成:对边境冲突事件的回顾、探索或分享(指向问题 1、2);对耐久跑运动技战术的学练(指向问题 3、4);引导学生根据真实事件交流切身感受,培养爱国情怀、国防意识等(指向问题 5);要求学生根据设定的

复杂地形，模拟"长途奔袭，火速增援"的军事场景，自主绘制路线，设计避免受伤与受伤急救的方案，并以越野跑、耐久跑为主要形式开展学习（指向问题6、7、8）。基于情境、资源、活动三维元素，可设计以下任务群（见表10-15）。

表 10-15　"长途奔袭，火速增援"跨学科主题学习任务群

| 情境导入 | | | |
|---|---|---|---|
| 当前我国正面临着百年未有之大变局，国际形势较为动荡，霸权主义、恐怖主义在世界各处激发地方矛盾与边境冲突。在历史上，我国也曾遭遇过许多边境冲突事件，作为新时代人才，我们有必要以史为镜，了解边境冲突历史，感受边防战士的艰辛与不易。 | | | |
| 学习任务 | 学生活动 | 教师组织 | 活动意图 |
| ① 了解边境冲突，观看相关视频。 | ① 提前利用网络资源了解边境冲突的历史背景。② 小组合作探究学习，运用历史、地理、信息科技等知识思考和分析边境冲突的过程。 | ① 引导学生理解不同历史时期的边境冲突，并从不同角度分析冲突背后的多种原因。② 在学生遇到困难时，及时给予帮助，鼓励学生进行小组内部与小组之间的学习与交流。 | ① 通过学习了解不同历史时期的边境冲突，尝试运用多学科知识解决问题，提高综合实践能力，激发爱国热情。② 尝试通过团队合作与交流解决问题，以积极的状态投入探究活动中。 |
| ② 模拟"长途奔袭，火速增援"情境，学练耐久跑。 | ① 了解在不同的地形地貌下耐久跑的技术要领，提高对耐久跑的兴趣和参与积极性，克服对耐久跑的恐惧心理。② 学练耐久跑。③ 灵活设计各种跑的形式（如变速跑、结伴跑等）、路径和游戏规则（如定向越野等）；小组合作，互相激励，帮助同伴克服对耐久跑的恐惧心理。 | ① 导入"长途奔袭，火速增援"的情境：前方敌军经常来犯，后援部队必须勤学苦练，随时行军增援。引导学生自主学习耐久跑的技术要领。② 在学生自主学练耐久跑动作技术时，及时指导学生在耐久跑过程中调整呼吸节奏。③ 引导学生在已学会的动作技术的基础上，积极创编耐久跑的游戏方法和规则；关注个体差异，有针对性地采用相应的教学方法，增强学生自信。 | ① 通过对各种地形地貌下耐久跑技术要领的了解，掌握科学锻炼的方法。② 通过耐久跑，发展心肺耐力等体能。③ 通过创编新的游戏，发展实践创新能力，锤炼团结协作、勇敢顽强、吃苦耐劳的优良品质。 |

续表

| 学习任务 | 学生活动 | 教师组织 | 活动意图 |
|---|---|---|---|
| ③ 边境冲突与体育竞赛的典型案例分析与交流。 | ① 通过观看视频了解某次边境冲突中的英雄事件。<br>② 通过观看视频了解奥运会上运动健儿克服困难为国争光的经典案例。<br>③ 相互讨论以上两者的共同之处,分享观后感。 | ① 为学生提前准备相关视频材料、多媒体教学设备。<br>② 引导学生思考两者在为国家战斗过程中所表现出的可贵精神。<br>③ 对学生爱国主义思想与国防意识的形成进行正确的引导。 | ① 帮助学生了解英雄人物、优秀运动员的经典事迹。<br>② 培养学生的爱国主义精神与国防意识。 |
| ④ 模拟实战演练:还原边境冲突事件中我军"长途奔袭,火速增援"情境。 | ① 了解某次边境冲突中我军增援部队的具体情况,如增援距离、增援时间等。<br>② 设计增援路径,确定增援目标,模拟在各种地形地貌下增援的情境(在规定时间内完成越野跑、耐久跑活动)。 | ① 引导学生学习和了解某次边境冲突中两军对垒的情况,将故事背景融入教学情境中。<br>② 引导学生模拟增援部队紧急集合,快速增援(越野跑、耐久跑)。<br>③ 提示学生在增援过程中注意自我保护和相互保护,增强适应气候变化的能力及对抗自然灾害等突发事件的能力。 | ① 通过对某次边境冲突的模拟实战演练,了解此次边境冲突的真实历史,讲述英雄事迹,涵养家国情怀。<br>② 发挥想象力,模拟火速增援场景,体验运动过程,发展体能。 |
| ⑤ 不同情况下的应急预案及措施。 | ① 根据实战需要,重新进行多点兵力布局;以校园场地为基础,模拟绘制边境平面图。设计同一险情多方增援的方案:从不同的地点出发,运用耐久跑快速增援到指定地点。<br>② 营救在冲突中受伤的我方队员,运用健康教育知识对受伤队员进行紧急处置,运送伤员。 | ① 指导学生根据不同地形地貌的特点合理布置应急场景。<br>② 引导学生积极主动投入创设的场景中。<br>③ 运用背景音乐激发学生战斗热情,引导学生合理调整节奏,增强耐久跑能力,并掌握紧急营救方法。<br>④ 引导学生根据应急预案与实施情况,评选出优秀增援团队,说出其优缺点,并提出改进建议。 | ① 通过布置应急场景,了解边境地形地貌,增进对相关历史和地理知识的理解。<br>② 通过参与模拟增援情境的活动,学习运动损伤及常见意外伤害的监督处理方法。<br>③ 在增援的过程中,学习如何克服耐久跑的极点,学会"第二次呼吸",锤炼勇敢自信、不怕困难、坦然面对挫折的意志品质。 |

续表

| 学习任务 | 学生活动 | 教师组织 | 活动意图 |
|---|---|---|---|
| | ③ 结合激情昂扬的音乐,创设一方有难、多方增援的情境。<br>④ 讨论本次模拟演练的感想,各小组根据评价标准自评与互评。 | | ④ 综合运用国防教育及历史、地理、语文、英语、信息科技、艺术等知识,发展批判思维和创新能力,厚植爱国主义情怀。 |
| **可用资源** | | | |

实物资源:电子大屏幕、标志桶、校园地图、心率带。

电子资源:边境冲突案例视频资源、奥运会运动员为国争光视频资源、体育类信息资源库。

时间资源:体育课内时间、信息与技术课内时间、课外体育锻炼时间。

5. 设计评价方案,检验学生跨学科主题学习成果(E)

"长途奔袭,火速增援"跨学科主题学习评价主要以体育教师与学生为主体,在教师评价与学生自评互评中运用表现性评价标准,对学生在参与学习过程中的表现进行评价,可设置以下表现性评价标准(见表 10 - 16)。

表 10 - 16　"长途奔袭,火速增援"跨学科主题学习评价标准

| 评价标准 | 有待进步 | 一般 | 优秀 |
|---|---|---|---|
| 1. 能够正确使用耐久跑技战术 | | | |
| 2. 在耐久跑过程中体现出良好的体能水平 | | | |
| 3. 能够运用健康知识与技能避免在复杂地形中出现运动损伤 | | | |
| 4. 能够主动与他人沟通,协商进军路线方案 | | | |
| 5. 在"火线增援"中表现出永不放弃、坚持不懈的体育品德 | | | |
| 6. 能够说出边境冲突的若干历史事件,并分析发生边境冲突地区的地理特点 | | | |
| 7. 表现出对边防战士的敬仰,对国家的热爱 | | | |
| 8. 在行军路线绘制时能够结合实际情况深入分析问题并提出解决策略 | | | |

## (二) 设计思路

"长途奔袭,火速增援"的跨学科主题学习案例以边境冲突为背景,引导学生模拟在不同地形地貌下开展各种耐久跑学练。本案例活动的设计目的是让学生了解和运用与国防相关的历史、地理、信息科技等知识与技能;在国防模拟演练活动中,结合不同地形地貌学练与耐久跑相关的体育与健康知识和技能,最终培养学生的体育与健康核心素养与爱国主义精神。本活动可以由体育教师独立实施,也可以协同其他学科教师一起完成。

本活动给学生提供了一个开放性任务,引导学生通过团队合作设计长途奔袭的进军方案,并进行演练。本活动分为课外和课内两部分:课外活动主要是学生收集相关资料和信息等;课内活动主要是小组创编多种形式的耐久跑、学练耐久跑动作技术、进行展示与交流等,培养学生的国防意识和爱国主义精神。

# 第十一章　体育与健康跨学科主题学习的实施保障

　　随着基础教育课程改革的不断推进,跨学科主题学习已然成为当下及未来教育的发展方向。体育与健康跨学科主题学习也成为当下学校体育理论研究与应用实践的热点话题之一,然而在体育与健康跨学科主题学习实施过程中面临着多重因素影响,需从多方面为其提供支持。基于此,本章的重点在于论述体育与健康跨学科主题学习的实施保障,主要包括对体育教师的要求、学习资源的开发与利用以及与人工智能等技术的整合三个方面。

## 第一节　体育与健康跨学科主题学习对体育教师的要求

　　跨学科主题学习对教师提出了更高的要求,教师的跨学科教育能力是推进跨学科教育不可或缺的关键要素。有学者指出"在中国,跨学科教育最稀缺的资源不是金钱,而是有跨学科教育能力的师资"[①]。在体育与健康课程中,体育教师是实施体育与健康跨学科主题学习的关键人物,其跨学科教学知识、情意和能力影响着学生体育与健康跨学科主题学习的效果。基于此,本节将重点阐述体育教师跨学科教学知识、体育教师跨学科教学情意和体育教师跨学科教学能力三个方面的具体内容。

### 一、体育教师跨学科教学知识

　　知识是人类经过理性认识与思考形成的产物。一直以来,教师都承担着传递知识的重要使命,是整个社会发展不可或缺的一部分。无论现在教师的职责发生怎样的转变,传递知识仍然是教师的主要任务。因此,知识是教师实施跨学科教学最基本的要素。而体育与健康跨学科主题学习涉及多学科知识的互动,这就要求体育教师更新知识结构,从传统的教学知识转向跨学科教学知识,包括体育与健康跨学科内容知识、体育与健康跨学科教学法知识和体育与健康跨学科教学技术知识三个方面。

―――――――――――

① 汪丁丁.转型期社会的跨学科教育问题[J].社会科学战线,2012(7):197-201.

### （一）体育与健康跨学科内容知识

体育教师如果想更好地实施体育与健康跨学科主题教学，不仅需要掌握体育与健康学科的知识，还需要在教学中能够运用其他学科的知识，理解体育与健康学科知识和其他学科知识的互通性，将体育与健康学科的知识和其他学科的知识有机融合。《课程标准（2022 年版）》在"跨学科主题学习"部分呈现了体育与德育、智育、美育、劳动教育和国防教育相结合的案例，这些跨学科主题学习案例是体育教师需要掌握的体育与健康跨学科内容知识的科学指引，包括但不限于以下内容知识（见表 11-1）。

表 11-1　体育与健康跨学科内容知识具体表述

| 学科 | 内容知识 |
| --- | --- |
| 体育与德育 | 体育比赛中的社会主义核心价值观；饮食与个人卫生知识；能够反映国家实力和体育事业发展成就的体育赛事与体育活动；体育中的道德与法治；中华优秀传统体育文化；体育赛事中的中华传统美德；体育英雄人物故事等 |
| 体育与智育 | 物理、化学、生物、数学、信息科技等学科中与体育相关的知识；体育现象及其规律；体育科学分析和实验方法；体育工程相关知识；体育中的社会科学知识；运动器材和运动装备的相关知识；分析、评估和解决体育运动中复杂问题的方法等 |
| 体育与美育 | 设计和欣赏体育美学；体育美学的艺术史和理论；体育美学发展和风格的相关知识；体育视觉语言和传达技巧的相关知识；体育中的表演艺术；体育美学和价值观等 |
| 体育与劳动教育 | 劳动技能；劳动模范事迹；学生未来要从事职业的职业技能、职业道德、职业规范等；劳动保护、劳动安全知识；生产实践（校园实践、社区实践、农村实践、企业实践）教育知识；环境保护和节能减排知识等 |
| 体育与国防教育 | 体育在国家抗战历程中的角色；体育与外交的相关知识与历史；体育与国家安全形势和安全威胁；军事历史和军事技术知识；体育与军队建设和士兵形象；体育中蕴含的战略思维和军事策略；体育中蕴含的应急管理知识；爱国主义和国家认同；国家安全文化和公民责任等 |

体育与健康跨学科内容知识具有以下特征：一是体育与健康跨学科内容知识不是简单的"拼盘式""离散式"学科内容的叠加，而是有意义的内容建构；二是体育与健康跨学科内容知识是以体育与健康学科为基础的，不是摒弃体育与健康学科的"跨"，体育与健康跨学科主题学习反哺体育与健康学科学习，促进对体育与健康学科的深度理解和适切运用。

　　体育教师在储备体育与健康跨学科内容知识时需要注意,我们需要的不是"全科教师",而是能够根据学生的学习需要来平衡好体育与健康学科教学和体育与健康跨学科主题教学的教师。因此,增强体育与健康学科知识与其他学科知识的互通性不是要让体育教师成为各个学科的专家,这样只会增加体育教师的负担,使体育教师疲于应对,难以取得实效。确切地说,多学科的知识储备建立在把握学科间横向联系的基础之上,因为较好地探究并把握学科间的横向联系,能够使不同学科的知识具有交流性与可沟通性,从源头上优化体育教师的跨学科知识结构,在一定程度上促使知识的迁移与运用。在不断迁移、运用其他学科知识的过程中,体育教师能够围绕体育与健康跨学科主题学习的需要对知识进行重组,从而使体育与健康跨学科主题学习逐渐走向成熟。这种知识的重组并不是表面上的,而是经过理性的思考与反复确认真正深入到其他学科内部,把握住体育与健康学科与其他学科内在的、深层的联系,在一定程度上实现新知识的整合与积累,从而实现运用多种学科知识、概念、方法或视角解决相同的问题。在问题解决的过程中,进一步检验跨学科知识关联互通的可行性。对体育教师而言,把握学科间的横向联系、促进多学科知识迁移转化的过程,是丰富自身跨学科知识、提升跨学科教学素养的过程。对学生而言,从体育与健康跨学科主题学习中找到灵感,借用多学科的知识、方法或视角解决真实情境中体育问题的过程,是转变自身思维方式、习得跨学科知识和方法的重要途径。

**(二) 体育与健康跨学科教学法知识**

　　教学法是教学过程中教师与学生为实现教学目的和教学任务要求,在教学活动中所采取的行为方式的总称。体育与健康学科跨学科主题学习是围绕某一主题,让学生基于基本的体育与健康知识和其他学科知识综合解决问题和提高认知的过程,多在具体情境中展开。基于此可知,体育教师要掌握体育与健康跨学科主题式情境化的教学法知识。

　　主题式情境化教学以确定的主题为中心,创设与主题密切相关的情境,用多种活动衔接知识,激发学生兴趣,达成预定的教学目标。主题式情境化教学不仅重视主题的选择,而且强调情境的创设,可以说主题式情境化教学是主题教学在创设良好的知识建构学习情境方面的延伸,也是情境教学在达成教学目标、知识获取方面的延伸[①]。在体育与健康课程中,跨学科学习主题的确定是实施跨学科学习的起点。结合体育与健康课程目标、内容及

---

① 杨洋. 初中地理主题式情境教学设计研究[D]. 福州:福建师范大学,2017.

实施跨学科学习的基本要求,围绕课程内容建立与学生知识学习和实际生活深度联系的主题,有利于从宏观层面确定跨学科学习活动的目标与方向。《课程标准(2022年版)》中提供了钢铁战士、劳动最光荣、身心共成长、破解运动的"密码"、人与自然和谐美五个学习主题示例,每一个学习主题示例中针对不同的水平又提供了不同的学习主题。在每一个主题的说明中均详细阐述了如何创设围绕该主题的情境。比如,以"劳动最光荣"为例,针对"自己的事情自己做"学习主题,要结合日常劳动行为,创设生活化的劳动情境;针对"争做小劳模"学习主题,创设家务劳动情境;针对"巧手小工匠"学习主题,要结合各种劳动知识,在田径、球类等运动技能学练中创设由简单到复杂的劳动场景;针对"光荣劳动者"学习主题,要结合劳动模范典型事迹,在体操、武术等运动项目学练中创设由简单向复杂再向创造性发展的劳动情境。由此可见,如何确定主题并将确定的主题情境化是体育教师进行体育与健康跨学科主题教学中不可或缺的教学法知识。

首先,开展体育与健康跨学科主题式情境化教学时,凝练主题是不可回避的首要问题。一个合适的主题能让学生形成深刻印象。提炼教学主题是开展主题式情境化教学的前提,在设计主题情境的实践中,要善于收集情境素材,多角度凝练教学主题①。实际上,在课程内容组织中主题是指不同内容指向的核心问题②。也就是说,体育教师要能把握跨学科教学的核心。其次,在确定好主题后,教师要知道有哪些跨学科知识在该主题活动中可以使用,找到各学科知识之间的联结点并将分散的学科知识进行结构化③。最后,在以上基础上,体育教师需创设能够涵盖这些知识点的情境。具体而言,体育教师可以从课程标准、日常生活、中华传统文化、真实历史事件、社会现象、比赛和活动、课程内容等方面参考、提炼、创设情境。

**(三)体育与健康跨学科教学技术知识**

进入21世纪以来,随着数字媒体技术和网络技术在教学中的广泛应用,米什拉(Mishra)和科勒(Kohler)等人认为,技术知识也应该是教师知识结构的一个构成要素。教师不但要知道在教学中使用什么技术(What),还要知道为什么使用这种技术(Why)和在教学中怎么使用技术(How)④。在

① 姜丽艳.主题式情境教学的问题与对策[J].思想政治课教学,2018,12(12):38-42.
② 肖平.基于主题教学的教学设计应用研究[D].上海:华东师范大学,2006.
③ 尚力沛,俞鹏飞,王厚雷,程传银.论体育与健康课程中的跨学科学习[J].上海体育学院学报,2022,46(11):9-18.
④ 詹艺.培养师范生"整合技术的学科教学知识"(TPACK)的研究:以上海市A高校数学专业师范生为例[D].上海:华东师范大学,2011.

体育与健康跨学科主题学习中可能用到多媒体技术、虚拟现实(VR)技术、人工智能技术等,因此,体育教师应掌握相应的教学技术知识。

　　首先,从字面意思来看,多媒体是由多种媒体复合而成的,意味着"多媒介"或"多方法"。一种通俗的、直观的解释即是:将文本、音频、视频、图形、图像、动画等多种不同形式的信息表达方式的有机综合称为"多媒体"。多媒体技术则是指利用计算机技术综合处理多种媒体信息。在体育与健康跨学科主题学习中,多媒体技术应用较多。比如,在体育与德育跨学科主题学习中让学生观看带有历史教育意义的各类运动视频;在体育与智育跨学科主题学习中观看科技手段在体育运动中应用的各类视频;在体育与美育跨学科主题学习中观看健美操、啦啦操、健身、健美比赛等各类视频;在体育与国防教育跨学科主题学习中观看与国防相关的各类视频。除了视频和音频外,《课程标准(2022 年版)》中也提到了制作海报和电子档案的方式。体育教师在运用多媒体技术辅助体育与健康跨学科主题教学时,由于制作课件时需要准备大量的素材,使用现代化仪器设备,这就要求体育教师能够熟练操作这些设备,掌握海报、电子档案等的制作方法。

　　其次,虚拟现实(VR)技术是一种可以创建和体验虚拟世界的计算机仿真系统,它利用计算机生成一种模拟环境,是一种多源信息融合的交互式的三维动态视景和实体行为的系统仿真,使用户沉浸到该环境中去[①]。在《课程标准(2022 年版)》"人与自然和谐美"学习主题示例中提到"可以根据实际条件,利用虚拟现实(VR)技术模拟自然情境"。在"破解运动的'密码'"学习主题示例中提到"在运动技能教学中运用移动设备或虚拟现实(VR)技术模拟真实运动情境"。由此可见,体育教师要在条件允许的情况下利用VR 等技术创设体育与健康跨学科主题学习的情境。在实际教学中,体育教师往往不需要掌握 VR 技术背后的原理,但是要掌握 VR 使用的知识,主要包括以下几点:①装备 VR 设备。体育教师需要先装备搭载有虚拟现实技术的设备,例如 VR 头戴式设备、VR 手套等,才能进入虚拟现实世界中。②启动虚拟现实应用软件。VR 设备需要先运行虚拟现实应用软件,才能模拟出比较真实的虚拟现实场景。③进入虚拟现实世界。在进入虚拟现实世界之前,体育教师需要对 VR 设备进行一些设置,例如调整视角、选择学习场景等,以适应学生的身体和心理状态。④与虚拟世界互动。在虚拟现实世界中,与人或物的互动通常通过声音、手势等操作来实现。体育教师要

---

① 邹湘军,孙健,何汉武,郑德涛,陈新.虚拟现实技术的演变发展与展望[J].系统仿真学报,2004,16(9):1905-1909.

能够指导学生通过手势控制角色的运动、用声音操控学习设备和资源等。⑤退出虚拟现实世界。退出虚拟现实世界时,需要将 VR 设备安全地取下,然后关闭虚拟现实应用程序。

第三,人工智能主要是研究和开发用于模拟、延伸和扩展人类智能的理论、方法、技术及应用系统①。随着人工智能配套技术与设施的蓬勃发展,其对社会各领域的影响越来越深刻,在教育领域中更是呈现出多样的应用形态。在体育与健康跨学科主题学习中,一方面,人工智能技术可以作为体育与智育跨学科主题学习的内容,比如让学生了解如何借助计算机视觉技术更好地展示动作技术或比赛、可穿戴智能设备帮助学生监测运动数据的原理是什么、人工智能技术如何帮助运动员进行科学精准的训练、计算机视觉和深度学习技术如何对视频信号进行分析从而帮助裁判员进行快速准确的判罚等。另一方面,除了可以作为学习内容外,人工智能技术还可以作为辅助教师进行体育与健康跨学科主题教学的工具,比如体育与健康跨学科知识图谱的构建、辅助体育教师进行体育与健康跨学科主题学习设计、运用元宇宙创设体育与健康跨学科主题学习情境、融合多模态大数据塑造体育与健康跨学科主题学习评价体系等。总之,体育教师应及时更新人工智能技术知识,这样才能适应时代的发展,满足未来体育教学发展的需求。

## 二、体育教师跨学科教学情意

情意是一名教育工作者不可或缺的内在要素,是激发教育工作者努力奋斗的内在源泉,是加深教育工作者认同感与投入感的内在动力,是支撑教育工作者终身奉献的内在基石。对于教师而言,良好的情意是促进教师专业成长与发展的重要推力,能够使自身在内在需求的指引下更好地进行教学工作。对于体育教师而言,他们要在认同本学科的基础上,主动接纳并了解其他学科,增强对不同学科的认同感,明确不同学科的价值和意义。在持续认同的过程中,不仅会加深体育教师对体育与健康学科的情意,也会慢慢培养其对其他学科的情意。体育教师跨学科教学情意是促进体育教师转变教学方式、尝试进行体育与健康跨学科主题教学的重要动力,在提升体育教师跨学科教学能力中起着重要作用。具体体现在体育教师跨学科教学信念与体育教师跨学科教学态度两个方面。

### (一)体育教师跨学科教学信念

在心理学意义上,信念可理解为个体对于有关自然和社会的某种理论

---

① 刘德建,杜静,姜男,黄荣怀. 人工智能融入学校教育的发展趋势[J]. 开放教育研究,2018,24(4):33-42.

观点、思想见解坚信不疑的看法。它是人们认识世界和改造世界的精神支柱,是从事一切活动的激励力量。个体的世界观、人生观、价值观和道德观等,都是由信念所组成的一定的体系。信念一旦确立后,就会给人们的心理和行为以深远的影响,决定着个体成长与发展的方向、速度和效果;同时,某种信念一旦动摇或瓦解,便是人们精神崩溃和行为退化的开始。可见,信念对于人类生命活动具有重要意义。学校教育是培养人的神圣事业,教师是完成这项事业的中流砥柱,因此,教师信念对于学校教育的成败具有举足轻重的作用。一般而言,教师信念是指教师对有关教与学现象的某种理论、观点和见解的判断,它影响着教育实践和学生的身心发展[①]。

体育教师尝试从目前较为传统的分科教学向跨学科教学转变,不只是教学方式转变的问题,更是一种教学信念的更新和思维方式的变化,这就涉及跨学科教学信念的树立与发展。跨学科教学信念是教师跨学科思想意识的核心,是引导教师做出跨学科教学决定并落实跨学科教学行动的重要动力,它决定着教师对跨学科教学价值的取向与追求。体育教师需要充分认识到跨学科主题学习的价值。具体而言,体育与健康跨学科主题学习能够促进学生核心素养的生成。参与体育与健康跨学科主题学习,学生头脑中获取的不仅是与体育相关的知识,而且包含其他学科的知识和已有的生活经验;体育与健康跨学科主题学习是"五育"融合协同育人的手段,可进一步落实体育课程的思政功能。在体育课程中的跨学科主题学习可以将"五育"进行融合性设计;体育与健康跨学科主题学习能够促进体育与健康课程学习意义的迁移,为学生现在及未来的生活服务。体育教师需要转变对学生知识学习的固有认知,学生在体育与健康课程中的学习不仅是学练技术动作和掌握技能,更是从知识获得走向素养培育[②]。教师应重塑新型的学习观,对体育与健康跨学科主题学习树立积极的信念。

**(二)体育教师跨学科教学态度**

态度是决定人们学习、事业成败的一个重要因素,影响着人们的学习、生活质量。教学态度是教师对教学工作和学生的一种心理反应倾向,这种反应倾向在整个教学过程中,通过与学生联系、交往、接触而有效地影响和改变学生的心理和行为倾向[③]。体育教师跨学科教学态度直接决定着体育教师的跨学科教学行为,进而影响着体育与健康跨学科主题学习的教学效果。

---

① 俞国良,辛自强. 教师信念及其对教师培养的意义[J]. 教育研究,2000,21(5):16-20.
② 尚力沛,俞鹏飞,王厚雷,程传银. 论体育与健康课程中的跨学科学习[J]. 上海体育学院学报,2022,46(11):9-18.
③ 雷艳生. 浅谈教学态度影响教学质量[J]. 黑河学刊,2012(1):143-144.

习惯于常态化的运动技能教学的教师在面对跨学科学习活动时,可能会产生各种不适应,如存在"把技术课搞好就行了,搞跨学科干什么""体育中有啥跨学科的""跨学科说着容易,到底怎么做"等不同想法①。这种消极的态度不利于体育与健康跨学科主题学习的开展。体育教师跨学科教学的积极态度是经过一定的体育与健康基础理论知识学习与运动教学实践积累之后在体育教师头脑中内化的结果。这一结果的产生不仅意味着体育教师逐渐认识到目前分科教学方式的劣势,而且体现出体育教师开始逐渐探索体育与健康跨学科主题教学这一全新的教学方式。

体育教师跨学科教学行为的出现是体育教师跨学科教学态度的反映。体育教师跨学科教学态度越积极,跨学科教学行为在一定程度上就会越自觉越有效。也就是说,体育教师跨学科教学态度对其进行体育与健康跨学科主题教学行为的数量与质量都有着重要影响。体育教师拥有积极的跨学科教学态度,有利于其尝试转变教学方式进行体育与健康跨学科主题教学,继而汲取该教学方式所需的知识与能力。这种影响贯穿体育教师跨学科教学始终,不仅对教师自身教学行为和效果产生重大影响,并且对学生而言,教师积极的跨学科教学态度会促使学生更加容易接纳并适应跨学科教学方式,积极配合教师参与跨学科教学活动,从而更好地进行跨学科主题学习。

### 三、体育教师跨学科教学能力

能力是指能够顺利完成某些活动或解决某些问题所必须具备的个性特征,能力的强弱直接影响着活动完成和问题解决的效率与质量。教师能力是教师从事教育教学活动所需的实际本领,主要体现为教师能够将其所拥有的知识和教材中蕴涵的知识转化为有力的教育教学形式,并且能够根据学生的身心发展特点与知识掌握水平进行相应的转变②。体育教师的跨学科教学能力即是在体育与健康跨学科主题教学实践活动中表现出来的特征,主要体现为体育教师在实施跨学科教学活动时的一系列较为熟练的教学行为方式。体育教师跨学科教学能力主要包括体育与健康跨学科主题教学设计能力和体育与健康跨学科主题教学实施能力。

#### (一)体育与健康跨学科主题教学设计能力

在本书第五章中,详细介绍了体育与健康跨学科主题学习的设计理念、

---

① 尚力沛,俞鹏飞,王厚雷,程传银.论体育与健康课程中的跨学科学习[J].上海体育学院学报,2022,46(11):9-18.

② 于丰园.知识社会中的大学教师教学能力发展途径研究[M].北京:海洋出版社,2016:3.

构建模型与实践样态;在第六至第十章中,针对体育与德育、智育、美育、劳动教育、国防教育的跨学科主题学习的设计,呈现出了具体的案例。体育教师要有能力选择学习主题,基于核心素养形成学习目标(C);依据学习主题与目标,构建大概念结构体系(I);根据大概念构建跨学科主题学习问题链(P);在复杂问题导向下,构建教学内容任务群(T);设计评价方案,检验学生跨学科主题学习成果(E)。

首先,选择学习主题,基于核心素养形成学习目标,这要求体育教师善于联系实际,从各类资源中进行主题提取,基于体育与健康核心素养培养学生全面发展的能力。第二,依据学习主题与目标,构建大概念结构体系,这需要教师对学科知识有深入的理解,能够将不同的知识点有机地联系起来形成完整的概念架构。第三,根据大概念构建跨学科主题学习问题链,这需要教师在主题学习中嵌入多领域知识,能够将问题引向跨学科的方向,促进学生形成深度思考能力。第四,在复杂问题导向下,构建教学内容任务群,这需要教师根据问题链设计多样化、创新性的学习任务,注重培养学生解决问题的能力和创新意识。最后,设计评价方案,检验学生跨学科主题学习成果,这需要教师创新评价方式,针对跨学科学习目标进行评价,让学生在学习过程中得到全面而有价值的反馈,促进其跨学科主题学习水平的提高。

**(二) 体育与健康跨学科主题教学实施能力**

体育与健康跨学科主题教学实施能力是指体育教师在跨学科教学过程中按照教学设计,尽力去实施各个教学环节,来实现预定教学目标的能力,主要包括跨学科主题情境活动的组织能力、语言表达能力和动作示范能力等。

体育与健康学科与其他学科最大的不同是更具实践性,教学场地多为室外或体育场馆,体育与健康跨学科主题学习围绕体育与健康核心素养展开,也需要在较为开放的教学环境中进行,这就对体育教师的身体能力和活动组织能力提出了更高的要求。体育教师要能够安排好跨学科主题学习中的每一个环节,而且充分体现出学生的主体地位,通过合理的组织保障跨学科主题学习顺利实施并取得预期效果。

例如,开展女排精神等各类问题的专题讨论是进行体育与德育跨学科主题学习的典型方式之一;体育科技前沿知识分享与交流论坛和体育教育中科技知识应用的伦理问题探讨是体育与智育跨学科主题学习开展的部分典型方式;分析讨论男生应有的阳刚之美等各类议题、分析如何通过健美操和啦啦操等各类项目体现美、交流如何通过运动保护自然环境之美是体育与美育跨学科主题学习开展的部分典型方式;探讨劳动人民精神的伟大是体育与劳动教育跨学科主题学习开展的典型方式之一;分享未来的职业理想是体育与国防教育跨学科主题学习开展的典型方式之一。由此可见,沟通交流是体育与健康跨学科主题学习开展的一个重要环节。体育教师的语言表达能力将直接影响教学效果和师生之间沟通的顺畅性。只有体育教师语言表达清晰、生动、自然,表达方式得当,才能更好地引导学生进行有效的互动和交流,从而保证体育与健康跨学科主题学习开展过程中交流环节的效果。另外,不管体育与何种学科进行跨学科主题学习,其基本原则都是要在身体练习和运动中进行学习,因而对体育教师的动作示范能力也提出了明确的要求。

## 第二节  体育与健康跨学科主题学习资源的开发与利用

《课程标准(2022年版)》中指出体育与健康课程应充分考虑我国不同地区在经济社会发展和文化传统等方面的差异,根据运动项目的可替代性和健康教育的必要性,鼓励各地各校结合师资队伍、场地器材、学生运动基础等实际情况,充分开发和利用体育与健康课程资源,提高课程教学质量,形成学校体育与健康课程特色,增强课程实施的成效。体育与健康跨学科主题学习是体育与健康课程的重要组成部分,其顺利实施同样需要进行学习资源的开发与利用。基于此,本节将重点阐述体育与健康跨学科主题学习人力资源、器材设施资源、课程内容资源、自然地理资源、信息资源、时间资源等方面的开发与利用。

### 一、体育与健康跨学科主题学习人力资源的开发与利用

体育教师是开展体育与健康跨学科主题学习最重要的人力资源,对体育与健康跨学科主题学习的实施具有决定性的影响。在第一节中已经详细论述了体育与健康跨学科主题学习对体育教师的要求,因此,下面将主要论述体育教师以外的其他人力资源。除了体育教师之外,体育与健康跨学科主题学习人力资源的开发和利用还应该包括家长和社区工作者、企事业单位人员、其他学科教师等,我们有必要尽可能多地把多方面人士的力量整合起来,使体育与健康跨学科主题学习成为一种全社会的教育。

首先,家庭是孩子的第一所学校,父母是孩子的第一任老师。不论是与孩子进行日常的互动交流,还是给孩子提供学习资源和环境,家长在孩子的体育与健康跨学科主题学习中都能够发挥很大的作用。比如,针对体育与

德育跨学科主题学习，家长在日常生活中可以引导孩子阅读与体育史、体育文化相关的书籍资料，观看有关体育文化的纪录片，帮助孩子了解体育的历史和文化；可以和孩子一起观看带有教育意义的体育类电影和视频；在奥运会、亚运会、大学生运动会等赛事举办期间，可以带领孩子一起去观看比赛，感受体育比赛的氛围，学习运动员在赛事中展现出的体育精神。针对体育与智育跨学科主题学习，家长可以带孩子参加各类体育与健康知识科普活动、科学技术展览、体育论坛、科技助力体育作品展等，让孩子了解体育科技前沿，与孩子一起探讨体育教育中科技知识应用的伦理问题以及现代科技对体育发展的影响。针对体育与美育跨学科主题学习，家长可以和孩子一起观看健美操、啦啦操、健身、健美比赛的视频，引导孩子学会美学要素欣赏；在条件允许的情况下支持孩子发展舞蹈、戏剧表演等兴趣。针对体育与劳动教育跨学科主题学习，家长可以让孩子参与到家务劳动中；与孩子一起了解劳动模范事迹，交流劳动人民的伟大精神。针对体育与国防教育跨学科主题学习，家长可以在周末、假期等空闲时间与孩子一起观看各类与国防相关的视频和音频资料，帮助孩子了解人民解放军壮大历程、我国边境冲突历史和真实战场等；带领孩子参观军事基地、抗战历史博物馆；在家庭消防安全知识的学习中探讨体能对消防员的重要性；与孩子沟通，让孩子分享未来理想中的职业；带领孩子研读《孙子兵法》等书籍，与孩子一起交流书中的策略是如何在体育比赛中体现的。家长带领孩子进行的体育与健康跨学科主题学习是学校体育与健康跨学科主题学习的有效补充。

第二，社区工作者可以参与体育与健康跨学科主题学习。创设社区劳动情境并实践是体育与劳动教育跨学科主题学习开展的典型方式之一。除此之外，社区可以举办健美操、啦啦操、健身、健美比赛等体育活动，让学生在这些比赛中学会美学要素欣赏；举办科技文化进社区等活动，聘请专业人员向社区人员讲解体育科技，让学生在这个过程中了解科技对体育发展的影响。

第三，企事业单位工作人员也可以参与体育与健康跨学科主题学习。将教育与企事业单位的相关工作相联系是有效开展跨学科学习的途径之一。丹麦政府调查发现，到2030年丹麦每年将需要约9000个新工作岗位，培养大学生发展创业技能将有助于解决这一需求。于是，丹麦奥尔堡大学组织开展了"创新创业工作坊（Workshop for Innovation and Entrepreneurship，WOFIE）"，组织不同专业的学生在为期四天的工作坊中参与高强度的项目调研活动，模拟职场、参观企业，并与职场专家面对面交流项目实践中遇到的问题①。研究发现,工作坊的设计契合学生通过不断转变职场发展创业技能的需要和期望,有助于为学生毕业后快速融入职场做准备,也能为丹麦未来发展做好人才培养工作。在体育与健康跨学科主题学习开展过程中,也可以借鉴丹麦奥尔堡大学的 WOFIE 项目,与企事业单位进行合作,让学生了解消防员、医生、职员等不同的职业,并分享未来自己理想中的职业,体会运动能力、健康行为和体育品德对未来职业发展的重要性。

最后,其他学科的教师是体育与健康跨学科主题教学中非常重要的人力资源。其发挥的作用是多方面的:①提供知识的支持。其他学科的教师可以为体育与健康跨学科主题学习提供相关的知识支持。例如,在体育与德育的跨学科主题学习中,思政教师可以提供与思政有关的知识。在体育与智育的跨学科主题教学中,科学教师可以提供体育科技前沿的有关知识。②协助开展教学设计。体育与健康跨学科主题学习往往需要体育教师与其他学科教师进行协作与沟通,其他学科教师给体育教师提供教学计划设计和课程制作方面的支持,这样可以更好地实现跨学科教学。③为学生提供不同学科的视角。其他学科的教师可以为学生提供不同的角度和思维方式,使学生更全面地了解和探究体育与健康跨学科主题学习中的相关问题。

## 二、体育与健康跨学科主题学习器材设施资源的开发与利用

《课程标准(2022 年版)》中指出,应按照教育部发布的《小学体育器材设施配备标准》《初中体育器材设施配备标准》《中小学健康教育指导纲要》建设相关场地,配齐器材、设施,保证体育与健康课程有效实施。同时,还要积极开发和充分利用其他场地、器材、设施资源。

### (一)体育与健康跨学科主题学习其他场地的开发与利用

除了学校的场地外,在各类体育运动场馆、体育文化场馆、体育博物馆、青少年军事教育基地等场所中也可以进行体育与健康跨学科主题的学习。

随着科学技术的发展,很多体育场馆都进行了升级改造,给运动员的训练、比赛和观众的体验带来了积极的影响。比如,在北京冬奥会中大放异彩的中国国家速滑馆——"冰丝带",其上空四个方位均设置有智能监测系统,该系统可以实时监测场馆的温度、湿度等数据,并将数据及时传输到场馆控制系统,控制系统可以根据设定的标准随时进行调控,让整个场馆一直保持

---

① Tollestrup C & Rosenstand C A F. WOFIE: Workshop For Innovation and Entrepreneurship [M]. In L Aaboen H Landström & R Sørheim (Eds.), How to become an entrepreneur in a week: The value of 7-day entrepreneurship courses. Edward Elgar Publishing, 2020:15-28.

良好的舒适度。再比如,在浙江省黄龙体育中心安装的 AGIS(Asian Games Information System,亚运会信息系统)专网可以与其他网络隔离,安全地进行比赛成绩计算、比赛场馆监控、比赛系统运转、工作台管控等网络工作。以计时记分系统在 AGIS 专网上的运作为例:当跑步运动员冲过终点线时,计时器就会捕捉选手的比赛时间,这些数据会通过 AGIS,按照接入路由—中心路由—核心路由—云计算中心的路线上传,并将计算结果通过 AGIS 回传给计分系统,上传下达的动作可以毫秒为单位完成,比赛成绩就能实时呈现在观众眼前。学生通过参观各类体育场馆可以感受科学技术是如何改变和影响体育运动的,在此过程中,实现体育与智育的深度融合。除此之外,在各类体育场馆中还可以进行体育与美育的跨学科主题学习。随着全球体育产业的不断发展,体育馆已经成为城市的重要地标,体育馆的设计往往在满足功能性的同时,还展现出独特的美学风格,实现了功能性与美学的完美融合。学生可以通过了解体育馆的建筑形态、材料运用、色彩搭配、景观布局、内部空间及创新性设计的过程,学习美学要素欣赏。例如,在大连体育中心网球场外的雕塑中,设计师运用点、线、面巧妙地将球拍、运动员、运动瞬间等要素组合在一起,并使其与网球场建筑风格相统一,再配合绿地,使整个景观相互融合,体现网球运动中优雅与力量的结合,具有节奏感和韵律感。

图 11-1　大连体育中心网球场外的雕塑

近年来,我国的各类体育文化发展中心先后举办了各种大型展览和文化活动。每当有国际国内大型体育活动时,我国常常会举办大型展览,比如:申办奥运会的展览、奥林匹克运动百年展、奥林匹克与中国展览、中国体育辉煌 60 年成就展览、银球耀五星、中国体育美术精品展、中国体育五千年香港巡回展、北京奥运与广州亚运图片展、第 13 届世界奥林匹克收藏博览会、第 16 届世界奥林匹克收藏博览会、中国国际体育文化与经济论坛等①。通过这些展览活动,学生可以充分了解中华体育文化。

　　博物馆教育是学校教育的有益补充,博物馆是人终身学习的理想场所,是任何机构都不能取代的重要社会教育机构②。近年来,我国着眼国际博物馆建设与发展新定位,高度重视博物馆育人功能,出台了一系列政策,如教育部和国家文物局联合印发的《关于利用博物馆资源开展中小学教育教学的意见》,要求博物馆“展教并重”,推动中小学充分利用博物馆资源开展教育活动,开发博物馆系列课程,促进博物馆资源融入教育体系。由此可见,博物馆将成为教育的重要场地资源。体育博物馆作为一个陈列、研究、保藏体育文化实物,兼具文物收藏、科学研究和社会教育三种基本属性的文化教育场所,是展现体育文化发展水平以及社会发展和谐程度的重要窗口③。可以将各省市的体育博物馆作为体育与健康跨学科主题学习的重要场地资源,让学生利用体育博物馆中的资源进行学习,身临其境地感受中国体育文化的魅力,了解源远流长的中华体育文化,实现体育与德育的融合。

　　青少年军事教育基地通常指为学生提供军事教育和培训的机构。这些机构通常具有政府相关部门的授权,可以向学生提供与军事相关的课程和活动。这些课程和活动旨在培养学生的领导能力、纪律性和体能,以及使他们了解军事和国防事务。在这些军事基地中,学生通常要学习并参与以下项目:①军事训练。训练包括军事战斗技巧、战术技能、生存技能等。②领导力课程。教授领导和管理技能,以培养学生的领导潜力。③军事历史和国防政策课程。让学生了解军事历史和重要的国防政策。④军事科技。展示最新的军事技术和武器系统,让学生了解国防事务的科技进展。⑤特殊训练。如空降训练、潜水训练、特种部队训练等专业课程。这些军事教育基地通常提供高标准的训练设备和安全保障措施,以确保学生的安全和获得良好的学习体验。此外,这些军事教育基地也在对学生的教育和培训过程中,注重纪律和道德价值观的培养。这一过程实现了体育与德育、体育与国防教育、体育与智育的跨学科融合。

**(二) 体育与健康跨学科主题学习器材设施资源的开发与利用**

　　除了常规体育与健康课程中的器械设备、运动辅具等,体育教师还可以

---

① 孙大光.体育文化:繁荣发展　天地广阔[J].体育文化导刊,2009(10):1.
② 刘文涛.博物馆应更好地实现教育潜能[J].东南文化,2012(5):110-114.
③ 王军.中外体育博物馆发展现状的比较研究[J].中国博物馆,1997(4):69-84.

在课程中运用可穿戴智能设备帮助学生监测心率等指标。在条件允许的情况下,可以在足球项目的学习中引入视频助理裁判设备,利用该设备来判断比赛过程中是否存在越位和疑似进球的情况;在网球、板球和羽毛球等项目的学习中引入鹰眼系统,利用该系统追踪记录球的路径并显示所记录的球的实际路径的图形图像;在体操、花样滑冰等项目的学习中,引入人工智能评分系统,利用红外线激光随时捕捉学生的动作并实时转换成三维图像,然后以该图像为基础,自动分析学生的动作,并与过去的学习数据进行对比,最后根据导入的评分标准进行分数判定。在课堂中运用高科技设施,并让学生了解这些高科技设施背后的原理,可以更好地实现体育与智育的融合。

### 三、体育与健康跨学科主题学习课程内容资源的开发与利用

目前,体育与健康跨学科主题学习还处于起步阶段,体育教师应该结合学校的特色和自身的知识储备积极开发课程模式和案例,更好地推进体育与健康跨学科主题学习的实施。

#### (一) 体育与健康跨学科主题学习课程模式的开发与利用

课程模式是具有一定课程结构和育人功能并适用于一定环境的课程组织形式[①]。在体育与健康跨学科主题学习的实施中,开发和利用课程模式能够给体育教师提供一定的参考并指明课程设计的方向。比如,对外经济贸易大学根据"美育＋体育"复合型素质教育模式的理念,结合自身师资优势开发了戏剧交互式乒乓球课程。戏剧交互式乒乓球课程的核心理念是通过将戏剧的"七力"和乒乓球"四性四力五要素"相结合,利用戏剧在想象力和创造力上的天然优势弥补传统乒乓球教学的枯燥和乏味,让学生在学习乒乓球的过程中提升兴趣和专注度,由被动学习变为主动探索的状态,形成独特的"体育＋美育"跨学科融合式课程。该课程分为两部分——认知预备部分和体验主体部分[②]。上海市静安区教育学院附属学校则鉴于传统教学方式存在学生"探究性不足""单一学科过多,跨学科学习不够"等问题,以"内容统整的主题学习"和"教学方式变革为主的项目学习"作为课程统整的基础,开发了兼顾拓展、探究、跨学科的新兴 TRIP 课程[③]。TRIP 是以主题

① 郭晓明.关于课程模式的理论探讨[J].课程・教材・教法,2001,21(2):27-31.
② 顾若辰,杨倔鳗.探索"美育＋体育"跨学科教学新模式——以"戏剧交互式乒乓球课程"为例[J].体育科技文献通报,2023,31(1):174-176.
③ 上海市静安区教育学院附属学校.世界无限大,TRIP 无止境[EB/OL].[2024-10-16] http://www.jecas.edu.sh.cn/P/C/204319.htm.

(theme)、探究(research)、跨学科(interdiscipline)和实践(practice)四种学习方式命名的课程,由从物理、化学、历史、地理、科学、信息技术、劳动、社会、艺术、体育、心理 11 门学科教师中挑选 16 名教师组建的 TRIP 教学团队执教。教师团队依据学校 TRIP 课程指导纲要,集体研发六至八年级的跨学科课程内容:六、七年级强调学生创意实践能力培养,形成了“植物装点生活”“重走鲁班路”等 12 个跨学科主题学习活动,八年级以拓宽学生视野、走进生活为主要目标,开发了“小小法庭”“投资与经营”“水污染”等 6 个跨学科主题学习活动,通过各学科知识融合和不断变化的学习场所激发学生的探究兴趣,深化学生对各个主题的理解,锻炼学生解决实际问题的能力。

**(二) 体育与健康跨学科主题学习案例的开发与利用**

目前,体育与健康跨学科主题学习的实践尚处于摸索阶段,许多教师在开展跨学科主题学习时不知从何下手。基于此,可以针对特定的体育与健康跨学科教学主题,组织不同学科的教师共同研讨学习,以此形成学科之间融合及相互渗透的具体化教学案例,从而满足体育教师对“有例可循”的需求。同时,邀请相关领域学者、教研员、优秀教师对案例进行解析,帮助体育教师知其然,更知其所以然。这种“专家解读”的方式可以为教师提供对于跨学科主题教学的理解和支持,甚至引导其探索更加创新的教育方式。在此基础上,可构建体育与健康跨学科主题学习案例库。该库由学校、学区共同建立,涵盖多方面的学科内容和应用情境,能够为体育教师提供更为实用的教学案例和实践参考。为确保案例的质量,需要建立专门机构或小组负责案例筛选、审核和更新。通过体育教师与其他学科教师的交流和教学案例的分享,使得该案例库不断壮大和更新,并促进不同学科的融合和创新,这有利于提高体育与健康跨学科主题学习的教学效果,也能更好地促进学科之间的融合和交流发展。

**四、体育与健康跨学科主题学习自然地理资源的开发与利用**

在体育与健康跨学科主题学习的实施中,应充分利用自然地理资源,提高学生适应环境的能力。例如,教师可以借助学校附近的自然地理资源开展定向越野运动。定向越野运动是一项极具挑战性和趣味性的户外运动,可以让参与者锻炼身体和智力,同时也能够加深其对地理学科的了解。在这个过程中,学生学到的知识是多方面的。①制作地图:学生需要在定向越野运动场地上利用自然地理资源制作地图。可以使用高程图、航拍图、卫星图等方式制作地图。这需要学生根据地理科目中地图、比例尺等相关知识,在自然地理资源中寻找合适的标记点,并根据比例尺适当缩小。这种制作地图的方式,可以使学生更深入了解地图上的知识,同时也能够加深对自然地理资源的理解。②方向感培养:在定向越野运动中,方向感是非常重要的,学生需要知道自身的方向和目标的方向,并在自然地理资源中寻找正确的路径。教师可以在比较简单的场地上让学生寻找自己的方向,寻找正确的路径;在更加复杂的场地上,则需要运用地图和指南针等工具,捕捉自己和目标的方向。③自然地理知识的学习:在定向越野运动中,环境和气候变化是比较常见的,这也提醒了学生要了解自然地理知识。教师可以根据学生在定向越野中发现的不同地形、自然生态等,与自然地理知识结合起来,让学生更加全面、深入地了解自然地理资源。总而言之,利用自然地理资源开展定向越野运动,不仅可以锻炼学生的身体和智力,还能够让他们更加深入地学习地理科目中的知识。这种寓教于乐的方式,可以增强学生对地理科目的兴趣,提高学习效率。除此之外,在自然环境中进行捡垃圾、植树造林等劳动,实现体育与劳动教育的融合,以培养学生的劳动技能、责任感,增加学生对环境保护的认知,同时也能加深学生对社会的理解和认知。

### 五、体育与健康跨学科主题学习信息资源的开发与利用

体育教师应指导学生充分利用图书馆、阅览室、各种媒体(如广播、电视、互联网)等,多渠道获取体育与健康跨学科主题学习的有关知识,引导学生了解体育文化和体育精神。图书馆内的书籍、互联网和社交媒体为学生提供了各种资源和信息,教师可以利用这些资源为学生提供与课程相关的信息和实践资源,提高学生的综合素质和学习兴趣。比如,在体育与德育跨学科主题学习中学习有历史教育意义的各类书籍、运动视频、广播等;在体育与智育跨学科主题学习中收听及观看科技手段在体育运动中应用的报道及各类视频;在体育与美育跨学科主题学习中观看健美操、啦啦操、健身、健美比赛等各类视频;在体育与国防教育中观看及聆听各类与国防相关的视频和音频资料等。学生通过了解各类资源和信息,也能启发认知和思维能力。

### 六、体育与健康跨学科主题学习时间资源的开发与利用

《课程方案(2022年版)》明确提出加强横向学科有效配合,发挥社会大课堂资源优势,巩固学科实践活动课程成果,各门课程都要用不少于10%的课时开展跨学科主题学习,培养学生应用知识解决实际问题的能力。目前,有以下学校可采取的方式供选择:学校可以将体育与健康跨学科课程纳入校本课程,综合利用规定的10%课时加以落实;可以利用每天的"三点

半"时间落实跨学科课程;可以与专业机构合作,利用寒暑假开展跨学科研学旅行课程;还可以在学生社团开展跨学科课程。除此之外,还可以通过布置家庭作业,让学生参与社区活动等方式充分利用课余时间。比如,通过参与家庭、社区劳动让学生进行体育与劳动教育的跨学科学习;通过家长带领孩子观看各类体育科技、啦啦操视频等进行体育与智育、美育的跨学科学习。

## 第三节　体育与健康跨学科主题学习与人工智能等技术的整合

美国在 2010 年颁布的国家教育技术规划中首次提出"技术赋能学习"这一观点,并强调在当今技术发展日新月异的时代,教育必须以学生为中心,所有的教育技术都应该围绕学生的学习活动而应用[1]。近年来,随着数据资源的增长、计算能力的提高以及机器学习算法的增强,人工智能得到了进一步发展,美国科技初创公司 OpenAI 旗下的智能聊天工具 ChatGPT(Chat Generative Pre-trained Transformer)在全球范围掀起了"人工智能"热潮。在体育与健康跨学科主题学习中,人工智能技术同样具有极大的应用潜力,这种潜力主要体现在两个方面,即人工智能既可以作为学习内容,又可以作为辅助课程内容生成与呈现的工具。基于此,本节将详细论述如何将人工智能作为辅助体育与健康跨学科主题学习开展的工具,主要包括体育与健康跨学科知识图谱的构建、ChatGPT 辅助教师进行体育与健康跨学科主题学习设计、运用元宇宙创设体育与健康跨学科主题学习情境、融合多模态大数据塑造体育与健康跨学科主题学习评价体系等方面。

### 一、体育与健康跨学科知识图谱的构建

以知识图谱为代表的知识工程是人工智能技术取得的突破性进展,知识图谱本质上是结构化的语义知识库,是一种由节点和边组成的图数据结构,以符号形式描述物理世界中的概念及相互关系,其基本组成单位是"实体—关系—实体"三元组,以及实体及其相关"属性—值"对[2]。知识图谱在语义化搜索、自然语言理解、人机互动对话、逻辑推理等方面具有很强的

---

① 祝智庭,贺斌.解析美国《国家教育技术规划 2010》[J].素质教育大参考,2011(18):38-42.
② 汪时冲,方海光,张鸽,马涛.人工智能教育机器人支持下的新型"双师课堂"研究——兼论"人机协同"教学设计与未来展望[J].远程教育杂志,2019,37(2):25-32.

功能,业已成为目前知识驱动智能应用的基础。Gartner 公司在 2018 年"新兴技术成熟度曲线"中就把知识图谱列为未来的战略技术趋势。

目前,知识图谱在电子商务、生物医疗、图书情报、创业投资等领域已取得很好的应用效果,在教育领域中的应用也初见成效。国务院在 2017 年颁布的《新一代人工智能发展规划》中特别强调,"要研究知识图谱构建与学习、知识演化与推理等关键技术,要构建覆盖数亿级知识实体的多元、多学科、多数据源的知识图谱"。其中"多元、多学科、多数据源"意味着可以在跨学科领域中借助知识图谱,从多学科无序的信息资源中重构知识之间的链接,有效组织不同学科之间的知识体系,从而为体育与健康跨学科主题学习提供较大的发展空间。

基于知识图谱,可以发现学科的知识结构,解决学生知识迷航和信息过载等问题。已有大学开始通过文本挖掘对部分课程进行知识图谱的自动构建,并将其与专家团队的人工编码进行比对,从而不断迭代和优化算法实现对单科知识图谱的精准构建。在文本挖掘工作中,研究团队发现大量知识点的关键词往往在多个学科中同时出现。通过这些关键词的串联可以形成一套新的基于学科交叉的知识图谱体系。在体育与健康跨学科主题教学中,一方面,体育教育工作者可以借助知识图谱揭示体育学科与其他学科间知识的互动关系。单科的知识图谱中知识点之间往往是二维的线性关系,而体育与健康跨学科知识图谱让知识点在多维立体空间里建立关联,实现体育与健康本学科与跨学科之间学科关系的抽取与重构,有助于体育教育工作者设计和实施体育与健康跨学科主题教学。另一方面,体育与健康跨学科知识图谱能够提高教师的跨学科教学能力。长久以来,学科教师适应了单一学科教学的舒适区,也缺乏跨学科教学的动力和意识。利用人工智能对多学科知识点进行重构,有助于形成对教师跨学科教学能力的冲击,也会在未来形成新型的教学管理形态和模式,有助于增强学习者跨学科知识的建构能力[1]。

## 二、ChatGPT 辅助教师进行体育与健康跨学科主题学习设计

由美国 OpenAI 公司研发的 ChatGPT 自正式问世以来,在中外各大媒体平台掀起了一阵狂热之风,数量庞大的注册用户一度使得服务器爆满,引起了产业界和学术界的广泛关注。尽管 ChatGPT 不是专门为教育开发的,

① 翟雪松,许家奇,童兆平,陈文智,张紫徽,李艳.人工智能赋能高校韧性教学生态的路径研究[J].中国远程教育,2023,43(1):49-58.

但是 ChatGPT 所具有的启发性内容生成能力、对话情境理解能力、序列任务执行能力、程序语言解析能力等使得其极具教学应用价值,为体育与健康跨学科主题教学提供了诸多可能性。

ChatGPT 可以为体育教师提供多种形态的帮助和服务。基于 ChatGPT 所具有的启发性内容生成能力,其可以依据体育教师本节课的教学目标生成创作型教学素材,辅助体育教师设计具有创造力和创新性的跨学科教学活动;基于 ChatGPT 所具有的对话情境理解能力,其可以在课堂教学过程中充当助教的角色,根据当前的跨学科教学活动情境,为教师提供教学过程的交互式支持,比如在体育与健康的课堂中根据学生的运动节奏提供合适的音乐、在球类运动情境中提供相关物理知识、在一些适宜的时间节点进行爱国主义教育和思政案例呈现;基于 ChatGPT 所具有的序列任务执行能力,其可以依据教学场景与体育教师的需求,生成个性化的教学方案,比如在体育与健康教学过程中,根据不同学生擅长的知识领域和运动基础进行不同类型的跨学科教学,以促进学生的个性化发展;基于 ChatGPT 所具有的程序语言解析能力,其可以为教师提供编程课程案例,并且支持典型问题及其变形的示例性代码生成与说明,体育教师可以将编程与学生的体育学习结合起来,比如设计体育与健康课程中的学生成绩管理系统和动作识别系统,体育教师完全可以基于 ChatGPT 进行难度的调节,有利于培养学生的数字素养和高阶思维能力。

目前,已有语文学科教师使用 ChatGPT 进行了教案设计实践,ChatGPT 自动生成的朱自清生平小测验、荷塘故事续写等趣味教学活动,可供参考和选择性补充到教案中。教师可以要求系统增加课外拓展素材,系统则会从作者的其他代表作品、书信与日记、故乡文化等方面提供参考教学资源①。体育教师在进行跨学科主题设计时可以借鉴这一过程,与 ChatGPT 进行生成式互动,逐渐形成一份体育与健康跨学科主题教案。例如,在与 ChatGPT 的第一次对话中让其举出一些针对中小学体育跨学科活动的具体示例,ChatGPT 列举出了数学、生物学、语文和社会科学等内容(见图 11-2),可见 ChatGPT 完全具有对跨学科的认识与参与教案设计的能力。但是值得注意的是,ChatGPT 的本质是生成式人工智能,需要体育教师不断与其互动,ChatGPT 才能够基于多轮对话中的上下文信息,进行语义的理解与推断,从而生成符合逻辑的连贯性回复,更好地辅助体育教师

---

① 卢宇,余京蕾,陈鹏鹤,李沐云.生成式人工智能的教育应用与展望——以 ChatGPT 系统为例[J]中国远程教育,2023,43(4):24-31+51.

进行跨学科主题设计，这就对体育教师的思维和能力提出了更高的要求。

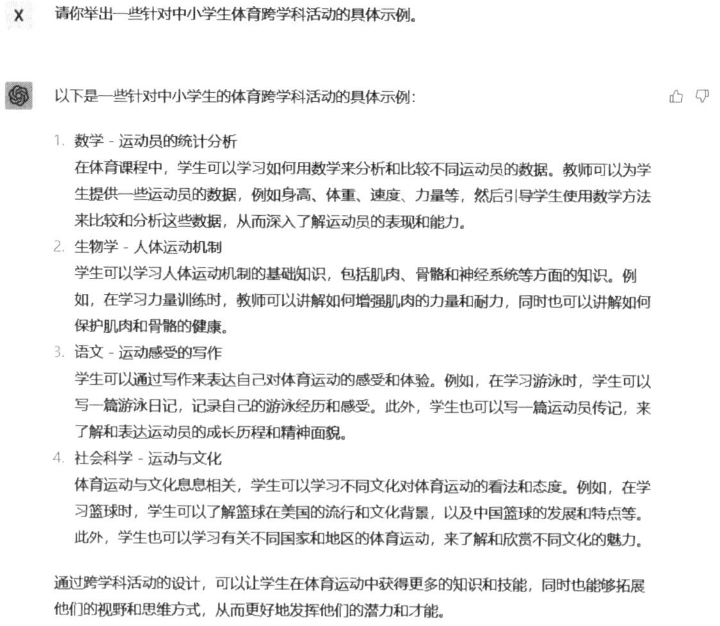
请你举出一些针对中小学生体育跨学科活动的具体示例。

以下是一些针对中小学生的体育跨学科活动的具体示例：

1. 数学 - 运动员的统计分析
在体育课程中，学生可以学习如何用数学来分析和比较不同运动员的数据。教师可以为学生提供一些运动员的数据，例如身高、体重、速度、力量等，然后引导学生使用数学方法来比较和分析这些数据，从而深入了解运动员的表现和能力。
2. 生物学 - 人体运动机制
学生可以学习人体运动机制的基础知识，包括肌肉、骨骼和神经系统等方面的知识。例如，在学习力量训练时，教师可以讲解如何增强肌肉的力量和耐力，同时也可以讲解如何保护肌肉和骨骼的健康。
3. 语文 - 运动感受的写作
学生可以通过写作来表达自己对体育运动的感受和体验。例如，在学习游泳时，学生可以写一篇游泳日记，记录自己的游泳经历和感受。此外，学生也可以写一篇运动员传记，来了解和表达运动员的成长历程和精神面貌。
4. 社会科学 - 运动与文化
体育运动与文化息息相关，学生可以学习不同文化对体育运动的看法和态度。例如，在学习篮球时，学生可以了解篮球在美国的流行和文化背景，以及中国篮球的发展和特点等。此外，学生也可以学习有关不同国家和地区的体育运动，来了解和欣赏不同文化的魅力。

通过跨学科活动的设计，可以让学生在体育运动中获得更多的知识和技能，同时也能够拓展他们的视野和思维方式，从而更好地发挥他们的潜力和才能。

图 11-2　与 ChatGPT 关于中小学体育跨学科活动具体示例的对话

除了 ChatGPT 之外，Kimi、文心一言、豆包、DeepSeek 等人工智能工具在体育与健康跨学科的教学设计中也具有广阔的应用前景。

## 三、运用元宇宙创设体育与健康跨学科主题学习情境

元宇宙，英文为“Metaverse”。目前学界对元宇宙从技术、特征、媒介、伦理、应用等角度展开了多重分析和探讨，基本在以下三个方面达成了共识：①元宇宙是一种互联网应用于社会的未来理想形态；②扩展现实、数字孪生和区块链技术等新技术是元宇宙的实现基础；③元宇宙是虚拟世界（空间）和现实世界（物理空间）的融合，虚拟世界是与现实世界平行存在的具有独立经济系统的空间。聚焦教育领域，元宇宙是整合人工智能、虚拟现实、区块链等技术，为学习者提供虚拟学习场域的关键趋势[①]。其能够为教师、学生、管理者等相关人员创建数字身份，在虚拟世界中开拓正式与非正式的教学场所，并允许师生在虚拟的教学场所进行互动。从教育哲学的角度思

① 华子荀，黄慕雄．教育元宇宙的教学场域架构、关键技术与实验研究[J]．现代远程教育研究，2021，33(6)：23-31.

考元宇宙,可以发现其最突出的赋能优势是为教师和学生创设了一种沉浸式的教学互动场域。教育元宇宙的场域突破了物理世界的局限,通过网络教学空间营造了一个虚拟的教育世界,使得教师和学生可以在物理和虚拟世界同时获得现实和虚拟教学需求的满足,两者在本质上是相互影响、相互联系、共同发展的。但教育元宇宙中的虚拟世界并不是对物理世界的简单复制,也不是另一个物理世界的"平行宇宙",而是对物理世界的一种再开发。它所具有的媒体赋能特点可以补充物理世界的缺憾,甚至在某些维度能超越物理世界的限制,形成一种特殊的教育元宇宙场域,赋能教育元宇宙发挥出整体的场域效应①。实际上,《课程标准(2022 年版)》中多次提到的VR 就是元宇宙的一种支撑技术。基于元宇宙,教师和学生可以进入不同的学科或专业教室,通过全景视频、全景直播等技术连接远程教学场所,开展实时可视化在线教学和基于实地实景的课堂互动②,这就为体育与健康跨学科主题学习的情境创设提供了支持。

依托于元宇宙创建的体育与健康跨学科主题学习情境能够营造出更加真实的浸入感、现场感和共情感,从而实现沉浸的特性。在依托元宇宙开展教学时,利用体感设备、脑机接口等虚实交互设备,学生和教师的感官通道能够全面打开,不再只是通过视觉和听觉进行体育教学活动,而是依靠视觉、听觉、嗅觉、触觉、味觉的综合感知,这可以提高学生体育与健康跨学科主题学习的效果和兴趣。在许多方面,元宇宙呈现的环境与现实世界的环境非常相似,我们熟悉的一些物理定律(比如球类运动中球会因为重力而坠落、踢足球时球会受到摩擦力)会在虚拟世界中镜像。此外,除了现实世界以外,元宇宙还存在一些独到之处,比如学生和教师通过终端设备通常能够被传送到虚拟世界中的任何地方,以全方位沉浸式进入各种体育形态空间和跨学科学习情境课堂。总而言之,元宇宙的沉浸性不仅强调在元宇宙中获得真实的体育体验,而且还使得参与者可以自由穿梭于元宇宙与跨学科学习空间之间,获得超现实的沉浸体验。

在价值理念方面,共创、共治和共享是元宇宙的基本价值观。元宇宙环境不强加任何既定的规则或目标,相反,元宇宙中的居民负责定义他们所希望的环境的规则和条件,这使得元宇宙环境中可以举办各种不同的体育与健康跨学科主题教学和活动,元宇宙群体的自由创造能够为元宇宙的发展

① 华子荀,黄慕雄.教育元宇宙的教学场域架构、关键技术与实验研究[J].现代远程教育研究,2021,33(6):23-31.
② 钟正,王俊,吴砥,朱莎,靳帅贞.教育元宇宙的应用潜力与典型场景探析[J].开放教育研究,2022,28(1):17-23.

和更新提供动力。此外，由于元宇宙采用分布式云计算技术，能够把服务器托管在世界上的不同地方，因此在元宇宙中，用户群体可以根据实际需要扩大或是缩小跨学科体育学习环境的规模。同步和异步的工作都可以在元宇宙中完成，团队成员可以实现实时协作，当他们处于不同的时间表（不同时区）时，一个用户可以处理一项任务，并将结果或者中间工作留给另一个用户继续。自由创作的特性使得体育教育的实施者和参与者可以自由地进行活动、创作和交流，这就为创造多元的体育与健康跨学科主题学习的教学情境和内容提供了可能。

### 四、融合多模态大数据塑造体育与健康跨学科主题学习评价体系

体育课堂学习评价是提高课堂教学质量不可或缺的一个环节，是促进教学相长的一个重要手段。其是以教学目标为依据，按照体育教师之前制定的标准，用一切有效的技术手段对教学过程及结果进行测量并给予价值判断的过程。学习评价在体育与健康跨学科主题教学中同样能够发挥导向、反馈、激励等作用。过去的体育与健康课程学习评价主要是通过系统收集学生的课内体育学习态度与表现、课外体育锻炼情况与成效、健康行为等信息，依据学业质量对所反映的核心素养水平及学生的体育与健康课程学习情况进行判断和评估的活动。体育与健康跨学科学习主题的学习评价不仅要体现之前体育与健康课程标准中对学业质量的一般性要求，更要体现体育与健康跨学科主题学习对学生跨学科素养的特殊性要求。比如，对学生体育与健康跨学科知识与技能的理解和运用、体育与健康跨学科思维能力的考察等。体育与健康跨学科主题学习评价体系的多元化对数据提出了更高要求，运用大数据能给体育与健康跨学科主题学习评价体系带来新的可能。

大数据本身是一个比较抽象的概念，单从字面来看，它表示数据规模的庞大。大数据分析是指对规模巨大的数据进行分析。大数据的特点可以概括为 5 个 V，数据量大（Volume）、速度快（Velocity）、类型多（Variety）、价值性（Value）、真实性（Veracity）。大数据需要特殊的技术，以有效地处理大量数据，并确保这些数据能够在合理的时间内得到处理和分析。适用于大数据的技术包括大规模并行处理数据库、数据挖掘、分布式文件系统、分布式数据库、云计算平台、互联网和可扩展的存储系统。基于体育与健康跨学科主题学习评价体系，可以产生学生的体测数据、体能数据、健康行为数据、学习行为表现数据、跨学科知识数据、每个学生的擅长学科及体育基础数据等，通过大数据的采集、大数据的预处理、大数据存储与管理、大数据分析技

术、大数据可视化等手段与方法，对海量的数据进行分析，能够更好地辅助体育与健康教师进行跨学科主题教学。

　　值得注意的是，随着人工智能等新兴技术在体育与健康跨学科主题学习中的应用越来越广泛，所生成的数据量与日俱增，体育教师在应用这些技术时还需做好以下几个方面。首先，体育教师需要知道在对学生体育与健康跨学科主题学习的相关数据进行分析、解释和教学应用的过程中，可能存在的伦理风险、自己所承担的伦理责任、知识和数据的归属和使用权限，以及这些方法背后涉及的价值观和意识形态等方面的问题。其次，体育教师还需要意识到使用人工智能辅助体育与健康跨学科主题学习的开展时，可能对自己和学习者的学科专业角色与职业发展带来哪些新的改变，避免在进行体育与健康跨学科主题学习的教学决策方面沦为机器和算法的附庸与奴隶，由此挫伤教师和学生对于学科专业发展的信心、积极性和主动性。最后，体育教师还应重新定位自己作为教师的角色，认识到人在体育与健康跨学科主题学习发展中的独特作用。比如，利用个人学科学习与研究的经验、科学探究精神和自我实现的学科价值去引导和感染学生，增强学生对学科知识的兴趣、好奇心和想象力，并鼓励学生利用人工智能学习和探究体育学科中的问题。

# 第十二章　体育与健康跨学科主题学习的发展展望

　　《课程标准(2022年版)》首次将跨学科主题学习纳入体育与健康课程内容中,旨在响应国家"五育融合"的时代要求,深刻体现出基础教育课程已然走向综合课程的方向和培育体育与健康核心素养的必然趋势。该举措不仅有利于增强学生运用多学科知识与技能进行综合探究的能力,也为拓展中小学体育与健康课程内容、转变教学方式和学习方式提供了新的思路,同时跨学科主题学习的提出也使得课堂教学、体育教师专业发展等方面展现出新的机遇与挑战。基于此,本章重点探讨体育与健康课程中开展跨学科主题学习将要面临的挑战,并深入探究其未来发展方向,进而从政府、教育行政部门、学校以及体育教师等不同层面提出具体的推进路径。

## 第一节　体育与健康跨学科主题学习可能面临的挑战

　　依据美国教育学者古德莱德(Goodlad)等人所提出的课程转化理论,课程理念提出到实施落地要经历理念课程、正式课程、知觉课程、运作课程和经验课程五个层级[1],因而课程改革理念在各个层级实施中承接和落实的程度都会直接影响改革的使命与初衷。为此,核心素养导向下的体育与健康跨学科主题学习若要从"正式课程"的提出转化至"落地生根",切实发挥育人功能及其价值,则需经历由学校到体育教师与实践教学,最后落到学生主体的过程。在其推进过程中,体育与健康跨学科主题学习的教学实施和育人成效都可能会面临或大或小的挑战。因此,本节重点阐述开展体育与健康跨学科主题学习在学校、体育教师、学生三个层面可能面临的挑战。

---

[1] Goodlad J I. et al. Curriculum Inquiry. The Study of Curriculum Practice [M]. New York: McGraw-Hill Book Company, 1979:344-350.

## 一、学校层面的挑战

### （一）传统教育理念根深蒂固给跨学科主题学习带来的挑战

观念是行动的先导，徐继存指出高质量教学命题作为一种理想目标的提出意味着需对既有教学思想和观念进行检视和清理，重构教学的观念基础，为高质量教学的实施提供前提性的思想条件①，这也表明观念因素在集体行动中发挥着基础性和前提性的作用。因此学校层面作为培育和践行国家教育方针和教学理念，以及推进与落实体育与健康跨学科主题学习的"主阵地"，学校教育观念的好坏和学校主体重视程度将直接影响体育与健康跨学科主题学习的发展进度与育人成效。只有学校具备了良好的教育观念和行为态度，才能通过不同课程体系的建构与融合、科学布局实施和保障课程等多种举措来共同释放新时代核心素养导向下基础教育的深层内涵与潜能，这对于体育与健康跨学科主题学习的落实和开展至关重要。

然而，实际上由于长期受到"以考试成绩为本"的教育观念的禁锢，基础教育阶段已经形成了较为分化的分科教学体系和以各学科内部知识体系为逻辑和架构的课程观念，在社会、学校及家长高度关注"升学率"的驱使下，义务教育阶段体育与健康课程也慢慢走向为应试教育服务的道路，部分中小学校对于体育与健康课程漠不关心，"说起来重要，忙起来不要"、被其他主课程强占或剥夺等问题仍然存在②，因而学校层面应主动落实和转化义务教育新课标改革下的新思想、新观念和新理念，改变过去"以考试成绩为本"的教育观念，转向以培养学生体育与健康核心素养为目标的教育观念，重视体育与健康课程和跨学科主题学习的育人价值，这直接影响着跨学科主题学习的落实进度和育人成效。

因此，体育与健康跨学科主题学习若想真正落地，发挥其独特的育人价值，首先需要学校树立正确的教育观念，强化课程协同育人的功能，将先进的教育理念不断转化成自下而上的"自发性"的学校变革能力，逐步让教育去功利化、去形式化，促进不同学科之间知识和技能的融会贯通，从而更好地服务于体育与健康跨学科主题学习，使知识的潜在价值真正满足于体育与健康课程发展的需要，真正培养学生体育与健康核心素养，实现"立德树人"根本任务。

---

① 徐继存.构筑高质量教学的观念基础[J].中国电化教育，2022(1)：31-33.
② 李斌.基础教育体育与健康课程改革实施困境与对策——从制度变迁中路径依赖的成因谈起[J].体育科学，2017，37(3)：13-20.

**(二) 课程支持系统资源不足给跨学科主题学习带来的挑战**

当制度变革触动变革主体既得利益的时候,其对制度的践行和创新将会大打折扣①。《课程标准(2022 年版)》中明确指出:"新课程标准中所提供的钢铁战士、劳动最光荣、身心共成长、破解运动的'密码'、人与自然和谐美的五大跨学科主题学习的内容案例仅供参考,不同地区及学校和体育教师仍可以结合地方特色、学校和学生的实际情况,因地制宜地选择或拓展跨学科主题学习具体的教学内容②。"这深刻说明学校及体育教师在跨学科主题学习课程目标及内容的设定、教学方式和策略选择等方面有着极大的灵活性和能动性,学校层面需要积极发挥在体育与健康跨学科主题学习中顶层设计、教学资源供给、教师队伍配置、人才培养及课程保障等方面的独特优势,大力推进基础教育育人方式的根本变革。为此,学校层面在转变传统教育理念的基础上,还需要提供财政投入、教师队伍、器材器械、信息化技术等课程资源支持,为跨学科主题学习的开展提供内外部"软硬件"保障。但是现阶段,我国学校体育中体育场地、设施器材、教师队伍、信息化技术等教育资源供给不足的现状依然严峻,不同地区、城乡学校之间体育资源配置存在严重失衡现象,尤其是在中西部、农村等贫困地区,基本的体育场地器械、体育教师队伍仍无法得到有效保障。而体育与健康跨学科主题学习从客观上对优质的体育教学资源有强烈需求,可见课程资源配置不足也成为体育与健康跨学科主题学习开展所面临的重大挑战之一。

此外,除了为体育与健康跨学科主题学习的开展提供良好的物质资源保障外,还需要为体育与健康跨学科主题学习的执行者、实施者——体育教师创造更优质的教学、科研、研讨等环境。尤其对体育与健康跨学科主题学习而言,更需要打破不同学科之间的界限,加强不同学科之间的交流与联系,让不同学科的教师、专家学者等相关人员共同参与跨学科主题学习的课程研讨、教学实践、课后反思、宣传推广,相互合作、集思广益,实现共同发展,不断丰富跨学科主题学习的相关技术和方法,形成学生探究的新项目、新方案,更好地保障体育与健康跨学科主题学习得以落地和建构,达成培育体育与健康核心素养的育人成效。但是现阶段,中小学迫于升学等压力,学校课程设置、物质保障、资源投入等支持措施仍将关注焦点与主要发力点放在学生中高考考试科目成绩的提升上。即使部分学校认识到体育与健康跨

---

① 刘国艳. 制度分析视野中的学校变革[M]. 长春:吉林大学出版社,2010:15-20.
② 中华人民共和国教育部. 义务教育体育与健康课程标准(2022 年版)[M]. 北京:北京师范大学出版社,2022.

学科主题学习对于学生发展的重要性和必要性,但是仍与优质的、多样的体育课程资源配置存在落差,对于体育与健康跨学科主题学习的课程建设与发展力量更是微乎其微。

总体而言,当前跨学科主题学习的开展和落实仍然受到教学环境的影响,学校大力转变教育观念的同时,提高自身对跨学科主题学习的实践转化力,为体育与健康跨学科主题学习提供基础资源保障也应成为现阶段跨学科主题学习实施和发展中亟待解决的重要问题之一。

**(三) 课程体系不健全给跨学科主题学习带来的挑战**

课程体系是指在一定理论和观念指导下按照课程内在逻辑,将不同类型课程排列组合而成的一个完整系统,是保障教学质量和培养学生核心素养的关键载体和有效途径[①]。这也表明学校需要积极为跨学科主题学习搭建完善且系统的课程体系,这样才能促进跨学科主题学习的实际教学走向科学化、系统化,让教学体系能够有效承接跨学科主题学习的教学目标和教学任务,从而保障体育与健康跨学科主题学习的教学质量。

《课程标准(2022 年版)》中明确强调体育与健康课程跨学科主题学习主要立足于核心素养,结合课程的目标体系,设置有助于实现体育与德育、智育、美育、劳动教育和国防教育相结合的多学科交叉融合的教学内容[②]。开展体育与健康跨学科主题学习是一项复杂且系统的育人工程,为此学校层面应当建立系统性、协调性以及高度契合性的课程体系:一是纵向上,跨学科主题学习要求体育教师以体育学科为主,并能够充分挖掘和运用其他学科的知识和技能,按照不同年级学段的进度和人才培养过程,实施由简单至复杂、由低阶至高阶的跨学科主题学习课程体系设计;二是横向上,需要根据跨学科主题学习的学习目标、任务和规划,从"德、智、体、美、劳"五育以及国防教育融合的不同角度构建起系统全面的、相互衔接的跨学科主题学习课程体系;三是协同层面上,体育与健康跨学科主题学习需要打通不同教育渠道的育人环节,挖掘除学校层面外,家庭、社会、网络等不同渠道的协同作用,凝聚各方共识和合力,激活各类教育资源,真正实现协同育人的课程模式。然而现阶段,学校对于不同学科的跨学科主题学习课程体系建设仍不够完善,家庭、社会、网络等协同育人体系更是不够健全,体育与健康跨学科主题学习在持续推进的过程中出现驱动力、保障

---

① 尹后庆. 以基础教育高质量发展为目标的课程改革[J]. 基础教育课程,2022(1):4-8.
② 中华人民共和国教育部. 义务教育体育与健康课程标准(2022 年版)[M]. 北京:北京师范大学出版社,2022.

力、协同力不足等问题,致使跨学科主题学习课程建设走向"形式化""庸俗化",在一定程度上严重制约着跨学科主题学习系统化、科学化的推进与开展。

因此,要想摆脱传统学校体育教学存在的问题和窠臼,将理想的课程转化为学生体验的课程,其首要则是建立起一套科学、系统且全面的体育与健康跨学科主题学习的课程体系,进而真正为体育与健康跨学科主题学习的实施与发展"保驾护航"。

## 二、体育教师层面的挑战

### (一)体育教师教育理念偏差给跨学科主题学习带来的挑战

教师作为课堂的组织者和引导者,其教育观念直接影响着教学效率和教学成果。当前,随着《中共中央国务院关于深化教育教学改革全面提高义务教育质量的意见》《教育强国建设规划纲要(2024—2035 年)》《中国教育现代化 2035》《中小学综合实践活动课程指导纲要》《教育部关于加强新时代中小学体育教师队伍建设若干举措的通知》等政策的颁布,以及《普通高中体育与健康课程标准(2017 年版)》和《义务教育体育与健康课程标准(2022 年版)》的相继问世,中国的基础教育课程正经历着前所未有的深化改革,核心素养导向下的基础教育改革已然来临,尤其是课程功能、课程结构、课程内容、课程实施、课程评价等方面已发生了根本的转变。其中,尤其值得注意的是体育与健康跨学科主题学习的开展,不仅是简单的体育与健康课程内容的增加,而是预示着育人方式变革的新方向,即由"学科割裂"教学向"学科统整"教学转变、由"教师导学"课堂向"学生主体"课堂转化、由"知识传授"方式向"问题探究"方式转型等,这也相应地要求体育教师的教育观念发生根本性的转变,包括教育观、学生观和师生观等。

但是现阶段在长期固化的"知识中心观""技术中心观"的教育观念背景下,大部分体育教师常常以体育教材或者过去积累的教学经验来开展和实施体育教学实践。因而当义务教育阶段体育与健康课程首次提出将跨学科主题学习与基本运动技能、体能、健康教育、专项运动技能并列为五大课程内容时,需要课程实施者、执行者——体育教师积极主动地学习和领会《课程标准(2022 年版)》的新思想、新理念。这意味着体育教师既需要对自身原有体育知识与能力有着明确的认识,还需要对开展跨学科主题学习的基本内涵与特点、价值与实施等方面有着清晰的认知与定位,这对于体育教师自身来说是较为巨大的挑战。长期囿于传统教学的体育教师习惯了围绕运动知识与技能的教学行为,现有的认知意识与教学能力会使其面对新课标要求时产生"如何培养学生体育与健康核心素养""如何设计结构化教学内容""如何开展体育与健康跨学科主题学习"等诸多问题,甚至部分体育教师可能出现质疑和排斥的心理,进而直接影响其在跨学科主题学习课程中的教学行为方式。因此,体育教师需要积极面对学校体育发展议题,并持续发现问题、解决问题,向契合国家时代发展、课程改革、学生需要的卓越体育教师迈进,才能真正成为支撑体育与健康跨学科主题学习走向纵深发展的牢固根基。

**(二)体育教师专业知识陈旧给跨学科主题学习带来的挑战**

教育是人的活动,教育活动能否顺利开展,能否取得预期效果,人是决定性因素。如何促进学校场域中教师群体的变革,使其获得身心的解放,萌生改变学校的主动意识和自觉参与行为,也是核心素养时代变革下的重要目标指向①。曾任教育部教师工作司司长的任友群教授在2022年3月接受《人民教育》杂志专访时指出,为了落实总书记有关"高质量教育体系需要高质量教师队伍来支撑"的精神,就必须要让"高质量的教师拥有专业的知识和教学技能,并能动态与学生的变化、知识的迭代、技术的进步、时代的发展相适应"。这也深刻体现出教师的专业知识是其从事专业工作所必备的智力资源,更是推动基础教育高质量发展的关键要素②。具体到学校体育领域而言,体育教师作为课程实施的关键角色,其专业知识是专业能力发展的基础,也是实现高效体育教学的核心要素(见表12-1)。若体育教师未能具备良好的或基本的专业知识作为基础,将无法进行正常的体育教学,也难以提高其教学水平,从而影响学生体育与健康课程学习的质量。因而体育教师若想有效推进体育与健康跨学科主题学习的开展,作为其支撑基础的专业知识和能力也要随之发展,既需要拥有体育专业知识与技能作为基础,还需要了解同等水平阶段其他学科相关知识体系的架构和跨学科主题学习的基本内涵、逻辑以及价值作用等,更需要了解学生的生活及其关注点,将体育学科与其他学科及学生生活实践有机融合,进而将专业知识"内化于心、外化于行",不断通过实践教学提升自身专业能力,以满足体育与健康跨学科主题教学、跨学科主题教研活动等多样需求。

---

① 刘国艳.三十年来我国基础教育制度变迁的回望与分析[J].河北师范大学学报(教育科学版),2012,14(8):40-43.
② 尹志华,刘皓晖,闫铭卓,林思瑶,汪晓赞.有效教学的知识基础:体育教师应掌握什么样的知识?——美国国家体育科学院院士Phillip Ward教授学术访谈录[J].体育与科学,2023,44(3):23-33.

表 12 - 1　中小学体育教师学科教学知识内容结构的具体表述①

| 名称 | 结构范畴 | 具体内容 |
|---|---|---|
| 体育教师学科教学知识 | 内容知识 | 一般内容知识(体育规则、礼仪与安全、技战术);特殊内容知识(学生错误动作的辨识、教学内容的安排、课程目标的确立、课程内容的理解) |
| | 教学知识 | 教学表征、教学方法和策略、教学反馈、教学评价、教学组织形式 |
| | 学生知识 | 学生年龄特征、学生学习风格差异、学生运动技能基础 |
| | 情境知识 | 班级情境、学校情境、社会情境 |

　　然而,研究表明,教师在长期受教育过程中和分科教学中会发展出一种具有日常经验性的"前理解",如果"闯入"的新知不能与"前理解"相融,部分教师则会将其直接拒之门外,或以扭曲的样态与原有认知保持一致②。相较于其他学科教师而言,体育教师原本自主学习能力和学习动机就较为不足,且加上不同学历、不同背景等因素的影响,体育教师的专业教学知识水平参差不齐,对于体育与健康跨学科主题学习课程的设置与实施缺乏经验,对于非体育学科的知识和技能更是匮乏。尽管部分体育教师积极发挥主观能动性,通过线上和线下多种途径主动学习并深入研讨体育与健康跨学科主题学习的相关知识,但是其获取的知识大多是较为分散且复杂的,难以形成科学、系统的体育与健康跨学科主题学习认知。因此,在义务教育新课标颁布的背景下,体育教师不仅要进行"自我治理",调适专业教学态度和行为,重新思考新时代学校体育课程开发的目的和意义,而且要不断审时度势地省察自身,努力寻求自身专业知识和技能的不断提高,以适应教育现代化和体育教师可持续发展的需求。

**(三) 体育教师专业能力可持续发展不足给跨学科主题学习带来的挑战**

　　叶澜曾指出:没有教师生命质量的提升,就很难有高的教学质量;没有教师精神的解放,就很难有学生精神的解放;没有教师的主动发展,就很难有学生的主动发展;没有教师的教育创造,就很难有学生的创造精神③。这深刻表明体育教师作为承接政策和学生学习的中坚力量,其未来能否以核心素养为基调进行自身专业能力再更新、再发展,在很大程度上决定着体育

---

① 张晓玲. 中小学体育教师 PCK 研究[D]. 上海:上海体育学院,2018.
② 王亚军. 教师变构学习:理念重塑与生发机制[J]. 教育发展研究,2023,43(2):38 - 43.
③ 叶澜,白益民,王枬,陶志琼. 教师角色与教师发展新探[M]. 北京:教育科学出版社,2001.

与健康课程是否能够有效发展学生核心素养,促进学生全面健康发展①。《课程标准(2022 年版)》强调应贯穿整个义务教育阶段设立跨学科主题学习活动,加强学科间相互关联,带动课程综合化实施,强化实践性要求,并且强调开展跨学科主题学习要注重与学生经验、社会生活的关联,加强课程内容的内在联系,突出课程内容结构化,探索主题、项目、任务等内容组织方式②。这也充分说明体育教师对于跨学科主题学习认知水平和专业能力的高低,在很大程度上决定着跨学科主题学习是否能够有效落实到体育与健康课程中,能否发挥出跨学科学习的综合育人价值。

在义务教育新课标颁布背景下,体育与健康跨学科主题学习的首次设立将打破传统课程观念的"舒适圈",对于体育教师专业能力的发展提出了更严峻的挑战,体育教师需要实现从机械地、单向地传递课程信息过渡至对课程实施做适应性改编,再逐步转向积极地参与跨学科主题学习课程开发,成为体育与健康跨学科主题学习的研学者、设计者和实践者。体育教师若想正确通晓跨学科主题学习则需要掌握多种能力:其一,较强的跨学科整合、课程选择、主题研发的能力;其二,指导学生进行实践探究的融合学习的能力;其三,规划、组织、协调综合实践学习活动,指导学生做好实证采集,将过程资料上升为信息,并基于信息不断生成认识和行动的能力;其四,持续从行为、结果、过程等多方面对学生进行评价的能力③。然而,大多数体育教师由于习惯于传统教学思维和教学模式,几乎忽视了学生在课堂中的主体性,在教学实践中仍然缺乏对新教材的深度挖掘和对新学知识的转化,其在践行和开展体育与健康跨学科主题学习时,仅局限于跨学科主题学习内容的简单变通,只能根据课程标准所提出的学习案例"照本宣科"地开展跨学科主题学习,在课程整合上很容易出现学科内单元内容的简单拼接、学科间相关知识的机械组合的现象,进而将知识转化到实际教学中也十分随意且零散,致使无法真正彰显跨学科主题学习所具有的独特育人功能及价值。因而,在义务教育体育与健康课程改革背景下,国家若想真正培养出一批满足社会发展需求的体格强健、人格健全、精力充沛和思想进步的时代新人,

---

① 尹志华,刘皓晖,侯士瑞,徐丽萍,孟涵. 核心素养时代体育教师专业发展的挑战与应对——基于《义务教育体育与健康课程标准(2022 年版)》的分析[J]. 体育教育学刊,2022,38(4):1-9+95.

② 中华人民共和国教育部. 义务教育体育与健康课程标准(2022 年版)[M]. 北京:北京师范大学出版社,2022.

③ 吴乐乐,李常明,黄仕友. 常态化·特色化·序列化:综合实践活动课程的区域推进[J]. 中小学管理,2017(7):32-34.

其关键在于体育教师,其专业能力的高低在很大程度上将影响我国跨学科主题学习的落实与发展。

### 三、学生层面的挑战

#### (一) 学生知识与技能基础参差不齐给跨学科主题学习带来的挑战

建构主义学习理论表明,学习不只是教师单一地向学生传递知识信息、学习者被动吸收的过程,而是学习者自己主动建构知识的过程。因此,在建构过程中,学生的认知基础可能会对跨学科主题学习产生影响。新课标中强调跨学科主题学习一般应以生活中的实际问题为出发点,使学生在自主或合作实践探究的过程中主动整合、建构碎片化的知识,深入思考并寻找解决问题的方法。同时,跨学科主题学习活动具有的六大特征(见表12-2)均表明体育与健康跨学科主题学习的综合难度相较于其他一般性课程内容学习的难度偏高,这相应的对学生自主学习、探究等能力的要求也更高。因而在开展体育与健康跨学科主题学习之前,需要学生掌握一定的体育知识与技能作为基础,同时具备同等水平的其他非体育知识与技能的学习能力,这样才能随着体育与健康跨学科主题学习的课程内容不断进阶、年级水平日益升高、教学形式日趋复杂多样等方面的变化,潜移默化地引导学生掌握超越体育与健康课程本身的内容,积极运用和迁移已有的知识与技能体系主动地合作探究、建构与其他学科相关联的跨学科共通的范式及概念等,进而延伸到社会实际生活中,消融学科实践与生活实践的边界①。

表12-2　跨学科主题学习活动的六大特征②

| 特征名称 | | 内　涵 |
| --- | --- | --- |
| 一般特征 | 真实性 | 贴近不同学段学生的生活实际,设计真实、复杂的教学情境、问题与任务,强调学生对于真实问题的发现、分析和解决能力 |
| | 实践性 | 注重主题内容与现实的关系,促使学生在实践过程中综合运用多学科知识与方法解决社会问题,实现学习的有效迁移 |
| | 多样性 | 借助丰富多样的资源为学生搭建多维度的平台,并根据不同的学习目标和要求,多样化的学习方法与路径,在探索多种解决问题方法的过程中得到多方面的发展 |

---

① 崔允漷.学科实践:学科育人方式变革的新方向[J].人民教育,2022(9):30-32.
② 董艳,夏亮亮,王良辉.新课标背景下的跨学科学习:内涵、设置逻辑、实践原则与基础[J].现代教育技术,2023,33(2):24-32.

| 特征名称 | | 内　涵 |
|---|---|---|
| 本质特征 | 探究性 | 主题内容、学习资源和跨学科问题情境要具有一定的开放性和延伸性,使学生在已有经验的基础上,经历体验、探索的过程,从而获得研究性的学习成果 |
| | 跨学科性 | 体现本学科与其他学科在知识内容、方法手段等方面的关联性,强调学生在综合运用多学科知识和方法解决跨学科问题的过程中,不断提升跨学科素养 |
| | 综合性 | 体现学科内部知识及其与其他学科相关知识的整合、多种方法的综合利用,创设具有综合性的跨学科问题情境,将培育学生的正确价值观、必备品格和关键能力有机融合 |

除了学生多学科知识与技能基础较弱给跨学科主题学习带来的挑战以外,学生知识与技能水平参差不齐也给教学实施带来较大困难。尽管体育教师能够依据学生的实际知识技能水平和身心发展特点选择适宜的跨学科主题教学内容,但"学生体质连续下降""上了12年甚至更多年的体育课却没有掌握一项运动技能""学生喜欢运动却不喜欢体育课"这三大学校体育课程难题始终存在[1],即使同一学段、同一班级的学生对于体育知识和技能的认知基础也是参差不齐的,运动需求更是各不相同,如何针对不同层次学生的实际需求开展相对应的体育与健康跨学科主题学习教学设计,让更多学生能够真正地"参与"体育课、"喜欢"体育课、进入"深度学习"阶段,这对于落实体育与健康跨学科主题学习的主体——体育教师来说是个不小的挑战。综上可见,学生认知基础参差不齐也是阻碍跨学科主题学习有效落实和实现育人价值的挑战之一。

**(二)学生综合实践能力不足给跨学科主题学习带来的挑战**

皮亚杰认知发展理论认为,认知能力的发展是通过认知结构的同化和顺应实现的,而这一过程也在不断打破原有知识体系并形成新的平衡[2]。体育与健康跨学科主题学习是利用某些体育学习情境或现实问题,让学生能够在实践中利用多种学科的知识来认识、理解和解决体育学习中的问题以及理解现实生活,发展学生的探究精神、解决问题的能力及创新能力,将体育与学生

① 季浏.我国《普通高中体育与健康课程标准(2017年版)》解读[J].体育科学,2018(2):3-20.

② 林崇德.发展心理学[M].北京:人民教育出版社,2008:49-52.

德智美劳各维度的发展相结合而实现综合育人目标①。从学科知识体系分类来看,知识可分为认知性和操作性知识两大类②。相较于其他学科来说,体育与健康课程具有基础性、实践性、健身性、综合性等特点,因而其隶属于操作性知识门类。可见若想真正深入学习和掌握一项体育技术,学习者需要通过循环往复地进行思考与实践的相互结合才能最终习得。因而中小学生在体育与健康跨学科主题学习的课堂中,既需要对体育及其他知识与技能有着扎实的认知基础,还需要在体育教师和跨学科主题的引领下,在复杂的情境中,通过自主或合作探究等形式及时筛选并正确将多学科知识与技能付之于实践来解决体育实际问题。这更加强调学生在实践中发展自主创新、合作探究、分析解决问题等多种能力,对于中小学生群体则需要由领会知识与技能转向在实践中运用和迁移多学科知识与技能,这对于学生而言也是较大的挑战。

在实际教学中,由于传统教学观念和教师单向化、机械化地进行体育知识与运动技术传授等因素的影响,再加上应试教育思维的根深蒂固,导致学生在实践中发现问题、自主创新、合作探究、实践操作等能力依然较为欠缺。因而开展跨学科主题学习不仅对体育教师在教学理念和目标的设计、教学内容和方式的选取、教学策略的制订等方面提出了更高层次的要求,对于中小学生群体则需要他们打破"知"与"行"的隔阂,由领会知识与技能转向体育深度学习再到在实践中运用和迁移多学科知识与技能,并且随着学生由低学段向高学段成长,体育与健康跨学科主题学习的教学知识难度、运用广度、理解深度等要求也会相应进阶,若教师仍以理论层面的机械灌输式教学为主,不能及时与学生展开对话与交流,进而合理调整跨学科主题学习的课程内容和难度,那么跨学科主题学习将十分容易沦为盲动与浮于浅表,形成碎片化、琐碎化的学习③。这不仅直接影响体育与健康跨学科主题学习的课堂质量和教学效果,而且通过跨学科主题学习而需要实现的体育育人价值及多元功能也将受到较大的限制,导致对学生体育与健康核心素养的培养达不到预期的效果。

## 第二节 体育与健康跨学科主题学习未来的发展方向

在科学技术与生产方式变革的时代背景下,亟待推进新时代基础教育

① 尚力沛,俞鹏飞,王厚雷,程传银.论体育与健康课程中的跨学科学习[J].上海体育学院学报,2022,46(11):9-18.

② 张洪潭.体育教学的知识类属与理想课形[J].体育与科学,2007(2):18-24.

③ 吴永军.跨学科学习何以可能[J].教育发展研究,2022,42(24):22-27.

课程改革来回应社会发展对人才的实践能力、创新能力等方面的多种需求。
而跨学科主题学习有利于培养学生创新实践、问题解决和交流协作等综合
能力,已成为培育学生体育与健康核心素养和落实"立德树人"根本任务的
重要抓手和有效路径。并且"新理念""新内容"的注入,也预示着我国基础
教育体育与健康课程育人的新方向。基于此,本节主要从课程目标、课程内
容、教学方式、学习评价四大方面重点阐述我国体育与健康跨学科主题学习
课程未来的发展方向。

## 一、课程目标:以核心素养为导向,凸显独特的综合育人价值

杜威曾说过:教育是在经验中、由于经验和为着经验的。教育的发生就
在经验当中,而不是远离经验的,经验是教育的来源,教育的目的就是经验
得到不断生长①。这深刻表明在核心素养时代,教育是寓于实践经验当中
的,教育的最终归宿也是更好地服务于实践,以此来充分指向核心素养的课
程目标。纵观我国基础教育体育与健康课程改革历程,随着《普通高中体育
与健康课程标准(2017 年版)》首次提出运动能力、健康行为和体育品德三
大核心素养,再到《义务教育体育与健康课程标准(2022 年版)》对核心素养
的强化,培养学生核心素养已成为教育界和学术界的共识,其为我国学校体
育工作提供了基本方向和根本遵循。但是即使在核心素养导向下的体育与
健康课程改革如火如荼之际,受到传统教学理念、应试教育体制和不同分科
教师的灌输式教学等多重因素影响,学科知识和技能与日常生活之间的联
系仍然处于脱节、割裂的情况之中,体育教师一旦转换问题情境,学生就难
以灵活运用所学知识和技能来解决综合性的体育实践问题,"知其然不知其
所以然"的情况依旧存在。根据建构主义理论,若想真正实现学生将所学的
知识和技能内化于心,则需要学生成为知识的主动建构者、团队的积极合作
者,否则对于学生而言习得的仍是无法利用的知识,其育人成效也有待考
量。在应试主义教育体制下,这种"无用知识"的掌握不过是求得应试成功
的手段而已——学生在学校里专注于积累"无用知识",而积累起来的"无用
知识"被用来换取应试的成功。不仅如此,应试主义教育采用的种种教学方
法无法使学生主动地投入学习,愈演愈烈的应试主义教育风潮在严重地摧
残着学生的身心发展②。

---

① 崔允漷,张紫红,郭洪瑞.溯源与解读:学科实践即学习方式变革的新方向[J].教育研究,
2021,42(12):55－63.
② 钟启泉.学力目标与课堂转型——试析"新课程改革"的认知心理学依据[J].全球教育展
望,2021,50(7):14－27.

　　因此,一方面,在未来体育与健康跨学科主题学习的课程目标设置上,应紧紧围绕体育与健康课程某一内容,既要重视发展学生的运动能力、健康行为和体育品德三大核心素养,更要重视对学生跨学科素养的培育,将实践创新、合作探究、解决问题等能力作为体育与健康跨学科主题学习课程目标的重要组成部分。另一方面,要形成一体化课程目标体系。《课程标准(2022年版)》强调:"遵循学生身心发展规律,加强一体化设置,促进学段衔接,提升课程的科学性和系统性。"美国国家研究理事会对学习进阶的定义为:学习进阶是对学生连贯且逐渐深入的思维方式的描述。在一个适当的时间跨度下,学生学习和探究某一重要内容或者实践领域时,其思维方式应该逐渐进阶①。因此在不同水平学生的身心发展基础上(见表12-3),跨学科主题学习课程目标中的三大核心素养要体现螺旋上升性和可操作性。综上可见,跨学科主题学习课程目标要以体育与健康核心素养为核心,将德智体美劳五育不断渗透进不同层次的教学目标中,实现跨学科主题学习协同育人功能,从而保证学生在跨学科主题学习的课程中逐步形成适应自身成长和经济社会发展所需要的运动能力、健康行为和体育品德核心素养。

表12-3　科学概念理解的发展层级模型②

| 发展层级 | 层级描述 |
| --- | --- |
| 经验(Experience) | 学生具有尚未相互关联的日常经验和零散事实 |
| 映射(Mapping) | 学生能建构事物的具体特征与抽象术语之间的映射关系 |
| 关联(Relation) | 学生能建构抽象术语和事物数个可观测的具体特征之间的关系 |
| 系统(System) | 学生能从系统层面上协调多要素结构中各变量的自变与共变关系 |
| 整合(Integration) | 学生能由核心概念统整对某一科学观念(例如物质观念、能量观念等)的理解,并建构科学观念之间和跨学科概念(例如系统、尺度等)之间的关系 |

① 李衍勋,王婷. 从能力走向认知:学习进阶测评的转向[J]. 教育理论与实践,2022,42(34):59-64.

② 郭玉英,姚建欣. 基于核心素养学习进阶的科学教学设计[J]. 课程·教材·教法,2016,36(11):64-70.

## 二、课程内容:以大概念为统整,建构起结构化的运动情境

以核心素养为导向的体育与健康教学离不开三大关键课题,即洞察构成学科的核心概念;软化学科边界,实施跨学科整合;开展学科实践①。这说明核心素养导向下体育与健康跨学科主题学习的课程内容设置上,首先应强调以大概念统整课程内容,并且不断打破不同学科之间的界限,实现体育与其他学科知识和技能的深度融合,以此作为开展核心素养导向下跨学科教学实践的逻辑指向。同时,《义务教育课程方案(2022年版)》中强调统筹设计综合课程和跨学科主题活动,原则上,各门课程用不少于10%的课时设计跨学科主题学习活动。但是与此相对的是,由于缺乏详细的描述和指引,未能对跨学科主题学习的开展形成制度制约作用,并且处于边缘化地位的体育与健康课程,原本总课时量就会受到理论考试、节假日、天气原因等多重因素的影响,致使只占总课时10%以上的跨学科主题学习易受到忽视,进而使得跨学科主题学习课程内容较为分裂、碎片化,其育人成效也将微乎其微。另外,虽然《课程标准(2022年版)》中提倡将体育与德育、智育、美育、劳动教育和国防教育内容交叉融合,提供了钢铁战士、劳动最光荣、身心共成长、破解运动的"密码"、人与自然和谐美五大跨学科主题学习内容案例,但并没有规定必须教授和使用这些内容。不同地区、学校和教师可以结合地方特色、学校和学生的实际情况,选择或拓展跨学科主题学习内容。这虽然给行政部门、地方学校、体育教师等层面留下了较大的自主规划和设计空间,但也使部分学校、体育教师在开展跨学科主题学习时十分模糊和不知所措,导致实际情况与育人设想相背离。

基于此,在未来推进跨学科主题学习的课程方面需要做好以下几点:一是在课程体系设置上,应大力重视不同层面的跨学科主题学习的课程体系开发,形成系统、全面的体育与健康跨学科主题学习教学体系。一方面,政府应基于现阶段所颁布的义务教育体育与健康标准,积极颁布相关配套的中小学跨学科主题学习指导纲要;另一方面,应加大学校体育与健康跨学科主题学习校本课程的开发,学校应以国家课程标准为导向,搭建起符合学校自身特色和学生需要的主题鲜明、内容翔实的跨学科主题学习课程的系统设计,并确立清晰且可操作的课程目标和理念、课程开发和设计标准、课程实施指南和规范、评价目标体系、教师培训计划等整体架构。二是在课程内容设计上,体育教师应以体育与健康课程为中心整合其他学科的知识和技

---

① 钟启泉.课堂转型[M].上海:华东师范大学出版社,2017:59.

能,通过"自上而下"或"自下而上"的方式提炼出跨学科主题大单元教学的大概念[1],勾画出体育与健康跨学科主题学习整体的教学愿景,进而通过选择、修改、细化或整合等步骤分解大概念来形成不同课时的子概念,架构起系统的、科学的、可操作的体育与健康跨学科主题课程教学体系。三是在课时安排上,应将不同子概念转化为若干个项目群及任务群,每个项目群中设计具有连贯性、进阶性和探究性的运动情境和任务,架构起"体育+X"跨学科主题学习的任务指引,促使学生在完成相互衔接、日渐深入的运动任务的过程中,循环往复、螺旋上升地生成问题、合作探究、解决问题,深刻体会体育知识和技能并在实践中不断强化,使得学生能如同专家一样思考和解决现实生活中的问题,从而习得蕴藏于主题之中的不同学科的知识,促进多元认知能力的发展,形成解决问题的技能以及对知识进行社会性、情境性迁移运用的能力。

### 三、教学方式:以问题链为指引,激发学生深度参与学练过程

华东师范大学袁振国教授曾在中国教育发展战略学会上提出:教学方式变革是教育高质量发展的核心内容,由于知识增长方式、传播方式以及使用方式发生了巨大的变化,新时代教学方式应强调八大变革,即从固定学习到泛在学习、从储备学习到即时学习、从寻找答案的学习转向寻找问题的学习、从接受学习到批判性学习、从独自性学习到合作性学习、从烧脑学习到具身学习、从线下学习到融合学习、从传道授业解惑到教学相长[2]。以上变革深刻表明体育教师教学方式应从"教书"向"育人"方式转变,将课堂的主动权归还给学生主体。《课程标准(2022年版)》中的课程理念表明:"注重教学方式的变革,强调从以知识技能为本向以学生发展为本转变,创设丰富有趣的教学情境,发展解决体育与健康实际问题的综合能力。"而跨学科主题学习若想实现以学生发展为本,其关键需要体育教师积极发挥参与和引导作用,通过提出多种问题,让学生体验自主地合作探究、解决问题、建构知识、运用知识的过程。格兰特·威金斯等人曾强调问题产生的逻辑是围绕真实的情境设计并呈现指向和突出大概念的核心问题,因而对体育与健康跨学科主题学习的课程内容需进一步分解和细化,形成内在联系、层层递进

---

[1] 孙铭珠,贾晨昱,尹志华.体育与健康核心素养背景下的大概念要义阐释、提取路径与内容框架[J].首都体育学院学报,2023,35(1):21-31.
[2] 袁振国.加快建设高质量教育体系[J].上海教育科研,2023(1):3.

的问题链①,让学生在问题解决的过程中不断深化对跨学科主题学习所涉及的大概念内容的深度理解和认识,引导学生合作参与深度思考和学习,清晰地认识到体育实际问题的本质及其规律,使跨学科主题学习所学知识与技能可以迁移至实际生活中。然而长期以来,传统体育教学过分注重体育教师讲授、示范和指挥,学生则听讲、模仿和纠错,导致体育运动的整体性和教育价值有所缺失,使得学生丧失对体育的兴趣②。这与新课标中强调的注重教学方式的变革、从知识技能为本转向学生发展为本、创设丰富有趣的教学情境、发展解决体育与健康实际问题的综合能力的理念相悖。因而跨学科主题学习的教学方法需摆脱传统体育教学的思维定式,尤其注重创设具有综合性、实践性和开放性的问题情境,引导学生积极主动地将所学的多学科知识和技能运用于探究和解决体育与健康实际问题的过程中,激发学生体育学练的兴趣。

　　基于此,在跨学科主题学习的教学中,体育教师应围绕体育真实情境提出不同的问题,形成完整、系统的问题链,帮助学生在“探究—综合—整理—提炼”的过程中,梳理不同知识间的内在联系,深化对体育与健康跨学科主题学习课程内容的深度理解和认识,清晰地认识到体育实际问题的本质及其规律,从而形成一套指向明确、完整清晰的知识链条,将跨学科主题学习所学知识和技能内化后,逐步迁移和运用于解决真实生活和体育锻炼中的实际问题,促进学生“德智体美劳”全面发展。

### 四、学习评价:以表现性评价为主,强调开展多元化评价模式

　　再完备的课程设计离开了学习评价的引导和保障也难以得到实质性的落地。学习评价是课程发展方向的指挥棒,直接关系着课程的实施导向,也是检验课程实施质量的“晴雨表”,直接反映着课程实施的程度③。由于体育与健康跨学科主题学习仍需遵循义务教育新课标有关学习评价的具体要求,即新课程标准中提及需要通过系统收集学生的课内体育学习态度与表现、课外体育锻炼情况与成效、健康行为等信息开展评估活动来进行多元评价,同时强调“过程性评价与终结性评价、定性评价与定量评价、相对性评价

---

① 张磊,杨浩.体育与健康核心素养导向下的大问题教学内涵解析、价值澄明与策略选择[J].首都体育学院学报,2023,35(1):49-56.
② 潘绍伟.我国义务教育体育与健康课程培养核心素养的理念阐释[J].首都体育学院学报,2022,34(3):234-240.
③ 刘志军,徐彬.新课标下课程与教学评价方式变革的挑战与应对[J].课程·教材·教法,2022,42(8):4-10+24.

与绝对性评价等相结合,积极探索增值评价,健全综合评价",这在一定程度上为基于核心素养的体育与健康跨学科主题学习的教学评价指明了重要方向。长期以来,在体育中考、高考单个技术或运动技能成绩定高低的影响下,人们对体育与健康课程存在思维误区,即将单个技术或运动技能的成绩或名次作为学生体育成绩评价的唯一尺度,致使无论在跨学科主题学习还是其他课程内容教学中,多样化评价方式流于形式化和表面化,这与课程标准所传达的重要精神和核心素养的培养目标相背离,难以真实测评学生核心素养水平。课标内容指出要重视教—学—评的一致性,强调以核心素养为评价导向,并提出多样化的评价范式①。因此,从学习评价来看,地方教育行政部门不仅要对跨学科主题学习课程中体育教师跨学科素养、跨学科主题学习落实情况、开展跨学科主题学习实际情况进行考察,更要对紧紧围绕学生体育与健康核心素养水平展开评价的情况进行考察。

在未来开展跨学科主题学习课程学习评价时,体育教师应用好综合评价、增值评价、过程性评价和终结性评价等多样化评价方法。具体而言,一是对学生参与体育与健康跨学科主题学习过程中的核心素养进行综合评价。二是对学生参与体育与健康跨学科主题学习的学习状态及学习成效进行综合评价,即强调以表现性评价为主,并将学习成果进行物质转化,如文本、模型、设计图、调研报告、设计方案等,来充分体现学生达成预期结果的证据。三是通过建立综合素质档案袋保存关于学生知识、技能、态度的学习证据,从而为评价学生核心素养发展提供客观依据。在评价方法上,义务教育新课标强调针对不同的跨学科学习内容,师生应共同制订多种基于核心素养的评价量表,如选题评价表、活动过程评价表、作品评价表和综合评价表等,并用于学生自我诊断、组间评价以及教师的评价反馈。最值得注意的是,《课程标准(2022年版)》中强调要以结构化的体育知识和技能作为考评的内容。因而开展体育与健康跨学科主题学习时,最有效的出发点就是思考核心知识与核心素养在价值内涵上的关联性,依此类推,评价设计要把握体育与健康跨学科主题学习的核心知识及其相关的体育与健康核心素养,再结合具体活动任务将其转化成评价指标,以此形成对学生学习状态、跨学科知识运用水平和学习活动表现等方面的全程记录,以及对学生在创意实践过程中成长与变化的全面追踪②。此外,在信息技术赋能下,情境导向评

---

① 尹志华,刘皓晖,孙铭珠.核心素养下《义务教育体育与健康课程标准》2022与2011年版比较分析[J].天津体育学院学报,2022,37(4):395-402.

② 周素娟.跨学科主题学习的逻辑理路与教学实践[J].基础教育课程,2022(22):4-11.

价将呈现丰富的新样态,体育教师可以借助信息技术手段对学生参与体育与健康跨学科主题学习的整个学习过程进行全方位的数据采集和分析,从而提高学习评价的科学性、专业性和客观性。

## 第三节　体育与健康跨学科主题学习的推进路径

马克思主义唯物史观告诉我们,任何事物的发展都是前进性和曲折性的统一。事物前进的道路是曲折的、迂回的,但事物发展的方向是前进的、上升的。随着核心素养导向下基础教育课程改革的不断推进,落实体育与健康跨学科主题学习成为一项复杂且艰巨的系统性工程,在其改革的前进路上也必然面临着各种各样的挑战与困难,需要政府、学校、教师等不同层面各司其职、通力合作,最终才能发挥跨学科主题学习独特的育人价值。因此,本节分别从政府、各级教育行政部门、学校、体育教师四个层面深入分析并阐述推进体育与健康跨学科主题学习高效、优质开展的具体路径。

### 一、政府层面的推进路径

政府在基础教育课程改革的推进过程中扮演着至关重要的角色,没有政府管理部门以及在其统辖之下的各级教育行政部门的高度关注和执政能力的保障,基础教育改革无法有序推进并获得显著的育人成效。在推进过程中,政府需要发挥强大号召力,充分整合各方力量,突破基础教育课程改革中的时代性、全局性问题①。政府作为基础教育改革的顶层谋划者、监督者和督促者,对于体育与健康跨学科主题学习顺利开展和有效落实起着根本性的指引、保障和监督作用。

首先,顶层系统谋划推进,全方位统筹规划跨学科主题学习体系架构。我国正处于新一轮基础教育课程改革发展的深水期,体育与健康跨学科主题学习的推进与发展尚处于初级阶段,仍然缺乏整体且系统的框架。因而我国应充分发挥制度优势,政府应彰显自身独特的引领和保障作用,通过自上而下的行政统筹,全方位推进学校体育课程高质量发展,为体育与健康跨学科主题学习的落实与开展提供有力的政策保障。一是以政策、文件等形式制定相应的体育与健康跨学科主题学习的行动指南、实施标准和原则以及相应的配套措施,给予其政策等层面的保障。二是基于《课程标准(2022年版)》,强调将立德树人作为教育的中心环节,开发基础教育不同学段、兼

① 崔允漷,俞英.进一步推进课程改革的政策建议[J].教育理论与实践,2006(21):35-37.

顾不同年级特点的体育与健康跨学科主题学习教材,推进符合时代要求的融合生活情境的跨学科主题学习课程内容体系建设。如为了促进 STEAM 教育的有效开展,美国项目引路(Project Lead The Way,PLTW)机构与美国联邦及各州政府、K-12 学校、大学、科研院所、企业、慈善机构等相关利益主体结成战略合作伙伴的关系,制定了一套较为完善的 STEAM 教育标准体系,涵盖 STEAM 教育目标、教育评价标准、师资标准、课程标准以及相关设备设施标准[①]。并将其制度化,强制性地落实到每个学校的教育体系之中,以此形成"由上而下"新整体视角,加强全社会对跨学科主题学习的认知,形成具有鲜明特色的体育与健康跨学科主题学习课程体系。

其次,着力补齐发展短板,优化基础教育体育资源配置。现阶段无论是跨学科主题学习还是体育与健康课程,制约其优质、高效发展的重要因素之一就是资源配置不足,无法满足学生多样化、个性化的运动需求,并且体育与健康跨学科主题学习课程对于教师队伍、信息技术和场地设施等需求更加复杂且多样。因而政府层面作为顶层设计者,应该重视加大基础教育体育资源优化配置,保障全体人群享受高质量教育的权利,为体育与健康跨学科主题学习的开展奠定重要的基础。在保障基础教育均衡且公平的基础上,结合不同地区经济发展水平状况,适当向贫困、落后地区倾斜,重视提高体育教师待遇水平,完善与推进国家、政府、学校三级教育资源配置制度,在政策、财政等方面加大对中小学体育教师相关教育培训、体育场地器材设施、教育信息化建设等的资源投入,鼓励各省、市政府和教育行政部门探究本土化跨学科主题学习课程的建设规范,以此通过不断强化顶层规划设计,完善学校体育工作的法律体系,依法保障学校、体育教师、学生的合法权益,为落实跨学科主题学习的开展和发挥跨学科育人成效提供良好的资源、体制等"软硬件"保障,进而促进各级教育行政部门、学校以及体育教师打造高质量的体育与健康跨学科学习的教学样态,全面推进基础教育育人方式变革。

最后,明晰改革主体职责,保障跨学科主题学习的教学质量。基础教育课程改革是一项复杂的系统性工程,涉及中央、地方、学校等不同层次的相关利益主体,既需要国家宏观层面的统筹规划,也需要学校微观层面的探索实施,在推进改革的顶层设计框架内如何协调各方改革主体的权责关系,使其在基础教育课程改革中形成合力,是有序推进改革的关键所在,同时也是

---

① 范文翔,张一春. STEAM 教育:发展、内涵与可能路径[J]. 现代教育技术,2018,28(3):99-105.

衡量改革有效性的重要标尺①。首先,明确"国家—省—市—县"四级教育督导层次各责任主体的职责分工(见图 12-1),协同推动体育与健康课程得以落地实施。国务院教育行政部门负责指导省级教育行政部门全面落实国家《课程标准(2022 年版)》、建设地方体育与健康跨学科主题学习课程、规范体育与健康跨学科主题学习校本课程;省级教育行政部门则负责统筹规划本区域体育与健康跨学科主题学习的实施安排、资源建设与利用等,同时指导、督促地市、县级全面推进新课程标准和体育与健康跨学科主题学习的开展;地市、县级教育行政部门则负责体育与健康跨学科主题学习的实施过程检查指导,提供"软硬件"保障;学校层面作为课程实施的责任主体,不断转变传统教育观念,健全体育与健康跨学科主题学习的建设与实施机制,制定有效机制与措施,加强体育教师队伍建设,提升课程实施能力②。以此"自上而下"分工明确、协调一致,全面保障与推进体育与健康跨学科主题学习"落地生根"。只有对不同改革主体的权责进行明晰,完善课程监督机制,才能使其通力合作为体育与健康跨学科主题学习课程成效的提升提供保证,进而为培养学生体育与健康核心素养奠定坚实基础。

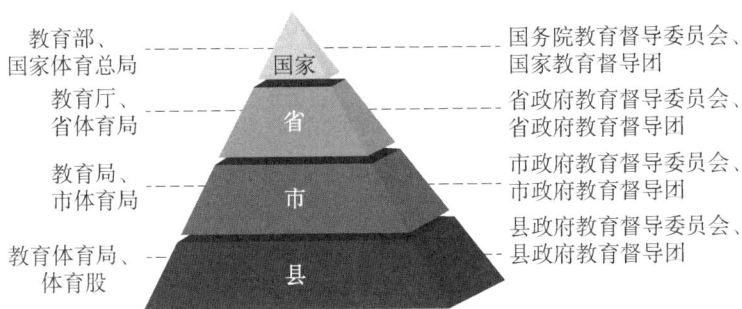

图 12-1　学校体育教学督导评估的四级层次③

## 二、各级教育行政部门层面的推进路径

各级教育行政部门作为国家与学校之间沟通的桥梁,发挥着上传下达、

① 宋乃庆,高鑫,陈珊. 基础教育 STEAM 课程改革的路径探析[J]. 课程・教材・教法,2019,39(7):27-33.
② 张志勇,张广斌. 义务教育课程改革的政策逻辑与生态构建——《义务教育课程方案和课程标准(2022 年版)》解读[J]. 中国教育学刊,2022(5):1-8.
③ 霍军,陈俊. 学校体育督导评估实施范畴、困境及策略[J]. 沈阳体育学院学报,2021,40(1):23-30.

沟通协调的纽带作用。首先,落实顶层设计规划,推进新时代育人方向的根本变革。各级教育行政部门深入落实《国务院关于基础教育改革与发展的决定》《关于全面加强和改进新时代学校体育工作的实施方案》等国家政策,以及《课程方案(2022年版)》《课程标准(2022年版)》相关要求,精准把握基础教育体育与健康新课程改革的思想内涵,明确"为谁培养人""培养什么人""怎样培养人"的三大根本问题,将立德树人根本任务、培养社会主义建设者和接班人作为思考和谋划各省、市学校体育教育工作的逻辑起点,更新中小学生学校体育工作相关实施方案和规划,将保障和开展跨学科主题学习纳入学校体育工作的重要内容之中,形成"五育融合"发展和全面培养体系下的大格局、大思路,因地制宜开发和推进科学、系统和全面的体育与健康跨学科主题学习的课程体系。比如,2020年上海市教育委员会教学研究室就发布了《初中地理和生命科学学科中开展跨学科学习的教学指导意见》,明确提出了要开展跨学科教研活动的要求①。在体育学科层面,可以通过发布此类意见推进基础体育教育育人方式全方位改革,实现义务教育体育与健康跨学科主题学习的优质均衡发展。

其次,制定相关体制机制,为跨学科主题学习提供坚固保障。一是各省市教育行政部门在新课程标准等政策指导下,依据当地教育特色、师资队伍情况与实际教学资源、课程发展的需求等特点和规律,开展有针对性的探索和研究,成立跨学科主题学习实践工作小组或相关指导团队,与高校专家教授、体育教研组长、体育教师等人员协商设计符合本地区实际的跨学科主题学习指导规划和实施方案,指引本辖区内学校、体育教师跨学科主题学习的开展走向系统化、科学化道路。二是完善体育与健康跨学科主题学习的课程保障机制。建立跨学科主题学习经费保障、教师激励机制,鼓励体育教师积极开发跨学科主题学习优秀模块及案例,对体育与健康课程改革及跨学科主题学习的相关物质资源开发、体育器材设施保障、体育教师外出研学培训等提供专项经费支持。同时注重信息化资源建设,重视线上和线下相结合的跨学科主题学习信息化教学资源和平台建设,开发多元化跨学科主题学习的课程模式,为体育与健康跨学科主题学习提供财政支持、教师队伍、信息投入等资源保障。三是建立跨学科主题学习课程改革协同机制,将新时代教育理念深深根植于基础教育学校体育课程与教学环境中。协同政府、学校、家庭、教研机构等联合参与基础教育课程改革,并且充分调动和利

---

① 张忆,须燕蓉,吕样文.基于"跨学科案例分析"的多校区跨学科联合教研的实践研究[J].上海教育,2021(28):56-57.

用体育领域的单位、组织机构或团体的力量和资源,创建相互支持与共同发展的体育与健康跨学科主题学习支持环境,从而形成校内与校外、学校与家庭、学校与社区、学校与教育企业等优质资源整合模式,增强学生在体育与健康跨学科主题学习课程中的学习兴趣和自我效能感。例如,粤港澳大湾区通过推进 STEAM 教育协同发展 USERS(University-School-Enterprise Regional Teacher Development Center-Society)模式,统筹三地"政产学研用"各方力量打造粤港澳大湾区 STEAM 教育协作平台,着力开展 STEAM 教育资源库建设、STEAM 教育指导纲要研制、STEAM 教育评估等工作[①],这一模式为地方教育行政部门推进体育与健康跨学科主题学习提供了参考依据。

最后,重视监督管理,构建高质量的体育教师队伍。作为学校体育课程改革的先行者和实践者,未来体育教师需要具备跨学科主题学习的跨学科知识和专业知识和能力等,才能有效开展基于学科实践的体育与健康跨学科主题学习。因此,各级行政部门必须加强新时代卓越体育教师的培育与发展。一方面,各级教育行政部门在积极落实《新时代基础教育强师计划》等政策文件下,形成本地区的体育教师发展规划及实施方案,增强各级决策的精准性、科学性与可操作性。如制订体育教师培养标准、认证标准等,将跨学科学习等新理念、新观念融入体育教师职前、入职、职后一体化培养,探索理论与实践相结合的体育与健康跨学科式的情境实训模式,保证体育教师专业知识和能力可持续发展。例如,美国阿肯色州在对接其地区教学标准的基础上,对中小学体育教师应具备的核心素养也进行了具体的阐述,共包括科学与理论知识、知识与应用、计划与实施、教学与管理、影响学生学习、专业特质、学科素养等七个一级指标,其中,将"能够从历史、哲学和社会的视角识别体育教育的问题和立法""能够在体育教学中整合多个学科的知识和技能""能够将健康教育理念与其他学科融合"等涉及跨学科主题学习相关内容的二级指标纳入其中[②]。另一方面,充分发挥教育评价的指挥棒作用,依托第三方高校教科研团队或社会教育机构,构建完善且统一的跨学科主题学习评价体系,并在区域内对跨学科主题学习的开课情况、体育教师跨学科素养、课程教学以及育人质量等方面进行全方位的评价,以此通过学校体育监督测评来找准现阶段发展存在的阻碍和困境,继而提出相应的改

① 詹泽慧,钟柏昌,李克东,李彦刚. 粤港澳大湾区 STEAM 教育协同创新发展模式[J]. 现代远程教育研究,2022,34(1):48-55.
② 尹志华,付凌一,孙铭珠. 中小学体育教师核心素养的结构与特点:基于美国阿肯色州的解析[J]. 河北体育学院学报,2022,36(6):67-76.

进学校体育工作的科学策略,为体育与健康跨学科主题学习顺利开展和培养学生体育与健康核心素养提供根本保障。如华东师范大学尹志华教授通过扎根理论所探索的体育教师发展核心素养结构,包含了价值观念、必备品格、关键能力三大方面,这可作为制订体育教师政策、评价体育教师综合素养的参考性标准(见图 12-2)①,同时也可为构建体育教师跨学科教学素养体系提供参考。

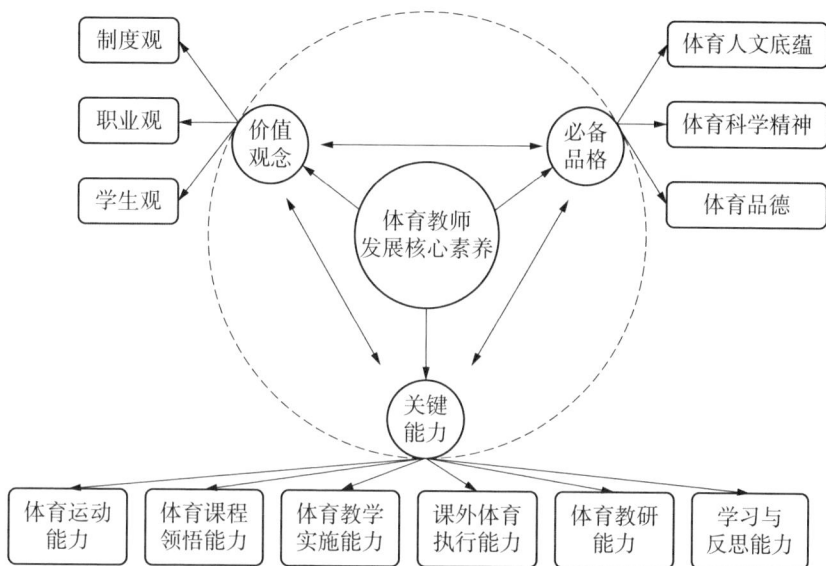

图 12-2　体育教师发展核心素养结构图

### 三、学校层面的推进路径

教育质量是学校的立校之本,也是学校内涵式发展的最重要指标。基础教育在学生的人生发展中具有奠基性作用,学校教育质量事关教育事业的健康发展和亿万少年儿童健康成长②。对学校而言,建立顺应新课程改革要求的完善的学校课程治理体系至关重要,其中包括重构学校内部的教育思想观念,重建学校体育与健康跨学科主题学习课程机制、体育教师科研机制、家校社合作联动机制等,生成能够推进并开展体育与健康跨学科主题

① 尹志华,付凌一,孙铭珠,刘皓晖,汪晓赞.体育教师发展核心素养的结构探索:基于扎根理论的质性研究[J].体育学刊,2022,29(4):104-111.
② 牛楠森,李红恩.基础教育是全社会的事业——习近平总书记关于教育的重要论述学习研究之八[J].教育研究,2022,43(8):4-19.

学习的新的学校教学管理、校本教材等体系。由于跨学科主题学习在《课程标准(2022年版)》中被首次提出,考虑到地区差异性和教育内容的拓展性,以及课程标准本身的描述具有弹性、抽象性和概括性等特征,各学校设立跨学科主题学习留存有较大的思维和实践空间。学校层面作为教育的"主阵地",应明确基础教育学校对于培养社会主义建设者和接班人的重要性,以《课程标准(2022年版)》为指导文件,坚持立德树人根本任务,积极发挥自身作为课程管理主体的地位与作用,避免"雷声大、雨点小"①,平衡好一般性体育与健康课程与跨学科主题学习课程之间关系的基础上,探索并构建适切的体育与健康跨学科主题学习的课程规划、课程模式、资源配置、管理机制及评价体系等,从而高效推进体育与健康跨学科主题学习的教学落地生根,以此回应新时代对培养高素质创新型人才的需求。

首先,转变传统教育观念,构建体育与健康跨学科主题学习的校本课程。面对义务教育课程改革的新要求、新观念、新理念,学校主体应强化责任意识和担当,严格落实新课程标准的相关精神和要求,转变传统应试教育"唯分数论"的思想观念,切实提高学校主体政策实践执行能力,大力推进基础体育与健康课程改革,强化学校统筹体育与健康课程规划与实施的"主阵地"作用,以党的教育方针和学校办学理念为引领,保障"开足""开齐"体育与健康课程的同时,做好、做足体育与健康跨学科主题学习的课程整体规划与设计的相关工作。此外,基于国家对不同阶段学生在体育与健康核心素养等方面的要求,以满足学生的兴趣点和发展需求为出发点和落脚点,加快研制和开发体育与健康跨学科主题学习校本课程,此处所言的体育与健康跨学科主题学习的校本课程可以依据当地或学校特色因地制宜开发系统的课程体系,或是在《课程标准(2022年版)》中已有的钢铁战士、劳动最光荣、身心共成长、破解运动的"密码"、人与自然和谐美五大学习主题示例基础上,综合考虑学生情况、学校条件等因素对教学内容进行适当调整、改编升级而形成本校特色的体育与健康跨学科主题学习的课程体系。

其次,赋权增能,提高体育教师的专业知识和能力。一是学校深化学校与省、市内外高校和名校的相互合作与交流。积极邀请学校体育领域的专家及学者、课程标准研制组的成员围绕课程标准解读、体育与健康核心素养、体育与健康跨学科主题学习等内容,为学校管理者及体育教师传授课程改革背景下体育教学新知识、新思想及新方法,帮助学校管理者及体育教师深入认识和学习跨学科主题学习的基本内涵、育人价值和实施路径等,并对

① 尹志华.学校体育应成为国家危机治理的利器[J].体育学研究,2020,34(5):95.

学校管理者及体育教师普遍遗留的"卡脖子"问题进行答疑解惑、拨云见日，进而帮助学校管理者和体育教师转变传统教学思想与观念，以积极的态度和扎实的理论基础来应对课程改革和跨学科主题学习开展的多重挑战与要求，形成特色的体育与健康跨学科主题学习发展路径。二是搭建多学科教师的教研共同体平台。由于跨学科主题学习具有综合性、实践性、多样性和跨学科性等特征，因而学校层面需要积极调动多学科教师的能动性，不能只局限于《课程标准（2022 年版）》中所提及的五大学习主题示例，还需重视发挥体育教研组的组织、协调和管理等职能，促进不同学科教师与体育教师之间保持交流合作、教学实践、研学共促，开拓新思维。鼓励多学科教师联合进行跨学科主题学习深加工，促进不同学科之间相似知识点和技能深度整合，在共同备课、协商探讨的过程中开发体育与健康跨学科主题活动，设计跨学科主题学习的课程单元，形成具有符合学校特色的体育与健康跨学科主题学习的课程模式，真正实现体育与健康跨学科主题学习的育人功能。例如，芬兰开展的现象教学采取的方案就是各学科教师围绕相应主题相互合作编排、设计不同的课程模块，然后学校从中遴选出优秀成果，作为今后开展"现象教学"的课程模本①。三是学校应大力鼓励并支持体育教师参与国家级、省级及市级的教学比武、教学技能大赛及课题申报工作，帮助体育教师整体把握课程标准的新精神，更新思想观念和知识体系，保持和提高运动能力，形成自身教科研成果，进而提高中小学体育教师专业能力与核心素养水平，保障跨学科主题学习高质量落实与开展。

最后，建立课程保障机制，推动跨学科主题学习"落地生根"。一是在课程资源上，学校需要主动打破校内壁垒，加强与校外资源的合作，弥补学校在场地设施、教育资源、教学情境等方面的短板，并通过家庭活动主题、学校教研活动、社会场地补充等协作方式破解跨学科主题学习存在的困难，共同搭建起家庭、学校、社会三位一体的体育与健康跨学科主题学习协作育人模式。此外，学校积极推动智慧学校建设，大力引进现代信息技术和教学设备，引导体育教师运用现代技术等手段，采用主动的、探究的、学以致用的方式解决真实教学问题，通过使用线上学习资源提升学习效率、拓宽专业知识领域，加深专业知识理解以及加速专业知识转型，并不断提高体育教师运动技能、教学能力、沟通表达能力、信息技术应用能力、科研能力等专业能力，建构

---

① 于国文，曹一鸣.跨学科教学研究：以芬兰现象教学为例[J].外国中小学教育，2017(7)：57-63.

教学相长的师生关系新形态①。二是在课程评价体系上,抓牢体育与健康跨学科主题学习课堂教学的质量和育人成效,学校应该避免只停留在知识与技能层次的表面考核,要不断探索德、智、体、美、劳"五育融合"的评价方法,并将其落实到学校评价实践中,把培养德智体美劳全面发展的社会主义建设者和接班人作为教育的根本价值追求。在课程激励机制上,学校可对积极开展体育与健康跨学科主题学习的教师每月给予一定的岗位津贴,优先安排其外出培训与学习基础教育课程改革的内容;同时鼓励非体育教师对体育与健康跨学科主题学习的课程开发和实施提供支持帮助,并根据贡献大小给予他们一定的协作奖励,以树立教师榜样和典型的方式来营造良好的教师发展氛围。此外,学校还可以聘请校外的学校体育教育领域的专家、学者对体育与健康课程及跨学科主题学习成效进行评比,并使获奖情况在教师业务考核、职称晋级、评优评选中占有一定比重。

总体而言,学校作为基础教育的"主阵地",自身需要通过不同层面的保障措施积极推进跨学科主题学习的实践落实和资源开发,向下还需要给予体育教师自主教学的空间,推进体育教师思想观念和课堂教学行为发生转变,调动体育教师的教学热情和能动性,进而真正凸显跨学科主题学习在学科知识系统建构、学生体育与健康核心素养培育等方面的重要作用,架构起学校自身独具特色的体育与健康跨学科主题学习的课程体系。

### 四、体育教师层面的推进路径

维特根斯坦曾表明,洞见或透识隐藏于深处的棘手问题是艰难的,因为如果只是把握这一棘手问题的表层,它就会维持原状,仍然得不到解决。必须把它"连根拔起",使它彻底地暴露出来。这就要求我们开始以一种新的方式来思考②。这表明对于体育教师而言,自身是否具有正确的观念意识、专业知识与能力和跨学科素养对于跨学科主题学习能否高效、优质地开展起着关键作用。《课程标准(2022年版)》的正式颁布,意味着我国基础教育更加着力发展学生核心素养,并且基础教育需迈向高质量发展之路。然而无论学生体育与健康核心素养体系多么完善且成熟,如果实施体育与健康课程的体育教师不能跟随核心素养时代的新要求、新理念、新观念积极转型

① 徐悦,尹志华.社交媒体应用时代体育教师专业发展面临的挑战、机遇与抉择[J].体育成人教育学刊,2021,37(6):52-60.
② 余宏亮.教师作为知识分子:通向知性人生的角色重塑[M].重庆:西南师范大学出版社,2017:94.

升级，即自身专业能力较差并不具备培养学生核心素养的能力，那么也将对核心素养导向下跨学科主题学习的开展乃至体育与健康课程改革产生巨大的阻碍作用①。因此，无论国家、各级行政部门和学校层面如何推进基础教育课程改革，采取为跨学科主题学习提供教师队伍、体制机制和物质资源保障等举措，归根结底体育与健康跨学科主题学习仍需要下沉至课堂教学当中，而体育教师是其实践主体，体育教师能否胜任关系着体育与健康跨学科主题学习的成败。

首先，教师应与时俱进，自觉更新自身体育教学观念。体育教师作为基础教育的主力军和执行者，要敢于突破自我，走出"舒适圈"，改变"知识技能观""技能中心观"等传统教育教学观念，树立新课堂教学理念，实现从学科综合走向学科实践，准确理解和把握培养新时代高质量体育人才的基本特征和要求，积极应对体育与健康跨学科主题学习及基础教育体育与健康课程中的新任务、新要求，增强课程改革责任意识，尝试践行新角色、建构新身份，由关注教师的教转向关注学生的学，从知识和技能单向传授者转变为问题探究者、学习引领者、资源开发者、文化传播者和价值塑造者，真正成为新时代需要的"大先生"②，从而真正推动以核心素养为导向的体育与健康课堂教学的变革，注重培养学生体育与健康核心素养，深入落实开展多样化、特色化体育与健康跨学科主题学习。

其次，教师应直面挑战，注重自身专业知识和能力可持续发展。研究表明，教师学习对于提升自身的专业身份、增强知识的应用效能以及实施有效的教学变革作用显著③。因而在知识快速迭代更新、教学持续深刻变革的时代背景下，新时代体育教师需要重视五大关键能力，即全面理解体育与健康核心素养的能力、分解核心素养并设计层级性体育课程目标体系的能力、选择整合性体育课程内容的能力、开展创新性体育教学实践的能力以及实施多元性体育学习评价的能力④，通过持续循环进行"学习—实践—反思"

① 尹志华，田恒行. 新时代体育教师应具备的核心素养与提升策略[J]. 中国学校体育，2020(7)：33 - 36.
② 邓磊，何鑫兴. 大先生引领教师身份建构的内涵、逻辑与体系——兼论"强师计划"的导向意义[J]. 教师教育研究，2023，35(1)：27 - 34.
③ Wong, Jocelyn L. N. How has Recent Curriculum Reform in China Influenced School-based Teacher Learning? An Ethnographic Study of two Subject Departments in Shanghai, China [J]. Asia-Pacific Journal Teacher Education, 2012(4)：347 - 361.
④ 尹志华，刘皓晖，侯士瑞，徐丽萍，孟涵. 核心素养时代体育教师专业发展的挑战与应对——基于《义务教育体育与健康课程标准(2022 年版)》的分析[J]. 体育教育学刊，2022，38(4)：1 - 9+95.

这一过程,不断生成体育与健康核心素养,以此提升自身的课程领导力和教学胜任力。一方面,深入研读《课程标准(2022年版)》和《课程标准(2022年版)解读》,并在此基础上,深入了解跨学科主题学习的基本内涵及其育人价值,研学新课标所提出的钢铁战士、劳动最光荣、身心共成长、破解运动的"密码"、人与自然和谐美五大跨学科主题学习示例,并且了解体育与健康跨学科主题学习的三大基本点,即"跨学科主题学习是什么? 为什么开展跨学科主题学习? 如何有效开展跨学科主题学习?",从而积极发挥体育教师主观能动性,根据学生身心发展特点和能力发展期、学校实际情况等方面,借鉴国内外优秀的跨学科主题课程模式,如美国的"课程整合""STEAM教育"、芬兰的"现象教学"等综合开发跨学科主题学习单元教学计划和课时教学计划,在教学实践中形成本土化的跨学科主题学习模式,实现体育与德育、智育、美育、劳动教育和国防教育相结合的多学科交叉融合。另一方面,学生进行体育与健康跨学科主题学习的前提是体育教师走向跨学科学习,因而在全面研读课程标准之后,体育教师要突破学科界限,不仅需要掌握不同水平之间"纵向"的体育知识与技能,也需要掌握同等水平"横向"非体育学科的知识与技能,将不同学科知识与生活和职业相联系,综合应用多种教学模式与教学方法,开展跨学科教学的有效性评价,丰富和拓宽学生的多视角、多层次的认知视野和思维模式(见表12-4),从而高效地达成体育与健康跨学科学习的育人目标,以此不断积累体育与健康跨学科主题教学经验,提升自身跨学科教学能力。最后,面对跨学科主题学习对自身知识基础和专业能力的挑战,体育教师应积极利用信息技术不断拓宽自己的知识广度和深度,拓宽自己的知识视野,对于自身存在的不足及跨学科主题学习教学实践中存在的问题,及时利用社交媒体与不同学科的教师、高校专家学者等专业人群进行沟通与交流,答疑解惑,不断更新自身的传统观念和知识体系,促进运动技能、教学能力、沟通表达能力、信息技术应用能力、科研能力等专业能力的全面发展①。此外,利用信息化教学等多种教学资源,为学生提供个性化、全方位的学习指导和帮助,并运用到跨学科主题学习教学实践中,提高教学质量,全面培养学生体育与健康核心素养。

———————

① 徐悦,尹志华.社交媒体应用时代体育教师专业发展面临的挑战、机遇与抉择[J].体育成人教育学刊,2021,37(6):52-60.

表 12 - 4　成长过程与实践能力、学习能力及创新能力关系分析①

| 年龄 项目 | 0—6 岁 | 6—12 岁 | 12—14 岁 | 14—15 岁 | 15—18 岁 | 18 岁以后 |
|---|---|---|---|---|---|---|
| 教育阶段 | 学龄前 | 小学 | 初中(1) | 初中(2) | 高中 | 大学及以后 |
| 神经系统发育 | 高 | 高 | 中 | 中 | 中 | 中 |
| 身体骨骼发育 | 高 | 高 | 高 | 高 | 高 | 中 |
| 生殖系统发育 | 高 | 中 | 高 | 高 | 高 | 中 |
| 能力分析 实践能力 | 心智协调 | 心智协调 | 理性支配实践能力 | | | 协调实践 |
| 能力分析 实践能力 | 简单操作 | 意志操作 | 明确目标 | 步骤清晰 | 反思清晰 | 实践应用 |
| 能力分析 学习能力 | 被动学习 | | 趋于主动学习 | | | 主动学习 |
| 能力分析 学习能力 | 能力显现 | 思维想象 | 理解表达 | 体验思维 | 创造思维 | 决策思维 |
| 能力分析 创新能力 | 无意识 | 创新意识 | | 创新思维 | | 创新思维 |
| 教育目标 | 习惯养成 | 学习能力 | | | 实践能力 | 综合能力 |

　　最后,教师应反馈教学实践,真正达成跨学科主题学习育人成效。教师专业发展的理想状态应该是个人知识与专业实践的贯通与良性互动,把教师个人知识的增长与提升和专业实践行为的提高纳入同一个过程之中,这需要一个坚实的载体。对于在职教师来说,这个载体就是他们专业生活的主战场——课堂②。因而体育教师在开展跨学科主题学习的课堂教学中要充分发挥自身的主导作用。首先,应加强与各学科教师之间交流。维果茨基曾指出,学生的最近发展区是学生独立解决问题的现有发展水平和在成人或同伴帮助下解决问题的潜在发展水平之间的差距③。因而体育教师需基于学情需求、学校实际资源、条件等现状,认真钻研《课程标准(2022 年版)》,加强与所跨学科教师的交流合作,选择恰当的体育与健康课程内容某一主题,有机整合其他多学科内容,重视体育学科与其他学科之间深度交叉、渗透融合,选取具有适切性的体育与健康跨学科主题学习实施路径和课程模式。在教学方法上,重视构建跨学科主题教学的情境,积极探索素养导

① 李文辉,付宜红. 基于核心素养的跨学科学习[M]. 重庆:西南大学出版社,2022:20.
② 袁德润. 以课堂为载体促进教师专业能力发展:个人知识与实践转化的视角[J]. 全球教育展望,2020,49(6):81 - 89.
③ 俞芳,郭力平. 对维果茨基"最近发展区"理论的重新解读:整合游戏背景与教学背景下 ZPD[J]. 上海教育科研,2013(8):9 - 12.

向的整合式教学法,如单元整体教学、问题导向教学、情境教学、案例教学等。促进学生跨学科高阶思维的形成与发展。在学习评价上,体育教师要转变传统学习评价观念,学会开展指向核心素养的多元体育学习评价,在体育与健康跨学科主题学习教学实施过程中,采用档案袋评价、小组互评、成果展览或汇报等多重形式来评价学生的核心素养表现,既要关注学生跨学科知识的掌握情况和课堂状态,也要看到育人实效,加快形成评价内容多元、评价方法多样、评价主体多种等系统的学习评价新格局[1]。进而在学生实践的各环节均能激发他们的学习兴趣,让他们主动地运用多学科的知识和方法进行有意义的、高效率的深度学习,在实践体验中深刻体会和理解体育实际问题的实践性和复杂性、开展体育与健康跨学科主题学习的意义与价值,进而全方位培育学生的体育与健康核心素养。

---

[1] 孙铭珠,贾晨昱,尹志华.体育与健康核心素养背景下的大概念要义阐释、提取路径与内容框架[J].首都体育学院学报,2023,35(1):21-31.

# 参考文献

［1］白慧敏.无线游泳姿态测量实验与数据分析方法[J].国外电子测量技术,2019,38(10):38-43.

［2］北京市教育委员会.北京市实施教育部〈义务教育课程设置实验方案〉的课程计划(修订)[R].北京市人民政府公报,2015(26):32.

［3］布鲁纳.教育过程[M].邵瑞珍 译.北京:文化教育出版社,1982:67-69.

［4］Campbell L.,Campbell B.,Dickinson D.多元智力教与学的策略(第三版)[M].霍力岩,沙莉等译.北京:中国轻工业出版社,2004:86-89.

［5］曹海辉.体育核心素养指导下跨学科"主题"课程的模型构建及路径选择[J].体育科技文献通报,2022,30(11):163-164+188.

［6］查高峰.基于全面育人理念的小学体育跨学科协同教学实践[J].新课程研究,2022(29):56-58.

［7］陈吉,罗姿.外军军事体育训练"专"化特点及启示[J].体育科技文献通报,2022,30(3):251-253.

［8］陈琦,刘儒德.当代教育心理学[M].北京:北京师范大学出版社,2007:125-130.

［9］陈琦,刘儒德.教育心理学(第3版)[M].北京:高等教育出版社,2020:97-100.

［10］程春.普通高校大学生综合国防素质的模型构建与国防教育的实践着力——基于现代国防和现代教育的双重牵引[J].中国电化教育,2020(7):84-90+103.

［11］储召生.专访王焰新:跨学科教育:一流本科的必然选择[N].中国教育报,2016-5-23.

［12］崔允漷,俞英.进一步推进课程改革的政策建议[J].教育理论与实践,2006(21):35-37.

［13］崔允漷,张紫红,郭洪瑞.溯源与解读:学科实践即学习方式变革的新方向[J].教育研究,2021,42(12):55-63.

［14］崔允漷.学科实践:学科育人方式变革的新方向[J].人民教育,2022(9):30-32.

［15］邓磊,何鑫兴.大先生引领教师身份建构的内涵、逻辑与体系——兼论"强师计划"的导向意义[J].教师教育研究,2023,35(1):27-34.

［16］丁素芬.跨学科主题学习的困境与实践路径[J].教育视界,2022(31):28-31.

［17］董艳,和静宇.PBL项目式学习在大学教学中的应用探究[J].现代教育技术,2019,29(9):53-58.

[18] 董艳,孙巍,徐唱.信息技术融合下的跨学科学习研究[J].电化教育研究,2019(11):70 - 77.

[19] 董艳,孙巍.促进跨学科学习的产生式学习(DoPBL)模式研究——基于问题式 PBL 和项目式 PBL 的整合视角[J].远程教育杂志,2019,37(2):81 - 89.

[20] 董艳,夏亮亮,王良辉.新课标背景下的跨学科学习:内涵、设置逻辑、实践原则与基础[J].现代教育技术,2023,33,37(2):24 - 32.

[21] 杜惠洁.德国开放教学设计研究的现状与趋势[J].教育科学,2005(4):61 - 64.

[22] 杜惠洁.德国开放式教学设计的原则与研究反思[J].现代教学,2008(C2):152 - 153.

[23] 范文翔,张一春.STEAM 教育:发展、内涵与可能路径[J].现代教育技术,2018,28(3):99 - 105.

[24] 高天保.小学体育与劳动教育的有效融合探究[J].新课程导学,2022(32):33 - 36.

[25] 龚立新.加强学校国防教育一体化建设[J].思想政治工作研究,2023(1):53 - 54.

[26] 顾若辰,杨倔鳗.探索"美育+体育"跨学科教学新模式——以"戏剧交互式乒乓球课程"为例[J].体育科技文献通报,2023,31(1):174 - 176.

[27] 郭华.跨学科主题学习及其意义[J].文教资料,2022(16):22 - 26.

[28] 郭华.落实学生发展核心素养　突显学生主体地位——2022 年版义务教育课程标准解读[J].四川师范大学学报(社会科学版),2022,49(4):107 - 115.

[29] 郭明,蒋瑞.基于劣构问题情境的逻辑思维能力培养[J].思想政治课教学,2020(12):26 - 29.

[30] 郭晓明.关于课程模式的理论探讨[J].课程·教材·教法,2001,21(2):27 - 31.

[31] 郭玉英,姚建欣.基于核心素养学习进阶的科学教学设计[J].课程·教材·教法,2016,36(11):64 - 70.

[32] 华子荀,黄慕雄.教育元宇宙的教学场域架构、关键技术与实验研究[J].现代远程教育研究,2021,33(6):23 - 31.

[33] 黄丽敏.《孙子兵法》谋略在现代竞技体育中的应用[J].哈尔滨学院学报,2005(5):128 - 129.

[34] 霍军,陈俊.学校体育督导评估实施范畴困境及策略[J].沈阳体育学院学报,2021,40(1):23 - 30.

[35] 季浏,钟秉枢.义务教育体育与健康课程标准(2022 年版)解读[M].北京:高等教育出版社,2022:178 - 185.

[36] 季浏.我国《普通高中体育与健康课程标准(2017 年版)》解读[J].体育科学,2018(2):3 - 20.

[37] 季浏.新时代我国中小学体育与健康课程的整体构建与发展趋势[J].武汉体育学院学

报,2022,56(10):5-12+20.

[38] 加德纳.智能的结构[M].北京:中国人民大学出版社,2008.

[39] 江岚.竞技体育智能裁判系统的风险识别及规制路径[J].武汉体育学院学报,2023,57(3):29-36+44.

[40] 姜丽艳.主题式情境教学的问题与对策[J].思想政治课教学,2018,12(12):38-42.

[41] 雷艳生.浅谈教学态度影响教学质量[J].黑河学刊,2012(1):143-144.

[42] 李斌.基础教育体育与健康课程改革实施困境与对策——从制度变迁中路径依赖的成因谈起[J].体育科学,2017,37(3):13-20.

[43] 李佳敏.跨界与融合[D].上海:华东师范大学,2014.

[44] 李静.五育融合理念下高中跨学科融合策略——以体育与语文为例[J].中学课程辅导,2022(13):102-104.

[45] 李俊堂.跨向"深层治理"——义务教育新课标中"跨学科"意涵解析[J].四川师范大学学报(社会科学版),2022,49(4):116-124.

[46] 李克东,李颖.STEM教育跨学科学习活动5EX设计模型[J].电化教育研究,2019,40(4):5-13.

[47] 李文辉,付宜红.基于核心素养的跨学科学习[M].重庆:西南大学出版社,2022:20.

[48] 李香玉.现象式学习,来自芬兰的"教育秘籍"[J].教育家,2021(41):33-34.

[49] 李学书.STEAM跨学科课程:整合理念、模式构建及问题反思[J].全球教育展望,2019,48(10):59-72.

[50] 李衍勋,王婷.从能力走向认知:学习进阶测评的转向[J].教育理论与实践,2022,42(34):59-64.

[51] 李月红.中学生劳动教育与体育教育有效融合的路径研究[J].智力,2022(11):41-44.

[52] 李祖祥.主题教学:内涵、策略与实践反思[J].中国教育学刊,2012,(9):52-56.

[53] 林崇德.发展心理学[M].北京:人民教育出版社:2008:49-52.

[54] 刘朝辉.体育锻炼对大学生负性情绪的影响——自我效能感与心理韧性的中介和调节作用[J].体育学刊,2020,27(5):102-108.

[55] 刘德建,杜静,姜男,黄荣怀.人工智能融入学校教育的发展趋势[J].开放教育研究,2018,24(4):33-42.

[56] 刘国艳.三十年来我国基础教育制度变迁的回望与分析[J].河北师范大学学报(教育科学版),2012,14(8):40-43.

[57] 刘徽,蔡潇,李燕,朱德江.素养导向:大概念与大概念教学[J].上海教育科研,2022(1):5-11.

[58] 刘徽,徐玲玲,蔡小瑛,徐春建. 概念地图:以大概念促进深度学习[J]. 教育发展研究,
    2021,41(24):53-63.

[59] 刘文涛. 博物馆应更好地实现教育潜能[J]. 东南文化,2012(5):110-114.

[60] 刘武. 学校体育教学中学生意志品质的培养[J]. 教学与管理,2012(21):122-123.

[61] 刘晓荷,郝志军. 跨学科学习:在融通中提升核心素养[J]. 教育家,2022(24):6-7.

[62] 刘志军,徐彬. 新课标下课程与教学评价方式变革的挑战与应对[J]. 课程·教材·教法,
    2022,42(8):4-10+24.

[63] 柳夕浪. 走向整体的人:核心素养的整合意义[J]. 中小学管理,2019(4):25-28.

[64] 卢雪蓝. 新课标下小学体育与健康跨学科主题教学探索[J]. 灌篮,2022(10):55-57.

[65] 卢宇,余京蕾,陈鹏鹤,李沐云. 生成式人工智能的教育应用与展望——以 ChatGPT 系统
    为例[J]. 中国远程教育,2023,43(4):24-31+51.

[66] 马晓,梁坤,胡晓清,唐炎. 体智融合课程:基本原理、域外经验与本土启示[J]. 上海体育
    学院学报,2022,46(5):56-67.

[67] 马晓,唐炎. 国外小学体智融合教学学业效益研究的方法学问题探析[J]. 体育科学,
    2021,41(6):87-97.

[68] 毛振明,马立军,柏杨. 义务教育体育新课标的时代背景与重要变化[J]. 广州体育学院学
    报,2022,42(4):1-9.

[69] 孟璨. 跨学科主题学习的何为与可为[J]. 基础教育课程,2022(11):4-9.

[70] 莫里斯·梅洛-庞蒂. 知觉现象学[M]. 姜志辉,译. 北京:商务印书馆,2001:27-29.

[71] 倪中华. 芬兰的"现象教学":基于跨学科理念的项目式学习[J]. 上海教育,2021(24):
    70-71.

[72] 牛楠森,李红恩. 基础教育是全社会的事业——习近平总书记关于教育的重要论述学习
    研究之八[J]. 教育研究,2022,43(8):4-19.

[73] 潘绍伟. 我国义务教育体育与健康课程培养核心素养的理念阐释[J]. 首都体育学院学
    报,2022,34(3):234-240.

[74] Peggy A E, Timothy N,盛群力. 行为主义、认知主义和建构主义(上)——从教学设计的
    视角比较其关键特征[J]. 电化教育研究,2004,1(3):34-37.

[75] 彭聃龄. 行为主义的兴起、演变和没落[J]. 北京师范大学学报,1984(1):15-23+39.

[76] 彭敏. 推进跨学科主题学习呼唤教师"三化"[J]. 教育科学论坛,2022(19):1.

[77] 彭云,张倩苇. 课程整合中跨学科教学的探讨[J]. 信息技术教育,2004(4):96-101.

[78] 秦瑾若,傅钢善. STEM 教育:基于真实问题情景的跨学科式教育[J]. 中国电化教育,

2017(4):67 - 74.

[79] 任乐,邹金伟.指向核心素养的新课标跨学科主题学习活动设计——以"探索太空、逐梦航天"为例[J].地理教学,2022(16):37 - 40.

[80] 任明满,王浩.跨学科学习的理念演进、价值探析与教学实施[J].语文教学通讯,2022(18):14 - 16.

[81] 任学宝,王小平.背景·意义·策略:把握跨学科主题学习活动的重要维度——关于义务教育课程标准(2022 年版)中跨学科主题学习活动的解读[J].福建教育,2022(27):29 - 32.

[82] 任学宝.跨学科主题教学的内涵、困境与突破[J].课程·教材·教法,2022,42(4):59 - 64+72.

[83] 尚力沛,俞鹏飞,王厚雷,等.论体育与健康课程中的跨学科学习[J].上海体育学院学报,2022,46(11):9 - 18.

[84] 尚力沛.学校体育教学改革"教会、勤练、常赛"一体化推进探析[J].体育文化导刊,2022(5):96 - 103.

[85] 宋宾,张朋,袁小超.新时代兵团体育精神的价值重塑与文化推广[J].体育科技文献通报,2021,29(11):7 - 9.

[86] 宋乃庆,高鑫,陈珊.基础教育 STEAM 课程改革的路径探析[J].课程·教材·教法,2019,39(7):27 - 33.

[87] 苏宴锋,赵生辉,李文浩,张文栋,张铭鑫.人工智能提升运动表现的前沿进展、困境反思与优化策略[J].上海体育学院学报,2023,47(2):104 - 118.

[88] 孙大光.体育文化:繁荣发展　天地广阔[J].体育文化导刊,2009(10):1.

[89] 孙铭珠,贾晨昱,尹志华.体育与健康核心素养背景下的大概念要义阐释、提取路径与内容框架[J].首都体育学院学报,2023,35(1):21 - 31.

[90] 孙培娟.小学体育课堂跨学科融合英语口语的实践探究[J].名师在线,2019(34):4 - 5.

[91] 谈清怡,肖晓燕.语文跨学科学习的溯源与探索[J].语文建设,2022(23):28 - 33.

[92] 田娟,孙振东.跨学科教学的误区及理性回归[J].中国教育学刊,2019(4):63 - 67.

[93] 万昆.跨学科学习的内涵特征与设计实施——以信息科技课程为例[J].天津师范大学学报(基础教育版),2022,23(5):59 - 64.

[94] 汪丁丁.转型期社会的跨学科教育问题[J].社会科学战线,2012(7):197 - 201.

[95] 汪时冲,方海光,张鸽,马涛.人工智能教育机器人支持下的新型"双师课堂"研究——兼论"人机协同"教学设计与未来展望[J].远程教育杂志,2019,37(2):25 - 32.

[96] 汪晓赞.坚守与突破:"双减"政策下学校体育的价值与使命[J].上海体育学院学报,2021,45(11):8 - 11.

［97］ 王汉松.布卢姆认知领域教育目标分类理论评析［J］.南京师大学报（社会科学版），2000
（3）：65－72.

［98］ 王晖，杨瑞.《义务教育体育与健康课程标准（2022 年版）》实施下体育与健康课程跨学
科学习的价值定位和路径——基于高阶思维的视域［J］.体育教育学刊，2022，38（4）：
16－24＋95.

［99］ 王卉，周序.跨学科主题学习的理论意义及其实现——基于《义务教育课程方案（2022
年版）》的思考［J］.广西师范大学学报（哲学社会科学版），2023，59（3）：85－91.

［100］王军.中外体育博物馆发展现状的比较研究［J］.中国博物馆，1997（4）：69－84.

［101］王少峰，万伟.跨学科主题学习的特点、现状与实施要素［J］.江苏教育，2022（49）：
65－68.

［102］王素芳.多元融合 跨界竞赛 实施体育"跨学科融合"［J］.中国学校体育，2022，41
（8）：76.

［103］王亚军.教师变构学习：理念重塑与生发机制［J］.教育发展研究，2023，43（2）：38－43.

［104］王奕婷，吴刚平.芬兰基于跨学科素养的基础教育课程改革与启示［J］.教育理论与实
践，2019（2）：40－43.

［105］王振宏，李彩娜.教育心理学［M］.北京：高等教育出版社，2011：47－50.

［106］陶夜夜.初中体育课堂教学渗透劳动教育的实践与思考［J］.体育视野，2022（23）：67－
69.

［107］魏波.高校国防教育与思想政治教育融合育人效果分析——以江苏农牧科技职业学院
为例［J］.教育教学论坛，2022（50）：177－180.

［108］魏晓东，于冰，于海波.美国 STEM 教育的框架、特点及启示［J］.华东师范大学学报（教
育科学版），2017（4）：40－46＋134－135.

［109］吴刚平.跨学科主题学习的意义与设计思路［J］.课程・教材・教法，2022，42（9）：
53－55.

［110］吴乐乐，李常明，黄仕友.常态化・特色化・序列化：综合实践活动课程的区域推进［J］.
中小学管理，2017（7）：32－34.

［111］吴履平主编，课程教材研究所编.20 世纪中国中小学课程标准・教学大纲汇编 体育卷
［M］.北京：人民教育出版社，2001：8－50＋353.

［112］吴温暖，张正明.军事理论与技能训练教程［M］.北京：高等教育出版社，2020.

［113］吴秀丽.数学跨学科主题深度学习探索——以"数说桥梁"跨学科主题学习为例［J］.福
建教育学院学报，2021，22（3）：86－88.

［114］吴永军.跨学科学习何以可能［J］.教育发展研究，2022，42（24）：22－27.

［115］吴仲晶.运动技能对体育学科核心素养形成的作用探析［J］.启迪与智慧（上），2022
（11）：103－105.

[116] 夏雪梅.跨学科项目化学习:内涵、设计逻辑与实践原型[J].课程·教材·教法,2022,
42(10):78-84.

[117] 项贤明."智育"概念的理论解析与实践反思[J].课程·教材·教法,2021,41(5):
40-46.

[118] 肖平.基于主题教学的教学设计应用研究[D].上海:华东师范大学,2006.

[119] 徐斌艳.从德国的开放式教学看素质教育的落实[J].全球教育展望,1999(4):55-58.

[120] 徐继存.构筑高质量教学的观念基础[J].中国电化教育,2022(1):31-33.

[121] 徐悦,尹志华.社交媒体应用时代体育教师专业发展面临的挑战、机遇与抉择[J].体育
成人教育学刊,2021,37(6):52-60.

[122] 许冲,范季.一样的"东西南北",不一样的"定向越野"——三年级数学"位置与方向"与
体育的跨学科项目化学习[J].文体用品与科技,2022,18(18):139-141.

[123] 许书萌,蔡敏.美国高校跨学科教学策略研究[J].煤炭高等教育,2008(1):95-98.

[124] 鸦新颖,刘亚云,曹冰婵.基于区块链技术的体育赛事网络版权保护[J].武汉体育学院
学报,2022,56(7):46-52.

[125] 闫兴芬,卜庆振.例谈跨学科学习设计的"一二三四"[J].语文教学通讯,2022(9):10-
13.

[126] 杨洋.初中地理主题式情境教学设计研究[D].福州:福建师范大学,2017.

[127] 杨伊,任杰.体育与健康课程的跨学科主题学习:必要性、可行性与行动路径[J].武汉体
育学院学报,2023,57(5):88-94+100.

[128] 叶浩生.身心二元论的困境与具身认知研究的兴起[J].心理科学,2011,34(4):999-
1005.

[129] 叶澜,白益民,王枬,陶志琼.教师角色与教师发展新探[M].北京:教育科学出版社,
2001.

[130] 尹后庆.以基础教育高质量发展为目标的课程改革[J].基础教育课程,2022(1):4-8.

[131] 尹志华,付凌一,孙铭珠,刘皓晖,汪晓赞.体育教师发展核心素养的结构探索:基于扎根
理论的质性研究[J].体育学刊,2022,29(4):104-111.

[132] 尹志华,付凌一,孙铭珠.中小学体育教师核心素养的结构与特点:基于美国阿肯色州的
解析[J].河北体育学院学报,2022,36(6):67-76.

[133] 尹志华,郭明明,贾晨昱,徐艳贤,李晨曦.人工智能助推体育教育发展的需求机理、关键
维度与实现方略[J].成都体育学院学报,2023,49(2):73-81.

[134] 尹志华,刘皓晖,侯士瑞,徐丽萍,孟涵.核心素养时代体育教师专业发展的挑战与应
对——基于《义务教育体育与健康课程标准(2022年版)》的分析[J].体育教育学刊,
2022,38(4):1-9+95.

[135] 尹志华,刘皓晖,孙铭珠.核心素养下《义务教育体育与健康课程标准》2022 与 2011 年版比较分析[J].天津体育学院学报,2022,37(4):395-402.

[136] 尹志华,刘皓晖,闫铭卓,林思瑶,汪晓赞.有效教学的知识基础:体育教师应掌握什么样的知识?——美国国家体育科学院院士 Phillip Ward 教授学术访谈录[J].体育与科学,2023,44(3):23-33.

[137] 尹志华,刘艳,孙铭珠,徐丽萍,郭振,刘波.论"身体素养"和"体育与健康学科/课程核心素养"的区别与联系[J].成都体育学院学报,2022,48(4):77-83+103.

[138] 尹志华,毛丽红,孙铭珠,汪晓赞,季浏.20 世纪晚期社会学视域下体育教师研究的热点综述与启示[J].北京体育大学学报,2014,37(5):100-105.

[139] 尹志华,孙铭珠,孟涵,田恒行,郭振,刘波.新时代核心素养导向体育课程改革的缘由、需求机理与推进策略[J].沈阳体育学院学报,2022,41(4):22-28+70.

[140] 尹志华,田恒行.新时代体育教师应具备的核心素养与提升策略[J].中国学校体育,2020(7):33-36.

[141] 尹志华.论核心素养下技战术运用与运动能力的关系[J].体育教学,2019,39(4):4-7.

[142] 尹志华.论核心素养下健康知识掌握与运用和健康行为的关系[J].体育教学,2019,39(7):24-27.

[143] 尹志华.论核心素养下体育品格与体育品德的关系[J].体育教学,2019,39(12):4-7.

[144] 尹志华.体育学科核心素养的解构与阐释[M].上海:华东师范大学出版社,2021.

[145] 尹志华.学校体育应成为国家危机治理的利器[J].体育学研究,2020,34(5):95.

[146] 于丰园.知识社会中的大学教师教学能力发展途径研究[M].北京:海洋出版社,2016:3.

[147] 于国文,曹一鸣.跨学科教学研究:以芬兰现象教学为例[J].外国中小学教育,2017(7):57-63.

[148] 于素梅,陈蔚.体育与健康课程"跨学科主题学习"的多维特征、设计逻辑与实践指引[J].体育学刊,2022,29(6):10-16.

[149] 于怡.全面育人理念下的小学体育跨学科协同教学探究[J].当代体育,2019(23):109-110.

[150] 余宏亮.教师作为知识分子:通向知性人生的角色重塑[M].重庆:西南师范大学出版社,2017:94.

[151] 余胜泉,胡翔.STEM 教育理念与跨学科整合模式[J].开放教育研究,2015,21(4):13-22.

[152] 余文森,龙安邦.指向核心素养的课堂教学探索[M].北京:高等教育出版社,2022:210-213.

[153] 俞芳,郭力平.对维果茨基"最近发展区"理论的重新解读:整合游戏背景与教学背景下ZPD[J].上海教育科研,2013(8):9-12.

[154] 俞国良,辛自强.教师信念及其对教师培养的意义[J].教育研究,2000,21(5):16-20.

[155] 袁丹.指向核心素养的跨学科主题学习:意蕴辨读与行动路向[J].课程·教材·教法,2022,42(10):70-77.

[156] 袁鹏科.可穿戴运动监测设备在运动教学中的应用[J].电气传动,2020,50(2):123.

[157] 袁振国.加快建设高质量教育体系[J].上海教育科研,2023(1):3.

[158] 曾庆添.生物化学赋能体育器材设计创新分析——评《运动训练生物化学》[J].化学工程,2023,51(4):95.

[159] 翟雪松,许家奇,童兆平,陈文智,张紫徽,李艳.人工智能赋能高校韧性教学生态的路径研究[J].中国远程教育,2023,43(1):49-58.

[160] 詹艺.培养师范生"整合技术的学科教学知识"(TPACK)的研究:以上海市A高校数学专业师范生为例[D].上海:华东师范大学,2011.

[161] 詹泽慧,季瑜,赖雨彤.新课标导向下跨学科主题学习如何开展:基本思路与操作模型[J].现代远程教育研究,2023,35(1):49-58.

[162] 詹泽慧,钟柏昌,李克东,李彦刚.粤港澳大湾区STEAM教育协同创新发展模式[J].现代远程教育研究,2022,34(1):48-55.

[163] 张翠玲.PBL教学模式在高校健美操教学中的应用探索[J].教育理论与实践,2017,37(27):60-62.

[164] 张洪潭.体育教学的知识类属与理想课形[J].体育与科学,2007(2):18-24.

[165] 张华.跨学科学习:真义辨析与实践路径[J].中小学管理,2017(11):21-24.

[166] 张华.跨学科学习的本质内涵与实施路径[J].教育家,2022(24):8-10.

[167] 张进喜,陶劲松.中外国防教育比较[M].武汉:武汉理工大学出版社,2004.

[168] 张磊,杨浩.体育与健康核心素养导向下的大问题教学内涵解析、价值澄明与策略选择[J].首都体育学院学报,2023,35(1):49-56.

[169] 张良,安桂清.构建适应更高水平人才培养体系的知识学习形态[J].教育发展研究,2021,41(8):1-6+23.

[170] 张良,靳玉乐.核心素养的发展需要怎样的教学认识论?——基于情境认知理论的勾画[J].教育研究与实验,2019(5):32-37.

[171] 张晓光.芬兰现象式教学体系及其对新课标实施的启示[J].外国教育研究,2022,49(12):88-104.

[172] 张晓玲.中小学体育教师PCK研究[D].上海:上海体育学院,2018.

[173] 张晓勇.体育教学中德育渗透的有效途径[J].教学与管理,2011(15):149-150.

[174] 张欣欣,张凯,范高胜.我国学校体育健康教育模块实施困境与应对策略[J].体育文化导刊,2022(4):103-110.

[175] 张忆,须燕蓉,吕样文.基于"跨学科案例分析"的多校区跨学科联合教研的实践研究[J].上海教育,2021(28):56-57.

[176] 张翼.俄罗斯兴奋剂事件的社会学解读与思考[J].南京体育学院学报(社会科学版),2016,30(4):17-24.

[177] 张玉华.核心素养视域下跨学科学习的内涵认识与实践路径[J].上海教育科研,2022(5):57-63.

[178] 张志勇,张广斌.义务教育课程改革的政策逻辑与生态构建——《义务教育课程方案和课程标准(2022年版)》解读[J].中国教育学刊,2022(5):1-8.

[179] 赵长虹.小学体育跨学科协同教学探索——基于全面育人理念的研究[J].求知导刊,2022(25):110-112.

[180] 赵德云.体育与劳动课程跨学科主题学习活动的价值定位与案例设计——以"吹响劳动的号角"主题活动为例[J].体育教学,2022,42(12):24-26.

[181] 赵刚.体能训练原理探讨与实践研究——评《大众体育体能训练理论与实践研究》[J].新闻战线,2017(20):159.

[182] 赵洪波,刘泽磊,姜勇.学校体育美学表征及实现路径[J].中国教育学刊,2021(2):25-29.

[183] 赵茜,方志军.论作为美育的学校体育:内涵、诉求及价值表征[J].北京体育大学学报,2015,38(9):111-115+122.

[184] 赵素芹.跨学科主题学习的探索及实施策略——以"一带一路"跨学科主题学习的实施为例[J].历史教学,2022(17):20-24.

[185] 赵晓伟,沈书生.为未来而学:芬兰现象式学习的内涵与实施[J].电化教育研究,2021,42(8):108-115.

[186] 赵鑫君."融":初中体育跨学科主题学习的内涵特征与实践路径[J].教育科学论坛,2023(16):24-27.

[187] 郑梅.跨学科学习研究综述[J].江苏教育,2020(83):7-10.

[188] 中华人民共和国教育部.普通高中课程方案(2017年版)[M].北京:人民教育出版社,2018:4-5.

[189] 中华人民共和国教育部.义务教育地理课程标准(2022年版)[M].北京:北京师范大学出版社,2022.

[190] 中华人民共和国教育部.义务教育课程方案(2022年版)[M].北京:北京师范大学出版社,2022.

[191] 中华人民共和国教育部. 义务教育体育与健康课程标准(2022 年版)[M]. 北京:北京师范大学出版社,2022.

[192] 钟启泉. 基于"跨学科素养"的教学设计——以 STEAM 与"综合学习"为例[J]. 全球教育展望,2022,51(1):3-22.

[193] 钟启泉. 课堂转型[M]. 上海:华东师范大学出版社,2017:59.

[194] 钟启泉. 学力目标与课堂转型——试析"新课程改革"的认知心理学依据[J]. 全球教育展望,2021,50(7):14-27.

[195] 钟正,王俊,吴砥,朱莎,靳帅贞. 教育元宇宙的应用潜力与典型场景探析[J]. 开放教育研究,2022,28(1):17-23.

[196] 周晨. 跨学科情境式教学在小学体育课堂中的融合运用[J]. 当代体育,2022(7):96-98.

[197] 刘国艳. 制度分析视野中的学校变革[M]. 长春:吉林大学出版社,2010:15-20.

[198] 周结友,闫艺方,赵赢,彭文杰,陈亮. 发达国家体育消费研究:成果、特征与启示[J]. 广州体育学院学报,2022,42(6):1-22.

[199] 周珂,张伯伦,乔石磊,曹美娟. 体育与健康核心素养引领下的大单元教学现实之需、价值定位与实践进路[J]. 首都体育学院学报,2023,35(1):32-39+56.

[200] 周龙影. 教育心理学新论[M]. 镇江:江苏大学出版社,2013:75.

[201] 周生旺,程传银. 具身化体育教学:落实体育课程标准的实践视角[J]. 天津体育学院学报,2022,37(5):504-510.

[202] 周素娟. 跨学科主题学习的逻辑理路与教学实践[J]. 基础教育课程,2022(22):4-11.

[203] 周文叶,毛玮洁. 表现性评价:促进素养养成[J]. 全球教育展望,2022,51(5):94-105.

[204] 周文叶. 中小学表现性评价的理论与技术[M]. 上海:华东师范大学出版社,2014:53.

[205] 周妍. 跨学科主题学习背景下体育与劳动学科融合的可行性、难点与策略[J]. 体育教学,2022,42(10):54-56.

[206] 朱秀玲. 小学语文跨学科学习实践路径[J]. 小学教学设计,2023(3):20.

[207] 朱煜. 体能与军事体能概念的研究[J]. 科教导刊(中旬刊),2012(10):192+213.

[208] 祝智庭,贺斌. 解析美国《国家教育技术规划 2010》[J]. 素质教育大参考,2011(18):38-42.

[209] 邹湘军,孙健,何汉武,郑德涛,陈新. 虚拟现实技术的演变发展与展望[J]. 系统仿真学报,2004,16(9):1905-1909.

[210] 佐藤学. 学习的快乐——走向对话[M]. 钟启泉 译. 北京:教育科学出版社,2004.

[211] Alahiotis S N, Karatzia-Stavlioti E. Effective Curriculum Policy and Cross-curricularity:

Analysis of the New Curriculum Design of the Hellenic Pedagogical Institute [J]. Pedagogy Culture & Society, 2006,14(2):119 - 147.

[212] Anna S. Why Is Interdisciplinary Learning Important [EB/OL]. [2022 - 01 - 19] https://xqsuperschool.org/rethinktogether/interdisciplinary-teaching-and-learning/.

[213] An S, Capraro M M, Tillman D A. Elementary Teachers Integrate Music Activities into Regular Mathematics Lessons: Effects on Students' Mathematical Abilities [J]. Journal for Learning through the Arts, 2013,9(1):1 - 19.

[214] Barry M J, Mosca C, Dennison D, et al. TAKE 10! Program and Attraction to Physical Activity and Classroom Environment in Elementary School Students [J]. Medicine and Science in Sports and Exercise, 2003,35(5):134.

[215] Barry N, Schons S. Integrated Curriculum and the Music Teacher: Case Studies of Four Public School Elementary Music Teachers [J]. Contributions to Music Education, 2004,31(2):57 - 72.

[216] Brand B R, Triplett C F. Interdisciplinary Curriculum: An Abandoned Concept? [J]. Teachers and Teaching, 2012,18(3):381 - 393.

[217] Briazu R A. The challenges and joys of interdisciplinary research: Insights from a psy-art collaboration [J]. PsyPag Quarterly, 2017,1(103):37 - 41.

[218] Buel C M, Shirley H M. Integrating Physical Education and Social Studies [J]. Social Studies Review, 1993,1(1):29 - 34.

[219] Campbell C, Henning M B. Planning Teaching and Assessing Elementary Education Interdisciplinary Curriculum [J]. International Journal of Teaching and Learning in Higher Education, 2010,22(2):179 - 186.

[220] Carrier S, Gray P, Wiebe E N. Teachout D. BioMusic in the Classroom: Interdisciplinary Elementary Science and Music Curriculum Development [J]. School Science and Mathematics, 2011,111(8):425 - 434.

[221] Chrysostomou S. Interdisciplinary Approaches in the New Curriculum in Greece: A Focus on Music Education [J]. Arts Education Policy Review, 2004,105(1):23 - 29.

[222] Cone T P, Werner P H, Cone S L. Interdisciplinary Elementary Physical Education [M]. Champaign: Human Kinetics, 2008:5.

[223] Cunnington M, Kantrowitz A, Harnett S, et al. Cultivating Common Ground: Integrating Standards-based Visual Arts, Math and Literacy in High-poverty Urban Classrooms [J]. Journal for Learning through the Arts, 2014,10(1):1 - 24.

[224] Davidovitch N, Dorot R. Interdisciplinary Instruction: Between Art and Literature [J]. International Journal of Higher Education, 2020,9(3):269 - 278.

[225] Despina K, Olga K, Vassiliki D, et al. Interdisciplinary Teaching in Physical Education [J]. Arab Journal of Nutrition and Exercise, 2017,2(1):91 - 101.

[226] Douville P, Pugalee D K, Wallace J D. Examining Instructional Practices of Elementary

Science Teachers for Mathematics and Literacy Integration [J]. School Science and Mathematics, 2003,103(8):388 – 396.

[227] English L D, Watters J J. Mathematical Modelling in the Early School Years [J]. Mathematics Education Research Journal, 2005,16(3):58 – 79.

[228] Gardner H. Intelligence Reframed: Multiple Intelligences for the 21st Century [M]. New York: Basic Books, 2000:57 – 60.

[229] Gardner H. Multiple Intelligences: The theory in Practice [M]. New York: Basic Books, 1993:105 – 108.

[230] Goodlad J I. et al. Curriculum Inquiry. The Study of Curriculum Practice [M]. New York: McGraw-Hill Book Company, 1979:344 – 350.

[231] Gotzaridis C. Physical education and Games, and Concepts of Physics: A 476 Interdisciplinary Approach [J]. Science Education International, 2004, 15 (2): 161 – 166.

[232] Greg M H, Darla R S. Integrating Physical Education, Math, and Physics [J]. Journal of Physical Education, Recreation and Dance, 2004,75(1):42 – 50.

[233] Guthrie J, Perea K M. Beyond Book Buddies: Interdisciplinary Teaching Across the Grades [J]. Corwin Press, Inc. Road, Thousand Oaks, 1995,CA(9):1320 – 2218.

[234] Ha T, Yu H. The "Appropriate" Use of Technology for Assessment in Physical Education [J]. Journal of Physical Education, Recreation And Dance, 2021,92(5): 58 – 61.

[235] Hatch, G M, Smith D R. Integrating Physical Education, Math, and Physics [J]. Journal of Physical Education, Recreation &. Dance, 2004,75(1):42 – 50.

[236] Honas J J, Washburn R A, Smith B K, et al. Energy expenditure of the physical activity across the curriculum intervention. Medicine &. Science in Sport &. Exercise[J]. 2008,40(3):1501 – 1505.

[237] Julio C C, Elisa T R, David C V, et al. La concepción del profesorado sobre los factores que influyen en el tratamiento interdisciplinar de la Educación Física en Primaria [J]. Cultura, 2009,13(5):11 – 24.

[238] Kaittani D. Interdisciplinary Learning in Education: a Focus on Physics and Physical Education [J]. Sport Science, 2016,9(1):22 – 28.

[239] Kim Y H. The Development of an Interdisciplinary Music and Art Program for Elementary Students [J]. Korean Journal of Research in Music Education, 2018, 47 (1):61 – 86.

[240] Klein J T. Crossing Boundaries: Knowledge, Disciplinarities, and Interdisciplinarities [M]. Charlottesville: University Press of Virginia, 1996:19.

[241] Knox G J, Baker J S, Davies B, et al. Effects of a novel school-based cross-curricular physical activity intervention on cardiovascular disease risk factors in 11-14-year-olds:

The activity knowledge circuit [J]. American Journal of Health Promotion, 2012, 27 (2):75 - 83.

[242] Lattuca L R. Creating Interdisciplinarity: Interdisciplinary Research and Teaching Among College and University Faculty [M]. Nashville: Vanderbilt University Press, 2001:121.

[243] Linthorne N P. Optimum Release Angle in the Shot Put [J]. Journal of Sports Sciences, 2001,19(5):359 - 372.

[244] Mansilla V B. Learning to Synthesize: The Development of Interdisciplinary Understanding. In R. Frodeman, J. T. Klein, & C. Mitcham (Eds.), The Oxford Handbook of Interdisciplinarity [M]. Oxford: Oxford University Press, 2010:288 - 306.

[245] Martín-Páez T, Aguilera D, Perales-Palacios F J, et al. What are We Talking about When We Talk about STEM Education? A Review of Literature [J]. Science Education, 2019,103(4):799 - 822.

[246] Minho C. Analysis of Global Success Factors of K-pop Music [J]. Journal of Korea Entertainment Industry Association, 2019,13(4):1 - 15.

[247] Morrison J S. Attributes of STEM education: the students, the academy, the classroom [J]. Teaching Institute for Excellence in Stem, 2006(6):0 - 6.

[248] Muthersbaugh D, Kern A L, & Charvoz R. Impact Through Images: Exploring Student Understanding of Environmental Science through Integrated Place-based Lessons in the Elementary Classroom [J]. Journal of Research in Childhood Education, 2014,28(3):313 - 326.

[249] Nilges L M. Interdisciplinary Learning: Feature Introduction [J]. Teaching Elementary Physical Education, 2003,14(4):6 - 9.

[250] Orillion M. Interdisciplinary Curriculum and Student Outcomes: The case of a general education course at a research university [J]. The Journal of General Education, 2009, 58(1):1 - 18.

[251] Palffy-Muhoray R, & Balzarini D A. Maximizing the range of the shot put without calculus [J]. American Journal of Physics, 1982,50(2):181.

[252] Papaioannou A G, Milosis D C, Gotzaridis C. Interdisciplinary Teaching of Physics in 4 Physical Education: Effects on Students' Autonomous Motivation and Satisfaction [J]. Journal of Teaching in Physical Education, 2020,39(2):156 - 164.

[253] Park C W, Sur M H, Baek J H, et al. K-Pop: An Interdisciplinary Approach to Teaching Dance and Culture in General Physical Education [J]. Journal of Physical Education, Recreation & Dance, 2022,93(4):44 - 49.

[254] Parks M, Solomon M, Lee A. Understanding classroom teachers' perceptions of integrating physical activity: A collective efficacy perspective [J]. Journal of Research in Childhood Education, 2007,21(3):316 - 328.

[255] Rausenbauch, J. Tying it all together. Integrating physical education and other subject areas [J]. Journal of Physical Education, Recreation & Dance, 1996,67(2):49－51.

[256] Rick S. How and why to teach interdisciplinary research practice [J]. Journal of Research Practice, 2007,3(2):1－16.

[257] Risto H J M, Gabriella M, Ray F III, et al. Integration and Physical Education: A Review of Research [J]. Quest, 2016,69(1):1－13.

[258] Santau A O, Ritter J K. What to teach and how to teach It: Elementary teachers' views on teaching inquiry-based, interdisciplinary science and social studies in urban settings [J]. New Educator, 2013,9(4):255－286.

[259] Senn G, McMurtrie D, Coleman B. Collaboration in the Middle: Teachers in Interdisciplinary Planning [J]. Current Issues in Middle Level Education, 2019,24(1):1－4.

[260] Sofu S. Determinants of Preservice Classroom Teachers' Intentions to Integrate Movement and Academic Concepts [J]. Missouri Journal of Health, Physical Education, Recreation and Dance, 2008,18(3):10－23.

[261] Solomon J, Murata N M. Physical Education and Language Arts: An Interdisciplinary Teaching Approach [J]. Strategies: A Journal for Physical and Sport Educators, 2008, 21(6):19－23.

[262] Stevens D. Integrated learning: Collaboration among teachers [J]. Teaching Elementary Physical Education, 1994,5(2):7－8.

[263] Vazous, Skrade M A B. Intervention Integrating Physical Activity with Math: Math Performance, Perceived Competence, and Need Satisfaction [J]. International Journal of Sport and Exercise Psychology, 2017,15(5):508－522.

[264] Walsh E S. Hop jump [M]. San Diego, CA: Harcourt Brace, 1996:125.

[265] Wong, Jocelyn L. N. How has Recent Curriculum Reform in China Influenced School-based Teacher Learning? An Ethnographic Study of two Subject Departments in Shanghai, China [J]. Asia-Pacific Journal Teacher Education, 2012(4):347－361.

[266] You J, Craig C J. Narrative Accounts of US Teachers' Collaborative Curriculum Making in a Physical Education Department [J]. Sport, Education and Society, 2015, 20(4):501－526.

# 后　记

　　《基于核心素养的体育与健康跨学科主题学习研究》著作的出版,是对近几年来本人及团队成员研究工作的总结。之所以开展体育与健康跨学科主题学习的研究,应该说是多个方面因素共同作用的结果。

　　因素之一:长期持续性开展体育课程改革工作的驱动。自 2014 年以来,本人便有幸深度参与了中国基础教育体育与健康课程改革的相关工作,主要体现在课程标准修订、教材编写、教学实践指导、体育教师培训等多个方面。以本人参与修订的国家课程标准为例,虽然《普通高中体育与健康课程标准(2017 年版)》尚未提出开展体育与健康跨学科主题学习的要求,但对培养学生核心素养的追求实际上意味着仅靠单一学科课程很难卓有成效,再加上人是一个社会化的整体,在社会上面临复杂的现实问题时,需要运用多学科知识与技能才能解决这些问题,因而跨学科学习便逐渐萌芽。之后,教育部于 2022 年 4 月颁布《义务教育体育与健康课程标准(2022 年版)》,首次明确提出要开展体育与健康跨学科主题学习,并将其列为体育与健康课程的五大课程内容之一。由于国家课程标准对体育与健康跨学科主题学习提出了明确要求,而本人又长期参与课程改革的相关工作,因而对体育与健康跨学科主题学习就有了更多关注。2022 年9 月,季浏教授和汪晓赞教授组织研究团队召开了一次会议,准备编写一本有关体育与健康跨学科主题学习案例设计的著作,本人有幸参与其中,并负责设计"身心共成长"学习主题从水平一到水平四的四个案例及相应的单元教学计划和课时教学计划。此后,教育部又启动了新版义务教育体育与健康教材的编写,季浏教授担任华东师范大学出版社版本教材的主编,并安排我负责全套 22 本教材编写的执行工作,其中涉及不少有关跨学科主题学习的内容。此外,教育部课程教材研究所在全国开展了新版课程标准的实验工作,本人有幸受聘为教育部课程教材研究所兼职研究员,并作为体育与健康课程实验研究创新团队专家前往山东潍坊 271教育集团、内蒙古自治区鄂尔多斯市东胜区、广东省深圳市福田区等实验区开展理论与实践指导,其中也涉及很多有关体育与健康跨学科主题学习的工作。以上这些工作经历,使得本人能够主动或被动地深度思考跨学

科学习,并对这些工作经验进行理论升华,而编写一本著作便成为了"理所
当然"。

　　因素之二:对体育与健康核心素养进行系统研究的延续。近些年来,
围绕体育与健康核心素养,本人带领研究团队开展了大量研究,先后出版
了《体育学科核心素养的解构与阐释》(华东师范大学出版社,2021年)、
《体育教师发展核心素养研究》(华东师范大学出版社,2022年)、《培根铸
魂——体育教师核心素养的内涵与培养》(北京体育大学出版社,2024年)
和《体育素养国际比较研究》(华东师范大学出版社,2024年)四本专著。
以上这些研究,主要集中在学生体育与健康核心素养和体育教师核心素
养的体系构建与内涵阐释等方面,以及对国际上体育素养研究的经验总
结,本质上都属于体育与健康核心素养本身的研究。但是,就体育与健康
课程改革而言,仅仅研究核心素养本身还不够,更需要基于核心素养推进
体育与健康课程的具体实施。与体能、运动技能、健康教育等研究相对比
较成熟的主题相比,跨学科主题学习是新生事物,学校体育工作者对基于
核心素养的体育与健康跨学科主题学习的理论内涵、设计模式、实践案例
等问题的系统性研究不多,因而有着更广阔的研究空间。基于此,本人在
前期主持的2016年度国家社科基金青年项目"体育教师发展核心素养研
究"(16CTY013)和2021年度国家社科基金后期资助一般项目"体育素养
国际比较研究"(21FTYB006)的基础上,确定了进一步开展基于核心素养
的体育与健康跨学科主题学习的研究,从而将体育与健康核心素养的研
究转向更加深入的主题。该研究专题自2022年12月启动,直到2023年
7月基本完成,正值国家社会科学基金后期资助项目申报之时,我们将《基
于核心素养的体育与健康跨学科主题学习研究》的成果进行申报并获得
2023年度国家社会科学基金后期资助重点项目资助(23FTYA004)。项
目立项之后,我们又对书稿进行了多次补充和完善,并于2024年12月正式
结题。

　　因素之三:对研究生人才培养的系统设计。作为高校教师,培养学生是
重要的工作任务。结合本人的研究领域,我先后被批准指导学术学位硕士
(体育人文社会学、体育教育训练学)、体育专业学位硕士(体育教学、运动训
练、社会体育指导)、教育专业学位硕士(学科教学—体育),以及学术学位博
士(体育人文社会学)、体育专业学位博士(体育教育教学)、教育专业学位博
士(学校课程与教学)的学生。在指导研究生的过程中,我逐渐意识到仅靠
学生自主摸索是远远不够的,为他们设计和创造参与专题研究的机会是培
养研究生最有效的手段之一。基于此,开展基于核心素养的体育与健康跨

学科主题学习的专题研究也是本人对研究生人才培养进行系统设计和思考的结果。实际上,在本著作的作者团队中,除了本人和上海工程技术大学孙铭珠副教授是教师之外,其余均为本人所指导的研究生,如2021级体育教学专业的陈莉林,2021级体育人文社会学专业的刘皓晖、贾晨昱、徐丽萍,2022级体育教学专业的杨婕、吴陈昊、唐嘉呈,2022级社会体育指导专业的温苗苗,2022级体育人文社会学专业的练宇潇,2023级体育教学专业的陈雯雯,2023级体育人文社会学专业的降佳俊。通过参与本研究专题,他们的成长非常显著,不仅发表了大量的研究成果,而且陈莉林、温苗苗、刘皓晖、徐丽萍、吴陈昊等同学分别考入华中师范大学、清华大学、上海体育大学、美国德克萨斯大学奥斯汀分校(University of Texas at Austin)等高校攻读博士学位,而参与本专题研究为他们的深造奠定了扎实基础。

此外,本著作的完成,要特别感谢季浏教授和汪晓赞教授为我提供进入核心素养导向体育课程改革的理论研究与实践领域的机会。在当初参与国家体育与健康课程标准修订的过程中,北京体育大学田麦久教授、首都体育学院钟秉枢教授、北京体育大学杨桦教授、武汉体育学院吕万刚教授、华南师范大学谭华教授、人民教育出版社耿培新教授、扬州大学潘绍伟教授、北京师范大学毛振明教授、广东省教育研究院庄弼教授、天津市滨海新区汉沽第一中学正高级教师张金生老师等给我提供了很多启发。我的博士后合作导师,清华大学体育部主任刘波教授和125研究团队的郭振副教授也给予了很多支持。

尤其值得一提的是,《首都体育学院学报》编辑部章柳云老师对本人非常关心,积极支持本人开展体育与健康跨学科主题学习的专题研究,并在《首都体育学院学报》2024年第6期组织了"新时代学校体育/跨学科主题教学"专题,发表了《体育与健康跨学科主题学习的历史演进、时代价值与认知锚定》《体育与健康跨学科主题学习设计的思维原则、实施模型与实践案例》和《体育教师推进体育与健康跨学科主题教学实施的问题透视、关键要素与优化策略》三篇专题文章,对于我们理解、研究和宣传体育与健康跨学科主题学习起到了非常重要的推动作用。

俗话说得好"板凳甘坐十年冷,文章不写半句空"。本著作的顺利完成必然也是"坐冷板凳"的结果,但同时也离不开各位前辈、同行的帮助与支持。感谢我的父母、岳父岳母和爱人对我的理解和宽容,没有他们作为后盾的无私支持,恐怕在各方面要困难很多。这本著作完成于我的儿子尹茂煊在幼儿园期间的快乐成长之时,这是送给他的成长礼物。

最后,衷心感谢国家社会科学基金后期资助重点项目的资助,使得本著作得以顺利完成；诚挚感谢华东师范大学出版社竺笑编辑的辛勤工作，使得本著作得以顺利出版！

尹志华

2025 年 3 月

于华东师范大学闵行校区